D1240520

BIRTHPLACE TABLES OF HOUSES
for Northern Latitudes 0° to 60°

by Dr. Walter A. Koch
and Elizabeth Schaeck

HÄUSERTABELLEN DES GEBURTSORTES
für 0° - 60° nördliche Breite

von Dr. Walter A. Koch
und Elizabeth Schaeck

ASI PUBLISHERS, Inc.
127 Madison Avenue
New York, New York 10016

European distributor: Elizabeth Schaeck, 668 Neukirchen-Saar, Steigerstrasse 2, Postfach 225

Printed in U.S.A. by
NOBLE OFFSET PRINTERS, INC.
NEW YORK, N.Y. 10003

1   2   3   4   5   6   7   8   9   10

Library of Congress Cataloging in Publication Data

Koch, Walter Albert,   1895-
      Birthplace tables of houses for northern latitudes
0° to 60° = Hausertabellen des Geburtsortes fur
0°-60° nordliche Breite.

      (ASI astrology tables)
      Translation of Hausertabellen des Geburtsortes fur
0°-60° nordliche Breite.
      1. Birthplaces.   2. Astrology.   I. Schaeck, Elisabeth,
joint author.   II. Title.
BF1729.B5K6413   1975   133.5'3   75-22416
ISBN 0-88231-020-8
ISBN 0-88231-021-6 pbk.

The Birthplace House System

For many years Dr. Walter Koch was concerned with the establishment of sound principles of psychological chart interpretation and, above all, with the problems of house division. That he at long last succeeded in solving the astronomical problem of house division is due in no small measure to the fact that he was familiar with all the previous systems and their methods of computation. Thus he finally came to the conclusion that every one of the twelve houses in a horoscope should be calculated on the basis of the actual place of birth. After much arduous work, in which he was assisted by some of the leading and most capable German and Austrian researchers in this field, he was able to lay the foundation of the new system by applying the techniques of spherical-trigonometrical diagrammatic representation.

Individuals interested in the technicalities who at the same time have the necessary mathematical knowledge should be convinced by the logic and intellectual consistency of the new system. Astrological practitioners will be convinced by the mathematical accuracy of the intermediate cusps, which now provide sure and convincing material for interpretation.

With the solution at long last of the house division problem, a new era in the history of astrology may be said to have begun. Many of the world's leading professional astrologers have now abandoned the old Placidus, Regiomontanus and Campanus systems for the new "Birthplace" one. All who have used Dr. Koch's house tables in the past know that his work can be relied upon for a very high standard of accuracy.

Die Anordnung der Häusertabellen des Geburtsortes (GOHT)

Die GOHT schreiten fort nach ganzen Graden der ekliptikalen Länge am MC (Medium Coeli, Haus X). Beim MC sind die Bogenminuten weggelassen, es ist also 0° ♈ = 0°00' ♈, 1° ♈ = 1°00' ♈.

Alle sonstigen Häuserwerte sind in Bogengraden und Bogenminuten angegeben. Der ASZ (Aszendent, Haus I) ist durch das Zeichen des Grades hervorgehoben; die Zeichen für Bogenminuten blieben zwecks Platzersparnis weg. In wenigen Fällen wurde der Übersichtlichkeit halber die Gradzahl 30° eingesetzt. Mit dieser ist immer Null Grad des folgenden Zeichens gemeint.

Auf jeder Seite der Tabelle stehen die Stücke zu zwei MC. Bei jedem Stück steht links oben die Sternzeit des MC in Stunden h, Minuten m und Zeitsekunden s. Die Zahlen rechts oben sind Gradwerte des Kreises. Sie sind die Rectascension RA des MC und entsprechen der Sternzeit des MC.

Die Polhöhe des Geburtsortes 0, 5, 10, 15, 20, 21°-60° steht in den mittleren Spalten. N LAT bedeutet Northern Latitude, Latitude du Nord, Nördliche Geographische Breite.

Die Anordnung der GOHT stützt sich auf die Erfahrungen, die Dr. Koch bei der Herausgabe seiner bekannten und oft plagiierten Häusertabellen nach Regiomontanus (zuerst 1932) und Placidus (zuerst 1936) gemacht hat. Die ganzen Längengrade am MC haben sich sowohl für die Schätzung angenäherter Werte als auch für die Interpolation minutengenauer Häuserspitzen (mit Hilfe der Proportions-Logarithmen von Dr. Koch und E. Schaeck) sowie für die Direktionsberechnungen mit Häusertabellen bewährt.

Die Häusertabelle des Ä q u a t o r s (0°) wurde beigegeben

1. für die Umsetzung von Werten der RA in ekliptikale Längen, weil jedes Haus des zu einem MC gehörigen Häusergefüges in RA von anderen um 30° bzw. um ein Mehrfaches davon entfernt ist,

2. zur Feststellung des Ekliptikpunktes, welcher der RA des im Osten befindlichen Äquatorpunktes entspricht. Für diesen Ekliptikpunkt kann der Name „Aurora" vorgeschlagen werden. Er steht von dem im Süden am MC befindlichen Äquatorpunkt in RA um 90° ab und ist für alle Breiten gleich, während die Vertexpunkte Eos und Hespera sowie Ko-Deszendent und Ko-Aszendent (siehe Seite 4) in ihrer Lage vom Geburtsort abhängen.

Design and Arrangement of
the Birthplace Tables of Houses

The Birthplace House Tables are based upon whole degrees of ecliptical longitude for the MC and minutes of arc are omitted. Hence 0° Aries = 0°00 Aries and 1° Aries = 1°00 Aries and so on. The MC expressed as a whole degree is not only useful for the estimation of an approximate value, but also for the interpolation of an exact Ascendant and for calculating directions with House Tables. All other house cusp values are expressed in degrees and minutes of arc. In a few instances, the expression 30° has been printed, but these should be taken as meaning 0° of the following sign.

The tables for two successive MC's are printed on each page (e.g. 0° and 1° Aries, 2° and 3° Aries). For each MC the Sidereal Time is expressed in hours, minutes and seconds. The degree of Right Ascension in relation to the Sidereal Time of the MC in question is also given (e.g. 2h 34m 17s = 38°34'19").

Das Häusersystem des Geburtsortes

Abkürzungen: GO Geburtsort; GOH GO-Häuser; GOHS GOH-System; GOHT GOH-Tabellen; P Polhöhe des GO; M, MC Medium Coeli, Haus X; A, Asz Aszendent, Haus I; AR Ascensio recta, Gerade Aufsteigung; AO Ascensio obliqua, Schiefe Aufsteigung; ZH Zwischenhäuser; STZ = ARMC = Sternzeit des kulminierenden Punktes.

W. Koch veröffentlichte zwar grundlegende Untersuchungen zu den Häusersystemen des Regiomontanus und des Placidus und berechnete für beide Systeme Häusertabellen; aber von beiden unbefriedigt, suchte er weiter, bis er die richtige und endgültige Lösung des Häuserproblems gefunden hatte. Das GOHS entwickelte er in Zusammenarbeit mit W. Knappich, G. Schwickert und Fr. Zanzinger. Die erste Veröffentlichung darüber brachte er 1959 in „Horoskop und Himmelshäuser", (vergriffen) und eine ausführliche Darstellung mit vielen neuartigen Figuren 1960 in „Regiomontanus und das GOHS" (vergriffen). Wegen der natürlichen Beziehung des GOHS auf den GO, wegen seiner logischen und unwiderleglichen Begründung und seiner auffallenden Bewährung in der Praxis gingen die meisten Astrologen sofort zum GOHS über. Die Kosmobiologenschule Wangemann hat durch intensive Untersuchung aller Häusersysteme das GOHS mit statistisch gesicherten Ergebnissen untermauert. Aufklärend setzten sich dafür ein Fr. Brunhübner, H. Genuit und A. M. Grimm. Folgende Gründe waren maßgebend:

1. Bisher berechnete man zwar den ASZ für den GO, aber nicht die ZH, und man wandte für die ZH besondere Rechenmethoden an. Das GOHS berechnet auch die ZH auf den GO und verwendet dazu prinzipiell die gleichen Rechenmethoden wie beim ASZ.
2. Bisher schrieb man dem MC die P Null zu und ließ daher die Geburten auf allen zwischen Äquator und GO liegenden Breiten stattfinden. Daher hatten die ZH bisher je nachdem 2-10 fiktive Pseudo-P. Im GOHS haben alle 12 Häuser die gleiche P, nämlich die P des GO.
3. Das MC ist zwar ekliptischer Länge und AR für alle auf demselben Meridian liegenden GO ebenso gleich wie der jeweils 90° betragende Äquator-Quadrant zwischen MC und ASZ. Das GOHS bezieht aber auch das MC auf den GO und rechnet daher mit seiner durch die P des GO bedingten AO.
4. Die veralteten Manieren von Campanus und Regiomontanus sind räumlich-statischer Natur. Das GOHS ist zeitlich-dynamisch. Es bewertet alle Ekliptikpunkte nach der Stellung, die sie am GO am ASZ einnehmen. Es rechnet daher prinzipiell nur mit der für den GO zuständigen AO des GO und nicht auch mit anderen AO, weil nämlich das ganze Horoskop auf den GO bezogen werden muß und nicht nur ein einziger Punkt des Horoskops, nämlich der ASZ.

Das GOHS beruht auf der erst durch W. Koch festgestellten Tatsache, daß für den GO der Bogen der AO vom MC über den ASZ zum Imum Coeli (Haus IV, JC) gleich dem ganzen Tagbogen des MC ist und daß der Bogen der AO vom MC zum ASZ sowie der Bogen der AO vom ASZ zum JC gleich dem Halbtagbogen des MC sind.

Da die ekliptischen Längen der Häuser mit AO berechnet werden müssen, ist der Tagbogen des MC mit seinen 12 Temporalstunden die für den GO naturgegebene Grundlage der Häuserteilung. Daher teilt das GOHS den AO-Bogen von MC zu JC, der durch den ASZ halbiert wird, in sechs gleiche Teile, die also jeweils 2 Temporalstunden des MC umfassen und ein Sechstel seines Tagbogens sind.

In solchen gleichen Abständen liegen also die 5 westlichen Häuserspitzen auf der AO des GO. Da aber die STZ der Häusertabellen nicht nur die AR MC angibt, sondern auch die um 6^h verschiedene AO ASZ, können zu jedem beliebigen MC aus der ASZ-Tabelle des GO die Häuserspitzen auch sofort in Länge ermittelt werden.

The Technical Background
of the Birthplace House System

The reasons for the new system, which has been called the "System of the rising sun" by Knappich (Austria) are given in the book "Horoskop und Himmelshauser" (Koch and Knappich) and "Regiomontanus and the System of Birthplace Houses" (Germany 1960), by certain spherical-trigonometrical diagrams. The system can also be represented in an elementary way by a celestial globe model, because of the consistency and simplicity of the system, which needs only equator, ecliptic, meridian and horizon.

A brief discussion of the technical background follows:

1. It is true that up to now the Ascendant has been calculated for the birthplace, but the intermediate cusps, however, have not been calculated for the birthplace and for these special mathematical procedures were employed. In the Birthplace House System the intermediate cusps, like the Ascendant, are calculated on the basis of the birthplace itself.
2. The old practice assigned to the MC a polar elevation of 0°, and hence allows for births on any degree of latitude between the equator and the birthplace. Until now the intermediate cusps have been calculated for fictitious pseudo-polar elevations. In the Birthplace House System, however, each of the twelve house cusps has the same polar elevation, namely that of the birthplace itself.
3. The ecliptic longitude and R.A. of the MC is, of course, the same for all birthplaces on the same meridian, and is also the 90° equatorial quadrant between the MC and the Ascendant. But the Birthplace House System also relates the MC to the birthplace and calculates its oblique ascension in relation to the polar elevation of the birthplace.
4. The old Campanus and Regiomontanus systems are essentially of a special-static nature. But the Birthplace House System, on the other hand, is "time-dynamic." It evaluates all points on the ecliptic according to their position in relation to the Ascendant and the birthplace. Thus in principle the new system only uses the related oblique ascension of the birthplace and not any other oblique ascensions, because not only one point (the Ascendant) but the complete horoscope has to be related to the Birthplace.
5. The Placidean system is, indeed, also "time-dynamic" in nature, but it calculates each of the five western house cusps with their own diurnal arcs, with the result that from the different whole or divided ascensional differences there are **five** different polar elevations, and these cannot be expressed by a formula but have to be computed by guesswork calculations.

Berechnung der Häuser

A. Beispiel aus den „AM-Tabellen"
Weibl. Geburt vom 12. August 1910 in Krefeld Nördl. Breite 51° 20'
19ʰ 11ᵐ bzw. 7ʰ 11ᵐ p. m. Ortszeit.

1. Man suche in der Ephemeride oder einer Sternzeit-Tabelle die Sternzeit des Geburtstages. Sie beträgt 9ʰ 20ᵐ, (in der Mitternachts-Ephemeride 21ʰ 20ᵐ).

2. Man bestimme die Ortszeit aus der Zonenzeit, wenn die Geburtsstunde in Zonenzeit angegeben ist.

3. Die Summe von Ephem.-Sternzeit der Geburt und der Ortszeit der Geburt ergibt die Sternzeit des am MC kulminierenden Punktes

Sternzeit der Geburt am 12. 8. 1910	9ʰ 20ᵐ
+ Ortszeit der Geburt	7ʰ 11ᵐ
Sternzeit des MC	16ʰ 31ᵐ

4. In der Häusertabelle des Geb.-Ortes wird der zur Sternzeit des MC 16ʰ 31ᵐ gehörige Ekliptikpunkt gesucht. Dieser ist Schütze 9°.

5. In der Aszend.-Tabelle des Geburtsortes mit N. Breite 51° 20' wird der aufsteigende Punkt gesucht. Der Aszend. ist rund Wassermann 12°.

Geburten bei Südlicher Breite
Das MC bleibt gleich wie bei Nördlicher Breite. Um den südlichen Aszendenten zu finden, benötigt man 3 Rechenvorgänge a, b, c.

6. a) Man nimmt den Oppositionspunkt des MC, also hier Zwillinge 9°.

7. b) Man sucht in den Nördlichen Häusertabellen dazu den Aszendenten, er ist rund Jungfrau 14°.

8. c) Man nimmt nun wieder dazu den Oppositionspunkt, also Fische 14°. In südlichen Breiten ist also für MC Schütze 9° der Aszendent 14° Fische.

B. Beispiel aus „Regiomontanus und das Häusersystem des Geb.-Ortes" (vergriffen)
Nördl. Breite 50°, MC Schütze 5°, Aszendent Wassermann 7° 10'

9. KO-DESZENDENT, Berechnung zum Horoskop MC 5° Schütze bei 50° N. B.
Der Ko-Desz. ist der Aszend. zum IC bei der Breite des Geburtsortes. Zu MC Zwillinge 5° (= IC zu MC Schütze 5°) gehört bei 50° Nördlicher Breite der Aszendent Jungfrau 10° 40'.
Zu MC Schütz 5° ist bei 50° N. B. der Ko-Deszendent Jungfrau 10° 40'.

10. Zum Ko-Deszendent gehört als Gegenpunkt der Ko-Aszendent. Zu MC Schütz 5° ist bei 50° N. B. der Ko-Aszendent Fische 10° 40'.

11. 12. Vertexpunkte: im Westen Vertex, besser „Hespera" („Abend") im Osten Antivertex, besser „Eos" („Morgenröte"). Die Vertexpunkte sind für das Komplement der Breite zu 90° Aszendent und Deszendent zum IC:

11. Hespera (Vertex) Zum IC Zwillinge 5° gehört bei Nördlicher Breite 90° − 50° (N. B.) = **40°** der Aszendent Jungfrau 8° 31'.
Zum MC Schütz 5° ist der Vertex-Punkt Hespera Jungfrau 8° 31'.

12. Eos (Antivertex) Der Gegenpunkt von Hespera ist Fische 8° 31'.
Zu MC Schütz 5° ist der Antivertexpunkt „Eos" Fische 8° 31'.

Aurora, der Ostpunkt, mit Äquatortabelle zu berechnen, ist der Punkt der Erde, der zu den 90° vom MC in AR abstehenden AR-Punkt gehört:
MC 5° Schütze, AR 243° + 90° = 333° AR = Ostpunkt Aurora Fische 1°.

Calculating the Houses

A. First example: Female birth at 19h 11m or 7h 11m p.m. Local time on 12 August 1910 at Krefeld, lat. 51°20' N.

1. Convert Zone or Standard Time to Local Time if the time of birth is given in Zone or Standard Time.

2. Refer to the Ephemeris or the Sidereal Timetables to find the sidereal time at noon on day of birth. It is 9h 20m (in the Midnight Ephemeris 21h 20m).

3. The sum of the sidereal time at noon on the day of birth and the local time of birth give the sidereal time of the MC, the culminating point.

Sidereal time noon 12.8.1910	9h 20m
+ Local time of birthplace	+ 7h 11m
Sidereal time of MC	16h 31m

4. In the Birthplace Table of Houses find the degree of the ecliptic which culminates (the MC) at sidereal time 16h 31m. It is Sagittarius 9°.

5. To find what degree rises at lat. 51°20' N. at this time refer to the column of the ascending point in the Birthplace Tables. The Ascendant is approximately Aquarius 12°.

Births in Southern Latitudes

The MC remains the same as for Northern Lat. To find Southern Ascend. three steps 6, 7 and 8 must be calculated.

6. Find the opposition point of the MC: Here it is Gemini 9°.

7. Refer to the Birthplace Table of Houses for Northern Lat. to find the corresponding Ascendant: It is Virgo 14° approx.

8. Now once again, take the opposition point, in this case Pisces 14°. Therefore, in Southern Latitudes the Ascendant corresponding to MC Sagittarius 9° is Pisces 14°.

B. Second example: Lat. 50° N., MC Sagitt. 5°, Asc. Aquarius 7°10'.

9. The Co-Descendant is the Ascendant of the I.C. for the latitude of the birthplace. Take the radical I.C. Gemini 5° as MC then the corresponding Ascendant for latitude 50° N. is Virgo 10°40'. Therefore an MC Sagittarius 5° has a Co-Descendant Virgo 10°40' for latitude 50° N.

10. The opposition point of the Co-Descendant is called the Co-Ascendant. An MC Sagittarius 5° has a Co-Ascendant Pisces 10°40' for latitude 50° N.

Method for finding the Vertex Points

Vertex Points in the west (sunset) Vertex or Hespera. In the east (sunrise) Antivertex or Eos.

11. The Vertex Points are also calculated from the I.C., not for the geographical latitude of the birthplace, but for its complement to 90°. In other words subtract the latitude of birthplace from 90°. In the given example: 90°-lat. 50° N. = 40° N. An I.C. Gemini 5° taken as MC has a corresponding Ascendant Virgo 8°31'. Therefore an MC Sagitt. 5° has the Vertex point "Hespera" in the west Virgo 8°31'. Taking Gemini 5° as the MC the corresponding Descendant is Pisces 8°31'. So an MC Sagittarius 5° has Anti-Vertex-Point "Eos" in the east Pisces 8°31'.

Method for finding the East Point

The East Point is the point on the ecliptic, the Right Ascension of which is at an angle of 90° from the MC. The East Point is the Ascendant on the equator. It can be found by reference to the R.A. of the Birthplace Table. This East Point could possibly be called "Aurora". Example: MC Sagitt. 9°, R.A. 247° + 90° = 337° R.A. = East Point Pisces 5°.

Correcting for Geocentric Latitude

The earth is not an exact sphere. Its shape is rather like that of a flattened rotational ellipsoid (more colloquially—a slightly squashed rubber ball). This fact is taken into account by geocentric latitude, which is calculated from the perspective of a hypothetical observer at the center of the earth.

Most tables of Houses, including the **Birthplace Table of Houses,** are calculated for geographic latitude.

The amount of rectification needed to change geographical latitude to geocentric latitude is dependent on the degree of flattening of the earth's shape. Geocentric latitude is always less than the geographic latitude, but the difference—which is greatest at 45°—approaches zero at the equator and the Poles.

The geocentric latitude for a place is obtained by subtracting the appropriate rectification value from the geographical latitude given for that place.

In the Birthplace House system the rectification for all Houses is the same— whereas in other House systems it varies with the changing location of the cusps of the intermediate Houses.

The rectification values for geographic latitudes from 0° to 90° are given on the opposite page.

EXAMPLE: Geographic latitude of Paris, 48°50'49"—rectification 11'27" = geocentric latitude of Paris, 48°39'22".

Korrektur für Geozentrische Breite

Die Erde ist keine vollkommene Kugel, sondern gleicht in ihrer Gestalt einem abgeplatteten Rotations-Ellipsoid (populaer: einem leicht eingedrueckten Gummiball).

Diese Tatsache wird beruecksichtigt durch die geozentrische Breite. Sie rechnet vom Standpunkt eines im Erdmittelpunkt befindlichen Beobachters aus.

Die ueblichen Haeusertabellen, auch die Birthplace Tables of Houses, sind fuer die geographische Breite berechnet.

Fuer geozentrische Breite ist an die Werte der geographischen Breite eine Korrektur anzubringen, die von der Groesse der Abplattung der Erde abhaengig ist.

Die geozentrische Breite ist immer kleiner als die geographische Breite. Am Aequator und an den Polen verschwindet der Unterschied; er ist bei 45° am groessten.

Die geozentrische Breite erhaelt man aus der geographischen Breite dadurch, dass man die Korrektur von der geographischen Breite subtrahiert.

Im Birthplace House System ist die Korrektur fuer alle Haeuser gleich, — waehrend sie in anderen Haeusersystemen fuer die wechselnden Polhoehen der Zwischenhaeuser sich aendert.

Fuer die geographischen Breiten von 0°-90° sind die Korrekturwerte hier angegeben. Beispiel: Paris geographische Breite 48°50'49" — Korrektur 11'27" = Geozentrische Breite Paris 48°39'22".

Correcting for geocentric latitude with a polar flattening of the earth 1:298.3
Korrektur fuer Geozentrische Breite bei einer Abplattung 1:298,3
Calculator: Klaus M. Paessler, Bremen

00°	—	00'00"	30°	—	09'59"	60°	—	10'01"
01	—	00'24"	31	—	10'11"	61	—	09'49"
02	—	00'48"	32	—	10'22"	62	—	09'35"
03°	—	01'12"	33°	—	10'32"	63°	—	09'21"
04	—	01'36"	34	—	10'41"	64	—	09'07"
05	—	02'00"	35	—	10'50"	65	—	08'52"
06°	—	02'24"	36°	—	10'58"	66°	—	08'36"
07	—	02'47"	37	—	11'05"	67	—	08'19"
08	—	03'10"	38	—	11'11"	68	—	08'02"
09°	—	03'33"	39°	—	11'17"	69°	—	07'45"
10	—	03'56"	40	—	11'22"	70	—	07'26"
11	—	04'19"	41	—	11'26"	71	—	07'08"
12°	—	04'41"	42°	—	11'29"	72°	—	06'48"
13	—	05'03"	43	—	11'31"	73	—	06'28"
14	—	05'24"	44	—	11'32"	74	—	06'08"
15°	—	05'45"	45°	—	11'33"	75°	—	05'47"
16	—	06'06"	46	—	11'32"	76	—	05'26"
17	—	06'26"	47	—	11'31"	77	—	05'05"
18°	—	06'46"	48°	—	11'29"	78°	—	04'43"
19	—	07'05"	49	—	11'26"	79	—	04'20"
20	—	07'24"	50	—	11'22"	80	—	03'58"
21°	—	07'42"	51°	—	11'18"	81°	—	03'35"
22	—	08'00"	52	—	11'13"	82	—	03'12"
23	—	08'17"	53	—	11'06"	83	—	02'48"
24°	—	08'34"	54°	—	10'59"	84°	—	02'24"
25	—	08'49"	55	—	10'52"	85	—	02'01"
26	—	09'05"	56	—	10'43"	86	—	01'37"
27°	—	09'19"	57°	—	10'34"	87°	—	01'13"
28	—	09'33"	58	—	10'23"	88	—	00'48"
29	—	09'46"	59	—	10'13"	89	—	00'24"
						90°	—	00'00"

XI	XII	A	II	III	N LAT	XI	XII	A	II	III
♉ 2 11	Ⅱ 2 05	♋ 0°00	♋27 55	♌27 49	0°	♉ 3 08	Ⅱ 2 58	♋ 0°50	♋28 47	♌28 46
3 21	3 55	2 00	29 41	28 55	5°	4 19	4 48	2 50	♌ 0 33	29 52
4 37	5 50	4 01	♌ 1 25	29 58	10°	5 35	6 43	4 51	2 17	♍ 0 55
6 01	7 53	6 05	3 08	♍ 0 58	15°	6 59	8 45	6 55	4 00	1 55
7 35	10 05	8 14	4 52	1 58	20°	8 33	10 57	9 04	5 44	2 54
7 55	10 32	8 41	5 13	2 10	21°	8 53	11 24	9 30	6 05	3 06
8 16	11 01	9 08	5 35	2 22	22°	9 14	11 53	9 57	6 26	3 18
8 38	11 30	9 35	5 56	2 34	23°	9 36	12 22	10 24	6 47	3 30
9 00	12 00	10 03	6 17	2 46	24°	9 58	12 51	10 52	7 08	3 42
9 23	12 30	10 31	6 39	2 58	25°	10 21	13 21	11 20	7 30	3 54
9 47	13 01	10 59	7 00	3 11	26°	10 45	13 52	11 48	7 51	4 06
10 12	13 32	11 28	7 23	3 23	27°	11 10	14 23	12 16	8 13	4 18
10 37	14 04	11 57	7 45	3 35	28°	11 35	14 55	12 45	8 35	4 30
11 04	14 37	12 26	8 07	3 47	29°	12 02	15 28	13 14	8 57	4 42
11 31	15 11	12 56	8 29	3 59	30°	12 29	16 02	13 44	9 19	4 54
12 00	15 46	13 26	8 52	4 11	31°	12 57	16 36	14 14	9 42	5 06
12 30	16 22	13 57	9 15	4 24	32°	13 27	17 12	14 45	10 05	5 19
13 01	16 59	14 29	9 38	4 36	33°	13 58	17 49	15 17	10 27	5 31
13 33	17 37	15 02	10 01	4 48	34°	14 30	18 26	15 49	10 50	5 43
14 07	18 15	15 34	10 25	5 01	35°	15 04	19 04	16 21	11 14	5 56
14 42	18 55	16 08	10 49	5 14	36°	15 39	19 44	16 54	11 38	6 08
15 19	19 37	16 42	11 13	5 27	37°	16 16	20 25	17 28	12 02	6 21
15 57	20 19	17 16	11 38	5 40	38°	16 54	21 07	18 02	12 27	6 34
16 38	21 03	17 52	12 03	5 53	39°	17 35	21 51	18 37	12 52	6 47
17 21	21 48	18 28	12 28	6 06	40°	18 17	22 35	19 13	13 17	7 00
18 06	22 35	19 05	12 54	6 20	41°	19 02	23 22	19 50	13 42	7 14
18 54	23 23	19 43	13 20	6 33	42°	19 50	24 10	20 28	14 08	7 27
19 44	24 13	20 22	13 47	6 47	43°	20 40	24 59	21 06	14 34	7 41
20 38	25 05	21 01	14 14	7 01	44°	21 33	25 50	21 45	15 01	7 55
21 34	25 59	21 42	14 41	7 15	45°	22 29	26 43	22 25	15 29	8 08
22 36	26 55	22 24	15 09	7 29	46°	23 30	27 39	23 07	15 56	8 23
23 40	27 53	23 07	15 38	7 44	47°	24 34	28 36	23 50	16 25	8 37
24 48	28 53	23 51	16 07	7 59	48°	25 41	Ⅱ29 35	24 33	16 54	8 52
26 02	Ⅱ29 56	24 36	16 37	8 14	49°	26 54	♋ 0 38	25 17	17 24	9 07
27 21	♋ 1 01	25 22	17 08	8 29	50°	28 12	1 42	26 03	17 53	9 22
♉28 46	2 09	26 10	17 39	8 45	51°	♉29 36	2 49	26 50	18 24	9 38
Ⅱ 0 17	3 20	26 59	18 11	9 01	52°	Ⅱ 1 07	4 00	27 39	18 56	9 54
1 56	4 34	27 50	18 44	9 17	53°	2 44	5 13	28 29	19 28	10 10
3 43	5 52	28 43	19 17	9 34	54°	4 30	6 29	29 21	20 02	10 26
5 39	7 12	♋29 37	19 51	9 51	55°	6 24	7 48	♌ 0 15	20 36	10 43
7 45	8 37	♌ 0 32	20 27	10 09	56°	8 28	9 11	1 10	21 11	11 00
10 02	10 05	1 30	21 03	10 26	57°	10 43	10 39	2 07	21 47	11 18
12 30	11 38	2 30	21 40	10 45	58°	13 09	12 10	3 06	22 23	11 36
15 11	13 14	3 31	22 18	11 03	60°	15 48	13 44	4 00	23 01	11 55
Ⅱ18 07	♋14 54	♌ 4 35	♌22 58	♍11 23	60°	Ⅱ18 40	♋15 24	♌ 5 09	♌23 40	♍12 14

XI	XII	A	II	III	N LAT	XI	XII	A	II	III
♉ 4 05	♊ 3 50	♋ 1°41	♋29 40	♌29 44	0°	♉ 5 02	♊ 4 43	♋ 2 31	♌ 0 33	♍ 0 41
5 16	5 41	3 40	♌ 1 25	♍ 0 49	5°	6 13	6 33	4 31	2 18	1 46
6 32	7 35	5 41	3 09	1 52	10°	7 29	8 27	6 31	4 02	2 49
7 56	9 37	7 45	4 52	2 51	15°	8 54	10 29	8 35	5 44	3 48
9 31	11 49	9 53	6 35	3 51	20°	10 28	12 40	10 43	7 27	4 47
9 51	12 16	10 19	6 56	4 02	21°	10 48	13 07	11 09	7 48	4 59
10 12	12 44	10 46	7 17	4 14	22°	11 09	13 35	11 35	8 09	5 10
10 33	13 13	11 13	7 38	4 26	23°	11 31	14 04	12 02	8 29	5 22
10 56	13 42	11 41	8 00	4 38	24°	11 53	14 33	12 29	8 51	5 34
11 19	14 12	12 08	8 21	4 50	25°	12 16	15 03	12 57	9 12	5 45
11 43	14 43	12 36	8 42	5 01	26°	12 40	15 33	13 25	9 33	5 57
12 07	15 14	13 05	9 03	5 13	27°	13 04	16 04	13 53	9 54	6 09
12 33	15 45	13 34	9 25	5 25	28°	13 30	16 35	14 22	10 16	6 21
12 59	16 18	14 03	9 47	5 37	29°	13 56	17 08	14 51	10 38	6 33
13 26	16 52	14 32	10 10	5 49	30°	14 23	17 42	15 20	11 00	6 45
13 54	17 26	15 02	10 32	6 01	31°	14 51	18 16	15 50	11 22	6 57
14 24	18 02	15 33	10 55	6 14	32°	15 21	18 51	16 20	11 45	7 09
14 55	18 38	16 04	11 17	6 26	33°	15 52	19 27	16 51	12 07	7 21
15 27	19 15	16 36	11 40	6 38	34°	16 24	20 04	17 22	12 30	7 33
16 00	19 53	17 08	12 04	6 51	35°	16 57	20 41	17 54	12 53	7 45
16 35	20 32	17 41	12 27	7 03	36°	17 32	21 21	18 27	13 17	7 58
17 12	21 13	18 14	12 51	7 16	37°	18 08	22 01	19 00	13 40	8 10
17 51	21 55	18 48	13 16	7 29	38°	18 47	22 42	19 34	14 04	8 23
18 31	22 38	19 23	13 40	7 41	39°	19 27	23 25	20 09	14 29	8 36
19 13	23 22	19 59	14 05	7 54	40°	20 09	24 09	20 44	14 54	8 49
19 58	24 08	20 35	14 30	8 08	41°	20 53	24 54	21 20	15 19	9 02
20 45	24 56	21 12	14 56	8 21	42°	21 40	25 41	21 56	15 44	9 15
21 35	25 45	21 50	15 22	8 35	43°	22 30	26 30	22 34	16 10	9 29
22 28	26 35	22 29	15 49	8 49	44°	23 22	27 20	23 13	16 37	9 42
23 23	27 28	23 09	16 16	9 02	45°	24 17	28 12	23 52	17 03	9 56
24 24	28 23	23 50	16 43	9 16	46°	25 17	♊29 06	24 33	17 31	10 10
25 27	♊29 19	24 32	17 12	9 31	47°	26 19	♋ 0 02	25 15	17 59	10 24
26 34	♋ 0 18	25 15	17 41	9 45	48°	27 26	1 00	25 57	18 27	10 38
27 46	1 20	25 59	18 10	10 00	49°	28 37	2 02	26 40	18 56	10 53
♉29 03	2 23	26 44	18 39	10 15	50°	♉29 53	3 04	27 25	19 25	11 08
♊ 0 26	3 29	27 31	19 10	10 31	51°	♊ 1 15	4 09	28 11	19 56	11 23
1 56	4 39	28 19	19 42	10 46	52°	2 44	5 17	28 59	20 27	11 38
3 32	5 51	♋29 09	20 13	11 02	53°	4 19	6 28	♋29 48	20 58	11 54
5 16	7 06	♌ 0 00	20 46	11 18	54°	6 02	7 43	♌ 0 38	21 31	12 11
7 09	8 24	0 53	21 20	11 35	55°	7 53	9 00	1 30	22 04	12 27
9 11	9 46	1 47	21 54	11 52	56°	9 54	10 20	2 24	22 38	12 44
11 24	11 13	2 43	22 30	12 10	57°	12 04	11 46	3 20	23 13	13 02
13 47	12 42	3 42	23 06	12 28	58°	14 25	13 14	4 17	23 49	13 19
16 24	14 15	4 41	23 44	12 46	59°	16 59	14 46	5 16	24 26	13 37
♊19 13	♋15 53	♌ 5 43	♌24 22	♍13 05	60°	♊19 46	♋16 22	♌ 6 17	♌25 04	♍13 56

0ᵐ 14ᵐ 41ˢ		3° 40' 14'' M 4° ♈			N LAT	0ʰ 18ᵐ 21ˢ		4° 35' 20'' M 5° ♈		
XI	XII	A	II	III		XI	XII	A	II	III
♉ 5 59	Ⅱ 5 35	♋ 3°22	♌ 1 26	♍ 1 39	0°	♉ 6 56	Ⅱ 6 27	♋ 4°13	♌ 2 19	♍ 2 37
7 10	7 25	5 21	3 11	2 43	5°	8 07	8 17	6 12	4 04	3 41
8 26	9 19	7 22	4 54	3 46	10°	9 23	10 11	8 12	5 47	4 43
9 51	11 20	9 24	6 36	4 45	15°	10 48	12 12	10 14	7 28	5 42
11 25	13 31	11 32	8 19	5 43	20°	12 22	14 22	12 21	9 10	6 40
11 45	13 58	11 58	8 39	5 55	21°	12 42	14 49	12 47	9 31	6 51
12 06	14 26	12 24	9 00	6 06	22°	13 03	15 17	13 13	9 52	7 03
12 28	14 55	12 51	9 21	6 18	23°	13 25	15 45	13 40	10 12	7 14
12 50	15 23	13 18	9 42	6 30	24°	13 47	16 14	14 07	10 33	7 26
13 13	15 53	13 45	10 03	6 41	25°	14 10	16 43	14 34	10 54	7 37
13 37	16 23	14 13	10 24	6 53	26°	14 34	17 13	15 02	11 15	7 49
14 01	16 54	14 41	10 45	7 04	27°	14 58	17 44	15 29	11 36	8 00
14 27	17 25	15 10	11 07	7 16	28°	15 23	18 15	15 57	11 58	8 12
14 53	17 58	15 38	11 28	7 28	29°	15 49	18 48	16 26	12 19	8 24
15 20	18 31	16 07	11 50	7 40	30°	16 16	19 21	16 55	12 40	8 35
15 48	19 05	16 37	12 12	7 52	31°	16 45	19 54	17 24	13 02	8 47
16 18	19 40	17 07	12 35	8 04	32°	17 14	20 29	17 54	13 25	8 59
16 48	20 16	17 38	12 57	8 16	33°	17 44	21 04	18 25	13 47	9 11
17 20	20 52	18 09	13 20	8 28	34°	18 16	21 40	18 56	14 10	9 23
17 53	21 30	18 41	13 43	8 40	35°	18 49	22 18	19 27	14 32	9 35
18 28	22 09	19 13	14 06	8 53	36°	19 24	22 56	19 59	14 55	9 47
19 04	22 49	19 46	14 29	9 05	37°	20 00	23 36	20 32	15 19	10 00
19 42	23 29	20 20	14 53	9 18	38°	20 37	24 16	21 05	15 42	10 12
20 22	24 12	20 54	15 18	9'30	39°	21 16	24 58	21 39	16 06	10 25
21 04	24 55	21 29	15 42	9 43	40°	21 59	25 41	22 14	16 31	10 37
21 48	25 40	22 04	16 07	9 56	41°	22 43	26 26	22 49	16 55	10 50
22 34	26 27	22 41	16 32	10 09	42°	23 28	27 12	23 25	17 20	11 03
23 24	27 15	23 18	16 58	10 23	43°	24 17	28 00	24 02	17 46	11 16
24 16	28 05	23 56	17 24	10 36	44°	25 09	28 49	24 40	18 12	11 30
25 10	28 56	24 35	17 50	10 49	45°	26 02	Ⅱ29 39	25 18	18 38	11 43
26 09	Ⅱ29 49	25 16	18 18	11 03	46°	27 01	♋ 0 32	25 58	19 05	11 57
27 11	♋ 0 45	25 57	18 45	11 17	47°	28 03	1 27	26 39	19 32	12 11
28 17	1 42	26 39	19 13	11 32	48°	♉29 08	2 24	27 21	20 00	12 25
♉29 28	2 43	27 22	19 42	11 46	49°	Ⅱ 0 18	3 23	28 03	20 28	12 40
Ⅱ 0 43	3 44	28 06	20 11	12 01	50°	1 32	4 24	28 47	20 57	12 54
2 04	4 49	28 52	20 41	12 16	51°	2 52	5 28	♋29 32	21 27	13 09
3 32	5 56	♋29 39	21 12	12 31	52°	4 19	6 34	♌ 0 18	21 57	13 24
5 06	7 06	♌ 0 27	21 43	12 47	53°	5 52	7 44	1 06	22 28	13 39
6 47	8 19	1 17	22 15	13 03	54°	7 31	8 55	1 55	23 00	13 55
8 36	9 35	2 08	22 48	13 19	55°	9 19	10 10	2 46	23 33	14 11
10 36	10 55	3 01	23 22	13 36	56°	11 17	11 29	3 38	24 06	14 28
12 44	12 19	3 56	23 57	13 53	57°	13 23	12 52	4 32	24 40	14 45
15 03	13 46	4 53	24 32	14 11	58°	15 40	14 17	5 28	25 15	15 02
17 04	15 10	5 51	25 09	14 29	59°	18 08	15 46	6 26	25 51	15 20
Ⅱ20 18	♋16 51	♌ 6 51	♌25 46	♍14 47	60°	Ⅱ20 50	♋17 20	♌ 7 25	♌26 28	♍15 38

XI	XII	A	II	III	N LAT	XI	XII	A	II	III
♉ 7 52	♊ 7 19	♋ 5°03	♌ 3 12	♍ 3 35	0°	♉ 8 49	♊ 8 11	♋ 5°54	♌ 4 06	♍ 4 34
9 04	9 09	7 02	4 57	4 39	5°	10 00	10 00	7 53	5 51	5 37
10 20	11 03	9 02	6 40	5 40	10°	11 17	11 54	9 52	7 33	6 38
11 44	13 03	11 04	8 21	6 39	15°	12 41	13 54	11 54	9 13	7 36
13 19	15 13	13 10	10 02	7 36	20°	14 15	16 04	13 59	10 54	8 33
13 39	15 40	13 36	10 23	7 47	21°	14 36	16 31	14 25	11 14	8 44
14 00	16 08	14 02	10 43	7 59	22°	14 57	16 58	14 51	11 35	8 55
14 21	16 36	14 29	11 04	8 10	23°	15 18	17 26	15 17	11 55	9 07
14 44	17 04	14 55	11 24	8 22	24°	15 40	17 54	15 44	12 16	9 18
15 07	17 33	15 22	11 45	8 33	25°	16 03	18 23	16 11	12 36	9 29
15 30	18 03	15 50	12 06	8 45	26°	16 26	18 53	16 38	12 57	9 41
15 54	18 34	16 17	12 27	8 56	27°	16 50	19 24	17 05	13 18	9 52
16 19	19 05	16 45	12 48	9 07	28°	17 15	19 54	17 33	13 39	10 03
16 45	19 37	17 14	13 10	9 19	29°	17 41	20 26	18 01	14 00	10 15
17 12	20 09	17 43	13 31	9 31	30°	18 08	20 58	18 30	14 22	10 27
17 41	20 43	18 12	13 53	9 43	31°	18 37	21 32	18 59	14 43	10 38
18 10	21 18	18 42	14 15	9 54	32°	19 06	22 06	19 29	15 05	10 50
18 40	21 52	19 12	14 37	10 06	33°	19 35	22 40	19 59	15 27	11 02
19 11	22 28	19 42	14 59	10 18	34°	20 06	23 16	20 29	15 49	11 13
19 44	23 05	20 13	15 22	10 30	35°	20 39	23 52	21 00	16 11	11 25
20 19	23 43	20 45	15 45	10 42	36°	21 13	24 30	21 31	16 34	11 37
20 55	24 23	21 18	16 08	10 54	37°	21 49	25 09	22 03	16 57	11 49
21 32	25 03	21 51	16 31	11 07	38°	22 26	25 49	22 36	17 20	12 01
22 11	25 44	22 24	16 55	11 19	39°	23 05	26 30	23 09	17 44	12 14
22 53	26 27	22 58	17 19	11 32	40°	23 47	27 13	23 43	18 08	12 26
23 37	27 11	23 33	17 44	11 45	41°	24 30	27 56	24 18	18 32	12 39
24 22	27 57	24 09	18 09	11 57	42°	25 15	28 41	24 53	18 57	12 51
25 10	28 44	24 46	18 34	12 10	43°	26 03	♊29 28	25 29	19 22	13 04
26 02	♊29 33	25 23	18 59	12 24	44°	26 54	♋ 0 16	26 06	19 47	13 18
26 55	♋ 0 22	26 01	19 25	12 37	45°	27 47	1 05	26 44	20 13	13 31
27 53	1 15	26 41	19 52	12 51	46°	28 44	1 57	27 23	20 39	13 44
28 54	2 09	27 21	20 19	13 04	47°	♉29 44	2 51	28 03	21 06	13 58
♉29 58	3 05	28 02	20 46	13 18	48°	♊ 0 48	3 46	28 44	21 33	14 11
♊ 1 07	4 04	28 44	21 15	13 33	49°	1 56	4 44	♋29 25	22 01	14 26
2 21	5 04	♋29 27	21 43	13 47	50°	3 09	5 44	♌ 0 08	22 29	14 40
3 40	6 07	♌ 0 12	22 13	14 02	51°	4 28	6 46	0 52	22 58	14 55
5 06	7 12	0 58	22 43	14 17	52°	5 52	7 50	1 37	23 28	15 09
6 37	8 21	1 45	23 13	14 32	53°	7 22	8 57	2 24	23 58	15 24
8 15	9 31	2 34	23 45	14 48	54°	8 59	10 07	3 12	24 29	15 40
10 01	10 45	3 24	24 17	15 04	55°	10 43	11 20	4 01	25 01	15 56
11 58	12 03	4 15	24 50	15 20	56°	12 38	12 36	4 52	25 33	16 12
14 02	13 24	5 09	25 24	15 37	57°	14 40	13 57	5 45	26 07	16 29
16 16	14 48	6 04	25 58	15 54	58°	16 52	15 19	6 39	26 41	16 46
18 42	16 16	7 01	26 34	16 11	59°	19 16	16 46	7 36	27 17	17 03
♊21 21	♋17 48	♌ 7 59	♌27 11	♍16 29	60°	♊21 52	♋18 17	♌ 8 33	♌27 53	♍17 21

| 0ʰ 29ᵐ 23ˢ | | 7° 20' 48" | | | N | 0ʰ 33ᵐ 04ˢ | | 8° 16' 03" | | |
| | M 8° ♈ | | | | LAT | | M 9° ♈ | | | |
XI	XII	A	II	III		XI	XII	A	II	III
♉ 9 45	♊ 9 03	♋ 6°45	♌ 5 00	♍ 5 32	0°	♉10 41	♊ 9 55	♋ 7°36	♌ 5 54	♍ 6 31
10 57	10 52	8 43	6 44	6 35	5°	11 53	11 44	9 34	7 37	7 33
12 14	12 46	10 42	8 26	7 35	10°	13 10	13 37	11 32	9 19	8 33
13 38	14 45	12 43	10 06	8 33	15°	14 34	15 36	13 33	10 58	9 30
15 11	16 54	14 48	11 46	9 29	20°	16 07	17 44	15 37	12 38	10 26
15 32	17 21	15 14	12 06	9 40	21°	16 28	18 11	16 03	12 58	10 37
15 53	17 48	15 40	12 26	9 51	22°	16 49	18 38	16 29	13 18	10 48
16 14	18 16	16 06	12 47	10 03	23°	17 10	19 06	16 55	13 38	10 59
16 36	18 44	16 32	13 07	10 14	24°	17 32	19 34	17 21	13 59	11 10
16 59	19 13	16 59	13 27	10 25	25°	17 54	20 03	17 47	14 19	11 22
17 22	19 43	17 26	13 48	10 37	26°	18 18	20 32	18 14	14 39	11 33
17 46	20 13	17 53	14 09	10 48	27°	18 42	21 02	18 41	15 00	11 44
18 11	20 43	18 21	14 30	10 59	28°	19 07	21 32	19 09	15 21	11 55
18 37	21 15	18 49	14 51	11 11	29°	19 32	22 04	19 37	15 42	12 06
19 04	21 47	19 17	15 12	11 22	30°	19 59	22 36	20 05	16 03	12 17
19 32	22 20	19 46	15 33	11 34	31°	20 27	23 08	20 33	16 24	12 29
20 01	22 54	20 16	15 55	11 45	32°	20 55	23 42	21 02	16 45	12 41
20 30	23 28	20 46	16 17	11 57	33°	21 25	24 16	21 32	17 07	12 52
21 01	24 04	21 16	16 39	12 08	34°	21 56	24 51	22 02	17 29	13 04
21 34	24 40	21 46	17 01	12 20	35°	22 29	25 27	22 32	17 51	13 15
22 08	25 17	22 17	17 23	12 32	36°	23 02	26 04	23 03	18 13	13 27
22 43	25 56	22 49	17 46	12 44	37°	23 37	26 42	23 35	18 36	13 39
23 20	26 35	23 21	18 09	12 56	38°	24 14	27 21	24 07	18 59	13 51
23 59	27 16	23 54	18 33	13 08	39°	24 53	28 02	24 39	19 22	14 03
24 40	27 58	24 28	18 56	13 21	40°	25 33	28 43	25 13	19 45	14 15
25 23	28 41	25 02	19 20	13 33	41°	26 16	♊29 26	25 47	20 09	14 28
26 08	♊29 26	25 37	19 45	13 45	42°	27 00	♋ 0 10	26 21	20 33	14 40
26 56	♋ 0 12	26 13	20 10	13 58	43°	27 48	0 56	26 56	20 58	14 52
27 46	1 00	26 50	20 35	14 12	44°	28 37	1 43	27 33	21 23	15 06
28 38	1 48	27 27	21 00	14 24	45°	♉29 29	2 31	28 10	21 48	15 18
♉29 35	2 39	28 06	21 26	14 38	46°	♊ 0 25	3 21	28 48	22 13	15 32
♊ 0 34	3 32	28 45	21 53	14 51	47°	1 24	4 14	♋29 27	22 40	15 45
1 37	4 27	♋29 25	22 20	15 05	48°	2 26	5 08	♌ 0 07	23 07	15 58
2 45	5 24	♌ 0 06	22 47	15 19	49°	3 33	6 04	0 47	23 34	16 12
3 57	6 23	0 48	23 15	15 33	50°	4 44	7 02	1 29	24 01	16 26
5 15	7 24	1 32	23 44	15 48	51°	6 01	8 02	2 12	24 30	16 41
6 37	8 28	2 17	24 13	16 02	52°	7 22	9 05	2 56	24 59	16 55
8 06	9 34	3 03	24 43	16 17	53°	8 50	10 11	3 42	25 28	17 10
9 42	10 43	3 50	25 14	16 33	54°	10 24	11 19	4 29	25 59	17 25
11 25	11 55	4 39	25 45	16 48	55°	12 06	12 29	5 17	26 30	17 41
13 17	13 10	5 29	26 17	17 04	56°	13 56	13 43	6 06	27 01	17 56
15 18	14 29	6 21	26 50	17 21	57°	15 55	15 01	6 57	27 34	18 13
17 28	15 50	7 15	27 24	17 37	58°	18 03	16 21	7 50	28 07	18 29
19 49	17 16	8 11	27 59	17 54	59°	20 22	17 46	8 45	28 42	18 46
♊22 22	♋18 45	♌ 9 07	♌28 35	♍18 12	60°	♊22 52	♋19 13	♌ 9 41	♌29 17	♍19 04

0ʰ 36ᵐ 45ˢ		9° 11' 20'' M 10° ♈			N LAT	0ʰ 40ᵐ 27ˢ		10° 06' 40'' M 11° ♈		
XI	XII	A	II	III		XI	XII	A	II	III
♉11 37	♊10 47	♋8°27	♌6 48	♍7 30	0°	♉12 33	♊11 38	♋9°18	♌7 42	♍8 29
12 49	12 35	10 24	8 31	8 31	5°	13 45	13 27	11 15	9 25	9 30
14 06	14 28	12 23	10 12	9 31	10°	15 02	15 20	13 13	11 05	10 29
15 30	16 27	14 23	11 51	10 27	15°	16 26	17 18	15 12	12 44	11 25
17 03	18 35	16 27	13 30	11 23	20°	17 59	19 25	17 16	14 22	12 20
17 24	19 01	16 52	13 50	11 34	21°	18 20	19 51	17 41	14 42	12 31
17 45	19 28	17 18	14 10	11 45	22°	18 40	20 18	18 06	15 02	12 42
18 06	19 56	17 44	14 30	11 56	23°	19 01	20 45	18 32	15 22	12 52
18 27	20 24	18 10	14 50	12 07	24°	19 23	21 13	18 58	15 42	13 03
18 50	20 52	18 36	15 10	12 18	25°	19 45	21 41	19 24	16 02	13 14
19 13	21 21	19 02	15 30	12 29	26°	20 08	22 10	19 50	16 22	13 25
19 37	21 51	19 29	15 51	12 40	27°	20 32	22 40	20 17	16 42	13 36
20 02	22 21	19 57	16 12	12 51	28°	20 57	23 10	20 44	17 03	13 47
20 27	22 52	20 24	16 33	13 02	29°	21 22	23 41	21 12	17 24	13 58
20 54	23 24	20 52	16 53	13 13	30°	21 49	24 12	21 39	17 44	14 09
21 22	23 56	21 20	17 14	13 25	31°	22 16	24 44	22 07	18 05	14 20
21 50	24 30	21 49	17 36	13 36	32°	22 44	25 17	22 36	18 26	14 31
22 20	25 04	22 18	17 57	13 48	33°	23 14	25 51	23 05	18 47	14 43
22 51	25 38	22 48	18 19	13 59	34°	23 45	26 25	23 34	19 09	14 54
23 23	26 14	23 18	18 41	14 11	35°	24 17	27 01	24 04	19 30	15 06
23 56	26 51	23 49	19 03	14 22	36°	24 50	27 37	24 35	19 52	15 17
24 31	27 28	24 20	19 25	14 34	37°	25 24	28 14	25 06	20 14	15 29
25 07	28 07	24 52	19 48	14 46	38°	26 00	28 53	25 37	20 37	15 41
25 46	28 47	25 24	20 11	14 58	39°	26 38	♊29 32	26 09	21 00	15 53
26 26	♊29 28	25 57	20 34	15 10	40°	27 18	♋0 13	26 42	21 23	16 04
27 08	♋0 10	26 31	20 57	15 22	41°	28 00	0 55	27 15	21 46	16 16
27 52	0 54	27 05	21 21	15 34	42°	28 44	1 38	27 49	22 10	16 29
28 39	1 39	27 40	21 45	15 47	43°	♉29 30	2 22	28 24	22 34	16 41
♉29 28	2 25	28 16	22 10	16 00	44°	♊0 19	3 08	28 59	22 58	16 54
♊0 19	3 13	28 52	22 35	16 12	45°	1 10	3 55	♋29 35	23 23	17 06
1 15	4 03	♋29 30	23 01	16 25	46°	2 04	4 45	♌0 12	23 48	17 19
2 13	4 55	♌0 09	23 27	16 39	47°	3 02	5 35	0 50	24 13	17 32
3 15	5 48	0 48	23 53	16 52	48°	4 03	6 28	1 29	24 39	17 45
4 21	6 44	1 28	24 20	17 06	49°	5 08	7 23	2 09	25 06	17 59
5 31	7 41	2 09	24 47	17 19	50°	6 17	8 20	2 50	25 33	18 12
6 47	8 40	2 52	25 15	17 34	51°	7 32	9 18	3 32	26 01	18 27
8 07	9 42	3 36	25 44	17 48	52°	8 51	10 19	4 15	26 29	18 41
9 33	10 47	4 21	26 13	18 02	53°	10 17	11 23	4 59	26 58	18 55
11 06	11 54	5 07	26 43	18 18	54°	11 48	12 29	5 45	27 28	19 10
12 46	13 04	5 54	27 14	18 33	55°	13 26	13 38	6 32	27 58	19 25
14 35	14 16	6 43	27 45	18 48	56°	15 14	14 50	7 20	28 30	19 40
16 32	15 33	7 34	28 17	19 05	57°	17 08	16 05	8 10	29 01	19 57
18 38	16 52	8 26	28 50	19 21	58°	19 12	17 23	9 01	♌29 34	20 13
20 55	18 15	9 20	29 24	19 38	59°	21 27	18 45	9 54	0 07	20 29
♊23 22	♋19 42	♌10 15	♌29 59	♍19 55	60°	♊23 52	♋20 10	♌10 49	♍0 42	♍20 47

XI	XII	A	II	III	N LAT	XI	XII	A	II	III
♉13 29	♊12 30	♋10°09	♌ 8 36	♍ 9 28	0°	♉14 25	♊13 22	♋11°00	♌ 9 31	♍10 27
14 41	14 19	12 06	10 19	10 29	5°	15 37	15 10	12 57	11 13	11 28
15 58	16 11	14 03	11 58	11 27	10°	16 53	17 02	14 54	12 52	12 25
17 21	18 09	16 02	13 37	12 22	15°	18 17	18 59	16 52	14 30	13 20
18 54	20 15	18 05	15 15	13 17	20°	19 50	21 05	18 54	16 07	14 14
19 15	20 41	18 30	15 34	13 28	21°	20 10	21 31	19 19	16 27	14 25
19 35	21 08	18 55	15 54	13 39	22°	20 30	21 57	19 44	16 46	14 36
19 56	21 35	19 21	16 14	13 49	23°	20 51	22 25	20 09	17 06	14 46
20 18	22 02	19 46	16 34	14 00	24°	21 13	22 52	20 35	17 25	14 57
20 40	22 30	20 12	16 54	14 11	25°	21 35	23 19	21 01	17 45	15 07
21 03	22 59	20 38	17 13	14 22	26°	21 58	23 48	21 27	18 05	15 18
21 27	23 29	21 05	17 33	14 33	27°	22 22	24 17	21 53	18 25	15 29
21 52	23 59	21 32	17 54	14 43	28°	22 46	24 47	22 20	18 45	15 39
22 17	24 29	21 59	18 15	14 54	29°	23 11	25 17	22 47	19 06	15 50
22 43	25 00	22 26	18 35	15 05	30°	23 37	25 48	23 14	19 26	16 01
23 10	25 32	22 54	18 56	15 16	31°	24 04	26 20	23 41	19 46	16 12
23 38	26 05	23 23	19 16	15 27	32°	24 32	26 52	24 09	20 07	16 23
24 08	26 38	23 52	19 37	15 39	33°	25 02	27 25	24 38	20 28	16 34
24 39	27 12	24 21	19 59	15 50	34°	25 32	27 59	25 07	20 49	16 45
25 10	27 47	24 50	20 20	16 01	35°	26 03	28 34	25 36	21 10	16 57
25 43	28 23	25 20	20 42	16 13	36°	26 36	29 09	26 06	21 32	17 08
26 17	29 00	25 51	21 04	16 24	37°	27 10	♊29 45	26 36	21 53	17 19
26 53	♊29 38	26 22	21 26	16 36	38°	27 45	♋ 0 23	27 07	22 15	17 31
27 31	♋ 0 17	26 54	21 49	16 48	39°	28 23	1 02	27 39	22 38	17 43
28 10	0 57	27 26	22 11	16 59	40°	29 02	1 42	28 11	23 00	17 54
28 52	1 39	27 59	22 34	17 11	41°	♉29 43	2 23	28 43	23 23	18 06
♉29 35	2 22	28 33	22 58	17 23	42°	♊ 0 26	3 05	29 17	23 46	18 18
♊ 0 21	3 05	29 07	23 22	17 35	43°	1 11	3 48	♋29 51	24 10	18 30
1 00	3 51	♋29 42	23 46	17 48	44°	1 59	4 33	♌ 0 25	24 34	18 42
2 00	4 37	♌ 0 18	24 10	18 00	45°	2 49	5 19	1 01	24 58	18 54
2 53	5 26	0 55	24 35	18 13	46°	3 41	6 07	1 37	25 22	19 07
3 50	6 16	1 32	25 00	18 26	47°	4 38	6 57	2 14	25 47	19 20
4 50	7 08	2 10	25 26	18 39	48°	5 38	7 48	2 52	26 13	19 32
5 55	8 02	2 50	25 52	18 53	49°	6 42	8 41	3 31	26 39	19 46
7 03	8 58	3 31	26 19	19 06	50°	7 49	9 36	4 11	27 06	19 59
8 17	9 56	4 12	26 47	19 20	51°	9 01	10 34	4 52	27 33	20 13
9 35	10 56	4 54	27 15	19 34	52°	10 18	11 33	5 34	28 01	20 27
11 00	11 59	5 38	27 43	19 48	53°	11 42	12 35	6 17	28 29	20 41
12 29	13 04	6 23	28 13	20 03	54°	13 10	13 39	7 01	28 58	20 55
14 06	14 12	7 09	28 43	20 18	55°	14 46	14 46	7 47	29 27	21 10
15 52	15 23	7 57	29 14	20 33	56°	16 29	15 56	8 34	♌29 58	21 25
17 44	16 37	8 46	♌29 45	20 49	57°	18 20	17 08	9 22	♍ 0 29	21 41
19 46	17 54	9 37	♍ 0 17	21 05	58°	20 20	18 25	10 12	1 00	21 57
21 59	19 14	10 29	0 50	21 21	59°	22 30	19 43	11 04	1 33	22 13
♊24 21	♋20 38	♌11 23	♍ 1 24	♍21 38	60°	♊24 50	♋21 06	♌11 57	♍ 2 06	♍22 29

11

XI	XII	A	II	III	N LAT	XI	XII	A	II	III
♉15 21	♊14 13	♋11°51	♌10 26	♍11 27	0°	♉16 17	♊15 05	♋12°42	♌11 21	♍12 26
16 32	16 01	13 48	12 07	12 27	5°	17 28	16 53	14 39	13 02	13 26
17 49	17 53	15 44	13 46	13 23	10°	18 44	18 44	16 35	14 40	14 21
19 12	19 50	17 42	15 23	14 18	15°	20 08	20 40	18 32	16 17	15 16
20 45	21 54	19 43	17 00	15 11	20°	21 40	22 44	20 32	17 52	16 09
21 05	22 20	20 08	17 19	15 22	21°	22 00	23 10	20 57	18 12	16 19
21 25	22 47	20 33	17 38	15 33	22°	22 20	23 36	21 22	18 30	16 30
21 46	23 14	20 58	17 58	15 43	23°	22 41	24 03	21 47	18 50	16 40
22 07	23 41	21 23	18 17	15 54	24°	23 02	24 30	22 12	19 09	16 51
22 30	24 08	21 49	18 37	16 04	25°	23 24	24 57	22 37	19 29	17 01
22 53	24 37	22 15	18 57	16 14	26°	23 47	25 25	23 03	19 48	17 11
23 16	25 06	22 41	19 16	16 25	27°	24 10	25 54	23 29	20 08	17 21
23 40	25 35	23 07	19 36	16 36	28°	24 34	26 23	23 55	20 28	17 32
24 05	26 05	23 34	19 57	16 47	29°	24 59	26 53	24 21	20 48	17 43
24 31	26 36	24 01	20 17	16 57	30°	25 25	27 23	24 48	21 08	17 53
24 58	27 07	24 28	20 37	17 08	31°	25 52	27 54	25 15	21 28	18 04
25 26	27 39	24 56	20 57	17 19	32°	26 19	28 26	25 43	21 48	18 15
25 55	28 12	25 24	21 18	17 30	33°	26 48	28 59	26 11	22 09	18 26
26 25	28 46	25 53	21 39	17 41	34°	27 18	♊29 32	26 39	22 29	18 37
26 56	29 20	26 22	22 00	17 52	35°	27 49	♋0 06	27 08	22 50	18 47
27 29	♊29 55	26 52	22 21	18 03	36°	28 21	0 41	27 37	23 11	18 58
28 02	♋0 31	27 22	22 43	18 14	37°	28 54	1 17	28 07	23 32	19 10
28 37	1 08	27 52	23 05	18 26	38°	♉29 29	1 53	28 37	23 54	19 21
29 14	1 47	28 23	23 27	18 37	39°	♊0 06	2 31	29 08	24 16	19 32
♉29 53	2 26	28 55	23 49	18 49	40°	0 44	3 10	♋29 39	24 38	19 43
♊0 34	3 06	♋29 27	24 12	19 00	41°	1 24	3 50	♌0 11	25 00	19 55
1 16	3 48	♌0 00	24 35	19 12	42°	2 06	4 31	0 44	25 23	20 07
2 01	4 31	0 34	24 58	19 24	43°	2 51	5 14	1 17	25 46	20 18
2 48	5 16	1 08	25 22	19 36	44°	3 37	5 58	1 51	26 10	20 30
3 37	6 01	1 43	25 45	19 48	45°	4 26	6 42	2 25	26 33	20 42
4 30	6 48	2 19	26 10	20 01	46°	5 18	7 29	3 01	26 57	20 55
5 26	7 37	2 56	26 34	20 13	47°	6 13	8 17	3 37	27 22	21 07
6 25	8 28	3 33	27 00	20 26	48°	7 11	9 07	4 14	27 47	21 20
7 28	9 20	4 11	27 26	20 39	49°	8 14	9 59	4 52	28 12	21 33
8 34	10 15	4 51	27 52	20 52	50°	9 19	10 53	5 31	28 38	21 46
9 45	11 11	5 32	28 19	21 06	51°	10 29	11 48	6 11	29 05	21 59
11 01	12 10	6 13	28 46	21 20	52°	11 44	12 46	6 52	29 31	22 13
12 23	13 11	6 55	29 14	21 34	53°	13 05	13 46	7 34	♌29 59	22 27
13 50	14 14	7 39	♌29 43	21 48	54°	14 31	14 48	8 17	♍0 27	22 41
15 25	15 20	8 24	♍0 12	22 03	55°	16 03	15 54	9 02	0 56	22 55
17 06	16 28	9 11	0 42	22 18	56°	17 43	17 01	9 48	1 26	23 10
18 56	17 40	9 59	1 12	22 33	57°	19 31	18 12	10 35	1 56	23 25
20 54	18 55	10 48	1 44	22 49	58°	21 27	19 26	11 24	2 27	23 41
23 01	20 13	11 39	2 16	23 05	59°	23 32	20 42	12 13	2 59	23 57
♊25 19	♋21 34	♌12 31	♍2 49	♍23 21	60°	♊25 48	♋22 01	♌13 05	♍3 32	♍24 13

		M 16° ♈						M 17° ♈		
XI	XII	A	II	III	N LAT	XI	XII	A	II	III
♉17 12	♊15 57	♋13°34	♌12 16	♍13 26	0°	♉18 08	♊16 48	♋14°26	♌13 12	♍14 26
18 24	17 44	15 30	13 57	14 25	5°	19 19	18 36	16 21	14 52	15 24
19 40	19 35	17 26	15 35	15 20	10°	20 35	20 26	18 16	16 29	16 19
21 03	21 31	19 22	17 10	16 14	15°	21 58	22 21	20 12	18 04	17 12
22 34	23 34	21 22	18 45	17 06	20°	23 29	24 23	22 11	19 38	18 04
22 55	23 59	21 46	19 04	17 16	21°	23 49	24 49	22 35	19 57	18 14
23 15	24 25	22 11	19 23	17 27	22°	24 09	25 14	23 00	20 16	18 24
23 35	24 52	22 35	19 42	17 37	23°	24 29	25 41	23 24	20 35	18 34
23 56	25 19	23 00	20 02	17 48	24°	24 50	26 08	23 49	20 54	18 45
24 18	25 46	23 25	20 21	17 58	25°	25 12	26 35	24 14	21 13	18 55
24 41	26 14	23 51	20 40	18 08	26°	25 35	27 02	24 39	21 32	19 05
25 04	26 42	24 17	21 00	18 18	27°	25 58	27 30	25 05	21 52	19 15
25 28	27 11	24 43	21 19	18 29	28°	26 22	27 59	25 30	22 11	19 25
25 53	27 41	25 09	21 39	18 39	29°	26 46	28 28	25 56	22 30	19 35
26 19	28 11	25 35	21 59	18 49	30°	27 11	28 58	26 23	22 50	19 45
26 45	28 41	26 02	22 19	19 00	31°	27 38	♊29 28	26 49	23 10	19 56
27 12	29 13	26 30	22 39	19 11	32°	28 05	♋ 0 00	27 16	23 30	20 07
27 41	♊29 46	26 57	22 59	19 22	33°	28 34	0 32	27 44	23 50	20 18
28 11	♋ 0 18	27 25	23 20	19 32	34°	29 03	1 04	28 12	24 10	20 28
28 41	0 52	27 54	23 40	19 43	35°	♉29 33	1 38	28 40	24 30	20 39
29 13	1 27	28 23	24 01	19 54	36°	♊ 0 05	2 12	29 09	24 51	20 49
♉29 46	2 02	28 53	24 22	20 05	37°	0 38	2 47	♋29 38	25 12	21 00
♊ 0 21	2 38	29 23	24 43	20 16	38°	1 12	3 23	♌ 0 08	25 33	21 11
0 57	3 15	♋29 53	25 05	20 27	39°	1 48	4 00	0 38	25 54	21 22
1 35	3 54	♌ 0 24	25 27	20 38	40°	2 25	4 38	1 09	26 16	21 33
2 15	4 33	0 56	25 49	20 50	41°	3 04	5 17	1 40	26 38	21 45
2 56	5 14	1 28	26 11	21 01	42°	3 46	5 57	2 12	27 00	21 56
3 40	5 57	2 01	26 34	21 13	43°	4 29	6 39	2 44	27 23	22 08
4 26	6 40	2 34	26 57	21 25	44°	5 15	7 22	3 17	27 46	22 19
5 14	7 23	3 07	27 21	21 37	45°	6 02	8 05	3 50	28 09	22 31
6 06	8 10	3 43	27 45	21 49	46°	6 53	8 51	4 26	28 32	22 43
7 00	8 58	4 19	28 09	22 01	47°	7 46	9 38	5 01	28 56	22 55
7 57	9 47	4 56	28 33	22 14	48°	8 43	10 26	5 37	29 20	23 08
9 00	10 38	5 33	28 59	22 26	49°	9 45	11 17	6 14	♌29 45	23 20
10 03	11 31	6 12	29 25	22 39	50°	10 47	12 09	6 52	♍ 0 11	23 33
11 13	12 26	6 51	♌29 51	22 52	51°	11 56	13 03	7 31	0 37	23 46
12 27	13 22	7 31	♍ 0 17	23 06	52°	13 09	13 59	8 11	1 03	23 59
13 46	14 22	8 13	0 44	23 19	53°	14 26	14 57	8 52	1 30	24 12
15 11	15 23	8 56	1 12	23 34	54°	15 50	15 58	9 34	1 57	24 26
16 41	16 27	9 40	1 41	23 48	55°	17 19	17 00	10 17	2 25	24 40
18 20	17 33	10 25	2 10	24 02	56°	18 57	18 06	11 01	2 54	24 55
20 06	18 43	11 11	2 40	24 17	57°	20 40	19 15	11 47	3 24	25 10
22 00	19 56	11 59	3 11	24 33	58°	22 32	20 26	12 35	3 54	25 25
24 03	21 11	12 40	3 42	24 40	59°	24 33	21 40	13 23	4 25	25 40
♊26 16	♋22 29	♌13 39	♍ 4 14	♍25 05	60°	♊26 44	♋22 57	♌14 13	♍ 4 57	♍25 57

$1^h\ 06^m\ 24^s$ — 16° 35' 54'' — M 18° ♈						$1^h\ 10^m\ 07^s$ — 17° 31' 51'' — M 19° ♈				
XI	XII	A	II	III	N LAT	XI	XII	A	II	III
♉19 03	♊17 40	♋15°18	♌14 08	♍15 26	0°	♉19 59	♊18 32	♋16°10	♌15 04	♍16 27
20 14	19 27	17 12	15 47	16 24	5°	21 10	20 18	18 04	16 43	17 24
21 30	21 17	19 07	17 24	17 18	10°	22 25	22 08	19 58	18 19	18 17
22 53	23 11	21 03	18 58	18 10	15°	23 47	24 02	21 53	19 52	19 09
24 23	25 13	23 00	20 31	19 01	20°	25 18	26 02	23 50	21 25	19 59
24 43	25 38	23 24	20 50	19 11	21°	25 37	26 27	24 14	21 43	20 09
25 03	26 03	23 49	21 09	19 21	22°	25 57	26 52	24 38	22 02	20 19
25 23	26 30	24 13	21 27	19 32	23°	26 17	27 18	25 02	22 20	20 29
25 44	26 56	24 38	21 46	19 42	24°	26 38	27 45	25 26	22 39	20 39
26 06	27 23	25 02	22 05	19 52	25°	27 00	28 11	25 51	22 57	20 49
26 29	27 50	25 27	22 24	20 02	26°	27 22	28 38	26 16	23 16	20 59
26 52	28 18	25 53	22 44	20 12	27°	27 45	29 06	26 41	23 36	21 09
27 15	28 47	26 18	23 03	20 22	28°	28 08	♊29 35	27 06	23 55	21 19
27 39	29 16	26 44	23 22	20 32	29°	28 32	♋ 0 03	27 32	24 13	21 29
28 04	♊29 45	27 10	23 41	20 42	30°	28 57	0 32	27 58	24 32	21 39
28 31	♋ 0 15	27 36	24 01	20 52	31°	29 23	1 02	28 24	24 52	21 49
28 58	0 46	28 03	24 21	21 03	32°	♉29 50	1 33	28 50	25 12	21 59
29 26	1 18	28 30	24 40	21 13	33°	♊ 0 18	2 04	29 17	25 31	22 09
♉29 55	1 50	28 58	25 00	21 24	34°	0 47	2 36	♋29 44	25 51	22 20
♊ 0 25	2 23	29 26	25 21	21 34	35°	1 17	3 09	♌ 0 12	26 11	22 30
0 56	2 57	♋29 54	25 41	21 45	36°	1 47	3 42	0 40	26 31	22 41
1 29	3 32	♌ 0 23	26 02	21 56	37°	2 20	4 17	1 09	26 52	22 51
2 03	4 08	0 53	26 23	22 06	38°	2 54	4 52	1 38	27 12	23 02
2 38	4 44	1 23	26 44	22 17	39°	3 29	5 28	2 07	27 33	23 13
3 15	5 22	1 53	27 05	22 28	40°	4 05	6 05	2 37	27 54	23 23
3 54	6 00	2 24	27 27	22 39	41°	4 44	6 43	3 08	28 16	23 34
4 35	6 40	2 55	27 49	22 51	42°	5 24	7 22	3 39	28 38	23 45
5 18	7 21	3 27	28 11	23 02	43°	6 06	8 03	4 11	29 00	23 57
6 03	8 03	4 00	28 34	23 14	44°	6 51	8 45	4 43	29 22	24 08
6 50	8 46	4 33	28 56	23 25	45°	7 37	9 27	5 16	♌29 44	24 19
7 40	9 31	5 08	29 20	23 37	46°	8 27	10 12	5 50	♍ 0 07	24 31
8 33	10 17	5 43	♌29 43	23 49	47°	9 19	10 57	6 24	0 31	24 43
9 29	11 05	6 18	♍ 0 07	24 01	48°	10 14	11 44	6 59	0 55	24 55
10 30	11 55	6 55	0 32	24 13	49°	11 14	12 33	7 36	1 19	25 07
11 31	12 47	7 33	0 57	24 26	50°	12 15	13 24	8 13	1 43	25 20
12 39	13 40	8 11	1 23	24 39	51°	13 21	14 17	8 50	2 09	25 33
13 50	14 35	8 50	1 49	24 52	52°	14 31	15 11	9 29	2 35	25 45
15 07	15 32	9 30	2 15	25 05	53°	15 47	16 07	10 09	3 01	25 58
16 29	16 32	10 12	2 43	25 19	54°	17 08	17 06	10 50	3 28	26 12
17 57	17 34	10 55	3 10	25 33	55°	18 34	18 07	11 32	3 55	26 26
19 33	18 38	11 38	3 39	25 47	56°	20 08	19 10	12 15	4 23	26 40
21 14	19 46	12 24	4 08	26 02	57°	21 48	20 17	13 00	4 52	26 55
23 04	20 56	13 10	4 38	26 17	58°	23 36	21 26	13 46	5 21	27 09
25 03	22 09	13 58	5 08	26 32	59°	25 33	22 38	14 33	5 52	27 24
♊27 12	♋23 25	♌14 47	♍ 5 40	♍26 48	60°	♊27 40	♋23 53	♌15 22	♍ 6 23	♍27 40

| 1ʰ 13ᵐ 52ˢ | | 18° 27' 53'' | | | | 1ʰ 17ᵐ 36ˢ | | 19° 24' 01'' | | |
| M 20° ♈ | | | | | | M 21° ♈ | | | | |
XI	XII	A	II	III	N LAT	XI	XII	A	II	III
♉20 54	♊19 24	♋17°02	♌16 00	♍17 27	0°	♉21 49	♊20 15	♋17°54	♌16 57	♍18 28
22 05	21 10	18 56	17 39	18 24	5°	23 00	22 01	19 48	18 35	19 24
23 20	22 58	20 49	19 14	19 16	10°	24 15	23 49	21 41	20 09	20 15
24 42	24 52	22 43	20 46	20 07	15°	25 36	25 42	23 34	21 40	21 06
26 12	26 51	24 39	22 18	20 57	20°	27 06	27 40	25 29	23 11	21 55
26 31	27 16	25 03	22 36	21 07	21°	27 25	28 05	25 52	23 29	22 05
26 51	27 41	25 27	22 55	21 16	22°	27 45	28 30	26 16	23 48	22 14
27 11	28 07	25 51	23 13	21 26	23°	28 05	28 56	26 40	24 06	22 24
27 32	28 33	26 15	23 32	21 36	24°	28 25	29 22	27 04	24 24	22 34
27 53	28 59	26 39	23 50	21 46	25°	28 47	♊29 48	27 28	24 43	22 43
28 15	29 26	27 04	24 09	21 56	26°	29 08	♋ 0 14	27 52	25 01	22 53
28 38	♊29 54	27 29	24 28	22 06	27°	29 31	0 42	28 17	25 20	23 03
29 01	♋ 0 23	27 54	24 47	22 16	28°	♉29 54	1 10	28 42	25 39	23 13
29 25	0 51	28 19	25 05	22 26	29°	♊ 0 18	1 38	29 07	25 57	23 23
♉29 50	1 19	28 45	25 24	22 36	30°	0 43	2 06	29 32	26 16	23 33
♊ 0 16	1 49	29 11	25 43	22 46	31°	1 08	2 36	♋29 58	26 35	23 42
0 42	2 19	♋29 37	26 03	22 55	32°	1 34	3 06	♌ 0 24	26 54	23 51
1 10	2 50	♌ 0 04	26 22	23 05	33°	2 02	3 36	0 50	27 13	24 01
1 39	3 22	0 31	26 42	23 16	34°	2 30	4 08	1 17	27 33	24 12
2 08	3 54	0 58	27 02	23 26	35°	2 59	4 40	1 44	27 52	24 22
2 38	4 27	1 26	27 22	23 36	36°	3 29	5 12	2 12	28 12	24 32
3 10	5 01	1 54	27 42	23 47	37°	4 01	5 46	2 40	28 32	24 42
3 44	5 36	2 23	28 02	23 57	38°	4 34	6 20	3 08	28 52	24 53
4 19	6 12	2 52	28 23	24 08	39°	5 09	6 56	3 37	29 12	25 03
4 55	6 49	3 22	28 44	24 19	40°	5 45	7 32	4 06	29 33	25 14
5 33	7 26	3 52	29 05	24 29	41°	6 22	8 09	4 36	♌29 54	25 24
6 13	8 04	4 23	29 26	24 40	42°	7 02	8 47	5 07	♍ 0 15	25 35
6 55	8 45	4 54	♌29 48	24 51	43°	7 43	9 27	5 38	0 37	25 46
7 38	9 26	5 26	♍ 0 10	25 03	44°	8 26	10 07	6 09	0 59	25 57
8 24	10 08	5 58	0 32	25 14	45°	9 11	10 49	6 41	1 20	26 08
9 13	10 52	6 32	0 55	25 25	46°	9 59	11 32	7 14	1 43	26 20
10 05	11 37	7 06	1 18	25 37	47°	10 50	12 17	7 48	2 06	26 31
10 59	12 23	7 41	1 42	25 49	48°	11 43	13 02	8 22	2 29	26 43
11 58	13 12	8 17	2 06	26 01	49°	12 42	13 50	8 57	2 53	26 55
12 58	14 02	8 53	2 30	26 13	50°	13 41	14 39	9 33	3 17	27 07
14 03	14 53	9 30	2 55	26 26	51°	14 45	15 30	10 10	3 41	27 19
15 12	15 47	10 08	3 20	26 39	52°	15 53	16 23	10 48	4 06	27 32
16 27	16 42	10 48	3 46	26 52	53°	17 07	17 18	11 27	4 32	27 45
17 46	17 41	11 29	4 13	27 05	54°	18 25	18 15	12 07	4 58	27 58
19 11	18 40	12 10	4 40	27 19	55°	19 48	19 14	12 47	5 25	28 12
20 43	19 43	12 52	5 08	27 33	56°	21 19	20 15	13 29	5 52	28 25
22 22	20 48	13 36	5 36	27 47	57°	22 56	21 19	14 13	6 20	28 39
24 08	21 56	14 21	6 05	28 02	58°	24 40	22 26	14 57	6 49	28 54
26 03	23 07	15 08	6 05	♎20 17	59°	20 03	23 30	15 43	7 18	29 09
♊28 07	♋24 20	♌15 56	♍ 7 06	♍28 32	60°	♊28 34	♋24 48	♌16 30	♍ 7 49	♍29 24

XI	XII	A	II	III	N LAT	XI	XII	A	II	III
♉22 44	♊21 07	♋18°47	♌17 54	♍19 29	0°	♉23 40	♊21 59	♋19°40	♌18 51	♍20 30
23 55	22 52	20 40	19 31	20 24	5°	24 50	23 44	21 32	20 27	21 24
25 10	24 40	22 32	21 04	21 15	10°	26 05	25 31	23 23	22 00	22 15
26 31	26 32	24 24	22 35	22 05	15°	27 25	27 22	25 15	23 30	23 04
28 00	28 30	26 19	24 05	22 53	20°	28 54	29 20	27 09	24 59	23 51
28 19	28 55	26 42	24 23	23 03	21°	29 13	♊29 44	27 32	25 17	24 01
28 38	29 20	27 05	24 41	23 12	22°	29 32	♋ 0 09	27 55	25 35	24 10
28 58	♊29 45	27 29	24 59	23 22	23°	♉29 52	0 34	28 18	25 53	24 19
29 19	♋0 11	27 53	25 17	23 31	24°	♊0 12	0 59	28 42	26 10	24 29
♉29 40	0 36	28 17	25 35	23 41	25°	0 33	1 24	29 06	26 28	24 38
♊0 01	1 02	28 41	25 54	23 50	26°	0 54	1 50	29 30	26 47	24 47
0 24	1 30	29 05	26 12	24 00	27°	1 17	2 18	♋29 54	27 05	24 57
0 47	1 58	29 30	26 31	24 10	28°	1 40	2 45	♌ 0 18	27 23	25 07
1 11	2 25	♋29 55	26 49	24 19	29°	2 03	3 12	0 43	27 41	25 16
1 35	2 53	♌ 0 20	27 08	24 29	30°	2 27	3 40	1 08	28 00	25 26
2 00	3 22	0 45	27 26	24 38	31°	2 52	4 09	1 33	28 18	25 35
2 26	3 52	1 11	27 45	24 48	32°	3 18	4 38	1 58	28 36	25 45
2 53	4 22	1 37	28 04	24 58	33°	3 45	5 08	2 24	28 55	25 54
3 21	4 53	2 04	28 24	25 08	34°	4 12	5 39	2 50	29 15	26 04
3 50	5 25	2 31	28 43	25 18	35°	4 41	6 10	3 17	29 34	26 14
4 20	5 57	2 58	29 02	25 28	36°	5 11	6 42	3 44	♌29 53	26 24
4 51	6 31	3 25	29 22	25 38	37°	5 41	7 15	4 11	♍ 0 12	26 34
5 24	7 05	3 53	♌29 42	25 48	38°	6 14	7 49	4 39	0 32	26 44
5 58	7 39	4 22	♍ 0 02	25 59	39°	6 48	8 23	5 07	0 52	26 54
6 34	8 15	4 51	0 23	26 09	40°	7 23	8 59	5 36	1 12	27 04
7 11	8 52	5 20	0 43	26 20	41°	7 59	9 35	6 05	1 33	27 15
7 50	9 30	5 50	1 04	26 30	42°	8 38	10 12	6 34	1 53	27 25
8 30	10 09	6 21	1 25	26 41	43°	9 18	10 50	7 04	2 14	27 36
9 13	10 49	6 52	1 47	26 52	44°	10 00	11 30	7 35	2 35	27 47
9 58	11 30	7 24	2 09	27 03	45°	10 44	12 10	8 06	2 57	27 57
10 45	12 12	7 56	2 31	27 14	46°	11 31	12 52	8 38	3 19	28 09
11 35	12 56	8 29	2 54	27 26	47°	12 20	13 35	9 11	3 41	28 20
12 28	13 41	9 03	3 17	27 37	48°	13 12	14 20	9 45	4 04	28 31
13 25	14 28	9 38	3 40	27 49	49°	14 08	15 06	10 19	4 27	28 43
14 23	15 16	10 14	4 03	28 01	50°	15 06	15 54	10 54	4 50	28 54
15 27	16 07	10 50	4 27	28 13	51°	16 08	16 43	11 30	5 14	29 07
16 34	16 59	11 27	4 52	28 25	52°	17 14	17 34	12 07	5 38	29 19
17 46	17 53	12 05	5 17	28 38	53°	18 25	18 28	12 44	6 03	29 31
19 03	18 49	12 45	5 43	28 51	54°	19 40	19 23	13 23	6 29	29 44
20 25	19 47	13 25	6 10	29 05	55°	21 01	20 20	14 03	6 55	♍29 57
21 54	20 47	14 06	6 37	29 18	56°	22 29	21 19	14 43	7 22	♎ 0 11
23 29	21 51	14 49	7 05	29 32	57°	24 02	22 22	15 25	7 49	0 25
25 11	22 56	15 33	7 33	♍29 46	58°	25 43	23 26	16 09	8 17	0 39
27 02	24 05	16 18	8 02	♎ 0 01	59°	27 31	24 34	16 53	8 45	0 53
♊29 01	♋25 15	♌17 04	♍ 8 32	♎ 0 16	60°	♊29 28	♋25 43	♌17 39	♍ 9 15	♎ 1 08

1ʰ 28ᵐ 52ˢ		22° 13' 04" M 24° ♈				1ʰ 32ᵐ 39ˢ		23° 09' 39" M 25° ♈		
XI	XII	A	II	III	N LAT	XI	XII	A	II	III
♉24 35	♊22 51	♋20°31	♌19 48	♍21 32	0°	♉25 30	♊23 43	♋21°26	♌20 46	♍22 33
25 45	24 36	22 24	21 24	22 24	5°	26 40	25 27	23 17	22 21	23 24
26 59	26 22	24 15	22 56	23 15	10°	27 54	27 13	25 07	23 52	24 15
28 19	♊28 13	26 06	24 25	24 03	15°	♉29 13	♊29 03	26 57	25 20	25 02
♉29 47	♋ 0 09	27 59	25 53	24 49	20°	♊ 0 41	♋ 0 58	28 49	26 47	25 48
♊ 0 06	0 33	28 21	26 11	24 59	21°	1 00	1 22	29 11	27 05	25 57
0 25	0 57	28 44	26 28	25 08	22°	1 19	1 46	29 34	27 22	26 06
0 45	1 22	29 08	26 46	25 17	23°	1 38	2 11	♋29 57	27 40	26 15
1 05	1 47	29 31	27 04	25 26	24°	1 58	2 36	♌ 0 20	27 58	26 24
1 26	2 12	♋29 54	27 22	25 36	25°	2 19	3 01	0 43	28 15	26 33
1 47	2 38	♌ 0 18	27 40	25 45	26°	2 40	3 26	1 07	28 33	26 42
2 09	3 06	0 42	27 57	25 54	27°	3 02	3 53	1 31	28 50	26 51
2 32	3 33	1 06	28 15	26 04	28°	3 24	4 20	1 55	29 08	27 01
2 55	4 00	1 31	28 33	26 13	29°	3 47	4 47	2 19	29 26	27 10
3 19	4 27	1 55	28 52	26 23	30°	4 11	5 14	2 43	♌29 44	27 20
3 44	4 56	2 20	29 10	26 32	31°	4 35	5 42	3 08	♍ 0 02	27 29
4 09	5 25	2 45	29 28	26 41	32°	5 00	6 11	3 33	0 20	27 38
4 36	5 54	3 11	♌29 47	26 51	33°	5 27	6 40	3 58	0 38	27 47
5 03	6 25	3 37	♍ 0 06	27 00	34°	5 54	7 10	4 23	0 57	27 57
5 31	6 56	4 03	0 25	27 10	35°	6 22	7 41	4 49	1 16	28 06
6 01	7 27	4 30	0 44	27 20	36°	6 51	8 12	5 16	1 34	28 16
6 31	8 00	4 57	1 03	27 30	37°	7 21	8 44	5 42	1 53	28 26
7 04	8 33	5 24	1 22	27 40	38°	7 53	9 17	6 09	2 13	28 36
7 37	9 07	5 52	1 42	27 50	39°	8 26	9 50	6 37	2 32	28 45
8 11	9 42	6 20	2 02	28 00	40°	9 00	10 25	7 05	2 52	28 55
8 47	10 17	6 49	2 22	28 10	41°	9 36	11 00	7 33	3 12	29 05
9 25	10 54	7 18	2 42	28 20	42°	10 13	11 36	8 02	3 32	29 15
10 05	11 32	7 48	3 03	28 31	43°	10 52	12 14	8 31	3 52	29 26
10 47	12 11	8 18	3 24	28 41	44°	11 23	12 52	9 01	4 12	29 36
11 30	12 51	8 49	3 45	28 52	45°	12 16	13 31	9 32	4 34	29 47
12 16	13 32	9 21	4 07	29 03	46°	13 01	14 12	10 03	4 55	♍29 57
13 05	14 15	9 53	4 29	29 14	47°	13 49	14 54	10 35	5 17	♎ 0 08
13 56	14 59	10 26	4 51	29 25	48°	14 40	15 37	11 08	5 39	0 20
14 51	15 44	11 00	5 14	29 37	49°	15 34	16 22	11 41	6 01	0 31
15 48	16 31	11 35	5 37	♍29 48	50°	16 30	17 09	12 15	6 24	0 42
16 49	17 20	12 10	6 00	♎ 0 00	51°	17 30	17 56	12 50	6 47	0 54
17 54	18 10	12 46	6 25	0 12	52°	18 34	18 46	13 26	7 11	1 06
19 04	19 02	13 23	6 49	0 25	53°	19 42	19 37	14 02	7 35	1 18
20 18	19 57	14 01	7 14	0 38	54°	20 55	20 31	14 39	8 00	1 31
21 37	20 53	14 40	7 40	0 50	55°	22 13	21 26	15 18	8 25	1 43
23 04	21 51	15 20	8 06	1 04	56°	23 38	22 23	15 58	8 51	1 56
24 35	22 53	16 02	8 33	1 17	57°	25 08	23 24	16 39	9 18	2 10
26 14	23 56	16 45	9 01	1 31	58°	26 45	24 26	17 20	9 45	2 24
28 00	25 02	17 28	9 29	1 46	59°	28 29	25 31	18 03	10 13	2 38
♊29 55	♋26 11	♌18 13	♍ 9 58	♎ 2 00	60°	♊30 22	♋26 38	♌18 48	♍10 42	♎ 2 53

| 1ʰ 36ᵐ 25ˢ | | 24° 06' 22" M 26° ♈ | | | | 1ʰ 40ᵐ 13ˢ | | 25° 03' 12" M 27° ♈ | | |

XI	XII	A	II	III	N LAT	XI	XII	A	II	III
♉26 25	♊24 35	♋22°19	♌21 44	♍23 35	0°	♉27 20	♊25 28	♋23°13	♌22 42	♍24 37
27 35	26 18	24 10	23 18	24 26	5°	28 29	27 10	25 03	24 15	25 27
♉28 48	28 04	25 59	24 48	25 15	10°	♉29 43	♊28 55	26 51	25 44	26 15
♊0 07	♊29 53	27 48	26 15	26 01	15°	♊1 01	♋0 43	♋28 40	27 10	27 00
1 34	♋1 47	♋29 39	27 42	26 46	20°	2 28	2 37	♌0 29	28 36	27 45
1 53	2 11	♌0 01	27 59	26 55	21°	2 46	3 00	0 51	28 53	27 54
2 12	2 35	0 24	28 16	27 04	22°	3 05	3 24	1 14	29 10	28 02
2 31	3 00	0 46	28 34	27 13	23°	3 24	3 48	1 36	29 28	28 11
2 51	3 24	1 09	28 51	27 22	24°	3 44	4 13	1 59	♌29 45	28 20
3 12	3 49	1 32	29 08	27 31	25°	4 04	4 37	2 22	♍0 02	28 29
3 33	4 14	1 56	29 26	27 40	26°	4 25	5 02	2 45	0 19	28 38
3 54	4 41	2 19	♌29 43	27 49	27°	4 46	5 28	3 08	0 36	28 46
4 16	5 07	2 43	♍0 01	27 58	28°	5 08	5 55	3 31	0 54	28 55
4 39	5 34	3 07	0 18	28 07	29°	5 31	6 21	3 55	1 11	29 04
5 03	6 01	3 31	0 36	28 17	30°	5 54	6 48	4 19	1 28	29 14
5 27	6 29	3 55	0 54	28 26	31°	6 18	7 15	4 43	1 46	29 23
5 51	6 57	4 20	1 12	28 35	32°	6 42	7 43	5 07	2 04	29 32
6 18	7 26	4 45	1 30	28 44	33°	7 08	8 12	5 32	2 22	29 41
6 45	7 56	5 10	1 48	28 53	34°	7 35	8 41	5 57	2 40	29 50
7 12	8 26	5 36	2 07	29 03	35°	8 02	9 11	6 22	2 58	♍29 59
7 41	8 57	6 02	2 25	29 12	36°	8 31	9 42	6 48	3 16	♎0 08
8 11	9 29	6 28	2 44	29 22	37°	9 00	10 13	7 14	3 35	0 18
8 42	10 01	6 55	3 03	29 31	38°	9 31	10 45	7 40	3 54	0 27
9 14	10 34	7 22	3 22	29 41	39°	10 03	11 18	8 07	4 12	0 37
9 48	11 08	7 50	3 42	♍29 51	40°	10 36	11 51	8 34	4 32	0 46
10 24	11 43	8 18	4 01	♎0 01	41°	11 11	12 25	9 02	4 51	0 56
11 01	12 18	8 46	4 21	0 11	42°	11 48	13 01	9 30	5 10	1 06
11 39	12 55	9 15	4 41	0 21	43°	12 26	13 37	9 59	5 30	1 16
12 20	13 33	9 45	5 01	0 31	44°	13 06	14 14	10 28	5 50	1 26
13 02	14 12	10 15	5 22	0 41	45°	13 47	14 52	10 58	6 11	1 36
13 46	14 52	10 46	5 43	0 52	46°	14 31	15 32	11 28	6 31	1 47
14 34	15 33	11 17	6 05	1 03	47°	15 18	16 13	11 59	6 53	1 57
15 23	16 16	11 49	6 27	1 14	48°	16 07	16 55	12 31	7 14	2 08
16 16	17 00	12 22	6 49	1 25	49°	16 59	17 38	13 03	7 36	2 19
17 12	17 46	12 56	7 11	1 36	50°	17 53	18 23	13 36	7 58	2 30
18 11	18 32	13 30	7 34	1 48	51°	18 52	19 09	14 10	8 21	2 41
19 14	19 22	14 05	7 57	2 00	52°	19 54	19 57	14 45	8 44	2 53
20 21	20 12	14 41	8 21	2 12	53°	20 59	20 47	15 20	9 07	3 05
21 33	21 05	15 18	8 45	2 24	54°	22 09	21 39	15 57	9 31	3 17
22 49	21 59	15 56	9 11	2 37	55°	23 25	22 32	16 34	9 56	3 30
24 12	22 55	16 35	9 36	2 49	56°	24 46	23 27	17 12	10 21	3 42
25 41	23 55	17 15	10 02	3 03	57°	26 13	24 26	17 52	10 47	3 55
27 15	24 56	17 56	10 29	3 16	58°	27 46	25 26	18 32	11 13	4 09
28 58	26 00	18 38	10 57	3 30	59°	29 27	26 29	19 14	11 41	4 23
♊30 49	♋27 06	♌19 22	♍11 25	♎3 45	60°	♊31 15	♋27 34	♌19 57	♍12 08	♎4 37

| | 1ʰ 44ᵐ 01ˢ | 26° 00' 10'' | | | | | 1ʰ 47ᵐ 49ˢ | 26° 57' 17'' | | |
	M 28° ♈						M 29° ♈			
XI	XII	A	II	III	N LAT	XI	XII	A	II	III
♉28 15	♊26 20	♋24°06	♌23 41	♍25 39	0°	♉29 10	♊27 12	♋25°00	♌24 40	♍26 41
29 24	28 02	25 56	25 13	26 28	5°	♊0 19	28 54	26 49	26 11	27 29
♊0 37	♊29 46	27 44	26 41	27 15	10°	1 31	♋0 37	♋28 36	27 38	28 15
1 55	♋1 34	♋29 32	28 06	28 00	15°	2 49	2 24	♌0 23	♌29 02	29 00
3 21	3 26	♌1 20	29 31	28 44	20°	4 14	4 16	2 10	♍0 26	29 43
3 39	3 49	1 42	♌29 48	28 52	21°	4 32	4 39	2 32	0 42	29 51
3 58	4 13	2 04	♍0 05	29 01	22°	4 51	5 02	2 54	0 59	♍29 59
4 17	4 37	2 26	0 22	29 10	23°	5 09	5 26	3 16	1 16	♎0 08
4 36	5 01	2 48	0 39	29 18	24°	5 29	5 50	3 38	1 33	0 17
4 56	5 25	3 11	0 55	29 27	25°	5 49	6 14	4 00	1 49	0 25
5 17	5 50	3 34	1 12	29 36	26°	6 09	6 38	4 23	2 06	0 34
5 38	6 16	3 57	1 29	29 44	27°	6 30	7 03	4 46	2 23	0 42
6 00	6 42	4 20	1 47	♍29 53	28°	6 52	7 29	5 08	2 40	0 50
6 22	7 08	4 43	2 04	♎0 02	29°	7 14	7 55	5 31	2 57	0 59
6 45	7 35	5 07	2 21	0 11	30°	7 36	8 22	5 55	3 14	1 08
7 09	8 02	5 31	2 38	0 20	31°	8 00	8 49	6 19	3 31	1 17
7 33	8 30	5 55	2 56	0 28	32°	8 24	9 16	6 42	3 48	1 25
7 59	8 58	6 19	3 14	0 37	33°	8 49	9 44	7 06	4 06	1 34
8 25	9 27	6 44	3 31	0 46	34°	9 15	10 12	7 31	4 23	1 43
8 52	9 56	7 09	3 49	0 55	35°	9 42	10 41	7 55	4 41	1 52
9 21	10 26	7 34	4 07	1 04	36°	10 10	11 11	8 20	4 59	2 01
9 50	10 57	8 00	4 26	1 14	37°	10 39	11 42	8 46	5 17	2 10
10 20	11 29	8 26	4 44	1 23	38°	11 09	12 13	9 12	5 35	2 19
10 51	12 01	8 52	5 03	1 32	39°	11 40	12 45	9 38	5 53	2 28
11 24	12 34	9 19	5 22	1 42	40°	12 12	13 17	10 04	6 12	2 37
11 59	13 08	9 47	5 41	1 51	41°	12 46	13 50	10 31	6 31	2 47
12 35	13 43	10 15	6 00	2 01	42°	13 22	14 25	10 59	6 50	2 56
13 13	14 18	10 43	6 20	2 11	43°	13 59	15 00	11 27	7 09	3 06
13 52	14 55	11 11	6 39	2 21	44°	14 37	15 36	11 55	7 28	3 16
14 32	15 33	11 41	6 59	2 31	45°	15 17	16 13	12 24	7 48	3 26
15 16	16 12	12 11	7 20	2 41	46°	16 00	16 52	12 53	8 08	3 36
16 02	16 52	12 41	7 41	2 52	47°	16 45	17 31	13 23	8 29	3 46
16 50	17 33	13 12	8 02	3 02	48°	17 33	18 12	13 54	8 50	3 56
17 41	18 16	13 44	8 23	3 13	49°	18 23	18 54	14 25	9 11	4 07
18 35	19 00	14 17	8 45	3 24	50°	19 16	19 37	14 57	9 32	4 18
19 32	19 45	14 50	9 07	3 35	51°	20 12	20 22	15 30	9 54	4 29
20 33	20 33	15 24	9 30	3 47	52°	21 12	21 09	16 04	10 17	4 41
21 37	21 22	15 59	9 53	3 58	53°	22 15	21 57	16 39	10 40	4 52
22 46	22 13	16 35	10 17	4 10	54°	23 23	22 47	17 14	11 03	5 04
24 00	23 05	17 12	10 41	4 23	55°	24 35	23 38	17 50	11 27	5 16
25 20	24 00	17 50	11 06	4 35	56°	25 53	24 32	18 27	11 51	5 28
26 45	24 57	18 29	11 32	4 48	57°	27 17	25 28	19 05	12 17	5 41
28 17	25 56	19 08	11 58	5 01	58°	♊28 47	26 26	19 45	12 43	5 54
29 56	26 58	19 50	12 25	5 15	59°	♋0 24	27 27	20 25	13 00	6 08
♊31 42	♋28 02	♌20 32	♍12 52	♎5 29	60°	♋2 08	♋28 29	♌21 07	♍13 36	♎6 22

19

XI	XII	A	II	III	N LAT	XI	XII	A	II	III
♊ 0 05	♊28 05	♋25°55	♌25 39	♍27 43	0°	♊ 1 00	♊28 58	♋26°50	♌26 38	♍28 46
1 14	29 46	27 43	27 09	28 31	5°	2 08	♋ 0 38	28 37	28 07	29 33
2 26	♋ 1 29	29 29	28 35	29 16	10°	3 20	2 20	♌ 0 22	29 32	♎ 0 17
3 43	3 14	♌ 1 15	29 58	29 59	15°	4 37	4 05	2 07	♍ 0 55	0 59
5 07	5 05	3 01	♍ 1 21	♎ 0 42	20°	6 00	5 54	3 52	2 16	1 41
5 25	5 28	3 23	1 37	0 50	21°	6 18	6 17	4 13	2 32	1 49
5 43	5 51	3 44	1 54	0 58	22°	6 36	6 40	4 35	2 49	1 57
6 01	6 14	4 06	2 10	1 06	23°	6 54	7 03	4 56	3 05	2 05
6 21	6 38	4 28	2 27	1 15	24°	7 14	7 27	5 18	3 21	2 13
6 41	7 02	4 50	2 43	1 23	25°	7 33	7 50	5 40	3 38	2 22
7 01	7 26	5 12	3 00	1 32	26°	7 53	8 14	6 02	3 54	2 30
7 22	7 51	5 35	3 16	1 40	27°	8 14	8 39	6 24	4 10	2 38
7 44	8 17	5 57	3 33	1 48	28°	8 35	9 04	6 46	4 26	2 46
8 05	8 42	6 20	3 50	1 57	29°	8 57	9 29	7 09	4 43	2 54
8 27	9 08	6 43	4 07	2 05	30°	9 19	9 55	7 32	5 00	3 02
8 51	9 35	7 07	4 24	2 14	31°	9 42	10 21	7 55	5 17	3 11
9 15	10 02	7 30	4 41	2 22	32°	10 06	10 48	8 18	5 33	3 19
9 40	10 30	7 54	4 58	2 31	33°	10 30	11 15	8 41	5 50	3 28
10 05	10 58	8 18	5 15	2 40	34°	10 55	11 43	9 05	6 07	3 36
10 31	11 26	8 42	5 32	2 48	35°	11 21	12 11	9 29	6 24	3 45
10 59	11 56	9 07	5 50	2 57	36°	11 48	12 40	9 54	6 42	3 54
11 27	12 26	9 32	6 08	3 06	37°	12 16	13 10	10 18	6 59	4 02
11 57	12 57	9 57	6 26	3 15	38°	12 45	13 40	10 43	7 17	4 11
12 28	13 28	10 23	6 44	3 24	39°	13 16	14 11	11 09	7 35	4 20
13 00	14 00	10 49	7 02	3 33	40°	13 48	14 43	11 35	7 53	4 29
13 34	14 33	11 16	7 21	3 43	41°	14 21	15 16	12 01	8 11	4 38
14 09	15 07	11 43	7 40	3 52	42°	14 55	15 49	12 27	8 29	4 47
14 45	15 42	12 10	7 59	4 01	43°	15 31	16 23	12 54	8 48	4 57
15 23	16 17	12 38	8 18	4 11	44°	16 08	16 58	13 22	9 07	5 06
16 02	16 53	13°07	8 37	4 21	45°	16 47	17 34	13 50	9 26	5 16
16 45	17 31	13 36	8 57	4 31	46°	17 29	18 11	14 19	9 46	5 26
17 29	18 10	14 06	9 17	4 41	47°	18 12	18 49	14 48	10 06	5 35
18 15	18 50	14 36	9 38	4 51	48°	18 58	19 29	15 18	10 26	5 45
19 05	19 32	15 07	9 59	5 02	49°	19 47	20 09	15 48	10 46	5 56
19 57	20 14	15 38	10 20	5 12	50°	20 37	20 52	16 19	11 07	6 06
20 52	20 59	16 11	10 41	5 23	51°	21 32	21 35	16 51	11 28	6 17
21 51	21 44	16 44	11 03	5 34	52°	22 30	22 20	17 24	11 50	6 28
22 53	22 31	17 18	11 26	5 46	53°	23 31	23 06	17 57	12 12	6 39
24 00	23 21	17 53	11 49	5 57	54°	24 36	23 54	18 31	12 35	6 51
25 11	24 11	18 28	12 13	6 09	55°	25 46	24 44	19 06	12 58	7 03
26 27	25 04	19 04	12 37	6 21	56°	27 00	25 36	19 42	13 22	7 15
27 49	25 59	19 42	13 02	6 34	57°	28 21	26 30	20 19	13 47	7 27
♊29 17	26 56	20 21	13 27	6 47	58°	♊29 48	27 26	20 57	14 12	7 40
0 52	27 56	21 01	13 53	7 00	59°	1 20	28 25	21 36	14 37	7 53
♋ 2 34	♋28 57	♌21 42	♍14 20	♎ 7 15	60°	♋ 3 01	♋29 25	♌22 17	♍15 04	♎ 8 07

		M 2° ♉			N			M 3° ♉		
XI	XII	A	II	III	LAT	XI	XII	A	II	III
♊ 1 55	♊29 50	♋27°45	♌27 38	♍29 48	0°	♊ 2 50	♋ 0 43	♋28°40	♌28 38	♎ 0 51
3 03	♋ 1 30	29 31	29 06	♎ 0 35	5°	3 58	2 22	♌ 0 25	♍ 0 05	1 37
4 14	3 11	♌ 1 15	♍ 0 30	1 18	10°	5 09	4 03	2 08	1 28	2 19
5 30	4 55	2 59	1 52	1 59	15°	6 24	5 46	3 51	2 49	2 59
6 53	6 44	4 43	3 12	2 40	20°	7 46	7 34	5 34	4 07	3 39
7 11	7 06	5 04	3 28	2 48	21°	8 03	7 56	5 55	4 23	3 47
7 29	7 29	5 25	3 44	2 56	22°	8 21	8 18	6 16	4 39	3 55
7 47	7 52	5 47	4 00	3 04	23°	8 40	8 41	6 37	4 55	4 02
8 06	8 15	6 08	4 16	3 12	24°	8 58	9 04	6 58	5 10	4 10
8 25	8 38	6 30	4 32	3 20	25°	9 17	9 27	7 20	5 26	4 18
8 45	9 02	6 51	4 48	3 28	26°	9 37	9 51	7 41	5 42	4 26
9 06	9 27	7 13	5 04	3 36	27°	9 57	10 15	8 03	5 58	4 34
9 27	9 51	7 35	5 20	3 44	28°	10 18	10 39	8 25	6 14	4 42
9 48	10 16	7 58	5 36	3 52	29°	10 39	11 04	8 47	6 30	4 50
10 10	10 42	8 20	5 53	4 00	30°	11 01	11 29	9 09	6 46	4 58
10 33	11 08	8 43	6 10	4 08	31°	11 23	11 54	9 31	7 03	5 05
10 56	11 34	9 06	6 26	4 16	32°	11 46	12 20	9 54	7 19	5 13
11 20	12 01	9 29	6 42	4 25	33°	12 10	12 47	10 17	7 35	5 22
11 45	12 29	9 52	6 59	4 33	34°	12 35	13 14	10 40	7 51	5 30
12 11	12 57	10 16	7 16	4 42	35°	13 00	13 42	11 03	8 08	5 38
12 37	13 25	10 40	7 33	4 50	36°	13 26	14 10	11 27	8 25	5 47
13 05	13 54	11 04	7 50	4 59	37°	13 53	14 39	11 51	8 42	5 55
13 34	14 24	11 29	8 08	5 07	38°	14 22	15 08	12 15	8 59	6 03
14 04	14 55	11 54	8 25	5 16	39°	14 51	15 38	12 40	9 16	6 12
14 35	15 26	12 20	8 43	5 25	40°	15 22	16 09	13 05	9 34	6 21
15 08	15 58	12 46	9 01	5 34	41°	15 54	16 40	13 31	9 51	6 30
15 42	16 31	13 12	9 19	5 43	42°	16 28	17 13	13 57	10 09	6 38
16 17	17 05	13 39	9 38	5 52	43°	17 03	17 46	14 23	10 28	6 47
16 54	17 39	14 06	9 56	6 01	44°	17 39	18 20	14 50	10 46	6 56
17 32	18 14	14 33	10 15	6 11	45°	18 17	18 55	15 16	11 04	7 06
18 13	18 51	15 02	10 34	6 20	46°	18 57	19 31	15 45	11 23	7 15
18 56	19 29	15 31	10 54	6 30	47°	19 39	20 08	16 13	11 43	7 25
19 41	20 08	16 00	11 14	6 40	48°	20 23	20 46	16 42	12 02	7 34
20 28	20 47	16 30	11 34	6 50	49°	21 10	21 25	17 12	12 22	7 45
21 18	21 29	17 01	11 55	7 00	50°	21 59	22 06	17 42	12 42	7 55
22 12	22 12	17 32	12 16	7 11	51°	22 51	22 48	18 13	13 03	8 05
23 08	22 56	18 04	12 37	7 22	52°	23 46	23 31	18 44	13 24	8 16
24 08	23 41	18 36	12 59	7 33	53°	24 46	24 16	19 16	13 46	8 26
25 12	24 28	19 10	13 21	7 44	54°	25 49	25 03	19 49	14 08	8 38
26 21	25 17	19 45	13 44	7 56	55°	26 55	25 51	20 23	14 30	8 49
27 34	26 08	20 20	14 08	8 08	56°	28 08	26 40	20 58	14 54	9 01
♊28 53	27 01	20 56	14 32	8 20	57°	♊29 25	27 33	21 33	15 17	9 13
♋ 0 18	27 56	21 33	14 56	8 33	58°	♋ 0 48	28 26	22 10	15 41	9 26
1 49	28 54	22 12	15 22	8 46	59°	2 17	29 33	22 48	16 06	9 39
♋ 3 27	♋29 53	♌22 52	♍15 48	♎ 8 59	60°	♋ 3 53	♋30 21	♌23 27	♍16 32	♎ 9 52

21

XI	XII	A	II	III	N LAT	XI	XII	A	II	III
♊ 3 45	♋ 1 36	♋29°35	♌29 38	♎ 1 54	0°	♊ 4 41	♋ 2 29	♌ 0°31	♍ 0 39	♎ 2 58
4 52	3 15	♌ 1 19	♍ 1 04	2 39	5°	5 47	4 07	2 14	2 04	3 41
6 03	4 54	3 02	2 26	3 20	10°	6 57	5 46	3 56	3 25	4 21
7 18	6 37	4 44	3 46	3 59	15°	8 11	7 28	5 36	4 43	5 00
8 39	8 23	6 25	5 03	4 38	20°	9 32	9 13	7 17	6 00	5 38
8 56	8 45	6 46	5 19	4 46	21°	9 49	9 35	7 37	6 15	5 45
9 14	9 07	7 07	5 34	4 54	22°	10 06	9 57	7 58	6 30	5 53
9 32	9 30	7 28	5 50	5 01	23°	10 24	10 19	8 19	6 45	6 00
9 50	9 52	7 49	6 05	5 09	24°	10 42	10 41	8 40	7 00	6 08
10 09	10 15	8 10	6 21	5 17	25°	11 01	11 04	9 00	7 16	6 15
10 29	10 39	8 31	6 36	5 24	26°	11 21	11 27	9 21	7 31	6 23
10 49	11 02	8 53	6 52	5 32	27°	11 40	11 50	9 43	7 46	6 30
11 09	11 26	9 14	7 08	5 40	28°	12 00	12 14	10 04	8 02	6 38
11 30	11 51	9 36	7 24	5 48	29°	12 21	12 38	10 25	8 18	6 46
11 51	12 16	9 58	7 40	5 55	30°	12 42	13 03	10 47	8 33	6 53
12 13	12 41	10 20	7 56	6 03	31°	13 03	13 28	11 09	8 49	7 00
12 36	13 07	10 42	8 12	6 11	32°	13 26	13 53	11 31	9 05	7 08
13 00	13 33	11 05	8 28	6 19	33°	13 50	14 19	11 53	9 21	7 16
13 24	14 00	11 28	8 44	6 27	34°	14 14	14 45	12 15	9 36	7 24
13 49	14 27	11 51	9 00	6 35	35°	14 39	15 12	12 38	9 53	7 32
14 15	14 55	12 14	9 17	6 43	36°	15 04	15 39	13 01	10 09	7 40
14 42	15 23	12 38	9 33	6 51	37°	15 30	16 07	13 24	10 25	7 48
15 10	15 52	13 02	9 50	7 00	38°	15 58	16 36	13 48	10 42	7 56
15 39	16 22	13 26	10 07	7 08	39°	16 27	17 05	14 12	10 59	8 04
16 09	16 52	13 51	10 24	7 17	40°	16 57	17 35	14 36	11 15	8 13
16 41	17 23	14 16	10 42	7 25	41°	17 28	18 06	15 01	11 32	8 21
17 14	17 55	14 41	11 00	7 34	42°	18 00	18 37	15 26	11 50	8 30
17 48	18 28	15 07	11 18	7 43	43°	18 34	19 09	15 52	12 08	8 38
18 24	19 01	15 34	11 35	7 52	44°	19 09	19 42	16 18	12 25	8 47
19 01	19 35	16 00	11 53	8 01	45°	19 45	20 16	16 44	12 43	8 56
19 41	20 11	16 28	12 12	8 10	46°	20 24	20 50	17 11	13 01	9 05
20 22	20 47	16 56	12 31	8 19	47°	21 05	21 26	17 38	13 20	9 14
21 05	21 25	17 24	12 50	8 29	48°	21 47	22 03	18 06	13 39	9 23
21 51	22 03	17 53	13 10	8 39	49°	22 32	22 41	18 35	13 59	9 33
22 40	22 43	18 23	13 30	8 49	50°	23 20	23 20	19 04	14 18	9 43
23 31	23 24	18 53	13 50	8 59	51°	24 10	24 01	19 34	14 38	9 53
24 25	24 07	19 24	14 11	9 10	52°	25 04	24 43	20 04	14 58	10 04
25 23	24 51	19 56	14 32	9 20	53°	26 00	25 26	20 35	15 19	10 14
26 25	25 37	20 28	14 54	9 31	54°	27 01	26 11	21 07	15 41	10 25
27 30	26 24	21 02	15 16	9 42	55°	28 05	26 57	21 40	16 02	10 36
28 41	27 13	21 36	15 39	9 54	56°	♊29 14	27 45	22 14	16 25	10 47
♊29 57	28 04	22 10	16 02	10 06	57°	♋ 0 29	28 35	22 48	16 48	10 59
♋ 1 18	28 56	22 47	16 26	10 18	58°	1 48	♋29 27	23 24	17 11	11 11
2 45	29 52	23 24	16 51	10 31	59°	3 13	0 21	24 00	17 35	11 24
♋ 4 19	♋30 49	♌24 02	♍17 16	♎10 45	60°	♋ 4 45	♌ 1 17	♌24 38	♍18 00	♎11 37

XI	XII	A	II	III	N LAT	XI	XII	A	II	III
♊ 5 36	♋ 3 23	♌ 1°27	♍ 1 40	♎ 4 01	0°	♊ 6 31	♋ 4 16	♌ 2°23	♍ 2 42	♎ 5 04
6 42	5 00	3 09	3 04	4 43	5°	7 36	5 53	4 04	4 04	5 45
7 51	6 38	4 50	4 24	5 22	10°	8 45	7 30	5 44	5 23	6 24
9 05	8 19	6 29	5 40	6 00	15°	9 59	9 10	7 22	6 38	7 01
10 25	10 03	8 09	6 56	6 37	20°	11 17	10 53	9 01	7 52	7 37
10 42	10 24	8 29	7 11	6 44	21°	11 34	11 14	9 21	8 07	7 44
10 59	10 46	8 49	7 26	6 52	22°	11 51	11 35	9 41	8 22	7 51
11 16	11 08	9 10	7 41	6 59	23°	12 09	11 57	10 01	8 37	7 58
11 35	11 30	9 30	7 56	7 06	24°	12 27	12 19	10 21	8 51	8 05
11 53	11 52	9 51	8 11	7 14	25°	12 45	12 41	10 42	9 06	8 13
12 12	12 15	10 12	8 26	7 21	26°	13 03	13 03	11 02	9 21	8 20
12 31	12 38	10 33	8 41	7 28	27°	13 22	13 26	11 23	9 36	8 27
12 51	13 02	10 53	8 56	7 36	28°	13 42	13 50	11 43	9 51	8 34
13 12	13 26	11 14	9 12	7 44	29°	14 03	14 13	12 04	10 06	8 42
13 33	13 50	11 36	9 27	7 51	30°	14 24	14 37	12 25	10 21	8 49
13 54	14 14	11 57	9 42	7 58	31°	14 45	15 01	12 46	10 36	8 56
14 16	14 39	12 19	9 58	8 06	32°	15 06	15 26	13 08	10 51	9 03
14 39	15 05	12 41	10 14	8 13	33°	15 28	15 51	13 29	11 07	9 10
15 03	15 31	13 03	10 29	8 21	34°	15 52	16 17	13 51	11 22	9 18
15 28	15 57	13 25	10 45	8 29	35°	16 17	16 43	14 13	11 37	9 26
15 53	16 24	13 48	11 01	8 37	36°	16 42	17 09	14 35	11 53	9 33
16 19	16 52	14 11	11 17	8 45	37°	17 07	17 36	14 58	12 09	9 41
16 46	17 20	14 34	11 33	8 53	38°	17 34	18 04	15 21	12 25	9 49
17 14	17 49	14 58	11 50	9 01	39°	18 02	18 32	15 44	12 41	9 57
17 44	18 18	15 22	12 06	9 09	40°	18 31	19 01	16 08	12 57	10 05
18 15	18 48	15 46	12 23	9 17	41°	19 01	19 31	16 32	13 14	10 13
18 46	19 19	16 11	12 40	9 25	42°	19 32	20 01	16 56	13 31	10 21
19 19	19 51	16 36	12 58	9 34	43°	20 05	20 32	17 21	13 48	10 29
19 54	20 23	17 02	13 15	9 42	44°	20 39	21 04	17 46	14 05	10 38
20 29	20 56	17 27	13 33	9 51	45°	21 14	21 37	18 11	14 22	10 46
21 08	21 30	17 54	13 51	10 00	46°	21 51	22 10	18 37	14 40	10 55
21 48	22 06	18 21	14 09	10 09	47°	22 30	22 45	19 04	14 58	11 04
22 29	22 42	18 49	14 28	10 18	48°	23 11	23 21	19 31	15 17	11 13
23 14	23 19	19 17	14 47	10 28	49°	23 55	23 57	19 59	15 35	11 22
24 00	23 58	19 46	15 06	10 37	50°	24 41	24 35	20 27	15 54	11 32
24 50	24 37	20 15	15 26	10 47	51°	25 29	25 14	20 56	16 13	11 41
25 42	25 18	20 45	15 46	10 57	52°	26 20	25 54	21 25	16 33	11 51
26 37	26 01	21 15	16 06	11 08	53°	27 15	26 36	21 55	16 53	12 01
27 37	26 45	21 46	16 27	11 18	54°	28 12	27 19	22 26	17 14	12 12
28 39	27 30	22 19	16 48	11 29	55°	♊29 14	28 03	22 58	17 35	12 23
♊29 47	28 17	22 52	17 11	11 41	56°	♋ 0 20	28 50	23 30	17 56	12 34
♋ 1 00	29 07	23 26	17 33	11 52	57°	1 31	♋29 38	24 03	18 18	12 45
2 18	♋29 57	24 01	17 56	12 04	58°	2 48	♌ 0 27	24 38	18 41	12 57
3 41	0 50	24 36	18 20	12 17	59°	4 09	1 19	25 13	19 05	13 10
♋ 5 11	♌ 1 45	♌25 13	♍18 44	♎12 30	60°	♉ 5 37	♌ 2 13	♌25 49	♍19 29	♎13 23

2ʰ 22ᵐ 32ˢ		35° 37' 53" M 8° ♉			N LAT	2ʰ 26ᵐ 26ˢ		36° 36' 31" M 9° ♉		
XI	XII	A	II	III		XI	XII	A	II	III
♊ 7 26	⊙ 5 10	♌ 3°20	♍ 3 43	♎ 6 08	0°	♊ 8 21	⊙ 6 04	♌ 4°17	♍ 4 45	♎ 7 12
8 31	6 46	5 00	5 04	6 47	5°	9 26	7 39	5 56	6 05	7 50
9 39	8 22	6 39	6 22	7 25	10°	10 34	9 14	7 34	7 21	8 27
10 52	10 01	8 15	7 36	8 01	15°	11 46	10 52	9 09	8 34	9 02
12 10	11 43	9 53	8 49	8 36	20°	13 03	12 33	10 46	9 46	9 36
12 27	12 04	10 13	9 03	8 43	21°	13 19	12 54	11 05	10 00	9 43
12 44	12 25	10 33	9 18	8 50	22°	13 36	13 15	11 25	10 14	9 50
13 01	12 46	10 53	9 33	8 57	23°	13 53	13 35	11 44	10 29	9 56
13 19	13 08	11 12	9 47	9 04	24°	14 11	13 57	12 04	10 43	10 03
13 37	13 30	11 32	10 01	9 11	25°	14 29	14 19	12 23	10 57	10 10
13 55	13 52	11 53	10 16	9 18	26°	14 47	14 41	12 43	11 11	10 17
14 14	14 15	12 13	10 31	9 25	27°	15 05	15 03	13 03	11 26	10 24
14 33	14 38	12 33	10 45	9 32	28°	15 24	15 25	13 23	11 40	10 31
14 53	15 01	12 53	11 00	9 40	29°	15 44	15 48	13 43	11 54	10 38
15 14	15 24	13 14	11 15	9 47	30°	16 04	16 11	14 04	12 09	10 45
15 35	15 48	13 35	11 30	9 54	31°	16 25	16 35	14 24	12 24	10 52
15 56	16 12	13 56	11 45	10 01	32°	16 46	16 59	14 45	12 38	10 59
16 18	16 37	14 18	12 00	10 08	33°	17 08	17 23	15 06	12 53	11 06
16 42	17 02	14 39	12 15	10 15	34°	17 31	17 48	15 27	13 08	11 13
17 06	17 28	15 01	12 30	10 23	35°	17 55	18 13	15 49	13 23	11 20
17 31	17 54	15 23	12 45	10 30	36°	18 19	18 39	16 10	13 38	11 27
17 56	18 21	15 45	13 01	10 38	37°	18 44	19 05	16 32	13 53	11 35
18 22	18 48	16 08	13 17	10 45	38°	19 10	19 32	16 55	14 09	11 42
18 49	19 16	16 31	13 32	10 53	39°	19 36	19 59	17 17	14 24	11 49
19 17	19 44	16 54	13 48	11 01	40°	20 04	20 27	17 40	14 40	11 57
19 47	20 13	17 17	14 05	11 09	41°	20 33	20 56	18 03	14 56	12 05
20 18	20 43	17 41	14 21	11 17	42°	21 04	21 26	18 26	15 12	12 12
20 50	21 14	18 05	14 38	11 25	43°	21 35	21 56	18 50	15 28	12 20
21 23	21 46	18 30	14 55	11 33	44°	22 08	22 27	19 15	15 45	12 29
21 58	22 17	18 55	15 12	11 41	45°	22 42	22 58	19 39	16 02	12 37
22 34	22 50	19 21	15 29	11 50	46°	23 18	23 30	20 04	16 19	12 45
23 13	23 25	19 47	15 47	11 59	47°	23 55	24 04	20 30	16 36	12 53
23 53	24 00	20 14	16 05	12 08	48°	24 35	24 38	20 56	16 54	13 02
24 36	24 35	20 41	16 23	12 17	49°	25 17	25 13	21 23	17 12	13 11
25 21	25 13	21 09	16 42	12 26	50°	26 01	25 50	21 50	17 30	13 20
26 08	25 51	21 37	17 01	12 35	51°	26 47	26 27	22 18	17 49	13 30
26 58	26 30	22 06	17 20	12 45	52°	27 36	27 06	22 47	18 08	13 39
27 52	27 11	22 36	17 40	12 55	53°	28 29	27 46	23 16	18 27	13 49
28 48	27 53	23 06	18 00	13 06	54°	♊ 29 24	28 28	23 46	18 47	13 59
♊ 29 49	28 37	23 37	18 21	13 16	55°	⊙ 0 23	29 10	24 16	19 08	14 10
⊙ 0 53	⊙ 29 22	24 08	18 42	13 27	56°	1 27	⊙ 29 55	24 47	19 28	14 20
2 03	♌ 0 10	24 41	19 04	13 38	57°	2 35	♌ 0 41	25 19	19 50	14 31
3 17	0 58	25 15	19 27	13 50	58°	3 47	1 28	25 52	20 12	14 43
4 37	1 49	25 49	19 50	14 02	59°	5 05	2 18	26 26	20 35	14 55
⊙ 6 03	♌ 2 42	♌ 26 24	♍ 20 13	♎ 14 15	60°	⊙ 6 29	♌ 3 10	♌ 27 00	♍ 20 58	♎ 15 08

XI	XII	A	II	III	N LAT	XI	XII	A	II	III
♊ 9 17	♋ 6 58	♌ 5°14	♍ 5 48	♎ 8 16	0°	♊10 12	♋ 7 52	♌ 6°11	♍ 6 50	♎ 9 20
10 21	8 32	6 52	7 06	8 53	5°	11 16	9 25	7 49	8 07	9 56
11 28	10 06	8 29	8 20	9 29	10°	12 22	10 59	9 24	9 20	10 31
12 39	11 43	10 03	9 32	10 03	15°	13 33	12 35	10 57	10 31	11 04
13 56	13 23	11 38	10 43	10 36	20°	14 49	14 13	12 31	11 40	11 36
14 12	13 43	11 57	10 57	10 43	21°	15 05	14 33	12 50	11 54	11 42
14 28	14 04	12 17	11 11	10 49	22°	15 21	14 54	13 09	12 07	11 49
14 45	14 25	12 36	11 25	10 56	23°	15 37	15 14	13 28	12 21	11 55
15 03	14 46	12 55	11 39	11 02	24°	15 55	15 35	13 47	12 35	12 02
15 20	15 07	13 14	11 53	11 09	25°	16 12	15 56	14 06	12 49	12 08
15 38	15 29	13 34	12 07	11 16	26°	16 30	16 18	14 25	13 02	12 15
15 56	15 51	13 54	12 21	11 22	27°	16 48	16 39	14 44	13 16	12 21
16 15	16 13	14 13	12 35	11 29	28°	17 06	17 01	15 04	13 30	12 27
16 35	16 36	14 33	12 49	11 36	29°	17 25	17 24	15 23	13 44	12 34
16 55	16 59	14 53	13 03	11 43	30°	17 45	17 46	15 43	13 58	12 41
17 15	17 22	15 14	13 18	11 50	31°	18 05	18 09	16 03	14 12	12 48
17 36	17 45	15 34	13 32	11 56	32°	18 26	18 32	16 23	14 26	12 54
17 58	18 09	15 55	13 46	12 03	33°	18 47	18 56	16 44	14 40	13 01
18 20	18 34	16 16	14 01	12 10	34°	19 09	19 20	17 04	14 54	13 07
18 43	18 59	16 37	14 16	12 17	35°	19 32	19 44	17 25	15 09	13 14
19 07	19 24	16 58	14 31	12 24	36°	19 56	20 09	17 46	15 23	13 21
19 32	19 50	17 20	14 46	12 31	37°	20 20	20 35	18 07	15 38	13 28
19 58	20 17	17 42	15 01	12 38	38°	20 45	21 01	18 29	15 53	13 35
20 24	20 43	18 04	15 16	12 46	39°	21 11	21 27	18 50	16 08	13 42
20 51	21 11	18 26	15 31	12 53	40°	21 38	21 54	19 12	16 23	13 49
21 19	21 39	18 49	15 47	13 01	41°	22 06	22 22	19 35	16 38	13 57
21 49	22 08	19 12	16 03	13 08	42°	22 35	22 51	19 58	16 54	14 04
22 20	22 38	19 35	16 19	13 16	43°	23 05	23 20	20 21	17 10	14 12
22 53	23 08	19 59	16 35	13 24	44°	23 37	23 49	20 44	17 26	14 19
23 26	23 39	20 23	16 52	13 32	45°	24 10	24 20	21 08	17 42	14 27
24 01	24 11	20 48	17 08	13 40	46°	24 44	24 51	21 32	17 58	14 35
24 38	24 44	21 13	17 25	13 48	47°	25 21	25 23	21 57	18 15	14 43
25 17	25 17	21 39	17 43	13 57	48°	25 59	25 56	22 22	18 32	14 51
25 58	25 52	22 05	18 00	14 06	49°	26 39	26 30	22 48	18 49	15 00
26 41	26 27	22 32	18 18	14 15	50°	27 21	27 05	23 14	19 07	15 09
27 26	27 04	22 59	18 37	14 24	51°	28 05	27 41	23 41	19 25	15 18
28 14	27 42	23 27	18 56	14 33	52°	28 52	28 19	24 08	19 43	15 27
♊29 06	28 22	23 56	19 15	14 43	53°	♊29 43	28 57	24 36	20 02	15 36
♋ 0 00	29 02	24 25	19 34	14 53	54°	♋ 0 36	♋29 37	25 05	20 21	15 46
0 58	♋29 44	24 55	19 54	15 03	55°	1 32	♌ 0 18	25 34	20 40	15 57
2 00	♌ 0 28	25 26	20 15	15 13	56°	2 32	1 01	26 04	21 01	16 07
3 06	1 13	25 57	20 36	15 25	57°	3 38	1 45	26 35	21 22	16 18
4 17	1 59	26 29	20 57	15 36	58°	4 47	2 30	27 06	21 43	16 29
5 33	2 48	27 02	21 20	15 48	59°	0 01	3 10	27 39	22 05	16 41
♋ 6 56	♌ 3 38	♌27 36	♍21 43	♎16 01	60°	♋ 7 22	♌ 4 07	♌28 12	♍22 28	♎16 54

2ʰ 38ᵐ 14ˢ M 12° ♉		39° 33' 29''			N LAT	2ʰ 42ᵐ 11ˢ M 13° ♉		40° 32' 49''		
XI	XII	A	II	III		XI	XII	A	II	III
Ⅱ11 07	⊙8 47	♌7°09	♍7 53	♎10 24	0°	Ⅱ12 03	⊙9 41	♌8°07	♍8 56	♎11 28
12 11	10 19	8 46	9 09	10 59	5°	13 06	11 13	9 43	10 11	12 02
13 16	11 52	10 20	10 20	11 33	10°	14 11	12 45	11 16	11 20	12 35
14 26	13 27	11 52	11 30	12 05	15°	15 20	14 18	12 46	12 29	13 06
15 41	15 04	13 24	12 37	12 36	20°	16 34	15 54	14 17	13 35	13 36
15 57	15 24	13 43	12 51	12 42	21°	16 50	16 14	14 36	13 48	13 42
16 13	15 44	14 01	13 04	12 48	22°	17 06	16 34	14 54	14 01	13 48
16 30	16 04	14 20	13 18	12 55	23°	17 22	16 54	15 12	14 14	13 54
16 47	16 25	14 39	13 31	13 01	24°	17 38	17 14	15 31	14 28	14 00
17 04	16 46	14 57	13 45	13 07	25°	17 55	17 35	15 49	14 41	14 06
17 21	17 07	15 16	13 58	13 14	26°	18 13	17 56	16 08	14 54	14 13
17 39	17 28	15 35	14 11	13 20	27°	18 30	18 17	16 26	15 07	14 19
17 57	17 50	15 54	14 25	13 26	28°	18 48	18 38	16 45	15 20	14 25
18 16	18 12	16 14	14 39	13 32	29°	19 07	19 00	17 04	15 34	14 31
18 36	18 34	16 33	14 52	13 39	30°	19 26	19 21	17 23	15 47	14 37
18 56	18 56	16 53	15 06	13 46	31°	19 46	19 43	17 42	16 00	14 44
19 16	19 19	17 13	15 20	13 52	32°	20 06	20 06	18 02	16 14	14 50
19 37	19 42	17 33	15 34	13 58	33°	20 26	20 29	18 22	16 28	14 56
19 59	20 06	17 53	15 48	14 05	34°	20 48	20 52	18 41	16 42	15 02
20 21	20 30	18 13	16 02	14 11	35°	21 10	21 16	19 01	16 55	15 08
20 44	20 55	18 34	16 16	14 18	36°	21 33	21 40	19 22	17 09	15 15
21 08	21 20	18 55	16 31	14 25	37°	21 56	22 05	19 42	17 24	15 22
21 32	21 45	19 16	16 45	14 32	38°	22 20	22 30	20 03	17 38	15 28
21 58	22 11	19 37	17 00	14 39	39°	22 45	22 55	20 24	17 52	15 35
22 25	22 38	19 59	17 15	14 46	40°	23 11	23 21	20 46	18 07	15 42
22 52	23 05	20 21	17 30	14 53	41°	23 28	23 48	21 07	18 21	15 49
23 20	23 33	20 43	17 45	15 00	42°	24 06	24 16	21 29	18 36	15 56
23 50	24 02	21 06	18 00	15 07	43°	24 36	24 44	21 51	18 51	16 03
24 21	24 31	21 29	18 16	15 15	44°	25 06	25 12	22 14	19 06	16 10
24 54	25 01	21 52	18 32	15 22	45°	25 37	25 42	22 37	19 22	16 18
25 28	25 31	22 16	18 48	15 30	46°	26 11	26 12	23 00	19 38	16 25
26 03	26 03	22 40	19 04	15 38	47°	26 45	26 43	23 24	19 54	16 33
26 40	26 35	23 05	19 21	15 46	48°	27 22	27 14	23 48	20 10	16 41
27 20	27 08	23 30	19 38	15 55	49°	28 00	27 47	24 13	20 27	16 49
28 01	27 43	23 56	19 55	16 03	50°	28 41	28 21	24 38	20 43	16 57
28 44	28 18	24 22	20 13	16 12	51°	Ⅱ29 23	28 55	25 04	21 01	17 06
Ⅱ29 30	28 55	24 49	20 31	16 21	52°	⊙0 08	⊙29 31	25 30	21 19	17 15
⊙0 19	⊙29 33	25 17	20 49	16 30	53°	0 56	♌0 08	25 57	21 37	17 24
1 11	♌0 11	25 45	21 08	16 40	54°	1 47	0 46	26 25	21 55	17 34
2 06	0 51	26 14	21 27	16 50	55°	2 41	1 25	26 53	22 14	17 44
3 05	1 33	26 43	21 48	17 00	56°	3 38	2 05	27 22	22 34	17 53
4 09	2 17	27 13	22 08	17 11	57°	4 41	2 49	27 51	22 54	18 04
5 17	3 01	27 44	22 28	17 22	58°	5 47	3 33	28 22	23 14	18 15
6 29	3 48	28 16	22 50	17 34	59°	6 58	4 18	28 53	23 35	18 27
⊙7 48	♌4 36	♌28 48	♍23 13	♎17 46	60°	⊙8 14	♌5 05	♌29 25	♍23 58	♎18 39

XI	XII	A	II	III	N LAT	XI	XII	A	II	III
♊12 58	♋10 36	♌ 9°06	♍10 00	♎12 33	0°	♊13 54	♋11 32	♌10°05	♍11 04	♎13 27
14 01	12 07	10 40	11 13	13 06	5°	14 56	13 01	11 38	12 15	14 09
15 05	13 38	12 12	12 21	13 37	10°	16 00	14 31	13 08	13 22	14 39
16 14	15 10	13 41	13 28	14 07	15°	17 07	16 02	14 36	14 27	15 08
17 27	16 45	15 11	14 33	14 36	20°	18 20	17 36	16 04	15 31	15 36
17 42	17 04	15 29	14 45	14 42	21°	18 35	17 55	16 22	15 43	15 42
17 58	17 24	15 47	14 58	14 48	22°	18 50	18 14	16 40	15 55	15 48
18 14	17 44	16 05	15 11	14 54	23°	19 06	18 34	16 58	16 08	15 53
18 30	18 04	16 23	15 24	14 59	24°	19 22	18 54	17 15	16 21	15 59
18 47	18 24	16 41	15 37	15 05	25°	19 39	19 14	17 33	16 34	16 05
19 04	18 45	16 59	15 50	15 12	26°	19 56	19 34	17 51	16 46	16 11
19 21	19 05	17 18	16 03	15 18	27°	20 13	19 54	18 09	16 59	16 16
19 39	19 26	17 36	16 16	15 23	28°	20 30	20 15	18 27	17 12	16 22
19 58	19 48	17 55	16 29	15 29	29°	20 48	20 36	18 46	17 24	16 28
20 17	20 09	18 13	16 42	15 36	30°	21 07	20 57	19 04	17 37	16 34
20 36	20 31	18 32	16 55	15 42	31°	21 26	21 18	19 23	17 50	16 40
20 56	20 53	18 52	17 08	15 47	32°	21 45	21 40	19 42	18 03	16 45
21 16	21 15	19 11	17 22	15 53	33°	22 05	22 02	20 01	18 16	16 51
21 37	21 38	19 30	17 36	15 59	34°	22 26	22 25	20 20	18 30	16 57
21 58	22 02	19 50	17 49	16 06	35°	22 47	22 48	20 39	18 43	17 03
22 21	22 26	20 10	18 03	16 12	36°	23 09	23 11	20 59	18 56	17 09
22 44	22 50	20 30	18 17	16 18	37°	23 32	23 35	21 18	19 10	17 15
23 08	23 15	20 51	18 30	16 25	38°	23 55	23 59	21 38	19 23	17 22
23 33	23 40	21 12	18 44	16 31	39°	24 19	24 24	21 59	19 37	17 28
23 58	24 05	21 33	18 59	16 38	40°	24 44	24 49	22 20	19 51	17 34
24 24	24 32	21 54	19 13	16 45	41°	25 10	25 15	22 40	20 05	17 41
24 52	24 59	22 15	19 27	16 52	42°	25 37	25 41	23 01	20 19	17 48
25 21	25 26	22 37	19 42	16 59	43°	26 06	26 08	23 22	20 33	17 54
25 51	25 54	22 59	19 57	17 06	44°	26 35	26 36	23 44	20 48	18 01
26 21	26 23	23 21	20 12	17 13	45°	27 05	27 04	24 06	21 03	18 08
26 54	26 52	23 44	20 28	17 21	46°	27 37	27 33	24 29	21 18	18 16
27 28	27 23	24 08	20 43	17 28	47°	28 10	28 03	24 52	21 33	18 23
28 04	27 54	24 32	20 59	17 35	48°	28 45	28 33	25 15	21 48	18 30
28 41	28 26	24 56	21 15	17 44	49°	♊29 22	29 05	25 39	22 04	18 38
♊29 21	28 59	25 21	21 32	17 52	50°	♋ 0 00	♋29 37	26 03	22 21	18 46
♋ 0 03	♋29 32	25 46	21 49	18 00	51°	0 42	♌ 0 10	26 28	22 38	18 55
0 47	♌ 0 08	26 12	22 07	18 09	52°	1 25	0 44	26 53	22 55	19 03
1 33	0 44	26 38	22 24	18 18	53°	2 10	1 19	27 19	23 12	19 12
2 23	1 21	27 05	22 42	18 27	54°	2 59	1 56	27 45	23 30	19 21
3 15	2 00	27 33	23 01	18 37	55°	3 50	2 34	28 12	23 48	19 30
4 12	2 38	28 01	23 20	18 47	56°	4 45	3 12	28 40	24 07	19 40
5 12	3 21	28 30	23 40	18 57	57°	5 44	3 53	29 09	24 26	19 50
6 17	4 04	29 00	24 00	19 08	58°	6 47	4 35	29 38	24 46	20 01
7 26	4 48	29 30	24 21	19 19	59°	7 54	5 18	30 07	25 07	20 12
♋ 8 41	♌ 5 34	♌30 01	♍24 43	♎19 31	60°	♋ 9 07	♌ 6 03	♌30 38	♍25 28	♎20 24

2h 54m 08s		43° 31' 53''				2h 58m 08s		44° 31' 56''		
		M 16° ♉						M 17° ♉		
XI	XII	A	II	III	N LAT	XI	XII	A	II	III
♊14 50	♋12 27	♌11°04	♍12 08	♎14 42	0°	♊15 45	♋13 23	♌12°04	♍13 13	♎15 47
15 51	13 56	12 36	13 18	15 12	5°	16 46	14 51	13 34	14 21	16 16
16 54	15 24	14 05	14 23	15 41	10°	17 49	16 18	15 02	15 25	16 44
18 01	16 55	15 32	15 27	16 09	15°	18 55	17 47	16 27	16 27	17 11
19 12	18 27	16 58	16 29	16 37	20°	20 05	19 18	17 52	17 28	17 37
19 27	18 46	17 16	16 41	16 42	21°	20 20	19 37	18 10	17 39	17 42
19 43	19 05	17 33	16 53	16 47	22°	20 35	19 55	18 27	17 51	17 47
19 58	19 24	17 51	17 06	16 53	23°	20 51	20 14	18 44	18 03	17 53
20 14	19 44	18 08	17 18	16 58	24°	21 06	20 34	19 01	18 15	17 58
20 30	20 03	18 26	17 30	17 04	25°	21 22	20 53	19 18	18 27	18 03
20 47	20 23	18 43	17 42	17 10	26°	21 38	21 12	19 35	18 39	18 09
21 04	20 43	19 01	17 55	17 15	27°	21 55	21 32	19 53	18 51	18 14
21 21	21 03	19 19	18 08	17 20	28°	22 12	21 52	20 10	19 04	18 19
21 39	21 24	19 37	18 20	17 26	29°	22 30	22 12	20 28	19 16	18 24
21 57	21 45	19 55	18 32	17 32	30°	22 48	22 33	20 46	19 28	18 30
22 16	22 06	20 13	18 45	17 38	31°	23 06	22 54	21 04	19 40	18 36
22 35	22 27	20 32	18 57	17 43	32°	23 25	23 15	21 22	19 52	18 41
22 55	22 49	20 50	19 10	17 49	33°	23 44	23 36	21 40	20 05	18 46
23 15	23 11	21 09	19 24	17 54	34°	24 04	23 58	21 59	20 18	18 52
23 36	23 34	21 28	19 37	18 00	35°	24 25	24 20	22 17	20 30	18 58
23 58	23 57	21 47	19 50	18 06	36°	24 46	24 43	22 36	20 43	19 03
24 20	24 20	22 07	20 03	18 12	37°	25 08	25 06	22 55	20 56	19 09
24 43	24 44	22 26	20 16	18 18	38°	25 30	25 29	23 14	21 09	19 15
25 06	25 08	22 46	20 29	18 24	39°	25 53	25 53	23 34	21 22	19 21
25 31	25 33	23 07	20 43	18 31	40°	26 18	26 17	23 54	21 35	19 27
25 57	25 58	23 27	20 56	18 37	41°	26 43	26 42	24 14	21 48	19 33
26 23	26 24	23 48	21 10	18 44	42°	27 09	27 07	24 34	22 02	19 39
26 51	26 51	24 08	21 24	18 50	43°	27 36	27 33	24 54	22 16	19 46
27 20	27 18	24 30	21 39	18 57	44°	28 04	28 00	25 15	22 30	19 52
27 49	27 45	24 52	21 53	19 04	45°	28 33	28 27	25 37	22 44	19 59
28 20	28 14	25 13	22 08	19 11	46°	29 03	28 54	25 58	22 58	20 06
28 53	28 43	25 36	22 23	19 18	47°	♊29 35	29 23	26 20	23 13	20 13
♊29 27	29 13	25 59	22 38	19 25	48°	♋0 08	♋29 52	26 42	23 28	20 20
♋0 03	♋29 43	26 22	22 53	19 33	49°	0 44	♌0 22	27 05	23 43	20 28
0 40	♌0 15	26 46	23 09	19 41	50°	1 21	0 53	27 28	23 58	20 35
1 21	0 47	27 10	23 26	19 49	51°	2 00	1 25	27 52	24 14	20 43
2 03	1 21	27 35	23 43	19 57	52°	2 41	1 57	28 16	24 31	20 51
2 47	1 55	28 00	24 00	20 05	53°	3 24	2 31	28 41	24 47	20 59
3 34	2 31	28 26	24 17	20 14	54°	4 10	3 06	29 06	25 04	21 08
4 24	3 08	28 52	24 35	20 24	55°	4 59	3 42	29 32	25 22	21 17
5 18	3 46	29 19	24 53	20 33	56°	5 51	4 19	♌29 59	25 40	21 26
6 16	4 25	♌29 47	25 12	20 43	57°	6 47	4 58	♍0 26	25 58	21 36
7 17	5 06	♍0 16	25 32	20 54	58°	7 47	5 37	0 54	26 18	21 47
8 22	5 48	0 45	25 52	21 05	59°	8 51	6 19	1 22	26 38	21 58
♋9 33	♌6 32	♍1 15	♍26 13	♎21 17	60°	♋10 00	♌7 01	♍1 52	♍26 58	♎22 09

XI	XII	A	II	III	N LAT	XI	XII	A	II	III
♊16 41	♋14 19	♌13°04	♍14 18	♎16 52	0°	♊17 37	♋15 15	♌14°05	♍15 23	♎17 57
17 41	15 46	14 33	15 24	17 20	5°	18 37	16 41	15 32	16 27	18 23
18 43	17 12	15 59	16 27	17 46	10°	19 38	18 06	16 56	17 29	18 48
19 48	18 40	17 23	17 27	18 12	15°	20 42	19 33	18 19	18 27	19 13
20 58	20 09	18 47	18 26	18 37	20°	21 51	21 01	19 41	19 25	19 38
21 13	20 28	19 04	18 37	18 42	21°	22 06	21 19	19 58	19 36	19 42
21 28	20 46	19 20	18 49	18 47	22°	22 20	21 37	20 14	19 47	19 47
21 43	21 05	19 37	19 01	18 52	23°	22 35	21 56	20 31	19 59	19 52
21 58	21 24	19 54	19 13	18 57	24°	22 50	22 14	20 48	20 10	19 57
22 14	21 43	20 11	19 24	19 02	25°	23 06	22 33	21 04	20 22	20 02
22 30	22 02	20 28	19 36	19 08	26°	23 22	22 52	21 21	20 33	20 07
22 46	22 21	20 45	19 48	19 13	27°	23 38	23 11	21 38	20 44	20 12
23 03	22 41	21 02	20 00	19 18	28°	23 54	23 30	21 55	20 56	20 17
23 20	23 01	21 20	20 12	19 23	29°	24 11	23 50	22 12	21 08	20 22
23 38	23 21	21 37	20 23	19 28	30°	24 28	24 10	22 29	21 19	20 27
23 56	23 42	21 55	20 35	19 34	31°	24 46	24 30	22 46	21 30	20 32
24 15	24 02	22 12	20 47	19 39	32°	25 05	24 50	23 03	21 42	20 37
24 34	24 23	22 30	21 00	19 44	33°	25 23	25 11	23 21	21 54	20 42
24 53	24 45	22 49	21 12	19 49	34°	25 42	25 32	23 39	22 06	20 47
25 13	25 07	23 07	21 24	19 55	35°	26 02	25 53	23 56	22 18	20 52
25 34	25 29	23 25	21 37	20 00	36°	26 23	26 15	24 14	22 30	20 57
25 56	25 51	23 44	21 49	20 06	37°	26 44	26 37	24 33	22 42	21 03
26 18	26 14	24 03	22 02	20 12	38°	27 06	26 59	24 51	22 55	21 08
26 40	26 37	24 22	22 14	20 18	39°	27 28	27 22	25 10	23 07	21 14
27 04	27 01	24 41	22 27	20 24	40°	27 51	27 45	25 29	23 20	21 20
27 29	27 25	25 01	22 40	20 29	41°	28 15	28 09	25 48	23 32	21 25
27 54	27 50	25 21	22 54	20 35	42°	28 40	28 34	26 07	23 45	21 31
28 21	28 16	25 41	23 07	20 41	43°	29 06	28 59	26 27	23 59	21 37
28 48	28 42	26 01	23 21	20 48	44°	♊29 33	29 24	26 47	24 12	21 43
29 17	29 08	26 22	23 35	20 54	45°	♋ 0 01	♋29 49	27 07	24 25	21 50
♊29 46	♋29 35	26 42	23 49	21 01	46°	0 30	♌ 0 16	27 27	24 39	21 56
♋ 0 18	♌ 0 03	27 04	24 03	21 08	47°	1 00	0 44	27 48	24 53	22 02
0 50	0 32	27 26	24 17	21 15	48°	1 32	1 12	28 10	25 07	22 09
1 25	1 01	27 48	24 32	21 22	49°	2 06	1 40	28 32	25 21	22 16
2 01	1 31	28 11	24 47	21 29	50°	2 41	2 10	28 54	25 36	22 23
2 39	2 02	28 34	25 03	21 37	51°	3 18	2 40	29 17	25 52	22 31
3 19	2 34	28 58	25 19	21 45	52°	3 57	3 11	♌29 40	26 07	22 39
4 01	3 07	29 22	25 35	21 53	53°	4 38	3 44	♍ 0 03	26 23	22 47
4 46	3 41	♌29 47	25 52	22 01	54°	5 22	4 17	0 28	26 39	22 55
5 34	4 16	♍ 0 12	26 09	22 10	55°	6 08	4 51	0 52	26 56	23 04
6 24	4 53	0 38	26 27	22 20	56°	6 57	5 26	1 17	27 13	23 13
7 19	5 30	1 05	26 45	22 29	57°	7 51	6 03	1 44	27 31	23 22
8 17	6 09	1 32	27 04	22 40	58°	8 47	6 41	2 10	27 50	23 32
9 20	6 49	2 00	27 23	22 51	59°	9 48	7 19	2 37	28 09	23 43
♋10 26	♌ 7 30	♍ 2 29	♍27 43	♎23 02	60°	♋10 53	♌ 8 00	♍ 3 06	♍28 28	♎23 55

| 3ʰ 10ᵐ 13ˢ | | 47° 33' 10'' | | | | 3ʰ 14ᵐ 16ˢ | | 48° 33' 56'' | | |
| M 20° ♉ | | | | | | M 21° ♉ | | | | |

XI	XII	A	II	III	N LAT	XI	XII	A	II	III
♊18 33	♋16 11	♌15°05	♍16 28	♎19 02	0°	♊19 29	♋17 08	♌16°06	♍17 34	♎20 07
19 32	17 36	16 31	17 31	19 27	5°	20 28	18 31	17 31	18 35	20 31
20 33	19 00	17 54	18 31	19 51	10°	21 28	19 55	18 52	19 33	20 54
21 36	20 26	19 16	19 27	20 15	15°	22 30	21 19	20 12	20 28	21 17
22 44	21 53	20 36	20 24	20 38	20°	23 37	22 45	21 31	21 23	21 39
22 58	22 10	20 52	20 34	20 43	21°	23 51	23 02	21 47	21 33	21 43
23 13	22 28	21 08	20 45	20 47	22°	24 05	23 20	22 03	21 44	21 47
23 27	22 46	21 25	20 57	20 52	23°	24 20	23 37	22 19	21 55	21 52
23 43	23 04	21 41	21 08	20 57	24°	24 35	23 55	22 35	22 06	21 56
23 58	23 23	21 57	21 19	21 01	25°	24 50	24 14	22 51	22 16	22 01
24 13	23 42	22 14	21 30	21 06	26°	25 05	24 32	23 07	22 27	22 05
24 29	24 00	22 30	21 41	21 11	27°	25 20	24 50	23 23	22 38	22 10
24 45	24 19	22 47	21 52	21 15	28°	25 36	25 09	23 39	22 49	22 14
25 02	24 39	23 04	22 04	21 20	29°	25 53	25 28	23 56	23 00	22 19
25 19	24 58	23 20	22 15	21 25	30°	26 10	25 47	24 12	23 11	22 23
25 37	25 18	23 37	22 26	21 30	31°	26 27	26 06	24 29	23 22	22 28
25 55	25 38	23 54	22 38	21 35	32°	26 45	26 26	24 45	23 33	22 33
26 13	25 58	24 11	22 49	21 39	33°	27 03	26 46	25 02	23 44	22 37
26 32	26 19	24 29	23 01	21 44	34°	27 21	27 06	25 19	23 55	22 42
26 51	26 40	24 46	23 12	21 50	35°	27 40	27 26	25 36	24 06	22 47
27 11	27 01	25 04	23 24	21 55	36°	28 00	27 47	25 53	24 18	22 52
27 32	27 22	25 22	23 36	22 00	37°	28 20	28 08	26 11	24 30	22 57
27 53	27 44	25 40	23 48	22 05	38°	28 41	28 30	26 28	24 41	23 02
28 15	28 07	25 58	24 00	22 10	39°	29 02	28 52	26 46	24 53	23 07
28 38	28 30	26 16	24 12	22 16	40°	29 24	29 14	27 04	25 05	23 12
29 01	28 53	26 35	24 25	22 21	41°	♊29 47	♋29 37	27 23	25 17	23 17
29 25	29 17	26 54	24 37	22 27	42°	♋ 0 11	♌ 0 00	27 41	25 29	23 23
♊29 51	♋29 41	27 13	24 50	22 33	43°	0 36	0 24	28 00	25 42	23 29
♋ 0 17	♌ 0 06	27 33	25 03	22 39	44°	1 02	0 49	28 19	25 54	23 34
0 44	0 31	27 53	25 16	22 45	45°	1 28	1 13	28 38	26 07	23 40
1 13	0 57	28 12	25 30	22 51	46°	1 56	1 39	28 58	26 20	23 46
1 43	1 24	28 33	25 43	22 57	47°	2 25	2 05	29 18	26 33	23 52
2 14	1 52	28 54	25 57	23 03	48°	2 56	2 32	29 38	26 47	23 58
2 47	2 20	29 15	26 11	23 11	49°	3 28	2 59	♌29 59	27 01	24 05
3 21	2 48	29 37	26 25	23 18	50°	4 01	3 27	♍ 0 20	27 15	24 12
3 57	3 18	♌29 59	26 40	23 25	51°	4 36	3 56	0 42	27 29	24 19
4 35	3 49	♍ 0 22	26 55	23 32	52°	5 14	4 26	1 04	27 44	24 26
5 15	4 20	0 45	27 11	23 40	53°	5 53	4 56	1 27	27 59	24 34
5 58	4 52	1 09	27 27	23 48	54°	6 34	5 28	1 50	28 15	24 42
6 43	5 26	1 33	27 43	23 57	55°	7 18	6 01	2 13	28 30	24 50
7 31	6 00	1 57	28 00	24 06	56°	8 05	6 34	2 37	28 47	24 59
8 23	6 36	2 23	28 18	24 15	57°	8 55	7 09	3 02	29 04	25 08
9 18	7 13	2 49	28 36	24 25	58°	9 48	7 45	3 27	29 22	25 18
10 17	7 50	3 15	28 55	24 36	59°	10 46	8 21	3 53	29 41	25 28
♋11 20	♌ 8 30	♍ 3 43	♍29 14	♎24 47	60°	♋11 47	♌ 9 00	♍ 4 20	♍30 00	♎25 39

		M 22° ♉						M 23° ♉		
XI	XII	A	II	III	N LAT	XI	XII	A	II	III
♊20 25	♋18 05	♌17°08	♍18 40	♎21 12	0°	♊21 22	♋19 02	♌18°10	♍19 46	♎22 17
21 23	19 27	18 31	19 39	21 35	5°	22 19	20 23	19 31	20 43	22 39
22 23	20 50	19 51	20 35	21 57	10°	23 18	21 45	20 50	21 38	23 00
23 24	22 12	21 09	21 29	22 18	15°	24 19	23 06	22 06	22 30	23 20
24 30	23 27	22 27	22 22	22 39	20°	25 23	24 29	23 22	23 21	23 40
24 44	23 54	22 42	22 32	22 43	21°	25 37	24 46	23 37	23 31	23 43
24 58	24 11	22 58	22 43	22 47	22°	25 51	25 03	23 53	23 42	23 47
25 12	24 28	23 13	22 53	22 52	23°	26 05	25 20	24 08	23 52	23 52
25 27	24 46	23 29	23 04	22 56	24°	26 19	25 37	24 23	24 02	23 56
25 42	25 04	23 45	23 14	23 00	25°	26 34	25 55	24 39	24 12	24 00
25 57	25 22	24 00	23 24	23 04	26°	26 49	26 12	24 54	24 22	24 04
26 12	25 40	24 16	23 35	23 09	27°	27 03	26 30	25 09	24 32	24 08
26 28	25 58	24 32	23 45	23 13	28°	27 19	26 48	25 25	24 42	24 12
26 44	26 17	24 48	23 56	23 17	29°	27 35	27 06	25 40	24 52	24 16
27 00	26 35	25 04	24 07	23 22	30°	27 51	27 24	25 56	25 03	24 20
27 17	26 54	25 20	24 17	23 26	31°	28 08	27 43	26 12	25 13	24 24
27 35	27 14	25 36	24 28	23 31	32°	28 25	28 02	26 28	25 23	24 28
27 52	27 33	25 53	24 39	23 35	33°	28 42	28 21	26 44	25 34	24 33
28 10	27 53	26 09	24 50	23 40	34°	29 00	28 40	27 00	25 45	24 37
28 29	28 13	26 26	25 01	23 44	35°	29 18	29 00	27 16	25 55	24 42
28 48	28 33	26 43	25 12	23 49	36°	29 37	29 20	27 33	26 06	24 46
29 08	28 54	27 00	25 23	23 54	37°	♊29 56	♋29 41	27 49	26 17	24 51
29 29	29 15	27 17	25 35	23 59	38°	♋ 0 16	♌ 0 01	28 06	26 28	24 55
♊29 50	29 37	27 34	25 46	24 03	39°	0 37	0 22	28 23	26 39	25 00
♋ 0 11	♋29 59	27 52	25 58	24 08	40°	0 58	0 44	28 40	26 50	25 05
0 34	♌ 0 21	28 10	26 09	24 14	41°	1 20	1 06	28 58	27 02	25 10
0 57	0 44	28 28	26 21	24 19	42°	1 43	1 28	29 16	27 13	25 15
1 21	1 07	28 47	26 33	24 24	43°	2 07	1 51	29 34	27 25	25 20
1 46	1 31	29 05	26 46	24 30	44°	2 31	2 14	♌29 52	27 37	25 25
2 12	1 55	29 24	26 58	24 35	45°	2 56	2 37	♍ 0 10	27 49	25 30
2 39	2 20	♌29 43	27 11	24 41	46°	3 23	3 02	0 29	28 01	25 36
3 08	2 46	♍ 0 03	27 24	24 47	47°	3 51	3 27	0 48	28 14	25 42
3 38	3 12	0 23	27 37	24 53	48°	4 20	3 52	1 07	28 27	25 48
4 09	3 38	0 43	27 51	24 59	49°	4 50	4 18	1 27	28 40	25 54
4 41	4 06	1 04	28 04	25 06	50°	5 21	4 45	1 47	28 53	26 00
5 16	4 34	1 25	28 18	25 13	51°	5 55	5 13	2 08	29 07	26 07
5 52	5 03	1 47	28 32	25 20	52°	6 30	5 41	2 29	29 21	26 14
6 30	5 33	2 09	28 47	25 27	53°	7 08	6 10	2 51	29 35	26 21
7 10	6 04	2 31	29 02	25 35	54°	7 47	6 40	3 13	♍29 50	26 28
7 53	6 35	2 54	29 18	25 43	55°	8 28	7 10	3 35	♎ 0 05	26 36
8 39	7 08	3 17	29 34	25 52	56°	9 13	7 42	3 58	0 21	26 45
9 27	7 42	3 41	♍29 51	26 01	57°	9 59	8 15	4 21	0 38	26 53
10 19	8 17	4 06	♎ 0 09	26 10	58°	10 50	8 49	4 45	0 55	27 03
11 15	8 52	4 31	0 27	26 21	59°	11 44	9 23	5 09	1 13	27 14
♋12 14	♌ 9 30	♍ 4 58	♎ 0 45	♎26 32	60°	♋12 42	♌10 00	♍ 5 35	♎ 1 31	♎27 24

3ʰ 26ᵐ 29ˢ		51° 37' 21'' M 24° ♉				3ʰ 30ᵐ 35ˢ		52° 38' 51'' M 25° ♉		
XI	XII	A	II	III	N LAT	XI	XII	A	II	III
♊22 18	♋19 59	♌19°12	♍20 53	♎23 22	0°	♊23 15	♋20 57	♌20°14	♍22 00	♎24 27
23 15	21 19	20 32	21 48	23 42	5°	24 11	22 16	21 33	22 53	24 46
24 13	22 40	21 49	22 41	24 02	10°	25 08	23 35	22 48	23 44	25 05
25 13	24 00	23 04	23 31	24 21	15°	26 07	24 54	24 02	24 32	25 23
26 17	25 21	24 18	24 21	24 40	20°	27 10	26 14	25 14	25 21	25 41
26 30	25 38	24 33	24 31	24 44	21°	27 23	26 30	25 29	25 30	25 44
26 43	25 55	24 48	24 41	24 48	22°	27 36	26 47	25 43	25 40	25 48
26 57	26 11	25 03	24 50	24 51	23°	27 50	27 03	25 58	25 49	25 51
27 11	26 28	25 18	25 00	24 55	24°	28 04	27 20	26 12	25 59	25 55
27 26	26 46	25 33	25 10	24 59	25°	28 18	27 37	26 27	26 08	25 58
27 41	27 03	25 48	25 20	25 03	26°	28 32	27 54	26 42	26 18	26 02
27 55	27 20	26 03	25 29	25 07	27°	28 46	28 11	26 56	26 27	26 06
28 10	27 38	26 18	25 39	25 11	28°	29 01	28 28	27 11	26 36	26 09
28 26	27 55	26 33	25 49	25 14	29°	29 17	28 45	27 26	26 46	26 13
28 41	28 13	26 48	25 59	25 18	30°	29 32	29 03	27 41	26 55	26 17
28 58	28 32	27 04	26 09	25 22	31°	♊29 48	29 21	27 56	27 05	26 20
29 15	28 50	27 19	26 19	25 26	32°	♋ 0 05	29 39	28 11	27 15	26 24
29 32	29 09	27 35	26 29	25 31	33°	0 21	♋29 57	28 26	27 25	26 28
♊29 49	29 28	27 51	26 40	25 35	34°	0 38	♌ 0 16	28 42	27 35	26 32
♋ 0 07	♋29 47	28 07	26 50	25 39	35°	0 56	0 35	28 57	27 45	26 36
0 25	♌ 0 07	28 23	27 00	25 43	36°	1 14	0 54	29 13	27 55	26 40
0 44	0 27	28 39	27 11	25 47	37°	1 32	1 13	29 29	28 05	26 44
1 04	0 47	28 55	27 22	25 52	38°	1 51	1 33	♌29 45	28 15	26 49
1 24	1 08	29 12	27 32	25 56	39°	2 11	1 53	♍ 0 01	28 26	26 53
1 45	1 29	29 29	27 43	26 01	40°	2 32	2 14	0 17	28 36	26 57
2 07	1 50	♌29 46	27 54	26 06	41°	2 53	2 35	0 34	28 47	27 02
2 29	2 12	♍ 0 03	28 05	26 10	42°	3 15	2 56	0 51	28 58	27 06
2 52	2 34	0 21	28 17	26 15	43°	3 38	3 18	1 08	29 09	27 11
3 16	2 57	0 38	28 28	26 20	44°	4 01	3 40	1 25	29 20	27 16
3 40	3 20	0 56	28 40	26 26	45°	4 24	4 03	1 42	29 31	27 21
4 06	3 43	1 14	28 52	26 31	46°	4 50	4 25	2 00	29 43	27 26
4 33	4 08	1 33	29 04	26 36	47°	5 16	4 49	2 18	♍29 55	27 31
5 02	4 33	1 52	29 17	26 42	48°	5 44	5 13	2 37	♎ 0 07	27 36
5 31	4 58	2 11	29 30	26 48	49°	6 12	5 38	2 56	0 19	27 42
6 02	5 24	2 31	29 43	26 54	50°	6 42	6 03	3 15	0 32	27 48
6 34	5 51	2 51	♍29 56	27 00	51°	7 14	6 30	3 35	0 45	27 54
7 09	6 19	3 12	♎ 0 09	27 07	52°	7 48	6 57	3 55	0 58	28 01
7 45	6 47	3 33	0 23	27 14	53°	8 23	7 24	4 15	1 12	28 08
8 23	7 16	3 54	0 38	27 22	54°	9 00	7 52	4 36	1 26	28 15
9 03	7 46	4 16	0 53	27 29	55°	9 39	8 21	4 57	1 40	28 22
9 46	8 17	4 38	1 08	27 37	56°	10 20	8 51	5 19	1 55	28 30
10 32	8 48	5 00	1 24	27 46	57°	11 05	9 22	5 40	2 11	28 39
11 21	9 21	5 24	1 41	27 56	58°	11 52	9 54	6 03	2 27	28 48
12 13	9 55	5 48	1 59	28 06	59°	12 42	10 27	6 27	2 44	28 58
♋13 09	♌10 30	♍ 6 13	♎ 2 16	♎28 16	60°	♋13 37	♌11 01	♍ 6 51	♎ 3 02	♎29 08

XI	XII	A	II	III	N LAT	XI	XII	A	II	III
♊24 12	♋21 55	♌21°17	♍23 07	♎25 33	0°	♊25 09	♋22 53	♌22°21	♍24 14	♎26 38
25 07	23 13	22 34	23 58	25 51	5°	26 03	24 10	23 36	25 03	26 55
26 03	24 30	23 48	24 47	26 08	10°	26 58	25 26	24 48	25 51	27 11
27 01	25 48	25 00	♍25 34	26 25	15°	27 56	26 42	25 58	26 36	27 26
28 03	27 07	26 11	26 21	26 41	20°	28 57	28 00	27 07	27 21	27 42
28 16	27 23	26 25	26 30	26 45	21°	29 09	28 15	27 21	27 29	27 45
28 29	27 39	26 39	26 39	26 48	22°	29 22	28 31	27 35	27 38	27 48
28 43	27 55	26 53	26 48	26 51	23°	29 35	28 47	27 48	27 47	27 51
28 56	28 11	27 07	26 58	26 55	24°	♊29 49	29 03	28 02	27 56	27 54
29 10	28 28	27 21	27 07	26 58	25°	♋0 02	29 19	28 16	28 05	27 57
29 24	28 45	27 36	27 16	27 01	26°	0 16	29 36	28 30	28 14	28 01
29 38	29 01	27 50	27 24	27 05	27°	0 30	♋29 52	28 44	28 22	28 04
♊29 53	29 18	28 05	27 33	27 08	28°	0 44	♌0 08	28 58	28 31	28 07
♋0 08	29 35	28 19	27 43	27 12	29°	0 59	0 25	29 12	28 40	28 10
0 23	♋29 52	28 34	27 52	27 15	30°	1 14	0 42	29 27	28 49	28 14
0 39	♌0 10	28 48	28 02	27 18	31°	1 29	0 59	29 41	28 58	28 17
0 55	0 28	29 03	28 11	27 22	32°	1 45	1 17	♌29 55	29 07	28 20
1 11	0 46	29 18	28 20	27 26	33°	2 01	1 34	♍0 09	29 16	28 24
1 28	1 04	29 33	28 30	27 30	34°	2 17	1 52	0 24	29 25	28 27
1 45	1 22	♌29 48	28 39	27 33	35°	2 34	2 10	0 39	29 34	28 31
2 03	1 41	♍0 03	28 49	27 37	36°	2 51	2 28	0 54	29 44	28 34
2 21	2 00	0 19	28 59	27 41	37°	3 09	2 47	1 09	♍29 53	28 38
2 39	2 20	0 34	29 09	27 45	38°	3 27	3 06	1 24	♎0 03	28 42
2 59	2 39	0 50	29 19	27 49	39°	3 46	3 25	1 39	0 13	28 45
3 19	2 59	1 06	29 29	27 53	40°	4 06	3 44	1 55	0 22	28 49
3 40	3 19	1 22	29 40	27 58	41°	4 26	4 04	2 11	0 32	28 53
4 01	3 40	1 39	♍29 50	28 02	42°	4 47	4 25	2 27	0 42	28 57
4 23	4 02	1 55	♎0 01	28 06	43°	5 09	4 45	2 43	0 53	29 02
4 46	4 23	2 12	0 11	28 11	44°	5 31	5 06	2 59	1 03	29 06
5 09	4 45	2 29	0 22	28 16	45°	5 53	5 28	3 16	1 14	29 11
5 33	5 07	2 46	0 34	28 21	46°	6 17	5 50	3 32	1 25	29 15
5 59	5 30	3 04	0 45	28 26	47°	6 42	6 12	3 49	1 36	29 20
6 26	5 54	3 22	0 57	28 30	48°	7 08	6 35	4 07	1 47	29 25
6 54	6 18	3 40	1 09	28 36	49°	7 36	6 59	4 25	1 59	29 30
7 23	6 43	3 59	1 21	28 42	50°	8 04	7 23	4 43	2 11	29 36
7 54	7 09	4 18	1 34	28 48	51°	8 34	7 48	5 01	2 23	29 42
8 27	7 35	4 37	1 47	28 54	52°	9 05	8 13	5 20	2 35	29 48
9 01	8 02	4 57	2 00	29 01	53°	9 38	8 39	5 39	2 48	♎29 54
9 36	8 29	5 17	2 13	29 08	54°	10 13	9 06	5 59	3 01	♏0 01
10 14	8 57	5 38	2 28	29 15	55°	10 50	9 33	6 19	3 15	0 08
10 55	9 26	5 59	2 42	29 23	56°	11 29	10 01	6 40	3 29	0 15
11 38	9 56	6 20	2 58	29 31	57°	12 11	10 30	7 00	3 44	0 23
12 23	10 27	6 42	3 14	29 40	58°	12 55	11 00	7 22	4 00	0 32
13 12	10 59	7 05	3 30	29 50	59°	13 42	11 31	7 44	4 10	0 42
♋14 05	♌11 31	♍7 29	♎3 47	♎30 00	60°	♋14 33	♌12 02	♍8 07	♎4 33	♏0 52

| | 3ʰ 42ᵐ 58ˢ | | 55° 44' 25" | | N | | 3ʰ 47ᵐ 06ˢ | | 56° 46' 37" | |
| | | M 28° ♉ | | | LAT | | | M 29° ♉ | | |
XI	XII	A	II	III		XI	XII	A	II	III
♊26 06	♋23 52	♌23°25	♍25 21	♎27 43	0°	♊27 03	♋24 51	♌24°29	♍26 29	♎28 49
26 59	25 08	24 38	26 09	27 59	5°	27 55	26 05	25 40	27 15	29 03
27 53	26 22	25 48	26 55	28 14	10°	28 49	27 18	26 49	27 59	29 17
28 50	27 37	26 56	27 38	28 28	15°	♊29 45	28 32	27 55	28 40	29 30
♊29 50	28 53	28 04	28 21	28 42	20°	♋ 0 44	♋29 46	29 01	29 21	29 43
♋ 0 03	29 08	28 17	28 29	28 45	21°	0 56	♌ 0 01	29 14	29 29	29 46
0 15	29 24	28 31	28 37	28 48	22°	1 09	0 17	29 27	29 37	29 48
0 28	29 39	28 44	28 46	28 51	23°	1 21	0 32	29 40	29 45	29 51
0 41	♋29 55	28 58	28 54	28 54	24°	1 34	0 47	♌29 53	♍29 53	29 54
0 55	♌ 0 11	29 11	29 03	28 57	25°	1 47	1 02	♍ 0 06	♎ 0 01	29 56
1 08	0 27	29 25	29 12	29 00	26°	2 00	1 18	0 20	0 10	♎29 59
1 22	0 43	29 38	29 20	29 03	27°	2 14	1 34	0 33	0 18	♏ 0 02
1 36	0 59	♌29 52	29 28	29 06	28°	2 28	1 50	0 46	0 26	0 04
1 50	1 15	♍ 0 06	29 37	29 09	29°	2 42	2 06	0 59	0 34	0 07
2 05	1 32	0 20	29 45	29 12	30°	2 56	2 22	1 13	0 42	0 10
2 20	1 49	0 33	♍29 54	29 15	31°	3 10	2 38	1 26	0 50	0 13
2 35	2 06	0 47	♎ 0 03	29 18	32°	3 25	2 55	1 40	0 59	0 16
2 51	2 23	1 01	0 12	29 21	33°	3 41	3 12	1 54	1 07	0 19
3 07	2 40	1 16	0 20	29 25	34°	3 57	3 29	2 07	1 16	0 22
3 23	2 58	1 30	0 29	29 28	35°	4 13	3 46	2 21	1 24	0 25
3 40	3 16	1 45	0 38	29 31	36°	4 29	4 03	2 36	1 33	0 28
3 58	3 34	1 59	0 48	29 35	37°	4 46	4 21	2 50	1 42	0 31
4 16	3 52	2 14	0 57	29 39	38°	5 04	4 39	3 04	1 51	0 35
4 34	4 11	2 29	1 06	29 42	39°	5 22	4 57	3 18	2 00	0 38
4 53	4 30	2 44	1 16	29 45	40°	5 40	5 16	3 33	2 09	0 41
5 13	4 49	2 59	1 25	29 49	41°	5 59	5 35	3 48	2 18	0 45
5 33	5 09	3 15	1 35	29 53	42°	6 19	5 54	4 03	2 27	0 49
5 54	5 29	3 30	1 45	♎29 57	43°	6 40	6 14	4 18	2 37	0 52
6 16	5 50	3 46	1 55	♏ 0 01	44°	7 01	6 34	4 34	2 47	0 56
6 37	6 11	4 02	2 05	0 06	45°	7 22	6 54	4 49	2 56	1 00
7 01	6 32	4 18	2 16	0 10	46°	7 45	7 15	5 05	3 07	1 05
7 25	6 54	4 35	2 26	0 15	47°	8 08	7 36	5 21	3 17	1 09
7 50	7 16	4 52	2 37	0 19	48°	8 33	7 58	5 38	3 27	1 13
8 17	7 39	5 10	2 49	0 24	49°	8 59	8 20	5 55	3 38	1 18
8 45	8 03	5 27	3 00	0 30	50°	9 26	8 43	6 12	3 49	1 23
9 14	8 27	5 45	3 12	0 35	51°	9 54	9 06	6 29	4 01	1 29
9 44	8 51	6 03	3 24	0 41	52°	10 24	9 30	6 47	4 12	1 34
10 16	9 17	6 22	3 36	0 47	53°	10 54	9 54	7 05	4 24	1 40
10 50	9 42	6 41	3 49	0 53	54°	11 27	10 19	7 23	4 37	1 46
11 25	10 09	7 00	4 03	1 00	55°	12 01	10 45	7 42	4 50	1 53
12 03	10 36	7 20	4 16	1 08	56°	12 38	11 12	8 01	5 03	2 00
12 44	11 04	7 40	4 31	1 16	57°	13 17	11 39	8 21	5 17	2 08
13 27	11 33	8 01	4 46	1 24	58°	13 59	12 07	8 41	5 32	2 16
14 12	12 03	8 23	5 02	1 34	59°	14 42	12 35	9 02	5 48	2 26
♋15 01	♌12 33	♍ 8 45	♎ 5 18	♏ 1 44	60°	♋15 29	♌13 04	♍ 9 23	♎ 6 04	♏ 2 36

M 0° ♊   M 1° ♊

XI	XII	A	II	III	N LAT	XI	XII	A	II	III
♊28 00	♋25 50	♌25°33	♍27 37	♎29 54	0°	♊28 57	♋26 49	♌26°38	♍28 45	♏ 1 00
28 52	27 03	26 43	28 21	♏ 0 07	5°	29 49	28 01	27 46	29 27	1 11
29 45	28 15	27 50	29 03	0 19	10°	♋ 0 41	♋29 12	28 51	♎ 0 07	1 22
♋ 0 40	♋29 27	28 54	♍29 42	0 31	15°	1 35	♌ 0 23	♌29 53	0 45	1 33
1 38	♌ 0 39	♌29 58	♎ 0 21	0 43	20°	2 32	1 33	♍ 0 55	1 22	1 44
1 50	0 54	♍ 0 11	0 29	0 46	21°	2 43	1 48	1 08	1 29	1 46
2 02	1 10	0 23	0 37	0 48	22°	2 55	2 03	1 20	1 37	1 48
2 14	1 24	0 36	0 45	0 51	23°	3 07	2 17	1 33	1 44	1 51
2 27	1 39	0 49	0 52	0 53	24°	3 20	2 32	1 45	1 51	1 53
2 39	1 55	1 02	1 00	0 56	25°	3 32	2 47	1 57	1 59	1 55
2 52	2 10	1 15	1 08	0 58	26°	3 45	3 02	2 10	2 06	1 57
3 06	2 25	1 27	1 16	1 01	27°	3 58	3 17	2 22	2 14	2 00
3 20	2 41	1 40	1 23	1 03	28°	4 12	3 32	2 35	2 21	2 02
3 33	2 56	1 53	1 31	1 06	29°	4 25	3 47	2 47	2 28	2 04
3 47	3 12	2 06	1 39	1 09	30°	4 38	4 02	3 00	2 36	2 07
4 01	3 28	2 19	1 47	1 11	31°	4 52	4 18	3 13	2 44	2 09
4 16	3 44	2 33	1 55	1 14	32°	5 06	4 34	3 26	2 51	2 12
4 31	4 01	2 46	2 03	1 17	33°	5 21	4 50	3 38	2 59	2 14
4 46	4 17	2 59	2 11	1 19	34°	5 36	5 06	3 51	3 07	2 17
5 02	4 34	3 13	2 20	1 22	35°	5 52	5 22	4 04	3 15	2 19
5 18	4 51	3 27	2 28	1 25	36°	6 07	5 39	4 18	3 23	2 22
5 35	5 08	3 40	2 36	1 28	37°	6 23	5 56	4 31	3 31	2 25
5 52	5 26	3 54	2 45	1 31	38°	6 40	6 13	4 44	3 39	2 28
6 09	5 44	4 08	2 53	1 34	39°	6 57	6 30	4 58	3 47	2 31
6 27	6 02	4 22	3 02	1 37	40°	7 15	6 48	5 12	3 56	2 33
6 46	6 20	4 37	3 11	1 41	41°	7 33	7 06	5 26	4 04	2 36
7 05	6 39	4 51	3 20	1 44	42°	7 52	7 24	5 40	4 12	2 40
7 25	6 58	5 06	3 29	1 48	43°	8 11	7 43	5 54	4 21	2 43
7 46	7 18	5 21	3 38	1 51	44°	8 31	8 02	6 09	4 30	2 46
8 06	7 37	5 36	3 48	1 55	45°	8 51	8 21	6 23	4 39	2 50
8 29	7 57	5 51	3 58	1 59	46°	9 13	8 40	6 38	4 49	2 54
8 52	8 18	6 07	4 08	2 04	47°	9 35	9 00	6 53	4 58	2 58
9 16	8 39	6 23	4 18	2 08	48°	9 59	9 21	7 09	5 08	3 02
9 41	9 01	6 40	4 28	2 12	49°	10 23	9 42	7 25	5 18	3 05
10 07	9 23	6 56	4 39	2 17	50°	10 48	10 03	7 41	5 28	3 10
10 34	9 46	7 13	4 50	2 22	51°	11 15	10 25	7 57	5 39	3 15
11 03	10 09	7 30	5 01	2 27	52°	11 42	10 48	8 13	5 50	3 20
11 33	10 32	7 47	5 13	2 33	53°	12 11	11 11	8 30	6 01	3 25
12 05	10 56	8 05	5 25	2 39	54°	12 42	11 34	8 47	6 13	3 31
12 38	11 21	8 23	5 37	2 45	55°	13 14	11 58	9 05	6 25	3 37
13 13	11 47	8 42	5 50	2 53	56°	13 48	12 23	9 23	6 38	3 45
13 50	12 14	9 01	6 04	3 00	57°	14 24	12 49	9 42	6 51	3 52
14 31	12 41	9 21	6 18	3 07	58°	15 03	13 15	10 01	7 05	3 59
15 12	13 00	9 41	6 34	3 17	59°	15 43	13 41	10 20	7 20	4 08
♋15 58	♌13 36	♍10 02	♎ 6 50	♏ 3 27	60°	♋16 27	♌14 08	♍10 40	♎ 7 35	♏ 4 18

| | 3ʰ 59ᵐ 37ˢ | | 59° 54' 16'' | | N | | 4ʰ 03ᵐ 49ˢ | | 60⁰ 57' 08'' | |
| | | M 2⁰ ♊ | | | LAT | | | M 3⁰ ♊ | | |
XI	XII	A	II	III		XI	XII	A	II	III
♊29 55	♋27 49	♌27°43	♍29 54	♏ 2 05	0°	♋ 0 52	♋28 49	♌28°49	♎ 1 02	♏ 3 10
♋ 0 46	29 00	28 49	♎ 0 34	2 15	5°	1 43	29 59	29 53	1 40	3 19
1 37	♌ 0 09	29 52	1 11	2 25	10°	2 33	♌ 1 06	♍ 0 54	2 15	3 28
2 30	1 19	♍ 0 53	1 47	2 35	15°	3 25	2 15	1 53	2 50	3 36
3 26	2 27	1 53	2 22	2 45	20°	4 20	3 22	2 51	3 23	3 45
3 37	2 42	2 05	2 29	2 46	21°	4 31	3 36	3 02	3 30	3 47
3 49	2 56	2 17	2 37	2 48	22°	4 42	3 50	3 14	3 37	3 48
4 01	3 11	2 29	2 44	2 51	23°	4 54	4 04	3 26	3 43	3 50
4 13	3 25	2 41	2 51	2 52	24°	5 06	4 18	3 38	3 50	3 52
4 25	3 39	2 53	2 58	2 54	25°	5 18	4 32	3 49	3 57	3 54
4 37	3 54	3 05	3 05	2 57	26°	5 30	4 46	4 01	4 03	3 56
4 50	4 08	3 17	3 12	2 59	27°	5 43	5 00	4 13	4 10	3 58
5 04	4 23	3 30	3 19	3 01	28°	5 56	5 14	4 24	4 17	3 59
5 17	4 38	3 42	3 26	3 03	29°	6 08	5 29	4 36	4 23	4 01
5 30	4 53	3 54	3 33	3 05	30°	6 21	5 44	4 48	4 30	4 03
5 43	5 08	4 06	3 40	3 07	31°	6 34	5 59	5 00	4 37	4 05
5 57	5 24	4 19	3 47	3 09	32°	6 48	6 14	5 12	4 44	4 07
6 12	5 39	4 31	3 55	3 12	33°	7 02	6 29	5 24	4 51	4 09
6 26	5 55	4 44	4 02	3 14	34°	7 16	6 44	5 36	4 58	4 11
6 41	6 11	4 56	4 10	3 16	35°	7 31	7 00	5 48	5 05	4 13
6 57	6 27	5 09	4 18	3 19	36°	7 46	7 15	6 01	5 12	4 16
7 12	6 43	5 22	4 25	3 21	37°	8 01	7 31	6 13	5 20	4 18
7 28	7 00	5 35	4 33	3 24	38°	8 17	7 48	6 26	5 27	4 20
7 45	7 17	5 48	4 41	3 27	39°	8 33	8 04	6 38	5 35	4 23
8 02	7 34	6 02	4 49	3 29	40°	8 50	8 21	6 51	5 42	4 25
8 20	7 52	6 15	4 57	3 32	41°	9 07	8 38	7 04	5 50	4 28
8 38	8 09	6 29	5 05	3 35	42°	9 25	8 55	7 18	5 58	4 30
8 57	8 27	6 43	5 14	3 38	43°	9 43	9 12	7 31	6 06	4 33
9 16	8 46	6 57	5 22	3 41	44°	10 02	9 30	7 45	6 14	4 36
9 36	9 04	7 10	5 31	3 44	45°	10 21	9 48	7 58	6 22	4 39
9 57	9 24	7 25	5 40	3 48	46°	10 42	10 07	8 12	6 31	4 42
10 19	9 43	7 40	5 49	3 52	47°	11 03	10 26	8 26	6 39	4 46
10 42	10 03	7 55	5 58	3 55	48°	11 25	10 45	8 41	6 48	4 49
11 05	10 23	8 10	6 08	3 59	49°	11 47	11 04	8 55	6 58	4 53
11 29	10 44	8 25	6 18	4 04	50°	12 11	11 24	9 10	7 07	4 57
11 55	11 05	8 41	6 28	4 08	51°	12 36	11 45	9 25	7 17	5 01
12 22	11 27	8 57	6 38	4 13	52°	13 02	12 06	9 41	7 27	5 06
12 50	11 49	9 13	6 49	4 18	53°	13 29	12 28	9 57	7 37	5 10
13 20	12 12	9 30	7 00	4 24	54°	13 57	12 50	10 13	7 48	5 16
13 50	12 35	9 47	7 12	4 29	55°	14 27	13 12	10 29	8 00	5 21
14 23	12 59	10 05	7 25	4 36	56°	14 58	13 35	10 46	8 11	5 28
14 58	13 24	10 23	7 38	4 43	57°	15 32	13 59	11 04	8 24	5 35
15 35	13 49	10 41	7 51	4 51	58°	16 08	14 23	11 21	8 37	5 42
16 14	14 14	11 00	8 06	5 00	59°	16 45	14 47	11 39	8 51	5 51
♋16 56	♌14 40	♍11 19	♎ 8 21	♏ 5 09	60°	♋17 25	♌15 12	♍11 58	♎ 9 06	♏ 6 00

4h 08m 01s		62° 00' 11''	M 4° ♊		N LAT	4h 12m 14s		63° 03' 23''	M 5° ♊	
XI	XII	A	II	III		XI	XII	A	II	III
♋ 1 50	♋29 50	♌29°55	♎ 2 11	♏ 4 16	0°	♋ 2 48	♌ 0 50	♍ 1°01	♎ 3 20	♏ 5 21
2 40	♌ 0 58	♍ 0 57	2 47	4 23	5°	3 37	1 56	2 01	3 53	5 27
3 29	2 04	1 56	3 20	4 31	10°	4 25	3 02	2 58	4 25	5 34
4 20	3 11	2 53	3 52	4 38	15°	5 15	4 07	3 53	4 55	5 40
5 14	4 17	3 49	4 24	4 45	20°	6 08	5 12	4 48	5 25	5 46
5 25	4 30	4 00	4 30	4 47	21°	6 19	5 25	4 58	5 31	5 47
5 36	4 44	4 12	4 37	4 48	22°	6 30	5 38	5 09	5 37	5 48
5 48	4 57	4 23	4 43	4 50	23°	6 41	5 51	5 20	5 43	5 50
5 59	5 11	4 34	4 49	4 52	24°	6 53	6 04	5 31	5 49	5 51
6 11	5 25	4 45	4 56	4 53	25°	7 04	6 18	5 42	5 55	5 52
6 23	5 38	4 57	5 02	4 55	26°	7 16	6 31	5 53	6 00	5 54
6 35	5 52	5 08	5 08	4 56	27°	7 28	6 44	6 04	6 06	5 55
6 48	6 06	5 19	5 15	4 58	28°	7 40	6 58	6 15	6 13	5 56
7 00	6 20	5 31	5 21	5 00	29°	7 52	7 12	6 26	6 19	5 58
7 12	6 35	5 42	5 27	5 01	30°	8 04	7 26	6 37	6 25	5 59
7 25	6 49	5 54	5 34	5 03	31°	8 17	7 40	6 48	6 31	6 01
7 39	7 04	6 05	5 40	5 05	32°	8 30	7 54	6 59	6 37	6 02
7 53	7 19	6 17	5 47	5 07	33°	8 43	8 09	7 10	6 43	6 04
8 07	7 34	6 29	5 54	5 09	34°	8 57	8 23	7 22	6 49	6 06
8 21	7 49	6 41	6 01	5 10	35°	9 11	8 38	7 33	6 56	6 07
8 35	8 04	6 53	6 07	5 12	36°	9 25	8 53	7 45	7 02	6 09
8 50	8 19	7 05	6 14	5 14	37°	9 39	9 08	7 56	7 09	6 11
9 06	8 35	7 17	6 21	5 16	38°	9 54	9 23	8 08	7 15	6 12
9 22	8 51	7 29	6 28	5 19	39°	10 10	9 39	8 19	7 22	6 14
9 38	9 08	7 41	6 36	5 21	40°	10 26	9 54	8 31	7 29	6 16
9 54	9 24	7 54	6 43	5 23	41°	10 42	10 10	8 43	7 36	6 18
10 12	9 41	8 07	6 50	5 25	42°	10 59	10 26	8 56	7 43	6 21
10 30	9 58	8 20	6 58	5 28	43°	11 16	10 43	9 08	7 50	6 23
10 48	10 15	8 33	7 06	5 30	44°	11 34	11 00	9 21	7 58	6 25
11 07	10 32	8 46	7 14	5 33	45°	11 52	11 16	9 34	8 05	6 28
11 26	10 50	8 59	7 22	5 36	46°	12 11	11 34	9 46	8 13	6 30
11 47	11 09	9 13	7 30	5 40	47°	12 31	11 52	10 00	8 21	6 33
12 08	11 27	9 27	7 39	5 43	48°	12 51	12 10	10 13	8 29	6 36
12 30	11 46	9 41	7 48	5 46	49°	13 12	12 28	10 27	8 38	6 39
12 53	12 05	9 55	7 57	5 50	50°	13 35	12 47	10 40	8 46	6 43
13 17	12 25	10 10	8 06	5 54	51°	13 58	13 06	10 54	8 55	6 47
13 42	12 46	10 25	8 16	5 58	52°	14 22	13 26	11 09	9 04	6 51
14 08	13 07	10 40	8 25	6 03	53°	14 47	13 46	11 24	9 14	6 55
14 35	13 28	10 56	8 36	6 08	54°	15 13	14 06	11 39	9 24	7 00
15 04	13 49	11 12	8 47	6 13	55°	15 41	14 26	11 54	9 34	7 05
15 34	14 11	11 28	8 58	6 19	56°	16 10	14 48	12 10	9 45	7 11
16 07	14 34	11 45	9 10	6 26	57°	16 42	15 10	12 26	9 57	7 17
16 41	14 57	12 02	9 23	6 33	58°	17 14	15 32	12 42	10 09	7 24
17 17	15 20	12 10	9 37	6 42	59°	17 49	15 54	12 59	10 23	7 33
♋17 55	♌15 44	♍12 37	♎ 9 52	♏ 6 51	60°	♋18 25	♌16 17	♍13 16	♎10 37	♏ 7 42

		4ʰ 16ᵐ 27ˢ M 6° ♊ 64° 06' 44''			N LAT			4ʰ 20ᵐ 41ˢ M 7° ♊ 65° 10' 14''		
XI	XII	A	II	III		XI	XII	A	II	III
♋ 3 46	♌ 1 51	♍ 2°07	♎ 4 29	♏ 6 26	0°	♋ 4 45	♌ 2 53	♍ 3°14	♎ 5 38	♏ 7 32
4 34	2 57	3 05	5 00	6 31	5°	5 31	3 57	4 10	6 07	7 35
5 21	4 00	4 01	5 30	6 36	10°	6 18	4 59	5 04	6 35	7 39
6 11	5 03	4 54	5 58	6 41	15°	7 07	6 00	5 55	7 01	7 43
7 02	6 07	5 46	6 26	6 46	20°	7 57	7 02	6 45	7 27	7 47
7 13	6 19	5 56	6 31	6 47	21°	8 08	7 14	6 55	7 32	7 47
7 24	6 32	6 07	6 37	6 48	22°	8 19	7 27	7 05	7 37	7 48
7 35	6 45	6 17	6 42	6 50	23°	8 29	7 39	7 15	7 42	7 49
7 46	6 58	6 28	6 48	6 51	24°	8 40	7 52	7 25	7 48	7 50
7 57	7 11	6 38	6 54	6 52	25°	8 51	8 04	7 35	7 53	7 51
8 09	7 24	6 49	6 59	6 53	26°	9 02	8 17	7 45	7 58	7 52
8 20	7 37	6 59	7 05	6 54	27°	9 13	8 30	7 55	8 03	7 53
8 32	7 50	7 10	7 11	6 55	28°	9 24	8 43	8 06	8 09	7 54
8 44	8 04	7 21	7 16	6 56	29°	9 36	8 56	8 16	8 14	7 54
8 56	8 17	7 31	7 22	6 57	30°	9 48	9 09	8 26	8 19	7 55
9 08	8 31	7 42	7 28	6 59	31°	10 00	9 22	8 36	8 25	7 57
9 21	8 45	7 53	7 33	7 00	32°	10 12	9 36	8 47	8 30	7 58
9 34	8 59	8 04	7 39	7 01	33°	10 25	9 49	8 57	8 35	7 58
9 47	9 13	8 15	7 45	7 03	34°	10 38	10 03	9 08	8 41	7 59
10 01	9 27	8 26	7 51	7 04	35°	10 51	10 17	9 18	8 47	8 01
10 15	9 42	8 37	7 57	7 05	36°	11 05	10 31	9 29	8 52	8 02
10 29	9 56	8 48	8 03	7 07	37°	11 18	10 45	9 40	8 58	8 03
10 43	10 11	8 59	8 10	7 08	38°	11 32	10 59	9 50	9 04	8 04
10 58	10 26	9 10	8 16	7 10	39°	11 47	11 14	10 01	9 10	8 06
11 14	10 41	9 22	8 22	7 12	40°	12 02	11 28	10 12	9 16	8 08
11 30	10 57	9 33	8 29	7 14	41°	12 17	11 43	10 23	9 22	8 09
11 46	11 12	9 45	8 36	7 16	42°	12 33	11 59	10 35	9 28	8 11
12 03	11 28	9 57	8 43	7 18	43°	12 49	12 14	10 46	9 35	8 13
12 20	11 45	10 09	8 50	7 20	44°	13 06	12 30	10 58	9 41	8 15
12 37	12 01	10 22	8 56	7 22	45°	13 23	12 46	11 10	9 48	8 16
12 56	12 18	10 34	9 04	7 24	46°	13 41	13 02	11 21	9 55	8 18
13 15	12 35	10 47	9 11	7 27	47°	13 59	13 18	11 34	10 02	8 21
13 35	12 52	11 00	9 19	7 30	48°	14 18	13 35	11 46	10 09	8 23
13 55	13 10	11 13	9 27	7 33	49°	14 38	13 52	11 59	10 17	8 26
14 17	13 28	11 26	9 35	7 36	50°	14 59	14 10	12 11	10 25	8 29
14 39	13 47	11 39	9 44	7 39	51°	15 20	14 28	12 24	10 33	8 32
15 02	14 06	11 53	9 53	7 43	52°	15 43	14 46	12 37	10 41	8 35
15 27	14 25	12 07	10 02	7 47	53°	16 06	15 04	12 51	10 50	8 39
15 52	14 44	12 22	10 12	7 52	54°	16 31	15 23	13 05	10 59	8 43
16 18	15 04	12 36	10 21	7 56	55°	16 56	15 42	13 19	11 08	8 48
16 47	15 25	12 51	10 32	8 02	56°	17 24	16 02	13 33	11 19	8 53
17 17	15 46	13 07	10 43	8 08	57°	17 52	16 22	13 48	11 30	8 59
17 48	16 07	13 23	10 55	8 15	58°	18 22	16 42	14 03	11 41	9 05
18 21	16 28	13 39	11 08	8 23	59°	18 53	17 02	14 19	11 54	9 13
♋ 18 55	♌ 16 50	♍ 13 55	♎ 11 22	♏ 8 32	60°	♋ 19 26	♌ 17 23	♍ 14 34	♎ 12 07	♏ 9 22

4h 24m 56s		66° 13' 53" M 8° ♊				4h 29m 11s		67° 17' 40" M 9° ♊		
XI	XII	A	II	III	N LAT	XI	XII	A	II	III
♋ 5 43	♌ 3 55	♍ 4°21	♎ 6 47	♏ 8 37	0°	♋ 6 42	♌ 4 57	♍ 5°29	♎ 7 56	♏ 9 42
6 29	4 57	5 15	7 14	8 39	5°	7 27	5 57	6 20	8 21	9 43
7 15	5 58	6 07	7 40	8 42	10°	8 12	6 57	7 10	8 45	9 44
8 03	6 58	6 56	8 04	8 44	15°	8 59	7 55	7 57	9 07	9 46
8 52	7 57	7 44	8 28	8 47	20°	9 47	8 53	8 43	9 29	9 47
9 02	8 09	7 54	8 33	8 47	21°	9 57	9 05	8 53	9 34	9 47
9 13	8 22	8 03	8 37	8 48	22°	10 07	9 17	9 01	9 38	9 48
9 23	8 34	8 13	8 42	8 49	23°	10 17	9 28	9 11	9 42	9 48
9 33	8 46	8 22	8 47	8 49	24°	10 27	9 40	9 20	9 47	9 48
9 44	8 58	8 32	8 52	8 50	25°	10 37	9 52	9 29	9 51	9 49
9 55	9 10	8 42	8 57	8 50	26°	10 48	10 04	9 39	9 56	9 49
10 06	9 23	8 51	9 02	8 51	27°	10 59	10 16	9 48	10 00	9 50
10 17	9 35	9 01	9 07	8 52	28°	11 10	10 28	9 57	10 05	9 50
10 28	9 48	9 11	9 12	8 52	29°	11 21	10 40	10 07	10 09	9 50
10 40	10 01	9 21	9 17	8 53	30°	11 32	10 53	10 16	10 14	9 51
10 52	10 14	9 31	9 22	8 54	31°	11 43	11 05	10 25	10 19	9 52
11 04	10 27	9 41	9 27	8 55	32°	11 55	11 18	10 35	10 23	9 52
11 16	10 40	9 51	9 32	8 55	33°	12 07	11 31	10 45	10 28	9 52
11 28	10 53	10 01	9 37	8 56	34°	12 19	11 43	10 54	10 33	9 53
11 41	11 06	10 11	9 42	8 57	35°	12 32	11 56	11 04	10 37	9 54
11 55	11 20	10 21	9 47	8 58	36°	12 45	12 09	11 13	10 42	9 55
12 08	11 34	10 32	9 53	8 59	37°	12 58	12 23	11 23	10 47	9 55
12 22	11 48	10 42	9 58	9 00	38°	13 11	12 36	11 33	10 52	9 56
12 36	12 02	10 52	10 04	9 02	39°	13 25	12 50	11 43	10 58	9 57
12 50	12 16	11 03	10 10	9 03	40°	13 39	13 04	11 53	11 03	9 58
13 05	12 30	11 13	10 15	9 04	41°	13 53	13 18	12 04	11 08	9 59
13 20	12 45	11 24	10 21	9 06	42°	14 08	13 32	12 14	11 13	10 00
13 36	13 00	11 35	10 27	9 07	43°	14 23	13 46	12 24	11 19	10 01
13 52	13 15	11 46	10 33	9 09	44°	14 39	14 01	12 35	11 25	10 03
14 09	13 31	11 58	10 40	9 10	45°	14 55	14 16	12 46	11 31	10 04
14 26	13 46	12 09	10 46	9 12	46°	15 11	14 31	12 57	11 37	10 06
14 44	14 02	12 21	10 53	9 14	47°	15 28	14 46	13 08	11 44	10 07
15 02	14 18	12 33	11 00	9 16	48°	15 46	15 01	13 19	11 50	10 09
15 21	14 34	12 45	11 07	9 19	49°	16 05	15 17	13 31	11 56	10 11
15 41	14 51	12 57	11 14	9 21	50°	16 24	15 33	13 42	12 03	10 13
16 02	15 09	13 09	11 22	9 24	51°	16 44	15 50	13 54	12 10	10 16
16 23	15 26	13 22	11 30	9 27	52°	17 04	16 07	14 06	12 18	10 19
16 46	15 44	13 35	11 38	9 30	53°	17 26	16 24	14 19	12 26	10 22
17 10	16 02	13 48	11 47	9 34	54°	17 49	16 41	14 32	12 34	10 26
17 34	16 20	14 02	11 56	9 39	55°	18 12	16 59	14 45	12 43	10 30
18 00	16 39	14 15	12 06	9 43	56°	18 37	17 16	14 58	12 52	10 34
18 27	16 58	14 29	12 16	9 49	57°	19 03	17 35	15 11	13 02	10 39
18 56	17 17	14 44	12 27	9 55	58°	19 30	17 53	15 25	13 13	10 45
19 25	17 38	14 59	12 39	10 00	59°	19 58	18 11	15 39	13 25	10 53
♋19 57	♌17 56	♍15 14	♎12 52	♏10 12	60°	♋20 28	♌18 30	♍15 54	♎13 37	♏11 02

	4h 33m 26s		68° 21' 36''				4h 37m 43s		69° 25' 39''	
		M 10° ♊						M 11° ♊		
XI	XII	A	II	III	N LAT	XI	XII	A	II	III
♋ 7 41	♌ 5 59	♍ 6°37	♎ 9 06	♏10 47	0°	♋ 8 40	♌ 7 02	♍ 7°45	♎10 15	♏11 52
8 25	6 58	7 26	9 28	10 47	5°	9 23	7 59	8 32	10 36	11 50
9 09	7 56	8 13	9 50	10 46	10°	10 06	8 55	9 17	10 55	11 48
9 55	8 53	8 58	10 10	10 47	15°	10 51	9 50	10 00	11 13	11 48
10 42	9 49	9 43	10 30	10 47	20°	11 37	10 45	10 42	11 32	11 47
10 51	10 00	9 52	10 34	10 47	21°	11 46	10 56	10 51	11 35	11 47
11 01	10 12	10 00	10 38	10 48	22°	11 56	11 07	10 59	11 38	11 47
11 11	10 23	10 09	10 42	10 47	23°	12 05	11 18	11 08	11 42	11 47
11 21	10 35	10 18	10 47	10 48	24°	12.15	11 29	11 16	11 46	11 47
11 31	10 46	10 27	10 51	10 48	25°	12 25	11 40	11 24	11 50	11 47
11 41	10 58	10 36	10 55	10 48	26°	12 35	11 52	11 33	11 54	11 46
11 52	11 09	10 44	10 59	10 48	27°	12 45	12 03	11 41	11 57	11 46
12 03	11 21	10 53	11 03	10 48	28°	12 56	12 14	11 50	12 01	11 46
12 13	11 33	11 02	11 07	10 48	29°	13 06	12 26	11 58	12 05	11 46
12 24	11 45	11 11	11 11	10 49	30°	13 16	12 37	12 07	12 09	11 46
12 35	11 57	11 20	11 16	10 49	31°	13 27	12 49	12 15	12 13	11 46
12 46	12 09	11 29	11 20	10 49	32°	13 38	13 01	12 24	12 16	11 46
12 58	12 22	11 39	11 24	10 49	33°	13 49	13 13	12 33	12 20	11 46
13 10	12 34	11 48	11 28	10 50	34°	14 01	13 25	12 41	12 24	11 47
13 22	12 46	11 57	11 33	10 50	35°	14 13	13 37	12 50	12 28	11 47
13 35	12 59	12 06	11 37	10 51	36°	14 25	13 49	12 59	12 32	11 47
13 47	13 12	12 16	11 42	10 51	37°	14 37	14 01	13 08	12 37	11 47
14 00	13 25	12 25	11 47	10 52	38°	14 50	14 14	13 17	12 41	11 47
14 14	13 38	12 35	11 51	10 52	39°	15 03	14 27	13 26	12 45	11 48
14 27	13 52	12 44	11 56	10 53	40°	15 16	14 39	13 35	12 50	11 48
14 41	14 05	12 54	12 01	10 54	41°	15 29	14 52	13 44	12 54	11 49
14 55	14 19	13 04	12 06	10 55	42°	15 43	15 06	13 54	12 59	11 49
15 10	14 33	13 14	12 11	10 56	43°	15 57	15 19	14 03	13 04	11 50
15 25	14 47	13 24	12 17	10 57	44°	16 12	15 33	14 13	13 09	11 50
15 41	15 01	13 35	12 22	10 58	45°	16 27	15 46	14 23	13 14	11 51
15 57	15 15	13 45	12 28	10 59	46°	16 42	16 00	14 33	13 19	11 52
16 13	15 30	13 55	12 34	11 00	47°	16 58	16 14	14 43	13 24	11 53
16 30	15 45	14 06	12 40	11 02	48°	17 15	16 28	14 53	13 30	11 54
16 48	16 00	14 17	12 46	11 04	49°	17 32	16 43	15 03	13 36	11 56
17 07	16 16	14 28	12 52	11 06	50°	17 50	16 58	15 14	13 41	11 58
17 26	16 32	14 39	12 59	11 08	51°	18 08	17 13	15 25	13 48	12 00
17 46	16 48	14 51	13 06	11 11	52°	18 27	17 29	15 36	13 55	12 02
18 06	17 04	15 03	13 14	11 13	53°	18 47	17 44	15 47	14 02	12 04
18 28	17 20	15 15	13 22	11 17	54°	19 08	18 00	15 58	14 09	12 07
18 50	17 37	15 27	13 30	11 21	55°	19 29	18 16	16 10	14 17	12 11
19 14	17 54	15 40	13 39	11 25	56°	19 52	18 32	16 22	14 25	12 15
19 39	18 12	15 53	13 48	11 29	57°	20 15	18 49	16 34	14 34	12 19
20 05	18 29	16 06	13 59	11 35	58°	20 40	19 05	16 47	14 44	12 25
20 31	18 46	16 19	14 10	11 43	59°	21 05	19 21	17 00	14 55	12 32
♋21 00	♌19 04	♍16 33	♎14 22	♏11 51	60°	♋21 32	♌19 38	♍17 13	♎15 07	♏12 40

XI	XII	A	II	III	N LAT	XI	XII	A	II	III
♋ 9 39	♌ 8 05	♍ 8°53	♎11 25	♏12 57	0°	♋10 38	♌ 9 08	♍10°02	♎12 35	♏14 02
10 21	9 01	9 38	11 43	12 54	5°	11 19	10 02	10 44	12 50	13 58
11 03	9 55	10 21	12 00	12 51	10°	12 01	10 55	11 25	13 05	13 54
11 47	10 48	11 02	12 17	12 49	15°	12 44	11 46	12 04	13 20	13 51
12 32	11 41	11 42	12 33	12 47	20°	13 27	12 38	12 42	13 34	13 47
12 41	11 52	11 50	12 36	12 47	21°	13 36	12 48	12 49	13 37	13 47
12 50	12 03	11 58	12 39	12 46	22°	13 45	12 59	12 57	13 40	13 46
13 00	12 13	12 06	12 43	12 46	23°	13 54	13 09	13 05	13 43	13 45
13 09	12 24	12 14	12 46	12 46	24°	14 04	13 19	13 12	13 45	13 45
13 19	12 35	12 22	12 49	12 46	25°	14 13	13 30	13 20	13 48	13 44
13 28	12 46	12 30	12 52	12 45	26°	14 22	13 40	13 27	13 51	13 44
13 38	12 57	12 38	12 56	12 45	27°	14 32	13 51	13 35	13 54	13 43
13 49	13 08	12 46	12 59	12 44	28°	14 42	14 01	13 43	13 57	13 42
13 59	13 19	12 54	13 03	12 44	29°	14 52	14 12	13 50	14 00	13 42
14 09	13 30	13 02	13 06	12 44	30°	15 02	14 23	13 58	14 03	13 41
14 20	13 41	13 10	13 10	12 43	31°	15 12	14 34	14 06	14 07	13 40
14 30	13 53	13 18	13 13	12 43	32°	15 22	14 45	14 13	14 10	13 40
14 41	14 04	13 27	13 17	12 43	33°	15 33	14 56	14 21	14 13	13 40
14 52	14 16	13 35	13 20	12 43	34°	15 44	15 07	14 29	14 16	13 40
15 04	14 27	13 43	13 24	12 43	35°	15 55	15 18	14 37	14 19	13 39
15 15	14 39	13 52	13 27	12 43	36°	16 06	15 29	14 45	14 22	13 39
15 27	14 51	14 00	13 31	12 43	37°	16 17	15 41	14 53	14 26	13 39
15 39	15 03	14 09	13 35	12 43	38°	16 29	15 52	15 01	14 29	13 38
15 52	15 15	14 17	13 39	12 43	39°	16 41	16 04	15 09	14 33	13 38
16 05	15 27	14 26	13 43	12 43	40°	16 54	16 16	15 17	14 37	13 38
16 18	15 40	14 35	13 47	12 43	41°	17 06	16 28	15 26	14 40	13 38
16 31	15 53	14 44	13 51	12 44	42°	17 19	16 40	15 34	14 44	13 38
16 45	16 06	14 53	13 56	12 44	43°	17 32	16 53	15 43	14 48	13 38
16 59	16 19	15 02	14 00	12 44	44°	17 46	17 05	15 51	14 52	13 38
17 13	16 31	15 11	14 05	12 45	45°	18 00	17 17	16 00	14 56	13 38
17 28	16 45	15 21	14 10	12 45	46°	18 14	17 30	16 09	15 00	13 38
17 44	16 59	15 30	14 15	12 46	47°	18 29	17 44	16 18	15 05	13 39
18 00	17 12	15 40	14 20	12 47	48°	18 44	17 57	16 27	15 10	13 39
18 16	17 26	15 50	14 25	12 48	49°	19 00	18 10	16 36	15 15	13 40
18 33	17 40	16 00	14 31	12 50	50°	19 17	18 23	16 46	15 20	13 41
18 50	17 55	16 10	14 37	12 51	51°	19 33	18 37	16 56	15 25	13 43
19 09	18 10	16 21	14 43	12 53	52°	19 51	18 52	17 06	15 31	13 44
19 28	18 25	16 31	14 49	12 55	53°	20 09	19 06	17 16	15 37	13 46
19 48	18 40	16 42	14 56	12 58	54°	20 28	19 20	17 26	15 43	13 48
20 08	18 55	16 53	15 04	13 01	55°	20 47	19 34	17 36	15 50	13 51
20 29	19 10	17 04	15 11	13 05	56°	21 07	19 49	17 47	15 57	13 54
20 52	19 26	17 16	15 20	13 09	57°	21 29	20 04	17 58	16 06	13 58
21 15	19 41	17 28	15 30	13 14	58°	21 51	20 18	18 19	16 15	14 03
21 39	19 57	17 40	15 40	13 21	59°	22 13	20 33	18 21	16 25	14 10
♋22 04	♌20 12	♍17 53	♎15 51	♏13 28	60°	♋22 37	♌20 47	♍18 33	♎16 36	♏14 17

XI	XII	A	II	III	N LAT	XI	XII	A	II	III
♋11 38	♌10 12	♍11°11	♎13 44	♏15 07	0°	♋12 37	♌11 16	♍12°20	♎14 54	♏16 11
12 18	11 04	11 51	13 58	15 01	5°	13 17	12 06	12 58	15 05	16 04
12 59	11 55	12 29	14 11	14 56	10°	13 57	12 55	13 34	15 16	15 58
13 40	12 45	13 06	14 23	14 52	15°	14 37	13 44	14 09	15 26	15 53
14 23	13 35	13 42	14 35	14 47	20°	15 18	14 32	14 43	15 37	15 47
14 31	13 45	13 49	14 38	14 46	21°	15 26	14 41	14 49	15 39	15 46
14 40	13 55	13 56	14 40	14 45	22°	15 35	14 51	14 56	15 41	15 44
14 49	14 05	14 04	14 43	14 44	23°	15 44	15 01	15 03	15 43	15 43
14 58	14 15	14 11	14 45	14 44	24°	15 53	15 10	15 09	15 45	15 43
15 07	14 25	14 18	14 48	14 43	25°	16 02	15 20	15 16	15 47	15 42
15 16	14 35	14 25	14 50	14 42	26°	16 11	15 30	15 23	15 49	15 40
15 26	14 45	14 32	14 53	14 41	27°	16 20	15 39	15 29	15 51	15 39
15 35	14 55	14 39	14 55	14 40	28°	16 29	15 49	15 36	15 53	15 38
15 45	15 05	14 46	14 58	14 40	29°	16 38	15 59	15 43	15 56	15 37
15 55	15 16	14 54	15 01	14 39	30°	16 48	16 09	15 50	15 58	15 36
16 04	15 26	15 01	15 04	14 38	31°	16 57	16 19	15 56	16 01	15 35
16 14	15 37	15 08	15 06	14 37	32°	17 06	16 29	16 03	16 03	15 34
16 25	15 48	15 16	15 09	14 37	33°	17 17	16 40	16 10	16 05	15 33
16 35	15 58	15 23	15 12	14 36	34°	17 27	16 50	16 17	16 07	15 32
16 46	16 09	15 30	15 15	14 35	35°	17 37	17 00	16 24	16 10	15 31
16 57	16 20	15 38	15 17	14 35	36°	17 48	17 11	16 31	16 12	15 30
17 08	16 31	15 45	15 20	14 34	37°	17 58	17 21	16 38	16 15	15 29
17 19	16 42	15 53	15 23	14 33	38°	18 09	17 32	16 45	16 18	15 28
17 31	16 53	16 01	15 27	14 33	39°	18 21	17 43	16 53	16 20	15 28
17 43	17 05	16 09	15 30	14 32	40°	18 32	17 54	17 00	16 23	15 27
17 55	17 16	16 17	15 33	14 32	41°	18 44	18 05	17 07	16 26	15 26
18 07	17 28	16 25	15 36	14 32	42°	18 56	18 16	17 15	16 29	15 26
18 20	17 40	16 33	15 40	14 32	43°	19 08	18 27	17 23	16 32	15 25
18 33	17 52	16 41	15 44	14 32	44°	19 21	18 38	17 30	16 35	15 25
18 46	18 04	16 49	15 47	14 31	45°	19 33	18 50	17 38	16 38	15 24
19 00	18 16	16 57	15 51	14 31	46°	19 47	19 02	17 46	16 42	15 24
19 15	18 28	17 06	15 55	14 32	47°	20 01	19 13	17 54	16 46	15 24
19 29	18 41	17 14	16 00	14 32	48°	20 15	19 25	18 02	16 50	15 24
19 45	18 54	17 23	16 04	14 32	49°	20 29	19 38	18 10	16 53	15 24
20 00	19 06	17 32	16 09	14 33	50°	20 44	19 50	18 18	16 58	15 24
20 16	19 20	17 41	16 14	14 34	51°	21 00	20 02	18 27	17 02	15 25
20 33	19 33	17 51	16 19	14 35	52°	21 15	20 15	18 36	17 07	15 25
20 51	19 47	18 00	16 24	14 37	53°	21 32	20 28	18 45	17 12	15 27
21 08	20 00	18 10	16 30	14 38	54°	21 49	20 41	18 54	17 17	15 28
21 27	20 14	18 20	16 37	14 41	55°	22 07	20 54	19 03	17 23	15 30
21 46	20 28	18 30	16 44	14 43	56°	22 25	21 07	19 12	17 30	15 32
22 06	20 42	18 40	16 52	14 47	57°	22 44	21 20	19 22	17 37	15 36
22 27	20 55	18 50	17 00	14 52	58°	23 03	21 32	19 32	17 45	15 40
22 48	21 09	19 01	17 10	14 58	59°	23 23	21 45	19 42	17 54	15 46
♋23 10	♌21 22	♍19 13	♎17 20	♏15 05	60°	♋23 44	♌21 57	♍19 53	♎18 04	♏15 53

42

XI	XII	A	II	III	N LAT	XI	XII	A	II	III
♋13 37	♌12 20	♍13°30	♎16 04	♏17 16	0°	♋14 37	♌13 24	♍14°40	♎17 13	♏18 20
14 16	13 09	14 05	16 13	17 08	5°	15 15	14 12	15 12	17 20	18 11
14 55	13 56	14 39	16 21	17 00	10°	15 53	14 57	15 44	17 27	18 02
15 34	14 43	15 11	16 30	16 53	15°	16 31	15 42	16 14	17 33	17 54
16 14	15 29	15 44	16 38	16 46	20°	17 10	16 26	16 44	17 39	17 46
16 22	15 38	15 49	16 40	16 45	21°	17 18	16 35	16 49	17 40	17 44
16 31	15 47	15 55	16 41	16 44	22°	17 26	16 44	16 55	17 42	17 43
16 39	15 57	16 02	16 43	16 42	23°	17 34	16 53	17 01	17 43	17 41
16 48	16 06	16 08	16 45	16 41	24°	17 43	17 02	17 07	17 44	17 40
16 56	16 15	16 14	16 46	16 40	25°	17 51	17 11	17 13	17 46	17 38
17 05	16 25	16 21	16 48	16 38	26°	17 59	17 20	17 19	17 47	17 36
17 14	16 34	16 27	16 50	16 37	27°	18 08	17 29	17 24	17 48	17 35
17 22	16 43	16 33	16 51	16 36	28°	18 16	17 38	17 30	17 49	17 34
17 31	16 53	16 39	16 53	16 35	29°	18 25	17 47	17 36	17 51	17 32
17 41	17 02	16 46	16 56	16 33	30°	18 34	17 56	17 42	17 53	17 30
17 50	17 12	16 52	16 58	16 32	31°	18 43	18 05	17 48	17 55	17 29
17 59	17 22	16 59	16 59	16 31	32°	18 52	18 15	17 54	17 56	17 28
18 09	17 32	17 05	17 01	16 29	33°	19 01	18 24	18 00	17 57	17 26
18 19	17 41	17 11	17 03	16 28	34°	19 11	18 33	18 06	17 59	17 24
18 28	17 51	17 18	17 05	16 27	35°	19 20	18 43	18 12	18 00	17 23
18 39	18 02	17 25	17 07	16 26	36°	19 30	18 53	18 18	18 02	17 21
18 49	18 12	17 31	17 09	16 25	37°	19 40	19 02	18 24	18 04	17 20
19 00	18 22	17 38	17 12	16 24	38°	19 50	19 12	18 30	18 06	17 19
19 11	18 32	17 45	17 14	16 23	39°	20 01	19 22	18 37	18 08	17 17
19 22	18 43	17 52	17 16	16 21	40°	20 11	19 32	18 43	18 09	17 16
19 33	18 53	17 58	17 19	16 20	41°	20 22	19 42	18 50	18 11	17 14
19 44	19 04	18 05	17 21	16 20	42°	20 33	19 52	18 56	18 14	17 13
19 56	19 15	18 13	17 24	16 19	43°	20 45	20 02	19 03	18 16	17 12
20 08	19 25	18 20	17 27	16 18	44°	20 56	20 13	19 09	18 18	17 11
20 20	19 36	18 27	17 29	16 17	45°	21 07	20 23	19 16	18 20	17 10
20 33	19 48	18 34	17 33	16 17	46°	21 20	20 34	19 23	18 23	17 09
20 47	19 59	18 42	17 36	16 16	47°	21 33	20 44	19 30	18 26	17 08
21 00	20 10	18 49	17 39	16 16	48°	21 46	20 55	19 37	18 29	17 07
21 14	20 22	18 57	17 42	16 15	49°	21 59	21 06	19 44	18 32	17 07
21 28	20 34	19 05	17 46	16 15	50°	22 12	21 17	19 51	18 35	17 06
21 43	20 45	19 13	17 50	16 16	51°	22 27	21 28	19 59	18 38	17 06
21 58	20 57	19 21	17 54	16 16	52°	22 41	21 40	20 06	18 42	17 06
22 14	21 09	19 29	17 59	16 17	53°	22 56	21 51	20 14	18 46	17 06
22 30	21 21	19 38	18 04	16 18	54°	23 11	22 02	20 22	18 51	17 07
22 47	21 34	19 46	18 10	16 20	55°	23 27	22 14	20 30	18 56	17 09
23 04	21 46	19 55	18 16	16 21	56°	23 43	22 25	20 38	19 02	17 10
23 22	21 58	20 04	18 22	16 24	57°	24 00	22 37	20 46	19 07	17 12
23 40	22 10	20 13	18 30	16 28	58°	24 17	22 48	20 55	19 14	17 16
23 58	22 21	20 23	18 38	16 34	59°	24 34	22 58	21 04	19 22	17 21
♋24 18	♌22 33	♍20 33	♎18 48	♏16 40	60°	♋24 52	♌23 09	♍21 13	♎19 32	♏17 27

XI	XII	A	II	III	N LAT	XI	XII	A	II	III
♋15 37	♌14 29	♍15°50	♎18 23	♏19 24	0°	♋16 38	♌15 34	♍17°00	♎19 33	♏20 29
16 14	15 15	16 20	18 27	19 14	5°	17 13	16 18	17 28	19 35	20 17
16 51	15 58	16 49	18 32	19 04	10°	17 49	17 00	17 55	19 37	20 06
17 28	16 41	17 17	18 36	18 55	15°	18 26	17 41	18 20	19 39	19 55
18 06	17 24	17 45	18 40	18 45	20°	19 02	18 22	18 45	19 41	19 45
18 14	17 32	17 50	18 41	18 44	21°	19 10	18 30	18 50	19 42	19 43
18 21	17 41	17 55	18 42	18 42	22°	19 17	18 38	18 55	19 42	19 41
18 29	17 49	18 01	18 43	18 40	23°	19 25	18 46	19 00	19 43	19 39
18 38	17 58	18 06	18 44	18 38	24°	19 33	18 54	19 05	19 44	19 36
18 46	18 07	18 11	18 45	18 36	25°	19 41	19 03	19 10	19 44	19 34
18 54	18 15	18 17	18 46	18 34	26°	19 49	19 11	19 15	19 45	19 32
19 02	18 24	18 22	18 46	18 33	27°	19 56	19 19	19 20	19 45	19 30
19 10	18 33	18 27	18 47	18 31	28°	20 04	19 28	19 25	19 45	19 28
19 19	18 41	18 33	18 49	18 29	29°	20 13	19 36	19 30	19 46	19 26
19 27	18 50	18 38	18 50	18 27	30°	20 21	19 44	19 35	19 47	19 24
19 36	18 59	18 44	18 52	18 26	31°	20 29	19 52	19 40	19 48	19 22
19 45	19 08	18 49	18 53	18 24	32°	20 38	20 01	19 45	19 49	19 20
19 54	19 16	18 55	18 53	18 22	33°	20 46	20 09	19 50	19 43	19 18
20 03	19 25	19 00	18 54	18 20	34°	20 55	20 18	19 55	19 50	19 16
20 12	19 35	19 06	18 56	18 18	35°	21 04	20 27	20 00	19 51	19 14
20 22	19 44	19 12	18 57	18 17	36°	21 13	20 35	20 05	19 52	19 12
20 31	19 53	19 17	18 58	18 15	37°	21 22	20 44	20 11	19 52	19 10
20 41	20 02	19 23	19 00	18 14	38°	21 32	20 53	20 16	19 53	19 08
20 51	20 12	19 29	19 01	18 12	39°	21 41	21 02	20 21	19 54	19 06
21 01	20 21	19 35	19 02	18 10	40°	21 51	21 11	20 27	19 55	19 04
21 12	20 31	19 41	19 04	18 08	41°	22 01	21 20	20 32	19 57	19 02
21 22	20 40	19 47	19 06	18 07	42°	22 11	21 29	20 38	19 58	19 00
21 33	20 50	19 53	19 08	18 05	43°	22 22	21 38	20 43	19 59	18 58
21 44	21 00	19 59	19 09	18 04	44°	22 33	21 48	20 49	20 01	18 56
21 55	21 10	20 05	19 11	18 02	45°	22 43	21 57	20 55	20 02	18 55
22 07	21 20	20 11	19 14	18 01	46°	22 54	22 06	21 00	20 04	18 53
22 19	21 30	20 18	19 16	18 00	47°	23 06	22 16	21 06	20 06	18 51
22 31	21 40	20 24	19 18	17 59	48°	23 17	22 25	21 12	20 08	18 50
22 44	21 50	20 31	19 21	17 58	49°	23 29	22 35	21 18	20 10	18 48
22 57	22 01	20 38	19 23	17 57	50°	23 42	22 45	21 24	20 12	18 47
23 11	22 12	20 45	19 26	17 56	51°	23 55	22 55	21 31	20 14	18 46
23 24	22 22	20 52	19 30	17 56	52°	24 08	23 05	21 37	20 17	18 46
23 38	22 33	20 59	19 33	17 56	53°	24 21	23 15	21 43	20 20	18 45
23 53	22 44	21 06	19 37	17 56	54°	24 35	23 25	21 50	20 24	18 45
24 08	22 54	21 13	19 42	17 57	55°	24 49	23 35	21 57	20 28	18 46
24 23	23 05	21 21	19 47	17 58	56°	25 03	23 45	22 04	20 32	18 46
24 39	23 16	21 29	19 52	18 00	57°	25 18	23 55	22 11	20 37	18 48
24 55	23 26	21 37	19 59	18 04	58°	25 33	24 04	22 19	20 43	18 51
25 11	23 35	21 45	20 06	18 08	59°	25 48	24 13	22 26	20 50	18 54
♋25 27	♌23 45	♍21 53	♎20 15	♏18 13	60°	♋26 02	♌24 22	♍22 33	♎20 58	♏18 59

	5ʰ 16ᵐ 29ˢ M 20° ♊				N LAT	5ʰ 20ᵐ 49ˢ M 21° ♊				
XI	XII	A	II	III		XI	XII	A	II	III
♋17 39	♌16 40	♍18°10	♎20 42	♏21 33	0°	♋18 38	♌17 46	♍19°20	♎21 51	♏22 37
18 13	17 22	18 36	20 42	2↑20	5°	19 13	18 26	19 44	21 49	22 23
18 48	18 02	19 00	20 42	21 08	10°	19 47	19 04	20 06	21 47	22 09
19 23	18 41	19 23	20 42	20 56	15°	20 21	19 41	20 27	21 45	21 56
19 59	19 20	19 46	20 43	20 44	20°	20 55	20 18	20 47	21 44	21 43
20 06	19 28	19 50	20 43	20 42	21°	21 02	20 26	20 51	21 43	21 41
20 13	19 35	19 55	20 43	20 39	22°	21 09	20 33	20 55	21 43	21 38
20 21	19 43	20 00	20 43	20 37	23°	21 16	20 41	20 59	21 43	21 35
20 28	19 51	20 04	20 43	20 35	24°	21 23	20 48	21 03	21 43	21 33
20 36	19 59	20 09	20 43	20 32	25°	21 31	20 55	21 07	21 42	21 30
20 43	20 07	20 13	20 43	20 30	26°	21 38	21 03	21 12	21 42	21 28
20 50	20 15	20 18	20 43	20 28	27°	21 45	21 10	21 16	21 42	21 25
20 58	20 23	20 22	20 43	20 25	28°	21 53	21 18	21 20	21 41	21 22
21 07	20 30	20 27	20 44	20 23	29°	22 01	21 25	21 24	21 41	21 20
21 15	20 38	20 31	20 44	20 21	30°	22 08	21 32	21 28	21 41	21 18
21 23	20 46	20 36	20 44	20 19	31°	22 16	21 40	21 32	21 41	21 15
21 31	20 54	20 41	20 45	20 16	32°	22 24	21 48	21 36	21 41	21 12
21 39	21 02	20 45	20 45	20 14	33°	22 32	21 55	21 40	21 41	21 10
21 47	21 10	20 50	20 45	20 12	34°	22 40	22 03	21 45	21 41	21 07
21 56	21 19	20 55	20 46	20 09	35°	22 48	22 11	21 49	21 41	21 04
22 05	21 27	20 59	20 46	20 07	36°	22 57	22 19	21 53	21 41	21 02
22 14	21 35	21 04	20 47	20 04	37°	23 05	22 27	21 57	21 41	20 59
22 23	21 44	21 09	20 47	20 02	38°	23 14	22 35	22 02	21 41	20 56
22 32	21 52	21 14	20 48	20 00	39°	23 23	22 43	22 06	21 41	20 54
22 41	22 00	21 19	20 48	19 58	40°	23 32	22 50	22 10	21 41	20 51
22 51	22 09	21 23	20 49	19 55	41°	23 41	22 58	22 15	21 41	20 49
23 01	22 18	21 28	20 50	19 53	42°	23 50	23 07	22 19	21 42	20 46
23 11	22 27	21 34	20 51	19 51	43°	24 00	23 15	22 24	21 42	20 44
23 21	22 36	21 39	20 52	19 49	44°	24 10	23 24	22 29	21 43	20 41
23 31	22 44	21 44	20 53	19 47	45°	24 19	23 31	22 33	21 43	20 39
23 42	22 53	21 49	20 54	19 45	46°	24 29	23 40	22 38	21 44	20 36
23 53	23 02	21 54	20 55	19 43	47°	24 40	23 49	22 43	21 45	20 34
24 04	23 11	22 00	20 57	19 41	48°	24 50	23 57	22 48	21 46	20 32
24 15	23 21	22 05	20 58	19 39	49°	25 01	24 06	22 53	21 47	20 30
24 27	23 30	22 11	21 00	19 38	50°	25 13	24 14	22 58	21 48	20 28
24 39	23 39	22 17	21 02	19 36	51°	25 24	24 23	23 03	21 49	20 26
24 51	23 48	22 22	21 04	19 35	52°	25 35	24 32	23 08	21 51	20 25
25 04	23 58	22 28	21 07	19 34	53°	25 47	24 40	23 13	21 54	20 23
25 17	24 07	22 34	21 10	19 34	54°	26 00	24 49	23 19	21 56	20 22
25 30	24 16	22 40	21 14	19 34	55°	26 12	24 57	23 24	21 59	20 22
25 44	24 25	22 47	21 17	19 34	56°	26 24	25 06	23 30	22 02	20 21
25 57	24 34	22 54	21 22	19 35	57°	26 37	25 14	23 36	22 06	20 22
26 11	24 43	23 01	21 27	19 37	58°	26 50	25 22	23 42	22 11	20 23
26 25	24 51	23 07	21 34	19 40	59°	27 02	25 20	23 18	22 17	20 26
♋26 38	♌24 59	♍23 14	♎21 41	♏19 45	60°	♋27 14	♌25 36	♍23 54	♎22 24	♏20 30

M 22° ♊   M 23° ♊

XI	XII	A	II	III	N LAT	XI	XII	A	II	III
♋19 40	♌18 52	♍20°31	♎23 01	♏23 40	0°	♋20 41	♌19 58	♍21°42	♎24 10	♏24 44
20 13	19 30	20 52	22 56	23 26	5°	21 13	20 34	22 00	24 03	24 28
20 46	20 06	21 11	22 52	23 11	10°	21 45	21 08	22 17	23 57	24 12
21 19	20 42	21 30	22 48	22 56	15°	22 17	21 42	22 34	23 51	23 56
21 52	21 17	21 48	22 45	22 42	20°	22 49	22 16	22 50	23 46	23 41
21 59	21 24	21 52	22 44	22 39	21°	22 55	22 22	22 53	23 44	23 38
22 06	21 31	21 56	22 43	22 37	22°	23 02	22 29	22 56	23 43	23 35
22 12	21 38	21 59	22 43	22 34	23°	23 08	22 35	22 59	23 42	23 32
22 19	21 45	22 02	22 42	22 31	24°	23 15	22 42	23 02	23 41	23 29
22 26	21 52	22 06	22 41	22 28	25°	23 22	22 49	23 05	23 40	23 26
22 33	21 59	22 10	22 41	22 25	26°	23 28	22 55	23 09	23 39	23 23
22 40	22 06	22 14	22 40	22 22	27°	23 35	23 02	23 12	23 38	23 19
22 48	22 13	22 17	22 39	22 19	28°	23 42	23 08	23 15	23 37	23 16
22 55	22 20	22 21	22 39	22 17	29°	23 49	23 15	23 18	23 36	23 13
23 02	22 27	22 25	22 38	22 14	30°	23 56	23 22	23 21	23 35	23 10
23 10	22 34	22 28	22 38	22 11	31°	24 03	23 29	23 25	23 34	23 07
23 17	22 42	22 32	22 37	22 08	32°	24 10	23 36	23 28	23 33	23 04
23 25	22 49	22 36	22 37	22 05	33°	24 18	23 42	23 31	23 32	23 01
23 33	22 56	22 39	22 36	22 02	34°	24 26	23 49	23 34	23 31	22 57
23 41	23 03	22 43	22 36	21 59	35°	24 33	23 56	23 38	23 30	22 54
23 49	23 11	22 47	22 35	21 56	36°	24 41	24 03	23 41	23 30	22 51
23 57	23 18	22 51	22 35	21 53	37°	24 49	24 10	23 44	23 29	22 48
24 05	23 26	22 55	22 35	21 50	38°	24 57	24 17	23 48	23 28	22 44
24 14	23 33	22 59	22 34	21 48	39°	25 05	24 24	23 51	23 27	22 41
24 22	23 41	23 02	22 34	21 45	40°	25 13	24 31	23 54	23 27	22 38
24 31	23 48	23 06	22 34	21 42	41°	25 21	24 38	23 58	23 26	22 35
24 40	23 56	23 10	22 34	21 39	42°	25 30	24 46	24 01	23 25	22 32
24 49	24 04	23 15	22 34	21 36	43°	25 39	24 53	24 05	23 25	22 29
24 58	24 12	23 19	22 34	21 33	44°	25 47	25 00	24 09	23 24	22 25
25 08	24 19	23 23	22 34	21 31	45°	25 56	25 07	24 12	23 24	22 22
25 17	24 27	23 27	22 34	21 28	46°	26 05	25 15	24 16	23 24	22 19
25 27	24 35	23 31	22 34	21 25	47°	26 15	25 22	24 20	23 24	22 16
25 37	24 43	23 35	22 35	21 22	48°	26 24	25 29	24 23	23 24	22 13
25 48	24 51	23 40	22 35	21 20	49°	26 34	25 37	24 27	23 24	22 10
25 58	24 59	23 44	22 36	21 18	50°	26 44	25 44	24 31	23 24	22 07
26 09	25 07	23 49	22 37	21 16	51°	26 54	25 52	24 35	23 25	22 05
26 20	25 15	23 54	22 38	21 14	52°	27 04	25 59	24 39	23 25	22 02
26 31	25 23	23 58	22 40	21 12	53°	27 15	26 06	24 43	23 26	22 00
26 42	25 31	24 03	22 42	21 10	54°	27 25	26 14	24 48	23 28	21 58
26 54	25 39	24 08	22 44	21 09	55°	27 36	26 21	24 52	23 30	21 56
27 05	25 47	24 13	22 47	21 08	56°	27 46	26 28	24 56	23 32	21 55
27 17	25 54	24 19	22 51	21 08	57°	27 58	26 34	25 01	23 35	21 54
27 28	26 01	24 24	22 55	21 09	58°	28 08	26 40	25 06	23 39	21 55
27 40	26 07	24 29	23 00	21 12	59°	28 19	26 46	25 10	23 43	21 57
♋27 51	♌26 13	♍24 35	♎23 06	♏21 15	60°	♋28 28	♌26 50	♍25 15	♎23 49	♏22 00

		M 24° ♊			N			M 25° ♊		
XI	XII	A	II	III	LAT	XI	XII	A	II	III
♋21 43	♌21 04	♍22°53	♎25 19	♏25 48	0°	♋22 44	♌22 11	♍24°04	♎26 28	♏26 51
22 13	21 38	23 08	25 10	25 30	5°	23 14	22 43	24 17	26 17	26 32
22 44	22 11	23 23	25 02	25 13	10°	23 43	23 14	24 29	26 07	26 14
23 15	22 43	23 37	24 54	24 56	15°	24 13	23 44	24 41	25 57	25 56
23 46	23 15	23 51	24 47	24 40	20°	24 43	24 14	24 52	25 47	25 39
23 52	23 21	23 54	24 45	24 37	21°	24 49	24 19	24 55	25 45	25 35
23 58	23 27	23 56	24 43	24 33	22°	24 55	24 25	24 57	25 43	25 31
24 04	23 33	23 59	24 42	24 30	23°	25 01	24 31	24 59	25 41	25 28
24 11	23 39	24 02	24 40	24 27	24°	25 07	24 37	25 01	25 39	25 24
24 18	23 46	24 04	24 39	24 23	25°	25 13	24 43	25 03	25 37	25 20
24 24	23 52	24 07	24 38	24 20	26°	25 19	24 49	25 06	25 36	25 17
24 30	23 58	24 10	24 36	24 16	27°	25 25	24 54	25 08	25 34	25 13
24 37	24 04	24 13	24 35	24 13	28°	25 32	25 00	25 10	25 32	25 10
24 44	24 10	24 15	24 33	24 10	29°	25 39	25 06	25 13	25 30	25 06
24 50	24 17	24 18	24 32	24 06	30°	25 45	25 12	25 15	25 28	25 02
24 57	24 23	24 21	24 30	24 03	31°	25 52	25 18	25 17	25 26	24 59
25 04	24 30	24 24	24 29	24 00	32°	25 58	25 24	25 20	25 25	24 55
25 11	24 36	24 27	24 28	23 56	33°	26 05	25 30	25 22	25 23	24 51
25 19	24 42	24 29	24 26	23 52	34°	26 12	25 36	25 24	25 21	24 47
25 26	24 49	24 32	24 25	23 49	35°	26 19	25 42	25 27	25 20	24 44
25 33	24 55	24 35	24 24	23 45	36°	26 26	25 48	25 29	25 18	24 40
25 41	25 02	24 38	24 23	23 42	37°	26 33	25 54	25 31	25 16	24 36
25 48	25 09	24 41	24 21	23 38	38°	26 40	26 00	25 34	25 15	24 32
25 56	25 15	24 44	24 20	23 35	39°	26 48	26 06	25 36	25 13	24 28
26 04	25 22	24 47	24 19	23 31	40°	26 55	26 12	25 39	25 12	24 24
26 12	25 28	24 50	24 18	23 28	41°	27 03	26 19	25 41	25 10	24 20
26 20	25 35	24 53	24 17	23 24	42°	27 10	26 25	25 44	25 09	24 17
26 28	25 42	24 56	24 16	23 21	43°	27 18	26 31	25 46	25 07	24 13
26 37	25 49	24 59	24 15	23 17	44°	27 26	26 38	25 49	25 06	24 09
26 45	25 56	25 02	24 14	23 14	45°	27 34	26 44	25 52	25 04	24 05
26 54	26 02	25 05	24 13	23 10	46°	27 42	26 50	25 54	25 03	24 01
27 03	26 09	25 08	24 13	23 07	47°	27 51	26 56	25 57	25 02	23 57
27 12	26 16	25 11	24 12	23 03	48°	27 59	27 02	25 59	25 01	23 53
27 21	26 23	25 15	24 12	23 00	49°	28 08	27 09	26 02	25 00	23 49
27 30	26 29	25 18	24 12	22 57	50°	28 16	27 15	26 05	24 59	23 46
27 39	26 36	25 21	24 12	22 54	51°	28 25	27 21	26 08	24 59	23 43
27 49	26 43	25 25	24 12	22 51	52°	28 34	27 27	26 11	24 58	23 39
27 59	26 50	25 28	24 12	22 48	53°	28 43	27 34	26 14	24 58	23 36
28 09	26 56	25 32	24 13	22 45	54°	28 53	27 39	26 17	24 59	23 32
28 19	27 02	25 36	24 15	22 43	55°	29 02	27 45	26 20	25 00	23 30
28 28	27 09	25 40	24 16	22 41	56°	29 11	27 51	26 23	25 00	23 28
28 39	27 15	25 44	24 19	22 40	57°	29 20	27 56	26 26	25 02	23 26
28 48	27 20	25 48	24 22	22 40	58°	29 28	28 00	26 30	25 05	23 25
28 58	27 25	25 52	24 26	22 42	59°	29 37	28 04	26 33	25 08	23 26
♋29 06	♌27 28	♍25 56	♎24 31	♏22 44	60°	♋29 44	♌28 06	♍26 37	♎25 12	♏23 27

XI	XII	A	II	III	N LAT	XI	XII	A	II	III
♋23 46	♌23 18	♍25°15	♎27 37	♏27 54	0°	♋24 48	♌24 26	♍26°26	♎28 46	♏28 57
24 15	23 48	25 25	27 24	27 34	5°	25 16	24 53	26 34	28 30	28 36
24 43	24 17	25 35	27 11	27 15	10°	25 43	25 20	26 41	28 16	28 16
25 11	24 45	25 45	26 59	26 56	15°	26 10	25 47	26 48	28 02	27 56
25 40	25 13	25 54	26 47	26 37	20°	26 37	26 12	26 55	27 48	27 36
25 46	25 18	25 56	26 45	26 33	21°	26 43	26 17	26 57	27 45	27 31
25 51	25 23	25 57	26 43	26 29	22°	26 48	26 22	26 58	27 43	27 27
25 57	25 29	25 59	26 41	26 26	23°	26 54	26 27	26 59	27 40	27 23
26 03	25 34	26 01	26 38	26 22	24°	27 00	26 32	27 01	27 37	27 19
26 09	25 40	26 03	26 36	26 18	25°	27 05	26 37	27 02	27 35	27 15
26 15	25 46	26 04	26 34	26 14	26°	27 11	26 43	27 03	27 32	27 11
26 21	25 51	26 06	26 32	26 10	27°	27 17	26 48	27 05	27 30	27 07
26 27	25 56	26 08	26 30	26 06	28°	27 23	26 53	27 06	27 27	27 02
26 34	26 02	26 10	26 27	26 02	29°	27 29	26 58	27 07	27 24	26 58
26 40	26 07	26 12	26 24	25 58	30°	27 34	27 03	27 09	27 21	26 54
26 46	26 13	26 14	26 22	25 54	31°	27 40	27 08	27 10	27 18	26 50
26 52	26 18	26 16	26 21	25 50	32°	27 46	27 13	27 12	27 16	26 45
26 59	26 24	26 17	26 19	25 46	33°	27 53	27 18	27 13	27 14	26 41
27 05	26 29	26 19	26 16	25 42	34°	27 59	27 23	27 14	27 11	26 37
27 12	26 35	26 21	26 14	25 38	35°	28 05	27 28	27 16	27 08	26 32
27 19	26 41	26 23	26 12	25 34	36°	28 12	27 34	27 17	27 06	26 28
27 25	26 46	26 25	26 10	25 30	37°	28 18	27 39	27 19	27 03	26 23
27 32	26 52	26 27	26 08	25 26	38°	28 24	27 44	27 20	27 01	26 19
27 39	26 57	26 29	26 06	25 21	39°	28 31	27 49	27 22	26 58	26 14
27 46	27 03	26 31	26 04	25 17	40°	28 38	27 54	27 23	26 56	26 10
27 53	27 09	26 33	26 02	25 13	41°	28 44	28 00	27 25	26 53	26 05
28 01	27 15	26 35	26 00	25 09	42°	28 51	28 05	27 26	26 51	26 01
28 08	27 20	26 37	25 58	25 04	43°	28 58	28 10	27 28	26 49	25 56
28 16	27 26	26 39	25 56	25 00	44°	29 06	28 15	27 29	26 46	25 51
28 23	27 32	26 41	25 54	24 56	45°	29 13	28 21	27 31	26 44	25 47
28 31	27 38	26 43	25 53	24 52	46°	29 20	28 26	27 32	26 42	25 42
28 39	27 43	26 45	25 51	24 47	47°	29 27	28 31	27 34	26 40	25 37
28 47	27 49	26 47	25 49	24 43	48°	29 35	28 36	27 35	26 38	25 33
28 55	27 55	26 50	25 48	24 39	49°	29 42	28 41	27 37	26 36	25 28
29 03	28 01	26 52	25 47	24 35	50°	29 50	28 47	27 39	26 34	25 23
29 11	28 06	26 54	25 46	24 31	51°	♌29 58	28 52	27 40	26 32	25 19
29 19	28 12	26 57	25 45	24 27	52°	♌ 0 05	28 57	27 42	26 31	25 15
29 28	28 18	26 59	25 44	24 23	53°	0 13	29 02	27 44	26 30	25 10
29 37	28 23	27 01	25 44	24 19	54°	0 21	29 06	27 46	26 29	25 06
29 45	28 28	27 04	25 44	24 16	55°	0 29	29 10	27 48	26 28	25 02
♋29 53	28 32	27 06	25 44	24 14	56°	0 36	29 14	27 50	26 28	24 59
♌ 0 02	28 37	27 09	25 45	24 11	57°	0 44	29 18	27 52	26 28	24 56
0 09	28 40	27 12	25 47	24 10	58°	0 50	29 21	27 54	26 30	24 54
0 16	28 43	27 15	25 50	24 09	59°	0 56	29 23	27 56	26 32	24 52
♌ 0 23	♌28 45	♍27 17	♎25 54	♏24 10	60°	♌ 1 02	♌29 24	♍27 58	♎26 35	♏24 53

XI	XII	A	II	III	N LAT	XI	XII	A	II	III
♋25 50	♌25 33	♍27°37	♎29 54	♏30 00	0°	♋26 52	♌26 41	♍28°49	♏ 1 03	♐ 1 03
26 17	25 59	27 43	29 37	29 38	5°	27 18	27 05	28 51	0 43	0 40
26 43	26 24	27 48	29 20	29 16	10°	27 43	27 28	28 54	0 24	♐ 0 17
27 09	26 48	27 52	29 04	28 55	15°	28 07	27 50	28 56	♏ 0 06	♏29 55
27 35	27 12	27 57	28 48	28 34	20°	28 32	28 12	28 58	♎29 48	29 32
27 40	27 16	27 58	28 45	28 29	21°	28 37	28 16	28 59	29 45	29 27
27 45	27 21	27 59	28 42	28 25	22°	28 42	28 20	28 59	29 42	29 23
27 51	27 26	27 59	28 39	28 21	23°	28 48	28 24	29 00	29 38	29 18
27 56	27 30	28 00	28 36	28 16	24°	28 53	28 29	29 00	29 35	29 13
28 02	27 35	28 01	28 33	28 12	25°	28 58	28 33	29 01	29 31	29 09
28 07	27 40	28 02	28 30	28 08	26°	29 03	28 37	29 01	29 27	29 04
28 13	27 44	28 03	28 27	28 03	27°	29 09	28 41	29 01	29 24	28 59
28 18	27 49	28 04	28 24	27 58	28°	29 14	28 46	29 02	29 21	28 54
28 24	27 54	28 05	28 21	27 54	29°	29 19	28 50	29 02	29 18	28 50
28 29	27 58	28 06	28 18	27 50	30°	29 24	28 54	29 03	29 14	28 45
28 35	28 03	28 07	28 14	27 45	31°	29 30	28 58	29 03	29 10	28 40
28 41	28 08	28 08	28 11	27 40	32°	29 35	29 03	29 04	29 07	28 35
28 47	28 12	28 09	28 09	27 36	33°	29 41	29 07	29 04	29 04	28 31
28 52	28 17	28 10	28 06	27 31	34°	29 46	29 11	29 05	29 01	28 26
28 58	28 22	28 11	28 03	27 26	35°	29 52	29 15	29 05	28 57	28 20
29 05	28 27	28 11	28 00	27 22	36°	♋29 58	29 20	29 06	28 54	28 15
29 11	28 31	28 12	27 57	27 17	37°	♌ 0 03	29 24	29 06	28 50	28 10
29 17	28 36	28 13	27 54	27 12	38°	0 09	29 28	29 07	28 47	28 05
29 23	28 41	28 14	27 51	27 07	39°	0 15	29 33	29 07	28 43	28 00
29 29	28 46	28 15	27 48	27 02	40°	0 21	29 37	29 08	28 40	27 55
29 35	28 50	28 16	27 45	26 57	41°	0 27	29 41	29 08	28 36	27 49
29 42	28 55	28 17	27 42	26 53	42°	0 33	29 46	29 09	28 33	27 44
29 49	29 00	28 19	27 39	26 48	43°	0 39	29 50	29 09	28 30	27 39
♋29 56	29 05	28 20	27 36	26 42	44°	0 46	29 54	29 10	28 26	27 33
♌ 0 02	29 09	28 21	27 34	26 37	45°	0 52	♌29 58	29 10	28 23	27 28
0 09	29 14	28 21	27 31	26 32	46°	0 58	♍ 0 02	29 11	28 20	27 22
0 16	29 19	28 22	27 28	26 27	47°	1 05	0 07	29 11	28 17	27 17
0 23	29 23	28 24	27 26	26 22	48°	1 11	0 11	29 12	28 14	27 11
0 30	29 28	28 25	27 23	26 17	49°	1 18	0 15	29 12	28 11	27 06
0 37	29 33	28 26	27 21	26 12	50°	1 24	0 19	29 13	28 08	27 00
0 44	29 37	28 27	27 19	26 07	51°	1 31	0 23	29 14	28 05	26 54
0 51	29 41	28 28	27 17	26 02	52°	1 37	0 26	29 14	28 02	26 49
0 59	29 46	28 29	27 15	25 57	53°	1 44	0 30	29 15	28 00	26 44
1 06	29 50	28 31	27 13	25 52	54°	1 51	0 34	29 16	27 58	26 38
1 13	29 53	28 32	27 12	25 48	55°	1 57	0 37	29 16	27 56	26 33
1 19	♌29 56	28 33	27 12	25 44	56°	2 03	0 39	29 17	27 55	26 29
1 26	♍ 0 00	28 34	27 11	25 40	57°	2 09	0 42	29 17	27 54	26 24
1 32	0 02	28 36	27 12	25 37	58°	2 14	0 43	29 18	27 54	26 20
1 37	0 03	28 37	27 14	25 35	59°	2 18	0 43	29 19	27 55	26 18
♌ 1 42	♍ 0 04	♍28 39	♎27 16	♏25 35	60°	♌ 2 22	♍ 0 43	♍29 19	♎27 57	♏26 17

	6ʰ 00ᵐ 00ˢ	90° 00' 00'' M 0° ♋					6ʰ 04ᵐ 22ˢ	91° 05' 24'' M 1° ♋		

XI	XII	A	II	III	N LAT	XI	XII	A	II	III
♋27 55	♌27 49	♎ 0°00	♏ 2 11	♐ 2 05	0°	♋28 57	♌28 57	♎ 1°11	♏ 3 19	♐ 3 08
28 19	28 11	0 00	1 49	1 41	5°	29 20	29 17	1 09	2 55	2 42
28 43	28 32	0 00	1 28	1 17	10°	♋29 43	29 36	1 06	2 32	2 17
29 06	28 52	0 00	1 08	0 54	15°	♌ 0 05	♌29 54	1 04	2 10	1 53
29 30	29 12	0 00	0 48	0 30	20°	0 28	♍ 0 12	1 02	1 48	1 28
29 35	29 15	0 00	0 45	0 25	21°	0 33	0 15	1 01	1 44	1 23
29 40	29 19	0 00	0 41	0 20	22°	0 37	0 18	1 01	1 40	1 18
29 45	29 23	0 00	0 37	0 15	23°	0 42	0 22	1 00	1 36	1 12
29 50	29 27	0 00	0 33	0 10	24°	0 47	0 25	1 00	1 31	1 07
29 54	29 31	0 00	0 29	0 06	25°	0 51	0 29	0 59	1 27	1 02
♋29 59	29 35	0 00	0 25	♐ 0 01	26°	0 56	0 33	0 59	1 23	0 57
♌ 0 05	29 38	0 00	0 22	♏29 55	27°	1 01	0 36	0 59	1 19	0 51
0 10	29 42	0 00	0 18	29 50	28°	1 06	0 39	0 58	1 14	0 46
0 14	29 46	0 00	0 14	29 46	29°	1 10	0 42	0 58	1 10	0 41
0 19	29 50	0 00	0 10	29 41	30°	1 15	0 46	0 57	1 06	0 36
0 25	29 54	0 00	0 06	29 35	31°	1 20	0 50	0 57	1 02	0 30
0 30	♌29 58	0 00	♏ 0 02	29 30	32°	1 25	0 53	0 56	0 57	0 25
0 35	♍ 0 01	0 00	♎29 59	29 25	33°	1 29	0 56	0 56	0 53	0 19
0 40	0 05	0 00	29 55	29 20	34°	1 34	0 59	0 55	0 49	0 14
0 46	0 09	0 00	29 51	29 14	35°	1 40	1 03	0 55	0 45	0 08
0 51	0 13	0 00	29 47	29 09	36°	1 45	1 06	0 54	0 40	♐ 0 02
0 56	0 17	0 00	29 43	29 04	37°	1 50	1 10	0 54	0 36	♏29 57
1 02	0 21	0 00	29 39	28 58	38°	1 55	1 13	0 53	0 32	29 51
1 07	0 25	0 00	29 35	28 53	39°	2 00	1 17	0 53	0 27	29 45
1 13	0 29	0 00	29 31	28 47	40°	2 05	1 20	0 52	0 23	29 39
1 19	0 32	0 00	29 28	28 41	41°	2 11	1 24	0 52	0 19	29 33
1 25	0 36	0 00	29 24	28 35	42°	2 16	1 27	0 51	0 14	29 27
1 30	0 40	0 00	29 20	28 30	43°	2 21	1 30	0 51	0 10	29 21
1 36	0 44	0 00	29 16	28 24	44°	2 27	1 34	0 50	0 06	29 14
1 42	0 47	0 00	29 13	28 18	45°	2 32	1 37	0 50	♏ 0 02	29 08
1 48	0 51	0 00	29 09	28 12	46°	2 38	1 40	0 49	♎29 58	29 02
1 54	0 55	0 00	29 05	28 06	47°	2 43	1 43	0 49	29 53	28 55
2 00	0 58	0 00	29 02	28 00	48°	2 49	1 46	0 48	29 49	28 49
2 06	1 02	0 00	28 58	27 54	49°	2 54	1 49	0 48	29 45	28 42
2 12	1 06	0 00	28 54	27 48	50°	3 00	1 52	0 47	29 41	28 36
2 18	1 09	0 00	28 51	27 42	51°	3 06	1 55	0 46	29 37	28 29
2 24	1 12	0 00	28 48	27 36	52°	3 11	1 58	0 46	29 34	28 23
2 30	1 15	0 00	28 45	27 30	53°	3 16	2 00	0 45	29 30	28 16
2 36	1 18	0 00	28 42	27 24	54°	3 22	2 02	0 44	29 26	28 09
2 42	1 20	0 00	28 40	27 18	55°	3 27	2 04	0 44	29 23	28 03
2 47	1 22	0 00	28 38	27 13	56°	3 31	2 05	0 43	29 21	27 57
2 52	1 24	0 00	28 36	27 08	57°	3 36	2 06	0 43	29 18	27 51
2 57	1 24	0 00	28 36	27 03	58°	3 40	2 06	0 42	29 17	27 46
3 00	1 24	0 00	28 36	27 00	59°	3 42	2 05	0 41	29 17	27 42
♌ 3 02	♍ 1 23	♎ 0 00	♎28 37	♏26 58	60°	♌ 3 43	♍ 2 03	♎ 0 41	♎29 17	♏27 38

	6ʰ 08ᵐ 43ˢ		92° 10' 48''				6ʰ 13ᵐ 05ˢ		93° 16' 10''	
		M 2° ♋						M 3° ♋		
XI	XII	A	II	III	N LAT	XI	XII	A	II	III
♌ 0 00	♍ 0 06	♎ 2°23	♏ 4 27	♐ 4 10	0°	♌ 1 03	♍ 1 14	♎ 3°34	♏ 5 34	♐ 5 12
0 22	0 23	2 17	4 01	3 43	5°	1 24	1 30	3 26	5 07	4 44
0 44	0 40	2 12	3 36	3 17	10°	1 44	1 44	3 19	4 40	4 17
1 05	0 56	2 08	3 12	2 51	15°	2 04	1 58	3 12	4 13	3 50
1 26	1 12	2 03	2 48	2 25	20°	2 24	2 12	3 05	3 48	3 23
1 31	1 15	2 02	2 44	2 20	21°	2 29	2 15	3 03	3 43	3 17
1 35	1 18	2 01	2 39	2 15	22°	2 33	2 17	3 02	3 38	3 12
1 39	1 21	2 01	2 34	2 09	23°	2 37	2 20	3 01	3 33	3 06
1 44	1 24	2 00	2 30	2 04	24°	2 41	2 23	2 59	3 28	3 00
1 48	1 27	1 59	2 25	1 58	25°	2 45	2 25	2 58	3 23	2 55
1 52	1 30	1 58	2 20	1 53	26°	2 49	2 28	2 57	3 17	2 49
1 57	1 33	1 57	2 16	1 47	27°	2 53	2 30	2 55	3 12	2 43
2 02	1 36	1 56	2 11	1 42	28°	2 58	2 33	2 54	3 07	2 37
2 06	1 39	1 55	2 06	1 36	29°	3 02	2 36	2 53	3 02	2 31
2 10	1 42	1 54	2 02	1 31	30°	3 06	2 39	2 51	2 57	2 26
2 15	1 46	1 53	1 57	1 25	31°	3 10	2 42	2 50	2 52	2 20
2 20	1 49	1 52	1 52	1 19	32°	3 15	2 44	2 48	2 47	2 14
2 24	1 51	1 51	1 48	1 13	33°	3 19	2 46	2 47	2 42	2 07
2 29	1 54	1 50	1 43	1 08	34°	3 23	2 49	2 46	2 37	2 01
2 34	1 57	1 49	1 38	1 02	35°	3 28	2 52	2 44	2 32	1 55
2 38	2 00	1 49	1 33	0 55	36°	3 32	2 54	2 43	2 26	1 48
2 43	2 03	1 48	1 29	0 49	37°	3 37	2 57	2 41	2 21	1 42
2 48	2 06	1 47	1 24	0 43	38°	3 41	2 59	2 40	2 16	1 36
2 53	2 09	1 46	1 19	0 37	39°	3 46	3 02	2 38	2 11	1 29
2 58	2 12	1 45	1 14	0 31	40°	3 50	3 04	2 37	2 06	1 22
3 03	2 15	1 44	1 10	0 25	41°	3 55	3 07	2 35	2 00	1 16
3 07	2 18	1 43	1 05	0 18	42°	3 59	3 09	2 34	1 55	1 09
3 12	2 21	1 41	1 00	0 11	43°	4 04	3 11	2 32	1 50	1 02
3 18	2 24	1 40	0 55	♐ 0 04	44°	4 09	3 14	2 31	1 45	0 54
3 23	2 26	1 39	0 51	♏29 58	45°	4 13	3 16	2 29	1 39	0 47
3 28	2 29	1 39	0 46	29 51	46°	4 18	3 18	2 28	1 34	0 40
3 33	2 32	1 38	0 41	29 44	47°	4 23	3 20	2 26	1 29	0 33
3 38	2 34	1 36	0 37	29 37	48°	4 27	3 22	2 25	1 24	0 25
3 43	2 37	1 35	0 32	29 30	49°	4 32	3 24	2 23	1 19	0 18
3 48	2 39	1 34	0 27	29 23	50°	4 37	3 26	2 21	1 13	0 10
3 53	2 41	1 33	0 23	29 16	51°	4 41	3 28	2 20	1 08	♐ 0 02
3 58	2 43	1 32	0 19	29 09	52°	4 45	3 29	2 18	1 03	♏29 55
4 03	2 45	1 31	0 14	29 01	53°	4 50	3 30	2 16	0 58	29 47
4 08	2 47	1 29	0 10	28 54	54°	4 54	3 31	2 14	0 54	29 39
4 12	2 48	1 28	0 07	28 47	55°	4 58	3 32	2 12	0 50	29 31
4 16	2 48	1 27	0 04	28 41	56°	5 01	3 32	2 10	0 46	29 24
4 20	2 49	1 26	♏ 0 00	28 34	57°	5 04	3 32	2 08	0 42	29 16
4 23	2 48	1 24	♎29 58	28 28	58°	5 06	3 30	2 06	0 39	29 10
4 25	2 46	1 23	♎29 57	28 23	59°	5 08	3 20	2 04	0 37	29 04
♌ 4 25	♍ 2 44	♎ 1 21	♎29 56	♏28 18	60°	♌ 5 07	♍ 3 25	♎ 2 02	♏ 0 36	♏28 58

| | 6ʰ 17ᵐ 26ˢ | | 94° 21' 32'' | | | | 6ʰ 21ᵐ 47ˢ | | 95° 26' 51'' | |
		M 4° ♋						M 5° ♋		
XI	XII	A	II	III	N LAT	XI	XII	A	II	III
♌ 2 06	♍ 2 23	♎ 4°45	♏ 6 42	♐ 6 14	0°	♌ 3 09	♍ 3 32	♎ 5°56	♏ 7 49	♐ 7 16
2 26	2 36	4 35	6 12	5 45	5°	3 28	3 43	5 43	7 17	6 46
2 45	2 49	4 25	5 43	5 17	10°	3 46	3 53	5 31	6 46	6 17
3 04	3 01	4 15	5 15	4 49	15°	4 04	4 03	5 19	6 16	5 47
3 23	3 12	4 06	4 47	4 20	20°	4 21	4 13	5 08	5 46	5 17
3 27	3 15	4 04	4 42	4 14	21°	4 25	4 15	5 05	5 41	5 11
3 31	3 17	4 03	4 37	4 09	22°	4 29	4 17	5 03	5 35	5 05
3 34	3 19	4 01	4 31	4 03	23°	4 32	4 19	5 01	5 29	4 59
3 38	3 22	3 59	4 25	3 57	24°	4 36	4 21	4 59	5 23	4 53
3 42	3 24	3 57	4 20	3 51	25°	4 40	4 23	4 57	5 17	4 47
3 46	3 26	3 56	4 14	3 45	26°	4 43	4 24	4 54	5 11	4 41
3 50	3 28	3 54	4 09	3 39	27°	4 47	4 26	4 52	5 06	4 35
3 54	3 30	3 52	4 04	3 33	28°	4 50	4 28	4 50	5 00	4 28
3 58	3 33	3 50	3 58	3 26	29°	4 54	4 30	4 47	4 54	4 21
4 02	3 36	3 48	3 53	3 20	30°	4 58	4 32	4 45	4 48	4 15
4 06	3 38	3 46	3 47	3 14	31°	5 01	4 34	4 43	4 42	4 08
4 10	3 39	3 44	3 42	3 08	32°	5 05	4 35	4 40	4 36	4 02
4 14	3 41	3 43	3 36	3 01	33°	5 09	4 37	4 38	4 30	3 55
4 18	3 44	3 41	3 31	2 55	34°	5 13	4 39	4 36	4 24	3 48
4 22	3 46	3 39	3 25	2 48	35°	5 16	4 40	4 33	4 18	3 41
4 26	3 48	3 37	3 19	2 41	36°	5 20	4 42	4 31	4 12	3 34
4 30	3 50	3 35	3 14	2 35	37°	5 24	4 44	4 29	4 06	3 27
4 34	3 52	3 33	3 08	2 28	38°	5 28	4 45	4 26	4 00	3 20
4 39	3 54	3 31	3 03	2 21	39°	5 32	4 47	4 24	3 54	3 12
4 43	3 56	3 29	2 57	2 14	40°	5 36	4 48	4 21	3 48	3 05
4 47	3 58	3 27	2 51	2 07	41°	5 40	4 50	4 19	3 41	2 57
4 51	4 00	3 25	2 45	1 59	42°	5 43	4 51	4 16	3 35	2 50
4 56	4 02	3 23	2 40	1 52	43°	5 47	4 53	4 14	3 29	2 42
5 00	4 04	3 21	2 34	1 44	44°	5 51	4 54	4 11	3 22	2 34
5 04	4 06	3 19	2 28	1 37	45°	5 55	4 56	4 08	3 16	2 26
5 08	4 07	3 17	2 22	1 29	46°	5 59	4 57	4 06	3 10	2 18
5 13	4 09	3 15	2 17	1 21	47°	6 03	4 58	4 03	3 04	2 09
5 17	4 11	3 13	2 11	1 13	48°	6 07	4 59	4 01	2 58	2 01
5 21	4 12	3 10	2 05	1 05	49°	6 11	5 00	3 58	2 51	1 52
5 25	4 13	3 08	1 59	0 57	50°	6 14	5 01	3 55	2 45	1 44
5 29	4 14	3 06	1 54	0 49	51°	6 17	5 01	3 52	2 39	1 35
5 33	4 15	3 03	1 48	0 41	52°	6 21	5 02	3 49	2 33	1 26
5 37	4 16	3 01	1 42	0 32	53°	6 24	5 02	3 46	2 26	1 17
5 41	4 16	2 59	1 37	0 23	54°	6 28	5 01	3 43	2 21	1 07
5 44	4 16	2 56	1 32	0 15	55°	6 30	5 00	3 40	2 15	0 58
5 46	4 16	2 54	1 28	♐ 0 07	56°	6 32	5 00	3 37	2 09	0 49
5 49	4 15	2 51	1 23	♏ 29 58	57°	6 34	4 58	3 34	2 04	0 40
5 50	4 13	2 48	1 20	29 51	58°	6 35	4 55	3 30	2 00	0 32
5 51	4 10	2 45	1 17	29 44	59°	6 34	4 52	3 27	1 56	0 23
♌ 5 50	♍ 4 06	♎ 2 43	♏ 1 15	♏ 29 37	60°	♌ 6 33	♍ 4 48	♎ 3 23	♏ 1 54	♐ 0 16

| 6ʰ 26ᵐ 09ˢ | | 96° 32' 08'' | | | | 6ʰ 30ᵐ 30ˢ | | 97° 37' 23'' | | |
| | | M 6° ♋ | | | | | | M 7° ♋ | | |
XI	XII	A	II	III	N LAT	XI	XII	A	II	III
♌ 4 12	♍ 4 41	♎ 7°07	♏ 8 56	♐ 8 17	0°	♌ 5 16	♍ 5 50	♎ 8°18	♏ 10 02	♐ 9 19
4 30	4 50	6 52	8 22	7 47	5°	5 32	5 57	8 00	9 26	8 47
4 47	4 58	6 37	7 49	7 16	10°	5 48	6 03	7 43	8 52	8 15
5 04	5 06	6 23	7 17	6 45	15°	6 04	6 09	7 26	8 18	7 43
5 20	5 13	6 09	6 45	6 14	20°	6 19	6 14	7 10	7 44	7 11
5 23	5 15	6 06	6 38	6 08	21°	6 22	6 16	7 07	7 38	7 05
5 27	5 17	6 04	6 33	6 02	22°	6 25	6 17	7 04	7 31	6 58
5 30	5 18	6 01	6 27	5 56	23°	6 28	6 18	7 01	7 25	6 52
5 33	5 20	5 58	6 21	5 49	24°	6 31	6 19	6 58	7 18	6 45
5 37	5 21	5 56	6 14	5 42	25°	6 34	6 20	6 55	7 11	6 38
5 40	5 22	5 53	6 08	5 36	26°	6 37	6 21	6 51	7 05	6 32
5 44	5 24	5 50	6 02	5 30	27°	6 41	6 22	6 48	6 58	6 25
5 47	5 25	5 47	5 56	5 23	28°	6 44	6 23	6 45	6 52	6 18
5 50	5 27	5 45	5 50	5 16	29°	6 47	6 24	6 42	6 45	6 11
5 54	5 28	5 42	5 43	5 10	30°	6 50	6 25	6 39	6 38	6 04
5 57	5 30	5 39	5 37	5 03	31°	6 53	6 26	6 35	6 31	5 57
6 00	5 31	5 36	5 30	4 56	32°	6 56	6 27	6 32	6 24	5 50
6 04	5 32	5 33	5 24	4 49	33°	6 59	6 28	6 29	6 18	5 42
6 08	5 34	5 31	5 18	4 41	34°	7 03	6 29	6 26	6 11	5 34
6 11	5 35	5 28	5 11	4 34	35°	7 06	6 30	6 22	6 04	5 27
6 15	5 36	5 25	5 05	4 27	36°	7 09	6 30	6 19	5 57	5 19
6 18	5 37	5 22	4 58	4 19	37°	7 12	6 31	6 16	5 50	5 11
6 22	5 39	5 19	4 51	4 12	38°	7 16	6 32	6 12	5 43	5 03
6 25	5 40	5 16	4 45	4 04	39°	7 19	6 33	6 09	5 36	4 55
6 29	5 41	5 13	4 38	3 56	40°	7 22	6 33	6 06	5 29	4 47
6 32	5 42	5 10	4 32	3 48	41°	7 25	6 34	6 02	5 22	4 39
6 36	5 43	5 07	4 25	3 40	42°	7 28	6 35	5 59	5 14	4 30
6 39	5 44	5 04	4 18	3 32	43°	7 31	6 35	5 55	5 07	4 21
6 43	5 45	5 01	4 11	3 23	44°	7 35	6 36	5 51	5 00	4 13
6 46	5 46	4 58	4 04	3 15	45°	7 38	6 36	5 48	4 53	4 04
6 50	5 47	4 55	3 58	3 06	46°	7 41	6 36	5 44	4 45	3 55
6 53	5 47	4 52	3 51	2 57	47°	7 44	6 36	5 40	4 38	3 45
6 57	5 48	4 49	3 44	2 48	48°	7 47	6 36	5 37	4 31	3 36
7 00	5 48	4 45	3 37	2 39	49°	7 50	6 36	5 33	4 23	3 26
7 03	5 48	4 42	3 31	2 30	50°	7 53	6 36	5 29	4 16	3 16
7 06	5 48	4 39	3 24	2 21	51°	7 55	6 35	5 25	4 08	3 06
7 09	5 48	4 35	3 17	2 11	52°	7 58	6 35	5 21	4 01	2 56
7 12	5 48	4 32	3 10	2 01	53°	8 00	6 34	5 17	3 54	2 45
7 15	5 47	4 28	3 04	1 51	54°	8 02	6 32	5 12	3 46	2 35
7 17	5 45	4 24	2 57	1 41	55°	8 04	6 30	5 08	3 39	2 24
7 19	5 44	4 20	2 51	1 32	56°	8 05	6 28	5 04	3 32	2 14
7 20	5 41	4 16	2 45	1 21	57°	8 06	6 25	4 59	3 26	2 02
7 20	5 38	4 12	2 40	1 12	58°	8 05	6 21	4 54	3 20	1 51
7 18	5 34	4 08	2 35	1 02	59°	8 03	6 17	4 50	3 14	1 41
♌ 7 16	♍ 5 29	♎ 4 04	♏ 2 32	♐ 0 54	60°	♌ 8 00	♍ 6 11	♎ 4 45	♏ 3 10	♐ 1 32

| | 6ʰ 34ᵐ 50ˢ | 98⁰ 42' 35'' | | | | | 6ʰ 39ᵐ 11ˢ | 99° 47' 43'' | | |

		M 8° ♋						M 9° ♋		
XI	XII	A	II	III	N LAT	XI	XII	A	II	III
♌ 6 20	♍ 6 59	♎ 9°29	♏11 08	♐10 20	0°	♌ 7 23	♍ 8 09	♎10°40	♏12 14	♐11 21
6 34	7 04	9 08	10 30	9 47	5°	7 37	8 11	10 16	11 34	10 47
6 49	7 08	8 49	9 54	9 14	10°	7 51	8 13	9 54	10 56	10 13
7 04	7 12	8 30	9 18	8 41	15°	8 04	8 15	9 33	10 19	9 39
7 18	7 15	8 12	8 43	8 08	20°	8 17	8 16	9 13	9 42	9 05
7 21	7 16	8 08	8 36	8 01	21°	8 19	8 17	9 09	9 34	8 58
7 23	7 17	8 04	8 29	7 54	22°	8 22	8 17	9 05	9 27	8 51
7 26	7 17	8 01	8 22	7 48	23°	8 25	8 17	9 01	9 19	8 44
7 29	7 18	7 58	8 15	7 41	24°	8 27	8 17	8 57	9 12	8 37
7 32	7 19	7 54	8 08	7 34	25°	8 30	8 18	8 53	9 05	8 29
7 35	7 19	7 50	8 01	7 27	26°	8 32	8 18	8 48	8 57	8 22
7 38	7 20	7 46	7 54	7 20	27°	8 35	8 18	8 44	8 50	8 15
7 41	7 21	7 43	7 47	7 12	28°	8 38	8 19	8 40	8 42	8 07
7 43	7 21	7 39	7 40	7 05	29°	8 40	8 19	8 36	8 35	7 59
7 46	7 22	7 35	7 33	6 58	30°	8 42	8 19	8 32	8 28	7 52
7 49	7 22	7 32	7 26	6 50	31°	8 45	8 19	8 28	8 20	7 44
7 52	7 23	7 28	7 18	6 43	32°	8 48	8 19	8 24	8 12	7 36
7 55	7 23	7 24	7 11	6 35	33°	8 50	8 19	8 20	8 05	7 28
7 58	7 24	7 21	7 04	6 27	34°	8 53	8 19	8 15	7 57	7 20
8 01	7 24	7 17	6 57	6 19	35°	8 56	8 19	8 11	7 49	7 12
8 04	7 25	7 13	6 49	6 11	36°	8 58	8 19	8 07	7 41	7 03
8 07	7 25	7 09	6 42	6 03	37°	9 01	8 19	8 03	7 33	6 55
8 10	7 25	7 05	6 34	5 55	38°	9 04	8 19	7 58	7 25	6 46
8 12	7 26	7 01	6 27	5 46	39°	9 06	8 19	7 54	7 17	6 37
8 15	7 26	6 58	6 19	5 38	40°	9 09	8 19	7 50	7 10	6 28
8 18	7 26	6 54	6 12	5 29	41°	9 11	8 19	7 45	7 02	6 19
8 21	7 26	6 50	6 04	5 20	42°	9 14	8 18	7 41	6 53	6 10
8 24	7 26	6 45	5 56	5 11	43°	9 16	8 18	7 36	6 45	6 00
8 27	7 26	6 41	5 48	5 02	44°	9 19	8 17	7 31	6 36	5 50
8 29	7 26	6 37	5 41	4 52	45°	9 21	8 17	7 27	6 29	5 41
8 32	7 26	6 33	5 33	4 43	46°	9 24	8 16	7 22	6 20	5 31
8 35	7 26	6 29	5 25	4 33	47°	9 26	8 15	7 17	6 11	5 20
8 38	7 25	6 25	5 17	4 23	48°	9 28	8 14	7 12	6 03	5 10
8 40	7 25	6 20	5 09	4 12	49°	9 30	8 13	7 07	5 54	4 59
8 42	7 24	6 16	5 01	4 02	50°	9 32	8 12	7 02	5 46	4 47
8 44	7 23	6 11	4 53	3 51	51°	9 34	8 11	6 57	5 37	4 36
8 46	7 22	6 06	4 45	3 40	52°	9 35	8 09	6 52	5 28	4 25
8 48	7 20	6 02	4 37	3 29	53°	9 37	8 06	6 47	5 20	4 13
8 50	7 18	5 57	4 29	3 18	54°	9 38	8 04	6 41	5 11	4 00
8 51	7 16	5 52	4 21	3 06	55°	9 38	8 01	6 36	5 03	3 48
8 52	7 13	5 47	4 13	2 55	56°	9 39	7 58	6 30	4 54	3 36
8 52	7 09	5 41	4 06	2 43	57°	9 38	7 54	6 24	4 46	3 23
8 51	7 05	5 36	3 59	2 31	58°	9 37	7 49	6 18	4 38	3 10
8 48	7 00	5 31	3 53	2 20	59°	9 34	7 43	6 12	4 31	2 58
♌ 8 45	♍ 6 54	♎ 5 25	♏ 3 47	♐ 2 09	60°	♌ 9 30	♍ 7 36	♎ 6 06	♏ 4 24	♐ 2 46

6ʰ 43ᵐ 31ˢ 100° 52' 47'' M 10° ♋						6ʰ 47ᵐ 51ˢ 101° 57' 46'' M 11° ♋				
XI	XII	A	II	III	N LAT	XI	XII	A	II	III
Ω 8 27	♍ 9 18	♎11°50	♏13 20	♐12 21	0°	Ω 9 31	♍10 27	♎13°00	♏14 26	♐13 22
8 40	9 18	11 24	12 38	11 47	5°	9 43	10 25	12 32	13 42	12 47
8 52	9 18	11 00	11 58	11 12	10°	9 54	10 23	12 05	13 00	12 11
9 04	9 18	10 37	11 19	10 37	15°	10 05	10 21	11 40	12 19	11 34
9 16	9 17	10 14	10 40	10 01	20°	10 15	10 19	11 15	11 38	10 58
9 18	9 17	10 10	10 32	9 54	21°	10 17	10 18	11 10	11 30	10 50
9 21	9 17	10 05	10 25	9 47	22°	10 19	10 18	11 05	11 22	10 43
9 23	9 17	10 00	10 17	9 39	23°	10 21	10 17	11 00	11 14	10 35
9 25	9 17	9 56	10 09	9 32	24°	10 24	10 16	10 55	11 06	10 27
9 28	9 17	9 51	10 01	9 24	25°	10 26	10 16	10 50	10 57	10 19
9 30	9 17	9 47	9 53	9 17	26°	10 28	10 15	10 45	10 49	10 11
9 32	9 17	9 42	9 45	9 10	27°	10 30	10 15	10 40	10 41	10 04
9 35	9 17	9 38	9 37	9 02	28°	10 32	10 15	10 35	10 32	9 56
9 37	9 16	9 33	9 30	8 53	29°	10 34	10 14	10 30	10 24	9 47
9 39	9 16	9 29	9 22	8 45	30°	10 36	10 13	10 25	10 16	9 39
9 41	9 16	9 24	9 14	8 37	31°	10 38	10 12	10 20	10 08	9 31
9 44	9 15	9 19	9 06	8 29	32°	10 40	10 11	10 15	9 59	9 22
9 46	9 15	9 15	8 58	8 21	33°	10 42	10 11	10 10	9 51	9 14
9 48	9 15	9 10	8 50	8 13	34°	10 44	10 10	10 05	9 42	9 05
9 51	9 14	9 05	8 41	8 04	35°	10 46	10 09	10 00	9 33	8 56
9 53	9 14	9 01	8 33	7 55	36°	10 48	10 08	9 55	9 25	8 47
9 56	9 13	8 56	8 25	7 46	37°	10 50	10 08	9 49	9 16	8 38
9 58	9 13	8 51	8 16	7 37	38°	10 52	10 07	9 44	9 07	8 28
10 00	9 12	8 46	8 08	7 28	39°	10 54	10 06	9 39	8 58	8 19
10 02	9 12	8 41	8 00	7 19	40°	10 56	10 05	9 33	8 49	8 09
10 05	9 11	8 37	7 51	7 09	41°	10 58	10 03	9 28	8 40	7 59
10 07	9 10	8 32	7 42	6 59	42°	11 00	10 02	9 22	8 31	7 49
10 09	9 09	8 26	7 33	6 49	43°	11 02	10 01	9 17	8 22	7 38
10 11	9 08	8 21	7 24	6 39	44°	11 04	9 59	9 11	8 12	7 27
10 13	9 07	8 16	7 16	6 29	45°	11 05	9 58	9 05	8 03	7 17
10 15	9 06	8 11	7 07	6 18	46°	11 07	9 56	9 00	7 54	7 06
10 17	9 05	8 06	6 58	6 07	47°	11 09	9 54	8 54	7 44	6 54
10 19	9 03	8 00	6 49	5 56	48°	11 10	9 52	8 48	7 35	6 43
10 21	9 02	7 55	6 39	5 45	49°	11 12	9 50	8 42	7 25	6 31
10 22	9 00	7 49	6 30	5 33	50°	11 13	9 48	8 36	7 15	6 18
10 24	8 58	7 43	6 21	5 21	51°	11 14	9 46	8 29	7 05	6 05
10 25	8 56	7 38	6 12	5 09	52°	11 14	9 43	8 23	6 55	5 52
10 26	8 53	7 32	6 02	4 56	53°	11 15	9 40	8 17	6 45	5 39
10 26	8 50	7 26	5 53	4 43	54°	11 15	9 36	8 10	6 35	5 25
10 26	8 46	7 20	5 44	4 30	55°	11 14	9 32	8 03	6 25	5 11
10 26	8 43	7 13	5 35	4 16	56°	11 14	9 28	7 56	6 15	4 57
10 25	8 38	7 06	5 26	4 03	57°	11 12	9 23	7 49	6 05	4 42
10 23	8 33	6 59	5 17	3 49	58°	11 09	9 17	7 41	5 56	4 27
10 20	8 26	6 53	5 09	3 35	59°	11 06	9 10	7 34	5 47	4 12
Ω10 15	♍ 8 19	♎ 6 46	♏ 5 01	♐ 3 22	60°	Ω11 01	♍ 9 02	♎ 7 27	♏ 5 38	♐ 3 58

		6ʰ 52ᵐ 11ˢ 103⁰ 02' 41'' M 12° ♋						6ʰ 56ᵐ 30ˢ 104° 07' 31'' M 13° ♋		
XI	XII	Å	II	III	N LAT	XI	XII	A	II	III
♌10 36	♍11 37	♎14°10	♏15 31	♐14 23	0°	♌11 40	♍12 47	♎15°20	♏16 36	♐15 23
10 46	11 33	13 40	14 45	13 46	5°	11 49	12 40	14 48	15 48	14 45
10 56	11 28	13 11	14 02	13 08	10°	11 58	12 33	14 16	15 03	14 07
11 05	11 24	12 43	13 19	12 32	15°	12 06	12 27	13 46	14 18	13 29
11 15	11 20	12 15	12 36	11 54	20°	12 14	12 21	13 16	13 34	12 50
11 16	11 19	12 10	12 28	11 46	21°	12 16	12 20	13 11	13 25	12 42
11 18	11 18	12 05	12 19	11 39	22°	12 17	12 18	13 05	13 16	12 34
11 20	11 17	11 59	12 11	11 31	23°	12 19	12 17	12 59	13 07	12 26
11 22	11 16	11 54	12 02	11 22	24°	12 20	12 16	12 53	12 58	12 17
11 24	11 15	11 49	11 53	11 14	25°	12 22	12 14	12 47	12 49	12 09
11 26	11 14	11 43	11 45	11 06	26°	12 24	12 13	12 41	12 40	12 01
11 27	11 14	11 38	11 36	10 58	27°	12 25	12 12	12 36	12 31	11 52
11 29	11 13	11 33	11 27	10 50	28°	12 26	12 11	12 30	12 22	11 44
11 31	11 11	11 27	11 19	10 41	29°	12 28	12 09	12 24	12 13	11 35
11 33	11 10	11 22	11 10	10 33	30°	12 30	12 07	12 18	12 04	11 26
11 34	11 08	11 16	11 01	10 24	31°	12 31	12 05	12 12	11 55	11 17
11 36	11 07	11 11	10 52	10 15	32°	12 32	12 04	12 06	11 45	11 08
11 38	11 07	11 05	10 44	10 06	33°	12 34	12 03	12 00	11 36	10 59
11 40	11 06	11 00	10 35	9 57	34°	12 36	12 01	11 54	11 27	10 49
11 42	11 04	10 54	10 25	9 48	35°	12 37	12 00	11 48	11 17	10 40
11 43	11 03	10 48	10 16	9 38	36°	12 39	11 58	11 42	11 07	10 30
11 45	11 02	10 43	10 07	9 29	37°	12 40	11 56	11 36	10 58	10 20
11 46	11 00	10 37	9 58	9 19	38°	12 41	11 54	11 30	10 48	10 10
11 48	10 59	10 31	9 48	9 09	39°	12 43	11 52	11 23	10 38	9 59
11 50	10 58	10 25	9 39	8 59	40°	12 44	11 51	11 17	10 28	9 49
11 52	10 56	10 19	9 29	8 48	41°	12 46	11 49	11 10	10 18	9 38
11 53	10 54	10 13	9 20	8 38	42°	12 47	11 46	11 04	10 08	9 27
11 55	10 52	10 07	9 10	8 27	43°	12 48	11 44	10 57	9 58	9 15
11 56	10 51	10 01	9 00	8 16	44°	12 49	11 42	10 51	9 47	9 04
11 58	10 49	9 55	8 50	8 05	45°	12 50	11 40	10 44	9 37	8 53
11 59	10 46	9 49	8 40	7 53	46°	12 51	11 37	10 37	9 26	8 40
12 00	10 44	9 42	8 30	7 41	47°	12 52	11 34	10 30	9 16	8 27
12 01	10 42	9 36	8 20	7 29	48°	12 53	11 31	10 23	9 05	8 14
12 02	10 39	9 29	8 10	7 16	49°	12 53	11 28	10 16	8 54	8 01
12 03	10 37	9 22	7 59	7 03	50°	12 54	11 25	10 09	8 43	7 48
12 04	10 34	9 15	7 48	6 49	51°	12 54	11 22	10 01	8 32	7 33
12 04	10 30	9 08	7 38	6 36	52°	12 54	11 18	9 54	8 20	7 19
12 04	10 27	9 01	7 27	6 22	53°	12 54	11 14	9 46	8 09	7 04
12 04	10 23	8 54	7 16	6 07	54°	12 53	11 09	9 38	7 58	6 49
12 03	10 18	8 47	7 06	5 52	55°	12 51	11 04	9 30	7 46	6 33
12 02	10 13	8 39	6 55	5 37	56°	12 50	10 58	9 22	7 35	6 17
12 00	10 08	8 31	6 44	5 21	57°	12 48	10 53	9 14	7 23	6 00
11 56	10 01	8 23	6 34	5 05	58°	12 44	10 46	9 05	7 12	5 43
11 52	9 54	8 15	6 25	4 49	59°	12 39	10 38	8 56	7 02	5 26
♌11 47	♍ 9 45	♎ 8 07	♏ 6 15	♐ 4 33	60°	♌12 33	♍10 28	♎ 8 47	♏ 6 51	♐ 5 08

7ʰ 00ᵐ 49ˢ — M 14° ♋					N LAT	7ʰ 05ᵐ 08ˢ — M 15° ♋				
XI	XII	A	II	III	N LAT	XI	XII	A	II	III
♌12 44	♍13 56	♎16°30	♏17 40	♐16 23	0°	♌13 49	♍15 06	♎17°40	♏18 44	♐17 23
12 52	13 47	15 55	16 51	15 44	5°	13 56	14 55	17 02	17 54	16 43
13 00	13 38	15 21	16 04	15 05	10°	14 02	14 44	16 26	17 05	16 03
13 07	13 30	14 49	15 17	14 26	15°	14 07	14 34	15 51	16 16	15 23
13 14	13 22	14 16	14 31	13 46	20°	14 13	14 23	15 17	15 28	14 42
13 15	13 20	14 11	14 22	13 38	21°	14 14	14 21	15 11	15 19	14 33
13 16	13 19	14 05	14 13	13 29	22°	14 16	14 19	15 04	15 09	14 25
13 18	13 17	13 58	14 03	13 21	23°	14 17	14 17	14 57	14 59	14 16
13 19	13 15	13 52	13 54	13 12	24°	14 17	14 15	14 51	14 50	14 07
13 20	13 14	13 46	13 45	13 04	25°	14 18	14 13	14 44	14 40	13 58
13 22	13 12	13 39	13 35	12 55	26°	14 20	14 11	14 37	14 30	13 49
13 23	13 10	13 33	13 26	12 46	27°	14 21	14 09	14 31	14 21	13 40
13 24	13 09	13 27	13 17	12 38	28°	14 22	14 07	14 24	14 11	13 31
13 25	13 07	13 21	13 07	12 29	29°	14 23	14 04	14 17	14 01	13 22
13 27	13 04	13 14	12 58	12 19	30°	14 24	14 02	14 10	13 51	13 12
13 28	13 02	13 08	12 48	12 10	31°	14 25	13 59	14 04	13 41	13 03
13 29	13 01	13 01	12 38	12 01	32°	14 26	13 57	13 57	13 31	12 54
13 31	12 59	12 55	12 28	11 51	33°	14 27	13 55	13 50	13 20	12 43
13 32	12 57	12 49	12 19	11 41	34°	14 28	13 53	13 43	13 10	12 33
13 33	12 55	12 42	12 09	11 32	35°	14 29	13 50	13 36	13 00	12 23
13 34	12 53	12 35	11 58	11 21	36°	14 30	13 48	13 29	12 49	12 12
13 35	12 51	12 29	11 48	11 11	37°	14 31	13 45	13 22	12 39	12 02
13 36	12 48	12 22	11 38	11 00	38°	14 32	13 42	13 15	12 28	11 51
13 37	12 46	12 15	11 28	10 49	39°	14 32	13 40	13 07	12 17	11 39
13 39	12 44	12 08	11 17	10 38	40°	14 33	13 37	13 00	12 06	11 28
13 40	12 41	12 02	11 07	10 27	41°	14 34	13 34	12 53	11 55	11 16
13 40	12 39	11 55	10 56	10 16	42°	14 34	13 31	12 45	11 44	11 04
13 41	12 36	11 47	10 45	10 04	43°	14 35	13 28	12 37	11 33	10 52
13 42	12 33	11 40	10 35	9 52	44°	14 35	13 25	12 30	11 22	10 39
13 43	12 31	11 33	10 24	9 40	45°	14 36	13 22	12 22	11 10	10 27
13 43	12 27	11 26	10 12	9 27	46°	14 36	13 18	12 14	10 58	10 13
13 44	12 24	11 18	10 01	9 13	47°	14 36	13 14	12 06	10 47	9 59
13 44	12 21	11 11	9 50	9 00	48°	14 36	13 10	11 58	10 35	9 45
13 45	12 18	11 03	9 38	8 46	49°	14 36	13 07	11 50	10 22	9 31
13 45	12 14	10 55	9 26	8 32	50°	14 36	13 02	11 42	10 10	9 16
13 44	12 10	10 47	9 15	8 17	51°	14 35	12 58	11 33	9 58	9 00
13 44	12 06	10 39	9 03	8 02	52°	14 35	12 53	11 24	9 45	8 45
13 43	12 01	10 31	8 51	7 46	53°	14 33	12 48	11 15	9 32	8 28
13 42	11 56	10 22	8 39	7 30	54°	14 32	12 43	11 06	9 19	8 11
13 40	11 50	10 14	8 26	7 13	55°	14 30	12 37	10 57	9 06	7 53
13 39	11 44	10 05	8 14	6 56	56°	14 28	12 30	10 48	8 53	7 35
13 36	11 38	9 56	8 02	6 38	57°	14 24	12 23	10 38	8 40	7 16
13 32	11 30	9 47	7 50	6 20	58°	14 20	12 15	10 28	8 28	6 57
13 26	11 22	♎ 0 37	7 30	6 02	59°	14 14	12 06	♎10 18	8 15	6 37
♌13 20	♍11 12	♎ 9 27	♏ 7 27	♐ 5 42	60°	♌14 07	♍11 56	♎10 07	♏ 8 03	♐ 6 16

7ʰ 09ᵐ 26ˢ 107° 21' 26" M 16° ♋						7ʰ 13ᵐ 43ˢ 108° 25' 51" M 17° ♋				
XI	XII	A	II	III	N LAT	XI	XII	A	II	III
♌14 53	♍16 16	♎18°49	♏19 48	♐18 22	0°	♌15 58	♍17 25	♎19°58	♏20 52	♐19 22
14 59	16 02	18 09	18 56	17 42	5°	16 02	17 10	19 16	19 58	18 41
15 04	15 49	17 31	18 05	17 01	10°	16 06	16 55	18 35	19 05	17 59
15 08	15 37	16 54	17 15	16 20	15°	16 09	16 40	17 56	18 14	17 16
15 13	15 25	16 18	16 25	15 37	20°	16 13	16 26	17 18	17 22	16 33
15 14	15 22	16 11	16 15	15 29	21°	16 13	16 23	17 11	17 12	16 24
15 15	15 20	16 04	16 05	15 20	22°	16 14	16 20	17 03	17 01	16 15
15 16	15 17	15 56	15 55	15 11	23°	16 15	16 17	16 55	16 51	16 06
15 16	15 15	15 49	15 45	15 02	24°	16 15	16 15	16 48	16 41	15 56
15 17	15 12	15 42	15 35	14 53	25°	16 16	16 12	16 40	16 30	15 47
15 18	15 10	15 35	15 25	14 44	26°	16 16	16 09	16 33	16 20	15 38
15 19	15 07	15 28	15 15	14 34	27°	16 17	16 06	16 25	16 09	15 28
15 20	15 05	15 21	15 05	14 25	28°	16 18	16 03	16 17	15 59	15 18
15 20	15 02	15 14	14 55	14 15	29°	16 18	16 00	16 10	15 48	15 08
15 21	14 59	15 06	14 44	14 05	30°	16 19	15 57	16 02	15 37	14 58
15 22	14 56	14 59	14 34	13 56	31°	16 20	15 53	15 54	15 26	14 48
15 23	14 54	14 52	14 23	13 46	32°	16 20	15 50	15 47	15 15	14 38
15 23	14 51	14 44	14 12	13 35	33°	16 20	15 47	15 39	15 04	14 27
15 24	14 48	14 37	14 02	13 25	34°	16 20	15 44	15 31	14 53	14 16
15 25	14 45	14 30	13 51	13 14	35°	16 21	15 41	15 23	14 42	14 05
15 25	14 43	14 22	13 40	13 03	36°	16 21	15 38	15 15	14 31	13 54
15 26	14 40	14 15	13 29	12 52	37°	16 21	15 34	15 07	14 19	13 43
15 27	14 37	14 07	13 18	12 41	38°	16 22	15 31	14 59	14 08	13 31
15 27	14 33	13 59	13 07	12 29	39°	16 22	15 27	14 51	13 56	13 19
15 28	14 30	13 51	12 55	12 17	40°	16 22	15 23	14 43	13 44	13 06
15 28	14 27	13 43	12 44	12 05	41°	16 22	15 20	14 34	13 32	12 54
15 28	14 24	13 35	12 32	11 53	42°	16 22	15 16	14 26	13 20	12 41
15 28	14 20	13 27	12 20	11 40	43°	16 22	15 12	14 17	13 07	12 28
15 28	14 16	13 19	12 08	11 27	44°	16 22	15 08	14 09	12 55	12 14
15 29	14 13	13 11	11 56	11 14	45°	16 22	15 04	14 00	12 43	12 00
15 29	14 09	13 03	11 44	11 00	46°	16 22	15 00	13 51	12 30	11 46
15 28	14 05	12 54	11 32	10 45	47°	16 21	14 55	13 42	12 16	11 31
15 28	14 00	12 46	11 19	10 31	48°	16 21	14 50	13 33	12 03	11 16
15 28	13 56	12 37	11 06	10 15	49°	16 20	14 45	13 24	11 50	11 00
15 27	13 51	12 28	10 54	10 00	50°	16 19	14 40	13 14	11 37	10 43
15 26	13 46	12 19	10 40	9 44	51°	16 17	14 35	13 04	11 23	10 27
15 25	13 41	12 09	10 27	9 27	52°	16 16	14 29	12 54	11 08	10 09
15 23	13 36	12 00	10 13	9 09	53°	16 14	14 23	12 44	10 54	9 51
15 22	13 30	11 50	10 00	8 52	54°	16 12	14 17	12 34	10 40	9 32
15 19	13 23	11 40	9 46	8 33	55°	16 09	14 10	12 24	10 26	9 13
15 17	13 16	11 30	9 32	8 14	56°	16 06	14 03	12 13	10 11	8 53
15 13	13 08	11 20	9 18	7 54	57°	16 02	13 54	12 02	9 56	8 31
15 08	13 00	11 10	9 05	7 33	58°	15 57	13 45	11 51	9 42	8 09
15 02	12 50	10 59	8 51	7 12	59°	15 50	13 35	11 39	9 27	7 47
♌14 55	♍12 40	♎10 47	♏8 38	♐6 50	60°	♌15 43	♍13 24	♎11 27	♏9 13	♐7 23

		7ʰ 18ᵐ 01ˢ 109° 30' 10" M 18° ♋						7ʰ 22ᵐ 17ˢ 110° 34' 21" M 19° ♋		

XI	XII	A	II	III	N LAT	XI	XII	A	II	III
♌17 03	♍18 35	♎21°07	♏21 55	♐20 21	0°	♌18 08	♍19 45	♎22°15	♏22 58	♐21 20
17 06	18 17	20 22	20 59	19 39	5°	18 10	19 24	21 28	22 01	20 37
17 09	18 00	19 39	20 05	18 57	10°	18 12	19 05	20 43	21 05	19 54
17 11	17 43	18 58	19 12	18 13	15°	18 12	18 47	20 00	20 10	19 09
17 13	17 27	18 18	18 19	17 28	20°	18 13	18 28	19 18	19 15	18 23
17 13	17 24	18 10	18 08	17 19	21°	18 13	18 25	19 09	19 04	18 14
17 14	17 21	18 02	17 57	17 10	22°	18 13	18 21	19 01	18 53	18 04
17 14	17 17	17 54	17 47	17 00	23°	18 13	18 18	18 52	18 42	17 55
17 14	17 14	17 46	17 36	16 51	24°	18 13	18 14	18 44	18 31	17 45
17 14	17 11	17 38	17 25	16 41	25°	18 13	18 10	18 36	18 20	17 35
17 15	17 08	17 30	17 14	16 32	26°	18 14	18 06	18 27	18 08	17 25
17 15	17 04	17 22	17 03	16 22	27°	18 14	18 03	18 19	17 57	17 15
17 16	17 01	17 14	16 52	16 11	28°	18 14	17 59	18 10	17 46	17 04
17 16	16 57	17 06	16 41	16 01	29°	18 14	17 55	18 02	17 34	16 54
17 16	16 54	16 58	16 30	15 51	30°	18 14	17 51	17 53	17 23	16 44
17 17	16 50	16 50	16 19	15 40	31°	18 14	17 47	17 45	17 11	16 33
17 17	16 47	16 42	16 07	15 30	32°	18 14	17 44	17 36	16 59	16 22
17 17	16 43	16 33	15 56	15 19	33°	18 14	17 40	17 27	16 47	16 11
17 17	16 40	16 25	15 44	15 08	34°	18 13	17 36	17 19	16 35	15 59
17 17	16 36	16 17	15 33	14 56	35°	18 13	17 32	17 10	16 23	15 47
17 17	16 33	16 08	15 21	14 45	36°	18 13	17 28	17 01	16 11	15 35
17 17	16 29	16 00	15 09	14 33	37°	18 13	17 23	16 52	15 59	15 23
17 17	16 25	15 51	14 57	14 21	38°	18 13	17 19	16 43	15 46	15 10
17 17	16 21	15 43	14 45	14 08	39°	18 12	17 15	16 34	15 33	14 57
17 17	16 17	15 34	14 33	13 55	40°	18 12	17 10	16 25	15 21	14 44
17 17	16 13	15 25	14 20	13 42	41°	18 11	17 06	16 16	15 08	14 31
17 16	16 09	15 16	14 07	13 29	42°	18 11	17 01	16 06	14 54	14 17
17 16	16 04	15 07	13 54	13 15	43°	18 10	16 56	15 57	14 41	14 03
17 16	16 00	14 58	13 41	13 01	44°	18 10	16 51	15 47	14 27	13 48
17 15	15 55	14 49	13 29	12 47	45°	18 09	16 46	15 37	14 14	13 33
17 15	15 50	14 39	13 15	12 32	46°	18 08	16 41	15 27	14 00	13 18
17 14	15 45	14 30	13 01	12 16	47°	18 07	16 36	15 17	13 46	13 02
17 13	15 40	14 20	12 48	12 00	48°	18 06	16 30	15 07	13 32	12 45
17 12	15 35	14 10	12 34	11 44	49°	18 04	16 24	14 57	13 17	12 28
17 10	15 29	14 00	12 20	11 27	50°	18 02	16 19	14 46	13 02	12 10
17 09	15 23	13 50	12 05	11 10	51°	18 00	16 12	14 35	12 47	11 52
17 07	15 17	13 39	11 50	10 51	52°	17 58	16 05	14 24	12 31	11 33
17 05	15 11	13 29	11 35	10 32	53°	17 56	15 58	14 13	12 16	11 13
17 02	15 04	13 18	11 20	10 12	54°	17 53	15 51	14 02	12 00	10 52
16 59	14 56	13 07	11 05	9 52	55°	17 49	15 43	13 50	11 44	10 31
16 55	14 49	12 56	10 50	9 31	56°	17 45	15 35	13 38	11 28	10 08
16 51	14 40	12 44	10 34	9 08	57°	17 41	15 26	13 26	11 11	9 45
16 46	14 30	12 32	10 19	8 45	58°	17 35	15 16	13 13	10 55	9 20
16 39	14 20	12 20	10 03	8 21	59°	17 28	15 05	13 00	10 39	8 55
♌16 32	♍14 09	♎12 07	♏ 9 48	♐ 7 56	60°	♌17 20	♍14 53	♎12 47	♏10 22	♐ 8 28

XI	XII	A	II	III	N LAT	XI	XII	A	II	III
♌19 13	♍20 54	♎23°23	♏24 01	♐22 19	0°	♌20 18	♍22 04	♎24°31	♏25 03	♐23 18
19 13	20 32	22 34	23 02	21 35	5°	20 17	21 39	23 40	24 03	22 33
19 14	20 10	21 47	22 04	20 51	10°	20 16	21 15	22 50	23 03	21 48
19 13	19 50	21 02	21 07	20 05	15°	20 14	20 53	22 03	22 05	21 01
19 13	19 30	20 17	20 11	19 18	20°	20 13	20 31	21 17	21 07	20 13
19 13	19 26	20 08	20 00	19 09	21°	20 13	20 26	21 07	20 55	20 03
19 12	19 22	20 00	19 48	18 59	22°	20 12	20 22	20 59	20 43	19 53
19 13	19 18	19 51	19 37	18 49	23°	20 12	20 18	20 49	20 32	19 43
19 12	19 13	19 42	19 25	18 39	24°	20 12	20 13	20 40	20 20	19 33
19 12	19 09	19 33	19 14	18 29	25°	20 11	20 09	20 31	20 08	19 23
19 12	19 05	19 24	19 02	18 19	26°	20 11	20 04	20 21	19 56	19 12
19 12	19 01	19 16	18 51	18 08	27°	20 10	20 00	20 12	19 44	19 01
19 12	18 57	19 07	18 39	17 57	28°	20 10	19 55	20 03	19 32	18 50
19 12	18 53	18 58	18 27	17 47	29°	20 10	19 51	19 53	19 20	18 39
19 11	18 49	18 49	18 15	17 36	30°	20 09	19 46	19 44	19 07	18 28
19 11	18 44	18 40	18 03	17 25	31°	20 08	19 41	19 35	18 55	18 17
19 11	18 40	18 31	17 51	17 14	32°	20 08	19 37	19 25	18 42	18 05
19 11	18 36	18 21	17 38	17 02	33°	20 08	19 32	19 15	18 29	17 53
19 10	18 32	18 12	17 26	16 50	34°	20 07	19 27	19 06	18 17	17 41
19 10	18 27	18 03	17 14	16 38	35°	20 06	19 23	18 56	18 04	17 28
19 09	18 23	17 54	17 01	16 25	36°	20 05	19 18	18 47	17 51	17 15
19 09	18 18	17 44	16 48	16 13	37°	20 05	19 13	18 37	17 37	17 02
19 08	18 13	17 35	16 35	16 00	38°	20 04	19 08	18 27	17 24	16 49
19 08	18 09	17 25	16 22	15 46	39°	20 03	19 02	18 17	17 10	16 35
19 07	18 04	17 16	16 08	15 33	40°	20 02	18 57	18 07	16 56	16 21
19 06	17 59	17 06	15 55	15 19	41°	20 01	18 52	17 56	16 42	16 07
19 05	17 54	16 56	15 41	15 05	42°	20 00	18 47	17 46	16 28	15 52
19 04	17 49	16 46	15 27	14 50	43°	19 59	18 41	17 36	16 14	15 37
19 03	17 43	16 36	15 13	14 35	44°	19 57	18 35	17 25	15 59	15 21
19 02	17 38	16 25	14 59	14 19	45°	19 56	18 29	17 14	15 44	15 05
19 01	17 32	16 15	14 45	14 03	46°	19 54	18 23	17 03	15 29	14 49
19 00	17 26	16 05	14 30	13 47	47°	19 53	18 16	16 52	15 14	14 32
18 58	17 20	15 54	14 15	13 30	48°	19 51	18 10	16 41	14 59	14 14
18 56	17 14	15 43	14 00	13 12	49°	19 49	18 04	16 29	14 43	13 55
18 54	17 08	15 32	13 44	12 53	50°	19 47	17 57	16 18	14 27	13 36
18 52	17 01	15 21	13 28	12 34	51°	19 44	17 50	16 06	14 10	13 16
18 49	16 54	15 09	13 12	12 14	52°	19 41	17 42	15 54	13 53	12 56
18 47	16 46	14 57	12 56	11 54	53°	19 38	17 34	15 41	13 36	12 34
18 43	16 38	14 45	12 40	11 32	54°	19 34	17 26	15 28	13 19	12 11
18 39	16 30	14 33	12 23	11 10	55°	19 30	17 17	15 15	13 01	11 48
18 35	16 21	14 20	12 06	10 46	56°	19 26	17 08	15 02	12 44	11 23
18 31	16 12	14 07	11 48	10 21	57°	19 21	16 58	14 49	12 25	10 57
18 25	16 01	13 54	11 31	9 55	58°	19 15	16 47	14 35	12 07	10 30
18 17	15 50	13 41	11 14	9 29	59°	19 07	16 35	14 21	11 49	10 02
♌18 09	♍15 38	♎13 27	♏10 56	♐ 9 00	60°	♌18 58	♍16 23	♎14 06	♏11 30	♐ 9 32

| 7ʰ 35ᵐ 04ˢ | | 113° 46' 07'' | | | | 7ʰ 39ᵐ 19ˢ | | 114° 49' 46'' | | |
| M 22° ♋ | | | | | | M 23° ♋ | | | | |
XI	XII	A	II	III	N LAT	XI	XII	A	II	III
♌21 23	♍23 13	♎25°39	♏26 05	♐24 17	0°	♌22 28	♍24 22	♎26°46	♏27 07	♐25 15
21 21	22 46	24 45	25 03	23 31	5°	22 25	23 53	25 50	26 03	24 29
21 18	22 20	23 53	24 02	22 45	10°	22 21	23 25	24 56	25 01	23 42
21 16	21 56	23 04	23 02	21 57	15°	22 17	22 59	24 05	24 00	22 53
21 13	21 32	22 16	22 03	21 08	20°	22 13	22 33	23 15	22 58	22 03
21 13	21 27	22 06	21 51	20 58	21°	22 13	22 28	23 05	22 46	21 52
21 12	21 23	21 57	21 38	20 47	22°	22 12	22 23	22 55	22 33	21 41
21 11	21 18	21 47	21 26	20 37	23°	22 11	22 18	22 45	22 21	21 31
21 11	21 13	21 38	21 14	20 27	24°	22 10	22 12	22 35	22 08	21 20
21 10	21 08	21 28	21 02	20 16	25°	22 09	22 07	22 25	21 56	21 09
21 10	21 03	21 18	20 50	20 05	26°	22 08	22 02	22 15	21 43	20 58
21 09	20 58	21 09	20 37	19 54	27°	22 07	21 57	22 05	21 30	20 47
21 08	20 53	20 59	20 25	19 43	28°	22 06	21 51	21 54	21 17	20 36
21 08	20 48	20 49	20 12	19 32	29°	22 06	21 46	21 44	21 04	20 24
21 07	20 43	20 39	19 59	19 20	30°	22 05	21 41	21 34	20 51	20 12
21 06	20 38	20 29	19 46	19 08	31°	22 03	21 35	21 24	20 38	20 00
21 05	20 33	20 19	19 33	18 56	32°	22 02	21 30	21 13	20 24	19 48
21 05	20 28	20 09	19 20	18 44	33°	22 02	21 25	21 03	20 11	19 35
21 04	20 23	19 59	19 07	18 32	34°	22 01	21 19	20 52	19 57	19 22
21 03	20 18	19 49	18 54	18 19	35°	21 59	21 13	20 42	19 43	19 09
21 02	20 13	19 39	18 40	18 05	36°	21 58	21 08	20 31	19 29	18 55
21 01	20 07	19 28	18 26	17 52	37°	21 57	21 02	20 20	19 15	18 42
21 00	20 02	19 18	18 12	17 38	38°	21 56	20 56	20 10	19 01	18 28
20 58	19 56	19 08	17 58	17 24	39°	21 54	20 50	19 59	18 46	18 13
20 57	19 50	18 57	17 44	17 10	40°	21 52	20 44	19 48	18 32	17 58
20 56	19 45	18 47	17 30	16 55	41°	21 51	20 38	19 37	18 17	17 43
20 54	19 39	18 36	17 15	16 40	42°	21 49	20 32	19 25	18 01	17 27
20 53	19 33	18 25	17 00	16 24	43°	21 47	20 25	19 14	17 46	17 11
20 51	19 27	18 14	16 45	16 08	44°	21 45	20 19	19 02	17 30	16 54
20 50	19 20	18 02	16 29	15 51	45°	21 44	20 12	18 50	17 14	16 37
20 48	19 14	17 51	16 14	15 34	46°	21 42	20 05	18 39	16 58	16 19
20 46	19 07	17 39	15 58	15 16	47°	21 39	19 58	18 26	16 42	16 01
20 44	19 00	17 27	15 42	14 58	48°	21 37	19 51	18 14	16 25	15 42
20 41	18 53	17 15	15 26	14 39	49°	21 34	19 43	18 01	16 08	15 22
20 39	18 46	17 03	15 09	14 19	50°	21 31	19 35	17 49	15 50	15 01
20 36	18 38	16 51	14 51	13 58	51°	21 28	19 27	17 36	15 32	14 40
20 33	18 30	16 38	14 34	13 37	52°	21 25	19 19	17 23	15 14	14 17
20 30	18 22	16 25	14 16	13 14	53°	21 21	19 10	17 09	14 56	13 54
20 26	18 13	16 12	13 58	12 50	54°	21 17	19 01	16 55	14 37	13 29
20 21	18 04	15 58	13 40	12 26	55°	21 12	18 52	16 41	14 18	13 04
20 17	17 54	15 45	13 21	12 00	56°	21 07	18 41	16 27	13 58	12 36
20 11	17 44	15 31	13 02	11 33	57°	21 01	18 30	16 12	13 38	12 08
20 05	17 33	15 16	12 43	11 04	58°	20 55	18 19	15 57	13 18	11 38
19 57	17 21	15 01	12 24	10 35	59°	20 47	18 06	15 41	12 58	11 07
♌19 48	♍17 08	♎14 46	♏12 04	♐10 03	60°	♌20 38	♍17 53	♎15 26	♏12 37	♐10 34

		M 24° ♋						M 25° ♋		
XI	XII	A	II	III	N LAT	XI	XII	A	II	III
Ω23 34	♍25 31	♎27°53	♏28 09	♐26 14	0°	Ω24 38	♍26 40	♎28°59	♏29 10	♐27 12
23 29	25 00	26 55	27 03	25 26	5°	24 33	26 07	27 59	28 03	26 23
23 24	24 30	25 59	26 00	24 39	10°	24 26	25 35	27 02	26 58	25 35
23 19	24 02	25 06	24 57	23 49	15°	24 20	25 05	26 07	25 53	24 44
23 14	23 34	24 14	23 53	22 58	20°	24 14	24 35	25 12	24 48	23 52
23 13	23 29	24 04	23 41	22 47	21°	24 13	24 29	25 02	24 35	23 41
23 12	23 23	23 53	23 28	22 36	22°	24 12	24 23	24 51	24 22	23 30
23 10	23 18	23 43	23 15	22 25	23°	24 10	24 17	24 40	24 09	23 19
23 09	23 12	23 32	23 02	22 14	24°	24 09	24 11	24 29	23 56	23 07
23 08	23 06	23 22	22 49	22 03	25°	24 08	24 05	24 18	23 42	22 56
23 07	23 01	23 11	22 36	21 51	26°	24 06	24 00	24 07	23 29	22 44
23 06	22 55	23 01	22 23	21 40	27°	24 05	23 54	23 56	23 16	22 32
23 05	22 49	22 50	22 10	21 28	28°	24 04	23 47	23 45	23 02	22 20
23 04	22 44	22 39	21 56	21 16	29°	24 02	23 41	23 34	22 48	22 08
23 03	22 38	22 29	21 43	21 04	30°	24 01	23 35	23 23	22 34	21 56
23 01	22 32	22 18	21 29	20 52	31°	23 59	23 29	23 12	22 20	21 43
23 00	22 27	22 07	21 15	20 39	32°	23 58	23 23	23 01	22 06	21 30
22 59	22 21	21 56	21 01	20 26	33°	23 56	23 17	22 50	21 51	21 17
22 57	22 15	21 45	20 47	20 13	34°	23 54	23 11	22 38	21 37	21 03
22 56	22 09	21 34	20 33	19 59	35°	23 53	23 04	22 27	21 22	20 49
22 55	22 03	21 23	20 18	19 45	36°	23 51	22 58	22 15	21 07	20 35
22 53	21 57	21 12	20 04	19 31	37°	23 49	22 51	22 04	20 52	20 21
22 52	21 50	21 01	19 49	19 17	38°	23 48	22 45	21 52	20 37	20 06
22 50	21 44	20 50	19 34	19 02	39°	23 46	22 38	21 41	20 21	19 50
22 48	21 38	20 38	19 19	18 40	40°	23 44	22 31	21 29	20 06	19 34
22 46	21 31	20 27	19 03	18 30	41°	23 42	22 24	21 17	19 50	19 18
22 44	21 24	20 15	18 48	18 14	42°	23 39	22 17	21 04	19 34	19 01
22 42	21 17	20 03	18 32	17 57	43°	23 37	22 10	20 52	19 17	18 44
22 40	21 10	19 51	18 15	17 40	44°	23 35	22 02	20 39	19 00	18 26
22 38	21 04	19 38	17 59	17 23	45°	23 32	21 55	20 26	18 44	18 08
22 36	20 56	19 26	17 42	17 04	46°	23 30	21 47	20 14	18 26	17 49
22 33	20 49	19 13	17 25	16 45	47°	23 27	21 39	20 00	18 08	17 29
22 30	20 41	19 00	17 08	16 25	48°	23 24	21 31	19 47	17 50	17 09
22 27	20 33	18 47	16 50	16 05	49°	23 21	21 22	19 33	17 32	16 48
22 24	20 25	18 34	16 32	15 43	50°	23 17	21 14	19 20	17 13	16 25
22 21	20 16	18 21	16 13	15 21	51°	23 13	21 05	19 06	16 54	16 02
22 17	20 07	18 07	15 54	14 58	52°	23 09	20 56	18 51	16 34	15 38
22 13	19 58	17 53	15 35	14 33	53°	23 05	20 46	18 36	16 14	15 13
22 08	19 48	17 38	15 16	14 08	54°	23 00	20 36	18 21	15 54	14 47
22 04	19 39	17 24	14 56	13 42	55°	22 55	20 26	18 06	15 34	14 19
21 58	19 28	17 09	14 35	13 13	56°	22 49	20 15	17 50	15 12	13 50
21 52	19 17	16 53	14 14	12 43	57°	22 43	20 03	17 34	14 50	13 18
21 45	19 05	16 37	13 53	12 12	58°	22 36	19 51	17 18	14 28	12 46
21 37	18 52	16 21	13 32	11 39	59°	22 27	19 37	17 01	14 06	12 11
Ω21 28	♍18 38	♎16 05	♏13 10	♐11 05	60°	Ω22 18	♍19 23	♎16 44	♏13 43	♐11 35

	7ʰ 51ᵐ 59ˢ		117° 59' 49"		N		7ʰ 56ᵐ 11ˢ		119° 02' 52"	
		M 26° ♋						M 27° ♋		
XI	XII	A	II	III	N LAT	XI	XII	A	II	III
Ω25 44	♍27 49	♎30°05	♏30 10	♐28 10	0°	Ω26 50	♍28 58	♏ 1°11	♐ 1 11	♐29 08
25 37	27 13	29 03	29 02	27 20	5°	26 41	28 20	0 07	0 01	28 17
25 29	26 40	28 04	27 56	26 31	10°	26 32	27 45	♎29 06	♏28 54	27 27
25 22	26 08	27 07	26 49	25 40	15°	26 24	27 10	28 07	27 45	26 35
25 15	25 36	26 11	25 43	24 46	20°	26 15	26 37	27 09	26 38	25 40
25 13	25 30	26 00	25 30	24 35	21°	26 13	26 30	26 58	26 24	25 29
25 12	25 23	25 48	25 16	24 24	22°	26 12	26 23	26 46	26 10	25 18
25 10	25 17	25 37	25 03	24 12	23°	26 10	26 17	26 34	25 56	25 06
25 08	25 11	25 26	24 49	24 01	24°	26 08	26 10	26 22	25 42	24 54
25 07	25 04	25 15	24 35	23 49	25°	26 06	26 03	26 11	25 28	24 42
25 05	24 58	25 03	24 22	23 37	26°	26 04	25 57	25 59	25 14	24 30
25 04	24 52	24 52	24 08	23 25	27°	26 02	25 50	25 47	25 00	24 17
25 02	24 45	24 41	23 54	23 12	28°	26 01	25 43	25 36	24 46	24 04
25 00	24 39	24 29	23 40	23 00	29°	25 59	25 37	25 24	24 31	23 52
24 59	24 33	24 18	23 25	22 48	30°	25 57	25 30	25 12	24 16	23 39
24 57	24 26	24 06	23 11	22 35	31°	25 55	25 23	25 00	24 01	23 26
24 55	24 20	23 55	22 56	22 21	32°	25 53	25 16	24 48	23 46	23 12
24 53	24 13	23 43	22 41	22 07	33°	25 51	25 09	24 36	23 31	22 58
24 51	24 06	23 31	22 26	21 53	34°	25 49	25 02	24 24	23 16	22 44
24 50	23 59	23 19	22 11	21 39	35°	25 47	24 55	24 12	23 00	22 29
24 48	23 53	23 07	21 56	21 25	36°	25 44	24 48	23 59	22 45	22 14
24 46	23 46	22 55	21 41	21 10	37°	25 42	24 40	23 47	22 29	21 59
24 44	23 39	22 43	21 25	20 54	38°	25 40	24 33	23 34	22 12	21 43
24 41	23 32	22 31	21 09	20 38	39°	25 37	24 25	23 22	21 56	21 27
24 39	23 24	22 19	20 52	20 22	40°	25 35	24 18	23 09	21 39	21 10
24 37	23 17	22 06	20 36	20 06	41°	25 32	24 10	22 56	21 22	20 53
24 35	23 10	21 53	20 19	19 48	42°	25 30	24 02	22 42	21 05	20 35
24 32	23 02	21 40	20 02	19 30	43°	25 27	23 54	22 29	20 48	20 17
24 30	22 54	21 27	19 45	19 12	44°	25 24	23 46	22 15	20 30	19 58
24 27	22 46	21 14	19 28	18 53	45°	25 21	23 38	22 02	20 12	19 39
24 24	22 38	21 01	19 10	18 34	46°	25 18	23 29	21 48	19 53	19 18
24 20	22 30	20 47	18 51	18 13	47°	25 14	23 21	21 34	19 34	18 57
24 17	22 21	20 33	18 33	17 52	48°	25 11	23 12	21 19	19 15	18 35
24 14	22 12	20 19	18 14	17 30	49°	25 07	23 02	21 05	18 56	18 13
24 10	22 03	20 05	17 55	17 07	50°	25 03	22 53	20 50	18 36	17 49
24 06	21 54	19 50	17 35	16 43	51°	24 59	22 43	20 35	18 15	17 24
24 02	21 44	19 35	17 14	16 18	52°	24 54	22 33	20 19	17 54	16 58
23 57	21 35	19 20	16 53	15 52	53°	24 50	22 23	20 03	17 32	16 31
23 52	21 24	19 04	16 32	15 25	54°	24 44	22 12	19 47	17 10	16 03
23 47	21 13	18 48	16 11	14 56	55°	24 39	22 00	19 31	16 48	15 33
23 41	21 02	18 32	15 49	14 26	56°	24 32	21 49	19 14	16 25	15 02
23 34	20 50	18 15	15 26	13 53	57°	24 25	21 36	18 56	16 01	14 28
23 27	20 37	17 58	15 03	13 19	58°	24 18	21 23	18 39	15 37	13 52
23 18	20 23	17 41	14 40	12 43	59°	24 09	21 09	18 21	15 13	13 15
Ω23 09	♍20 08	♎17 23	♏14 16	♐12 05	60°	Ω24 00	♍20 54	♎18 02	♏14 48	♐12 35

| 8ʰ 00ᵐ 23ˢ | | 120° 05' 44'' | | | | 8ʰ 04ᵐ 34ˢ | | 121° 08' 27'' | | |
| | | M 28° ♋ | | | | | | M 29° ♋ | | |
XI	XII	A	II	III	N LAT	XI	XII	A	II	III
♌27 55	♍30 06	♏ 2°17	♐ 2 11	♐30 05	0°	♌29 00	♎ 1 15	♏ ·3 22	♐ 3 11	♑ 1 03
27 45	29 26	1 11	1 00	29 14	5°	28 49	0 33	2 14	1 59	0 11
27 35	28 49	♏ 0 08	♏29 51	28 23	10°	28 38	♍29 53	1 09	♐ 0 48	♐29 19
27 25	28 13	♎29 07	28 41	27 30	15°	28 27	29 15	♏ 0 07	♏29 37	28 25
27 15	27 38	28 07	27 33	26 34	20°	28 16	28 39	♎29 05	28 27	27 28
27 14	27 31	27 55	27 18	26 23	21°	28 14	28 31	28 52	28 12	27 17
27 12	27 23	27 43	27 04	26 11	22°	28 12	28 23	28 40	27 57	27 05
27 09	27 16	27 31	26 49	25 59	23°	28 09	28 16	28 27	27 43	26 53
27 08	27 09	27 19	26 35	25 47	24°	28 07	28 09	28 15	27 28	26 40
27 06	27 02	27 07	26 21	25 35	25°	28 05	28 01	28 03	27 13	26 28
27 03	26 55	26 55	26 06	25 23	26°	28 03	27 54	27 50	26 58	26 15
27 01	26 48	26 43	25 52	25 10	27°	28 00	27 46	27 38	26 43	26 02
26 59	26 41	26 30	25 37	24 56	28°	27 58	27 39	27 25	26 28	25 48
26 57	26 34	26 18	25 22	24 43	29°	27 56	27 32	27 13	26 13	25 35
26 55	26 27	26 06	25 07	24 30	30°	27 53	27 24	27 00	25 58	25 22
26 53	26 20	25 54	24 52	24 17	31°	27 51	27 16	26 47	25 42	25 08
26 51	26 13	25 41	24 36	24 03	32°	27 48	27 09	26 34	25 26	24 54
26 48	26 05	25 29	24 21	23 48	33°	27 46	27 01	26 22	25 10	24 39
26 46	25 58	25 16	24 05	23 34	34°	27 43	26 53	26 09	24 54	24 24
26 44	25 50	25 04	23 49	23 19	35°	27 41	26 45	25 56	24 38	24 08
26 41	25 42	24 51	23 33	23 03	36°	27 38	26 37	25 42	24 21	23 53
26 39	25 35	24 38	23 17	22 48	37°	27 35	26 29	25 29	24 04	23 37
26 36	25 27	24 25	23 00	22 32	38°	27 32	26 21	25 16	23 47	23 20
26 33	25 19	24 12	22 43	22 15	39°	27 29	26 13	25 02	23 30	23 03
26 31	25 11	23 58	22 26	21 58	40°	27 27	26 04	24 48	23 12	22 45
26 28	25 03	23 45	22 08	21 40	41°	27 24	25 56	24 34	22 54	22 27
26 25	24 55	23 31	21 51	21 22	42°	27 20	25 48	24 20	22 36	22 08
26 22	24 46	23 17	21 33	21 03	43°	27 17	25 39	24 06	22 17	21 49
26 19	24 38	23 03	21 14	20 44	44°	27 14	25 30	23 51	21 58	21 29
26 16	24 29	22 50	20 56	20 24	45°	27 10	25 21	23 37	21 39	21 09
26 12	24 20	22 35	20 36	20 03	46°	27 06	25 11	23 22	21 20	20 47
26 08	24 11	22 20	20 17	19 41	47°	27 02	25 02	23 07	21 00	20 25
26 05	24 02	22 05	19 57	19 18	48°	26 58	24 52	22 51	20 39	20 01
26 01	23 52	21 50	19 37	18 55	49°	26 55	24 42	22 35	20 18	19 37
25 56	23 42	21 35	19 16	18 31	50°	26 50	24 32	22 19	19 57	19 12
25 52	23 32	21 19	18 55	18 05	51°	26 45	24 21	22 03	19 35	18 45
25 47	23 22	21 03	18 33	17 38	52°	26 40	24 10	21 47	19 12	18 18
25 42	23 11	20 47	18 11	17 10	53°	26 35	23 59	21 30	18 49	17 49
25 36	23 00	20 30	17 48	16 40	54°	26 29	23 47	21 13	18 26	17 18
25 31	22 48	20 13	17 25	16 10	55°	26 23	23 35	20 55	18 02	16 46
25 24	22 35	19 55	17 01	15 37	56°	26 15	23 22	20 37	17 37	16 12
25 17	22 22	19 37	16 36	15 02	57°	26 08	23 09	20 18	17 11	15 36
25 09	22 09	19 19	16 11	14 25	58°	26 01	22 55	19 59	16 46	14 57
25 00	21 54	19 00	15 46	13 46	59°	25 52	22 40	19 40	16 19	14 17
♌24 51	♍21 39	♎18 41	♏15 20	♐13 04	60°	♌25 42	♍22 25	♎19 20	♏15 52	♐13 33

XI	XII	A	II	III	N LAT	XI	XII	A	II	III
♌30 06	♎ 2 23	♏ 4°27	♐ 4 10	♑ 2 00	0°	♍ 1 11	♎ 3 31	♏ 5°31	♐ 5 09	♑ 2 57
29 53	1 39	3 17	2 57	1 08	5°	0 57	2 45	4 20	3 55	2 05
29 41	0 57	2 10	1 45	♑ 0 15	10°	0 43	2 01	3 11	2 42	1 11
29 29	♎ 0 18	1 06	♐ 0 33	♐29 20	15°	0 30	1 20	2 05	1 28	♑ 0 15
29 17	♍29 38	♏ 0 02	♏29 21	28 22	20°	0 17	0 39	0 59	♐ 0 14	♐29 16
29 14	29 31	♎29 49	29 06	28 10	21°	0 14	0 31	0 46	♏29 59	29 04
29 12	29 23	29 37	28 50	27 58	22°	0 12	0 23	0 33	29 43	28 51
29 09	29 15	29 24	28 36	27 46	23°	0 09	0 15	0 20	29 28	28 39
29 07	29 08	29 11	28 21	27 33	24°	0 06	♎ 0 07	♏ 0 07	29 13	28 26
29 04	29 00	28 58	28 05	27 21	25°	0 04	♍29 59	♎29 54	28 58	28 13
29 02	28 52	28 45	27 50	27 08	26°	♍ 0 01	29 50	29 40	28 42	28 00
28 59	28 44	28 33	27 35	26 54	27°	♌29 58	29 42	29 27	28 26	27 46
28 57	28 37	28 20	27 19	26 40	28°	29 56	29 34	29 14	28 10	27 32
28 54	28 29	28 07	27 04	26 27	29°	29 53	29 26	29 01	27 54	27 18
28 51	28 21	27 54	26 48	26 13	30°	29 50	29 18	28 47	27 38	27 04
28 49	28 13	27 41	26 32	25 59	31°	29 47	29 10	28 34	27 22	26 50
28 46	28 05	27 27	26 16	25 44	32°	29 44	29 01	28 20	27 05	26 35
28 43	27 57	27 14	25 59	25 29	33°	29 41	28 53	28 06	26 48	26 19
28 41	27 49	27 01	25 43	25 14	34°	29 38	28 44	27 53	26 31	26 03
28 38	27 40	26 47	25 26	24 58	35°	29 35	28 36	27 39	26 14	25 47
28 35	27 32	26 33	25 09	24 42	36°	29 32	28 27	27 24	25 57	25 31
28 32	27 24	26 20	24 52	24 25	37°	29 29	28 18	27 10	25 39	25 14
28 29	27 15	26 06	24 34	24 08	38°	29 25	28 09	26 56	25 21	24 56
28 26	27 07	25 52	24 16	23 51	39°	29 22	28 00	26 42	25 03	24 38
28 23	26 58	25 38	23 58	23 33	40°	29 19	27 51	26 27	24 44	24 20
28 19	26 49	25 23	23 40	23 14	41°	29 15	27 42	26 12	24 25	24 01
28 16	26 40	25 09	23 21	22 55	42°	29 11	27 33	25 57	24 06	23 41
28 12	26 31	24 54	23 02	22 35	43°	29 08	27 23	25 42	23 46	23 20
28 09	26 22	24 39	22 42	22 14	44°	29 04	27 13	25 26	23 26	22 59
28 05	26 12	24 24	22 23	21 54	45°	29 00	27 04	25 11	23 06	22 38
28 01	26 02	24 09	22 03	21 31	46°	28 55	26 53	24 55	22 45	22 15
27 56	25 52	23 53	21 42	21 08	47°	28 51	26 43	24 39	22 24	21 52
27 52	25 42	23 37	21 21	20 44	48°	28 47	26 33	24 22	22 02	21 27
27 48	25 32	23 20	20 59	20 19	49°	28 42	26 22	24 05	21 40	21 01
27 43	25 21	23 04	20 37	19 53	50°	28 37	26 11	23 48	21 17	20 34
27 38	25 10	22 47	20 14	19 26	51°	28 31	25 59	23 31	20 54	20 06
27 33	24 59	22 30	19 51	18 57	52°	28 26	25 48	23 13	20 30	19 36
27 27	24 47	22 13	19 28	18 27	53°	28 20	25 36	22 55	20 06	19 06
27 21	24 35	21 55	19 04	17 55	54°	28 14	25 23	22 37	19 41	18 33
27 15	24 23	21 37	18 39	17 22	55°	28 07	25 10	22 18	19 15	17 59
27 07	24 10	21 18	18 13	16 47	56°	28 00	24 57	21 59	18 48	17 22
27 00	23 56	20 59	17 46	16 10	57°	27 52	24 43	21 39	18 21	16 43
26 53	23 42	20 39	17 20	15 29	58°	27 44	24 28	21 19	17 54	16 01
26 43	23 26	20 19	16 52	14 48	59°	27 34	24 12	20 58	17 25	15 18
♌26 33	♍23 10	♎19 58	♏16 24	♐14 02	60°	♌27 24	♍23 56	♎20 37	♏16 56	♐14 31

XI	XII	A	II	III	N LAT	XI	XII	A	II	III
♍ 2 17	♎ 4 39	♏ 6°35	♐ 6 08	♑ 3 54	0°	♍ 3 22	♎ 5 46	♏ 7°39	♐ 7 07	♑ 4 51
2 01	3 51	5 22	4 52	3 01	5°	3 05	4 57	6 24	5 50	3 57
1 46	3 05	4 12	3 38	2 07	10°	2 49	4 09	5 12	4 34	3 02
1 32	2 22	3 04	2 23	1 10	15°	2 34	3 24	4 02	3 18	2 04
1 18	1 38	1 56	1 07	♑ 0 10	20°	2 18	2 39	2 53	2 00	1 03
1 15	1 31	1 43	0 52	♐29 57	21°	2 15	2 31	2 39	1 45	0 51
1 12	1 23	1 29	0 36	29 45	22°	2 12	2 22	2 25	1 29	0 38
1 09	1 14	1 16	0 21	29 32	23°	2 09	2 13	2 12	1 13	0 25
1 06	1 06	1 02	♐ 0 05	29 19	24°	2 06	2 04	1 58	0 57	♑ 0 11
1 03	0 57	0 49	♏29 49	29 05	25°	2 03	1 55	1 44	0 41	♐29 58
1 00	0 48	0 35	29 33	28 52	26°	1 59	1 46	1 30	0 24	29 44
0 57	0 40	0 22	29 17	28 38	27°	1 56	1 38	1 16	♐ 0 08	29 30
0 54	0 32	♏ 0 08	29 01	28 24	28°	1 53	1 29	1 02	♏29 52	29 16
0 51	0 23	♎29 54	28 45	28 10	29°	1 50	1 20	0 48	29 35	29 01
0 48	0 15	29 40	28 28	27 55	30°	1 46	1 11	0 33	29 18	28 46
0 45	♎ 0 06	29 27	28 11	27 40	31°	1 43	1 02	0 19	29 01	28 31
0 42	♍29 57	29 13	27 54	27 25	32°	1 40	0 53	♏ 0 05	28 43	28 15
0 39	29 48	28 59	27 37	27 09	33°	1 36	0 44	♎29 51	28 26	27 59
0 35	29 40	28 44	27 20	26 53	34°	1 33	0 35	29 36	28 08	27 43
0 32	29 31	28 30	27 02	26 37	35°	1 29	0 26	29 21	27 50	27 26
0 29	29 22	28 15	26 44	26 20	36°	1 26	0 16	29 06	27 32	27 09
0 25	29 12	28 01	26 26	26 02	37°	1 22	♎ 0 07	28 51	27 13	26 51
0 21	29 03	27 46	26 08	25 44	38°	1 18	♍29 57	28 36	26 54	26 33
0 18	28 54	27 31	25 49	25 26	39°	1 15	29 47	28 21	26 35	26 14
0 15	28 44	27 16	25 30	25 07	40°	1 11	29 38	28 05	26 16	25 54
0 11	28 35	27 01	25 11	24 47	41°	1 07	29 28	27 49	25 56	25 34
0 07	28 25	26 45	24 51	24 27	42°	1 03	29 18	27 33	25 35	25 13
♍ 0 03	28 15	26 30	24 31	24 06	43°	0 58	29 07	27 17	25 15	24 51
♌29 59	28 05	26 14	24 10	23 44	44°	0 54	28 57	27 01	24 54	24 29
29 54	27 55	25 58	23 49	23 23	45°	0 49	28 46	26 44	24 32	24 07
29 50	27 44	25 42	23 28	22 59	46°	0 45	28 35	26 28	24 10	23 43
29 45	27 34	25 25	23 06	22 35	47°	0 40	28 24	26 11	23 48	23 18
29 41	27 23	25 08	22 44	22 10	48°	0 35	28 13	25 53	23 25	22 52
29 36	27 11	24 50	22 21	21 43	49°	0 30	28 01	25 35	23 01	22 24
29 30	27 00	24 33	21 57	21 15	50°	0 24	27 49	25 17	22 37	21 56
29 25	26 48	24 15	21 33	20 46	51°	0 18	27 37	24 59	22 12	21 26
29 19	26 36	23 57	21 09	20 16	52°	0 12	27 25	24 40	21 47	20 55
29 13	26 24	23 38	20 43	19 44	53°	♍ 0 06	27 12	24 21	21 21	20 22
29 07	26 11	23 19	20 18	19 10	54°	♌29 59	26 59	24 01	20 54	19 47
29 00	25 57	23 00	19 51	18 35	55°	29 52	26 45	23 41	20 27	19 10
28 52	25 44	22 40	19 24	17 57	56°	29 45	26 31	23 20	19 59	18 31
28 44	25 29	22 20	18 56	17 16	57°	29 37	26 16	23 00	19 30	17 49
28 36	25 14	21 59	18 27	16 33	58°	29 28	26 00	22 38	19 00	17 05
28 26	24 58	21 37	17 57	15 48	59°	29 18	25 44	22 16	18 29	16 18
♌28 16	♍24 42	♎21 15	♏17 27	♐14 59	60°	♌29 08	♍25 27	♎21 53	♏17 58	♐15 27

XI	XII	A	II	III	N LAT	XI	XII	A	II	III
♍ 4 27	♎ 6 53	♏ 8°43	♐ 8 05	♑ 5 48	0°	♍ 5 33	♎ 8 00	♏ 9°46	♐ 9 03	♑ 6 45
4 09	6 02	7 26	6 47	4 53	5°	5 14	7 07	8 27	7 44	5 49
3 52	5 13	6 12	5 30	3 57	10°	4 55	6 16	7 12	6 25	4 52
3 35	4 26	5 00	4 12	2 59	15°	4 37	5 28	5 58	5 06	3 53
3 19	3 39	3 49	2 53	1 57	20°	4 19	4 39	4 46	3 46	2 50
3 15	3 30	3 35	2 37	1 44	21°	4 16	4 30	4 31	3 30	2 37
3 12	3 21	3 21	2 21	1 31	22°	4 12	4 20	4 17	3 13	2 24
3 09	3 12	3 07	2 05	1 17	23°	4 09	4 11	4 02	2 57	2 10
3 05	3 02	2 53	1 49	1 04	24°	4 05	4 01	3 48	2 40	1 56
3 02	2 53	2 39	1 32	0 50	25°	4 02	3 52	3 33	2 23	1 42
2 59	2 44	2 24	1 15	0 36	26°	3 58	3 42	3 18	2 06	1 28
2 55	2 36	2 10	0 59	0 22	27°	3 54	3 33	3 04	1 49	1 14
2 52	2 27	1 55	0 42	♑ 0 07	28°	3 51	3 24	2 49	1 32	0 59
2 48	2 17	1 41	0 25	♐ 29 52	29°	3 47	3 14	2 34	1 15	0 43
2 45	2 08	1 26	♐ 0 08	29 37	30°	3 43	3 05	2 19	0 57	0 28
2 42	1 58	1 12	♏ 29 50	29 21	31°	3 40	2 55	2 04	0 39	♑ 0 12
2 38	1 49	0 57	29 32	29 05	32°	3 36	2 45	1 49	0 21	♐ 29 55
2 34	1 40	0 42	29 14	28 49	33°	3 32	2 35	1 34	♐ 0 03	29 39
2 30	1 30	0 27	28 56	28 32	34°	3 28	2 25	1 18	♏ 29 44	29 22
2 27	1 21	♏ 0 12	28 38	28 15	35°	3 24	2 15	1 03	29 25	29 04
2 23	1 11	♎ 29 57	28 19	27 57	36°	3 20	2 05	0 47	29 06	28 46
2 19	1 01	29 41	28 00	27 39	37°	3 16	1 55	0 31	28 47	28 28
2 15	0 51	29 26	27 40	27 21	38°	3 11	1 45	♏ 0 15	28 27	28 09
2 11	0 41	29 10	27 21	27 01	39°	3 07	1 34	♎ 29 59	28 07	27 49
2 07	0 31	28 54	27 01	26 41	40°	3 03	1 24	29 43	27 46	27 28
2 02	♎ 0 20	28 38	26 41	26 20	41°	2 58	1 13	29 26	27 25	27 07
1 58	♎ 0 10	28 21	26 20	25 59	42°	2 54	1 02	29 09	27 04	26 45
1 54	♍ 29 59	28 05	25 58	25 37	43°	2 49	0 51	28 52	26 42	26 22
1 49	29 49	27 48	25 37	25 14	44°	2 44	0 40	28 35	26 20	25 59
1 44	29 38	27 31	25 15	24 51	45°	2 39	0 29	28 18	25 57	25 36
1 39	29 26	27 14	24 53	24 27	46°	2 34	0 17	28 00	25 35	25 10
1 34	29 15	26 56	24 30	24 01	47°	2 29	♎ 0 05	27 42	25 11	24 44
1 30	29 03	26 38	24 06	23 34	48°	2 24	♍ 29 53	27 23	24 47	24 16
1 24	28 51	26 20	23 42	23 06	49°	2 18	29 41	27 04	24 22	23 48
1 18	28 39	26 01	23 17	22 37	50°	2 12	29 28	26 45	23 57	23 18
1 12	28 26	25 42	22 51	22 06	51°	2 06	29 15	26 25	23 30	22 46
1 06	28 13	25 23	22 25	21 33	52°	1 59	29 02	26 05	23 03	22 12
0 59	28 00	25 03	21 58	20 59	53°	1 52	28 48	25 45	22 36	21 37
0 52	27 47	24 43	21 31	20 24	54°	1 45	28 34	25 24	22 08	21 00
0 45	27 32	24 22	21 03	19 46	55°	1 38	28 20	25 03	21 39	20 21
0 37	27 18	24 01	20 34	19 05	56°	1 30	28 05	24 41	21 09	19 40
0 29	27 02	23 40	20 04	18 22	57°	1 21	27 49	24 20	20 38	18 55
0 20	26 47	23 18	19 33	17 37	58°	1 12	27 33	23 57	20 06	18 08
0 10	26 30	22 55	19 01	16 48	59°	1 02	27 15	23 33	19 33	17 10
♍ 0 00	♍ 26 13	♎ 22 31	♏ 18 29	♐ 15 55	60°	♍ 0 52	♍ 26 58	♎ 23 09	♏ 18 59	♐ 16 23

| 8ʰ 33ᵐ 31ˢ | | 128° 22' 39" | | | | 8ʰ 37ᵐ 36ˢ | | 129° 23' 58" | | |
| | | M 6° ♌ | | | | | | M 7° ♌ | | |
XI	XII	A	II	III	N LAT	XI	XII	A	II	III
♍ 6 38	♎ 9 07	♏10°48	♐10 01	♑ 7 42	0°	♍ 7 43	♎10 14	♏11°50	♐10 58	♑ 8 38
6 18	8 12	9 28	8 41	6 45	5°	7 21	9 17	10 29	9 37	7 41
5 58	7 19	8 11	7 20	5 47	10°	7 00	8 22	9 10	8 15	6 42
5 39	6 29	6 56	6 00	4 47	15°	6 40	7 30	7 54	6 54	5 41
5 20	5 39	5 42	4 39	3 43	20°	6 20	6 39	6 38	5 31	4 37
5 16	5 29	5 27	4 22	3 30	21°	6 17	6 29	6 23	5 14	4 23
5 12	5 19	5 12	4 05	3 17	22°	6 13	6 18	6 07	4 57	4 09
5 09	5 10	4 57	3 49	3 03	23°	6 08	6 08	5 52	4 40	3 55
5 05	5 00	4 42	3 32	2 49	24°	6 04	5 58	5 37	4 23	3 41
5 01	4 50	4 27	3 14	2 34	25°	6 00	5 48	5 21	4 05	3 26
4 57	4 40	4 12	2 57	2 19	26°	5 56	5 38	5 06	3 48	3 11
4 53	4 31	3 57	2 40	2 05	27°	5 52	5 28	4 51	3 30	2 57
4 49	4 21	3 42	2 22	1 50	28°	5 48	5 18	4 35	3 12	2 41
4 46	4 11	3 27	2 05	1 34	29°	5 44	5 08	4 20	2 54	2 25
4 42	4 01	3 12	1 47	1 19	30°	5 40	4 57	4 04	2 36	2 09
4 38	3 51	2 56	1 28	1 02	31°	5 36	4 47	3 48	2 17	1 52
4 34	3 41	2 41	1 10	0 45	32°	5 32	4 37	3 32	1 58	1 35
4 29	3 31	2 25	0 51	0 28	33°	5 27	4 26	3 16	1 39	1 18
4 25	3 20	2 09	0 32	♑ 0 11	34°	5 23	4 15	3 00	1 20	1 00
4 21	3 10	1 53	♐ 0 13	♐29 53	35°	5 18	4 05	2 44	1 00	0 42
4 17	3 00	1 37	♏29 53	29 35	36°	5 14	3 54	2 27	0 40	0 23
4 13	2 49	1 21	29 33	29 16	37°	5 09	3 43	2 11	♐ 0 19	♑ 0 04
4 08	2 38	1 05	29 13	28 56	38°	5 05	3 32	1 54	♏29 59	♐29 44
4 04	2 28	0 48	28 52	28 36	39°	5 00	3 21	1 37	29 38	29 23
3 59	2 17	0 31	28 31	28 15	40°	4 55	3 10	1 20	29 16	29 02
3 54	2 06	♏ 0 14	28 10	27 53	41°	4 50	2 58	1 02	28 54	28 40
3 50	1 55	♎29 57	27 48	27 31	42°	4 45	2 47	0 44	28 32	28 17
3 45	1 43	29 39	27 26	27 08	43°	4 40	2 35	0 26	28 09	27 53
3 40	1 32	29 22	27 03	26 44	44°	4 35	2 23	♏ 0 08	27 46	27 29
3 34	1 20	29 04	26 40	26 20	45°	4 30	2 11	♎29 50	27 23	27 04
3 29	1 08	28 46	26 17	25 54	46°	4 24	1 59	29 31	26 58	26 37
3 24	0 56	28 27	25 52	25 27	47°	4 18	1 46	29 12	26 33	26 09
3 18	0 43	28 08	25 27	24 58	48°	4 12	1 33	28 53	26 08	25 40
3 12	0 30	27 49	25 02	24 29	49°	4 06	1 20	28 33	25 42	25 10
3 06	0 17	27 29	24 36	23 58	50°	4 00	1 07	28 13	25 15	24 39
3 00	♎ 0 04	27 09	24 09	23 26	51°	3 53	0 53	27 52	24 47	24 05
2 53	♏29 51	26 48	23 41	22 51	52°	3 46	0 39	27 31	24 19	23 30
2 46	29 37	26 27	23 13	22 15	53°	3 39	0 25	27 09	23 50	22 52
2 38	29 22	26 06	22 44	21 37	54°	3 32	♎ 0 10	26 47	23 20	22 13
2 31	29 07	25 44	22 14	20 57	55°	3 24	♏29 55	26 25	22 50	21 32
2 23	28 52	25 22	21 43	20 14	56°	3 15	29 39	26 02	22 18	20 47
2 14	28 36	25 00	21 12	19 28	57°	3 07	29 22	25 39	21 45	20 01
2 04	28 19	24 36	20 39	18 39	58°	2 57	29 05	25 15	21 11	19 10
1 54	28 01	24 12	20 05	17 47	59°	2 46	28 47	24 51	20 37	18 16
♍ 1 44	♏27 44	♎23 47	♏19 30	♐16 51	60°	♍ 2 36	♏28 29	♎24 25	♏20 00	♐17 18

	8ʰ 41ᵐ 40ˢ M 8° ♌						8ʰ 45ᵐ 44ˢ M 9° ♌			
XI	XII	A	II	III	N LAT	XI	XII	A	II	III
♍ 8 48	♎11 20	♏12°52	♐11 55	♑ 9 35	0°	♍ 9 53	♎12 26	♏13°54	♐12 52	♑10 31
8 25	10 21	11 29	10 33	8 37	5°	9 29	11 25	12 29	11 29	9 32
8 03	9 25	10 09	9 10	7 37	10°	9 06	10 27	11 08	10 05	8 32
7 42	8 31	8 51	7 48	6 36	15°	8 43	9 32	9 48	8 41	7 30
7 21	7 38	7 33	6 23	5 30	20°	8 21	8 37	8 29	7 15	6 23
7 17	7 28	7 18	6 06	5 16	21°	8 17	8 27	8 13	6 58	6 09
7 13	7 17	7 02	5 49	5 02	22°	8 13	8 16	7 57	6 40	5 55
7 08	7 07	6 47	5 32	4 48	23°	8 08	8 05	7 41	6 23	5 40
7 04	6 56	6 31	5 14	4 33	24°	8 04	7 54	7 25	6 05	5 25
7 00	6 46	6 15	4 56	4 18	25°	7 59	7 44	7 09	5 46	5 10
6 56	6 36	6 00	4 38	4 03	26°	7 55	7 33	6 53	5 28	4 55
6 51	6 25	5 44	4 20	3 48	27°	7 50	7 22	6 37	5 10	4 40
6 47	6 15	5 28	4 02	3 32	28°	7 46	7 11	6 21	4 51	4 24
6 43	6 04	5 12	3 43	3 16	29°	7 41	7 00	6 04	4 32	4 07
6 38	5 53	4 56	3 25	3 00	30°	7 37	6 49	5 48	4 13	3 50
6 34	5 43	4 40	3 06	2 43	31°	7 32	6 38	5 31	3 54	3 33
6 29	5 32	4 24	2 46	2 25	32°	7 27	6 27	5 15	3 34	3 15
6 25	5 21	4 07	2 27	2 08	33°	7 23	6 16	4 58	3 14	2 57
6 20	5 10	3 51	2 07	1 50	34°	7 18	6 05	4 41	2 54	2 39
6 16	4 59	3 34	1 47	1 31	35°	7 13	5 54	4 24	2 34	2 20
6 11	4 48	3 17	1 27	1 12	36°	7 08	5 42	4 07	2 13	2 00
6 06	4 37	3 00	1 06	0 52	37°	7 03	5 30	3 49	1 52	1 40
6 01	4 25	2 43	0 45	0 31	38°	6 58	5 19	3 32	1 30	1 19
5 57	4 14	2 26	0 23	♑ 0 10	39°	6 53	5 07	3 14	1 08	0 58
5 52	4 02	2 08	♐ 0 01	♐29 49	40°	6 48	4 55	2 56	0 46	0 36
5 46	3 51	1 50	♏29 39	29 26	41°	6 43	4 43	2 37	0 23	♑ 0 13
5 41	3 39	1 32	29 16	29 03	42°	6 37	4 31	2 19	♐ 0 00	♐29 49
5 36	3 27	1 13	28 53	28 39	43°	6 31	4 18	2 00	♏29 36	29 24
5 30	3 14	0 55	28 29	28 14	44°	6 26	4 06	1 41	29 11	28 58
5 25	3 02	0 36	28 05	27 48	45°	6 20	3 53	1 22	28 47	28 32
5 19	2 49	♏ 0 17	27 40	27 21	46°	6 14	3 40	1 02	28 21	28 04
5 13	2 36	♎29 57	27 14	26 52	47°	6 08	3 27	0 42	27 55	27 35
5 07	2 23	29 37	26 48	26 22	48°	6 02	3 13	0 22	27 28	27 04
5 01	2 09	29 17	26 22	25 51	49°	5 55	2 59	♏ 0 01	27 01	26 32
4 54	1 56	28 56	25 54	25 19	50°	5 48	2 45	♎29 40	26 33	25 59
4 47	1 42	28 35	25 26	24 44	51°	5 41	2 31	29 18	26 04	25 24
4 40	1 28	28 13	24 57	24 08	52°	5 34	2 16	28 56	25 34	24 46
4 33	1 13	27 51	24 27	23 30	53°	5 26	2 01	28 33	25 04	24 07
4 25	0 58	27 29	23 56	22 50	54°	5 18	1 45	28 10	24 32	23 26
4 17	0 42	27 06	23 25	22 07	55°	5 10	1 30	27 47	23 59	22 42
4 08	0 26	26 43	22 52	21 21	56°	5 01	1 13	27 23	23 26	21 55
3 59	♎ 0 09	26 19	22 18	20 33	57°	4 52	0 55	26 58	22 51	21 05
3 50	♍29 52	25 54	21 43	19 41	58°	4 42	0 38	26 33	22 15	20 12
3 39	29 33	25 29	21 08	18 45	59°	4 32	0 13	26 07	21 39	19 14
♍ 3 28	♍29 15	♎25 02	♏20 30	♐17 46	60°	♍ 4 21	♎ 0 00	♎25 40	♏21 00	♐10 13

69

| 8ʰ 49ᵐ 47ˢ | | 132° 26' 50" | | | N LAT | 8ʰ 53ᵐ 50ˢ | | 133° 27' 26" | | |
| M 10° ♌ | | | | | | M 11° ♌ | | | | |
XI	XII	A	II	III		XI	XII	A	II	III
♍10 58	♎13 32	♏14°55	♐13 49	♑11 27	0°	♍12 03	♎14 37	♏15°55	♐14 45	♑12 23
10 33	12 29	13 29	12 24	10 28	5°	11 37	13 33	14 28	13 19	11 23
10 09	11 29	12 06	11 00	9 27	10°	11 12	12 31	13 04	11 54	10 22
9 45	10 33	10 44	9 34	8 24	15°	10 47	11 33	11 41	10 27	9 18
9 22	9 36	9 24	8 07	7 16	20°	10 22	10 35	10 19	8 59	8 09
9 17	9 26	9 08	7 50	7 02	21°	10 18	10 24	10 02	8 41	7 54
9 13	9 15	8 52	7 32	6 47	22°	10 13	10 13	9 46	8 23	7 40
9 08	9 03	8 35	7 14	6 33	23°	10 08	10 01	9 29	8 04	7 25
9 03	8 52	8 19	6 56	6 17	24°	10 03	9 50	9 12	7 46	7 10
8 59	8 41	8 03	6 37	6 02	25°	9 58	9 38	8 56	7 27	6 54
8 54	8 30	7 46	6 18	5 47	26°	9 53	9 27	8 39	7 08	6 38
8 49	8 19	7 30	6 00	5 31	27°	9 48	9 16	8 22	6 49	6 22
8 45	8 08	7 13	5 41	5 15	28°	9 43	9 04	8 05	6 30	6 06
8 40	7 56	6 56	5 21	4 58	29°	9 38	8 52	7 48	6 10	5 49
8 35	7 45	6 40	5 02	4 41	30°	9 33	8 41	7 31	5 50	5 32
8 30	7 34	6 23	4 42	4 23	31°	9 28	8 30	7 14	5 30	5 14
8 25	7 22	6 06	4 22	4 05	32°	9 23	8 18	6 57	5 10	4 55
8 21	7 11	5 49	4 02	3 47	33°	9 18	8 06	6 39	4 49	4 37
8 16	6 59	5 31	3 41	3 28	34°	9 13	7 54	6 21	4 28	4 18
8 10	6 48	5 14	3 20	3 09	35°	9 08	7 42	6 04	4 07	3 58
8 05	6 36	4 56	2 59	2 49	36°	9 03	7 30	5 46	3 45	3 37
8 00	6 24	4 38	2 38	2 28	37°	8 57	7 18	5 27	3 23	3 16
7 55	6 12	4 20	2 16	2 07	38°	8 52	7 05	5 09	3 01	2 54
7 50	6 00	4 02	1 53	1 45	39°	8 46	6 53	4 50	2 38	2 32
7 44	5 48	3 44	1 30	1 22	40°	8 40	6 40	4 31	2 15	2 09
7 39	5 35	3 25	1 07	0 59	41°	8 35	6 28	4 12	1 51	1 45
7 33	5 23	3 06	0 43	0 35	42°	8 29	6 15	3 53	1 26	1 20
7 27	5 10	2 47	♐ 0 19	♑ 0 09	43°	8 23	6 01	3 33	1 01	0 54
7 21	4 57	2 27	♏29 54	♐29 43	44°	8 17	5 48	3 13	0 36	♑ 0 27
7 15	4 44	2 07	29 29	29 16	45°	8 10	5 35	2 53	♐ 0 11	♐29 59
7 09	4 30	1 48	29 03	28 47	46°	8 04	5 21	2 33	♏29 44	29 30
7 03	4 17	1 27	28 36	28 17	47°	7 58	5 07	2 12	29 16	29 00
6 57	4 03	1 06	28 08	27 46	48°	7 51	4 53	1 50	28 48	28 28
6 49	3 49	0 45	27 40	27 13	49°	7 44	4 39	1 28	28 20	27 54
6 42	3 35	0 23	27 12	26 39	50°	7 37	4 24	1 06	27 50	27 19
6 35	3 20	♏ 0 01	26 42	26 03	51°	7 29	4 08	0 43	27 20	26 42
6 28	3 05	♎29 38	26 11	25 25	52°	7 21	3 53	♏ 0 20	26 49	26 03
6 20	2 49	29 15	25 40	24 45	53°	7 13	3 37	♎29 57	26 16	25 22
6 12	2 33	28 51	25 08	24 02	54°	7 05	3 21	29 32	25 43	24 38
6 03	2 17	28 27	24 34	23 17	55°	6 56	3 04	29 08	25 09	23 52
5 54	2 00	28 03	24 00	22 29	56°	6 47	2 47	28 43	24 34	23 03
5 45	1 42	27 37	23 24	21 37	57°	6 38	2 29	28 16	23 57	22 09
5 35	1 24	27 11	22 47	20 42	58°	6 28	2 10	27 50	23 19	21 13
5 24	1 05	26 45	22 10	19 43	59°	6 17	1 51	27 23	22 41	20 12
♍ 5 13	♎ 0 46	♎26 18	♏21 30	♐18 40	60°	♍ 6 05	♎ 1 32	♎26 55	♏22 00	♐19 07

		M 12° ♌			N			M 13° ♌		
XI	XII	A	II	III	LAT	XI	XII	A	II	III
♍13 08	♎15 42	♏16°56	♐15 41	♑13 19	0°	♍14 13	♎16 47	♏17°56	♐16 37	♑14 15
12 40	14 36	15 27	14 14	12 19	5°	13 44	15 39	16 26	15 09	13 14
12 14	13 33	14 01	12 48	11 17	10°	13 16	14 35	14 58	13 42	12 11
11 48	12 33	12 37	11 20	10 12	15°	12 49	13 33	13 33	12 13	11 05
11 23	11 34	11 13	9 51	9 02	20°	12 23	12 32	12 08	10 42	9 55
11 18	11 23	10 56	9 32	8 47	21°	12 18	12 21	11 50	10 23	9 40
11 13	11 11	10 40	9 14	8 32	22°	12 13	12 09	11 33	10 05	9 25
11 08	10 59	10 23	8 55	8 17	23°	12 07	11 57	11 16	9 46	9 09
11 03	10 47	10 06	8 36	8 02	24°	12 02	11 45	10 59	9 26	8 54
10 58	10 36	9 49	8 17	7 46	25°	11 57	11 33	10 42	9 07	8 38
10 52	10 24	9 32	7 58	7 30	26°	11 51	11 21	10 25	8 48	8 22
10 47	10 12	9 15	7 39	7 14	27°	11 46	11 09	10 07	8 28	8 05
10 42	10 00	8 58	7 19	6 57	28°	11 41	10 56	9 50	8 08	7 48
10 37	9 48	8 40	6 59	6 40	29°	11 36	10 44	9 32	7 48	7 30
10 32	9 37	8 23	6 39	6 22	30°	11 30	10 32	9 14	7 27	7 12
10 26	9 25	8 05	6 18	6 04	31°	11 24	10 20	8 56	7 06	6 54
10 21	9 13	7 48	5 58	5 45	32°	11 19	10 08	8 38	6 45	6 35
10 16	9 00	7 30	5 37	5 26	33°	11 14	9 55	8 20	6 24	6 16
10 11	8 48	7 11	5 15	5 07	34°	11 08	9 42	8 01	6 02	5 56
10 05	8 36	6 53	4 53	4 47	35°	11 02	9 30	7 43	5 40	5 35
10 00	8 23	6 35	4 31	4 26	36°	10 57	9 17	7 24	5 17	5 14
9 54	8 11	6 16	4 09	4 04	37°	10 51	9 04	7 05	4 54	4 52
9 48	7 58	5 57	3 46	3 42	38°	10 45	8 51	6 46	4 31	4 30
9 42	7 46	5 38	3 23	3 20	39°	10 39	8 38	6 26	4 07	4 07
9 36	7 33	5 19	2 59	2 56	40°	10 33	8 25	6 06	3 43	3 42
9 31	7 20	4 59	2 35	2 31	41°	10 27	8 12	5 46	3 18	3 17
9 25	7 06	4 39	2 10	2 06	42°	10 21	7 58	5 26	2 53	2 51
9 19	6 53	4 19	1 44	1 39	43°	10 14	7 44	5 06	2 27	2 24
9 12	6 39	3 59	1 18	1 12	44°	10 08	7 30	4 45	2 00	1 56
9 06	6 25	3 38	0 52	0 43	45°	10 01	7 16	4 23	1 33	1 27
8 59	6 11	3 18	♐ 0 25	♑ 0 14	46°	9 54	7 02	4 02	1 06	0 57
8 52	5 57	2 56	♏29 57	♐29 42	47°	9 47	6 47	3 40	0 37	♑ 0 25
8 45	5 43	2 34	29 28	29 10	48°	9 40	6 32	3 18	♐ 0 08	♐29 52
8 38	5 28	2 12	28 59	28 35	49°	9 32	6 17	2 55	♏29 38	29 16
8 31	5 13	1 49	28 29	27 59	50°	9 25	6 02	2 32	29 07	28 39
8 23	4 57	1 26	27 58	27 21	51°	9 17	5 46	2 08	28 35	28 00
8 15	4 41	1 02	27 26	26 41	52°	9 09	5 29	1 44	28 03	27 19
8 07	4 25	0 38	26 53	25 59	53°	9 01	5 13	1 19	27 29	26 36
7 59	4 08	♏ 0 13	26 19	25 14	54°	8 52	4 56	0 54	26 54	25 50
7 50	3 51	♎29 48	25 44	24 26	55°	8 43	4 38	0 28	26 18	25 01
7 40	3 33	29 22	25 07	23 36	56°	8 34	4 20	♏ 0 01	25 41	24 09
7 31	3 15	28 55	24 30	22 41	57°	8 24	4 02	♎29 34	25 02	23 13
7 20	2 56	28 28	23 51	21 43	58°	8 13	3 42	29 06	24 23	22 13
7 09	2 37	28 00	23 11	20 40	59°	8 02	3 22	28 00	23 41	21 09
♍ 6 58	♎ 2 17	♎27 31	♏22 30	♐19 34	60°	♍ 7 51	♎ 3 02	♎28 08	♏22 59	♐20 00

| | 9ʰ 05ᵐ 52ˢ | | 136° 28' 07'' | | | | 9ʰ 09ᵐ 52ˢ | | 137° 27' 59'' | |
| | | M 14° ♌ | | | | | | M 15° ♌ | | |
XI	XII	A	II	III	N LAT	XI	XII	A	II	III
♍15 18	♎17 52	♏18°56	♐17 33	♑15 10	0°	♍16 23	♎18 56	♏19°55	♐18 28	♑16 06
14 48	16 42	17 24	16 04	14 09	5°	15 51	17 45	18 22	16 59	15 04
14 19	15 37	15 55	14 36	13 06	10°	15 21	16 38	16 52	15 29	14 00
13 51	14 33	14 28	13 05	11 59	15°	14 52	15 33	15 24	13 58	12 53
13 23	13 31	13 02	11 33	10 48	20°	14 24	14 29	13 56	12 24	11 40
13 18	13 19	12 44	11 14	10 33	21°	14 18	14 17	13 38	12 05	11 25
13 13	13 07	12 27	10 55	10 17	22°	14 12	14 05	13 20	11 46	11 10
13 07	12 54	12 09	10 36	10 02	23°	14 07	13 52	13 02	11 26	10 54
13 02	12 42	11 52	10 16	9 46	24°	14 01	13 39	12 45	11 06	10 38
12 56	12 30	11 34	9 57	9 30	25°	13 55	13 26	12 27	10 46	10 21
12 50	12 18	11 17	9 37	9 13	26°	13 49	13 14	12 09	10 26	10 04
12 45	12 05	10 59	9 17	8 56	27°	13 44	13 01	11 51	10 06	9 47
12 40	11 52	10 41	8 57	8 39	28°	13 38	12 48	11 33	9 45	9 30
12 34	11 40	10 23	8 36	8 21	29°	13 32	12 36	11 14	9 24	9 12
12 28	11 28	10 05	8 15	8 03	30°	13 26	12 23	10 56	9 03	8 53
12 22	11 15	9 47	7 54	7 44	31°	13 20	12 10	10 37	8 42	8 34
12 17	11 02	9 28	7 33	7 25	32°	13 15	11 57	10 18	8 20	8 15
12 11	10 50	9 10	7 11	7 05	33°	13 09	11 44	9 59	7 58	7 55
12 06	10 36	8 51	6 49	6 45	34°	13 03	11 30	9 40	7 35	7 34
12 00	10 23	8 32	6 26	6 24	35°	12 57	11 17	9 21	7 12	7 13
11 54	10 10	8 13	6 03	6 02	36°	12 51	11 04	9 01	6 49	6 51
11 48	9 57	7 53	5 40	5 40	37°	12 45	10 50	8 42	6 25	6 28
11 42	9 44	7 34	5 16	5 17	38°	12 38	10 37	8 22	6 01	6 05
11 36	9 31	7 14	4 52	4 54	39°	12 32	10 23	8 01	5 36	5 41
11 29	9 17	6 53	4 27	4 29	40°	12 26	10 09	7 40	5 11	5 16
11 23	9 04	6 33	4 02	4 03	41°	12 19	9 55	7 20	4 45	4 50
11 16	8 50	6 12	3 36	3 37	42°	12 12	9 41	6 59	4 19	4 23
11 10	8 36	5 52	3 09	3 09	43°	12 06	9 27	6 38	3 52	3 54
11 03	8 21	5 30	2 42	2 40	44°	11 59	9 12	6 16	3 24	3 25
10 56	8 07	5 08	2 15	2 11	45°	11 52	8 57	5 54	2 56	2 55
10 49	7 52	4 47	1 46	1 40	46°	11 44	8 42	5 31	2 27	2 23
10 42	7 37	4 24	1 17	1 07	47°	11 37	8 27	5 08	1 57	1 50
10 35	7 22	4 01	0 47	♑ 0 33	48°	11 30	8 12	4 45	1 27	1 15
10 27	7 07	3 38	♐ 0 17	♐29 57	49°	11 22	7 56	4 21	0 55	0 38
10 19	6 51	3 14	♏29 45	29 20	50°	11 14	7 39	3 57	♐ 0 23	♑ 0 00
10 11	6 34	2 50	29 13	28 39	51°	11 05	7 22	3 32	♏29 50	♐29 18
10 03	6 17	2 25	28 39	27 57	52°	10 57	7 05	3 07	29 16	28 35
9 55	6 00	2 00	28 05	27 13	53°	10 48	6 48	2 41	28 41	27 50
9 46	5 43	1 34	27 29	26 26	54°	10 39	6 30	2 15	28 04	27 01
9 36	5 25	1 08	26 52	25 36	55°	10 30	6 12	1 48	27 26	26 10
9 27	5 07	0 41	26 14	24 42	56°	10 20	5 53	1 20	26 48	25 15
9 17	4 48	♏ 0 13	25 35	23 44	57°	10 10	5 34	0 51	26 07	24 16
9 06	4 28	♎29 44	24 55	22 43	58°	9 59	5 14	♏ 0 22	25 26	23 13
8 55	4 08	29 15	24 12	21 38	59°	9 48	4 53	29 53	24 42	22 06
♍ 8 43	♎ 3 47	♎28 45	♏23 28	♐20 27	60°	♍ 9 36	♎ 4 32	♎29 22	♏23 57	♐20 53

9ʰ 13ᵐ 51ˢ 138° 27' 41" M 16° ♌					N LAT	9ʰ 17ᵐ 49ˢ 139° 27' 11" M 17° ♌				
XI	XII	A	II	III		XI	XII	A	II	III
♍17 27	♎20 00	♏20°54	♐19 24	♑17 02	0°	♍18 32	♎21 04	♏21°53	♐20 19	♑17 57
16 54	18 47	19 20	17 53	15 59	5°	17 58	19 49	20 17	18 47	16 54
16 23	17 39	17 48	16 22	14 55	10°	17 25	18 40	18 44	17 15	15 49
15 53	16 22	16 19	14 50	13 46	15°	16 54	17 31	17 14	15 42	14 40
15 24	15 27	14 49	13 15	12 33	20°	16 24	16 25	15 43	14 06	13 26
15 18	15 15	14 31	12 56	12 18	21°	16 18	16 12	15 24	13 46	13 10
15 12	15 02	14 13	12 36	12 02	22°	16 12	15 59	15 06	13 26	12 54
15 06	14 49	13 55	12 16	11 46	23°	16 06	15 46	14 48	13 06	12 38
15 01	14 36	13 37	11 56	11 30	24°	16 00	15 32	14 29	12 46	12 22
14 55	14 23	13 19	11 36	11 13	25°	15 54	15 19	14 11	12 25	12 05
14 48	14 10	13 01	11 15	10 56	26°	15 47	15 06	13 52	12 04	11 47
14 42	13 57	12 42	10 55	10 39	27°	15 41	14 53	13 34	11 43	11 30
14 37	13 44	12 24	10 34	10 21	28°	15 35	14 40	13 15	11 22	11 12
14 31	13 31	12 05	10 12	10 02	29°	15 29	14 26	12 56	11 00	10 53
14 24	13 18	11 47	9 51	9 43	30°	15 23	14 13	12 37	10 39	10 34
14 18	13 05	11 28	9 29	9 24	31°	15 16	14 00	12 18	10 17	10 14
14 13	12 52	11 08	9 07	9 04	32°	15 10	13 46	11 58	9 54	9 54
14 07	12 38	10 49	8 45	8 44	33°	15 04	13 32	11 38	9 31	9 34
14 01	12 24	10 30	8 22	8 23	34°	14 58	13 18	11 19	9 08	9 12
13 54	12 11	10 10	7 58	8 02	35°	14 52	13 05	10 59	8 44	8 50
13 48	11 57	9 50	7 34	7 39	36°	14 45	12 51	10 38	8 20	8 27
13 42	11 43	9 30	7 10	7 16	37°	14 38	12 36	10 18	7 55	8 04
13 35	11 30	9 09	6 45	6 52	38°	14 32	12 22	9 57	7 30	7 40
13 29	11 16	8 48	6 20	6 27	39°	14 25	12 08	9 36	7 05	7 15
13 22	11 01	8 27	5 55	6 02	40°	14 18	11 53	9 14	6 39	6 49
13 15	10 47	8 06	5 28	5 36	41°	14 11	11 39	8 53	6 12	6 22
13 08	10 33	7 45	5 01	5 08	42°	14 04	11 24	8 31	5 44	5 54
13 01	10 18	7 23	4 34	4 39	43°	13 57	11 09	8 09	5 16	5 24
12 54	10 03	7 01	4 06	4 09	44°	13 50	10 54	7 46	4 48	4 54
12 47	9 48	6 39	3 37	3 39	45°	13 42	10 38	7 23	4 18	4 23
12 39	9 32	6 16	3 08	3 06	46°	13 35	10 22	7 00	3 48	3 49
12 32	9 17	5 52	2 37	2 32	47°	13 27	10 06	6 36	3 17	3 15
12 25	9 01	5 28	2 06	1 56	48°	13 19	9 50	6 12	2 46	2 38
12 16	8 45	5 04	1 34	1 19	49°	13 11	9 33	5 47	2 13	2 00
12 08	8 28	4 39	1 01	♑ 0 39	50°	13 03	9 17	5 22	1 39	1 19
12 00	8 11	4 14	♐ 0 28	♐29 57	51°	12 54	8 59	4 56	1 05	♑ 0 37
11 51	7 53	3 48	♏29 52	29 13	52°	12 45	8 41	4 30	♐ 0 29	♐29 52
11 42	7 36	3 22	29 16	28 27	53°	12 36	8 23	4 03	♏29 52	29 04
11 33	7 18	2 55	28 39	27 37	54°	12 26	8 05	3 35	29 14	28 13
11 23	6 59	2 27	28 00	26 45	55°	12 16	7 46	3 07	28 35	27 19
11 13	6 40	1 59	27 22	25 48	56°	12 07	7 26	2 38	27 55	26 22
11 03	6 20	1 30	26 39	24 48	57°	11 56	7 06	2 09	27 11	25 19
10 52	6 00	1 00	25 57	23 43	58°	11 45	6 46	1 38	26 28	24 13
10 41	5 39	♏ 0 30	25 12	22 34	59°	11 33	6 25	1 07	25 42	23 02
♍10 29	♎ 5 17	♎29 59	♏24 26	♐21 19	60°	♍11 21	♎ 6 02	♏ 0 35	♏24 55	♐21 46

9ʰ 21ᵐ 46ˢ		140° 26' 31'' M 18° ♌			N LAT	9ʰ 25ᵐ 43ˢ		141° 25' 41'' M 19° ♌		
XI	XII	A	II	III		XI	XII	A	II	III
♍19 36	♎22 07	♏22°51	♐21 13	♑18 53	0°	♍20 40	♎23 10	♏23°49	♐22 08	♑19 48
19 01	20 51	21 14	19 41	17 49	5°	20 04	21 53	22 11	20 35	18 44
18 27	19 40	19 40	18 08	16 44	10°	19 29	20 40	20 36	19 01	17 38
17 55	18 30	18 08	16 33	15 34	15°	18 56	19 29	19 03	17 25	16 27
17 24	17 23	16 36	14 56	14 19	20°	18 24	18 20	17 29	15 47	15 11
17 18	17 09	16 17	14 36	14 03	21°	18 18	18 06	17 10	15 27	14 55
17 12	16 56	15 59	14 16	13 47	22°	18 11	17 53	16 51	15 06	14 38
17 05	16 42	15 40	13 56	13 30	23°	18 05	17 39	16 32	14 46	14 23
16 59	16 29	15 21	13 35	13 13	24°	17 58	17 25	16 13	14 25	14 05
16 53	16 15	15 03	13 14	12 56	25°	17 52	17 11	15 54	14 04	13 48
16 46	16 02	14 44	12 53	12 39	26°	17 45	16 58	15 35	13 42	13 30
16 40	15 49	14 25	12 32	12 21	27°	17 39	16 44	15 16	13 21	13 12
16 34	15 35	14 06	12 10	12 03	28°	17 33	16 30	14 56	12 59	12 54
16 28	15 21	13 46	11 48	11 44	29°	17 26	16 16	14 37	12 36	12 35
16 21	15 08	13 27	11 26	11 24	30°	17 19	16 02	14 17	12 14	12 15
16 14	14 54	13 07	11 04	11 04	31°	17 12	15 48	13 57	11 51	11 55
16 08	14 40	12 47	10 41	10 44	32°	17 06	15 34	13 37	11 28	11 34
16 02	14 26	12 27	10 18	10 23	33°	16 59	15 20	13 16	11 04	11 13
15 55	14 12	12 07	9 54	10 01	34°	16 53	15 06	12 56	10 40	10 51
15 49	13 58	11 47	9 30	9 39	35°	16 46	14 51	12 35	10 16	10 28
15 42	13 44	11 26	9 05	9 16	36°	16 39	14 37	12 14	9 51	10 04
15 35	13 29	11 05	8 40	8 52	37°	16 32	14 22	11 53	9 25	9 40
15 28	13 15	10 44	8 15	8 28	38°	16 25	14 07	11 31	8 59	9 15
15 21	13 00	10 23	7 49	8 02	39°	16 18	13 52	11 10	8 33	8 49
15 14	12 45	10 01	7 22	7 35	40°	16 11	13 37	10 48	8 06	8 22
15 07	12 30	9 39	6 55	7 08	41°	16 03	13 22	10 25	7 38	7 54
15 00	12 15	9 17	6 27	6 40	42°	15 56	13 06	10 02	7 09	7 25
14 53	12 00	8 54	5 58	6 10	43°	15 48	12 50	9 39	6 40	6 55
14 45	11 44	8 31	5 29	5 39	44°	15 41	12 34	9 16	6 11	6 23
14 38	11 28	8 08	4 59	5 06	45°	15 33	12 18	8 52	5 40	5 50
14 30	11 12	7 44	4 29	4 32	46°	15 25	12 02	8 28	5 09	5 16
14 22	10 56	7 20	3 57	3 57	47°	15 17	11 45	8 03	4 37	4 39
14 14	10 39	6 55	3 25	3 20	48°	15 09	11 28	7 38	4 04	4 01
14 05	10 22	6 30	2 52	2 40	49°	15 00	11 11	7 12	3 30	3 21
13 57	10 05	6 04	2 17	1 59	50°	14 51	10 53	6 46	2 55	2 39
13 48	9 47	5 38	1 42	1 16	51°	14 42	10 35	6 19	2 19	1 55
13 39	9 29	5 11	1 05	♑ 0 30	52°	14 33	10 17	5 52	1 41	1 08
13 30	9 11	4 43	♐ 0 27	♐29 41	53°	14 24	9 58	5 24	1 03	♑ 0 17
13 20	8 52	4 15	♏29 49	28 49	54°	14 14	9 39	4 55	♐ 0 23	♐29 24
13 10	8 33	3 46	29 09	27 54	55°	14 03	9 20	4 26	♏29 42	28 28
13 00	8 12	3 17	28 27	26 55	56°	13 53	8 59	3 56	28 59	27 28
12 49	7 52	2 47	27 43	25 51	57°	13 42	8 38	3 25	28 15	26 22
12 38	7 32	2 16	26 59	24 43	58°	13 31	8 17	2 54	27 30	25 13
12 26	7 10	1 44	26 12	23 31	59°	13 19	7 55	2 21	26 42	23 59
♍12 14	♎ 6 47	♏ 1 12	♏25 24	♐22 12	60°	♍13 06	♎ 7 32	♏ 1 48	♏25 53	♐22 38

XI	XII	A	II	III	N LAT	XI	XII	A	II	III
♍21 44	♎24 12	♏24°46	♐23 02	♑20 43	0°	♍22 48	♎25 15	♏25°43	♐23 56	♑21 39
21 07	22 54	23 08	21 28	19 39	5°	22 10	23 55	24 04	22 21	20 34
20 31	21 40	21 31	19 54	18 32	10°	21 33	22 39	22 26	20 46	19 26
19 57	20 28	19 57	18 17	17 21	15°	20 58	21 26	20 51	19 08	18 14
19 24	19 17	18 22	16 37	16 04	20°	20 24	20 14	19 14	17 27	16 57
19 17	19 04	18 03	16 17	15 48	21°	20 17	20 00	18 55	17 06	16 41
19 11	18 49	17 43	15 56	15 32	22°	20 10	19 46	18 35	16 45	16 24
19 04	18 35	17 24	15 35	15 15	23°	20 04	19 31	18 16	16 25	16 07
18 58	18 21	17 05	15 14	14 57	24°	19 57	19 17	17 56	16 03	15 49
18 51	18 07	16 46	14 53	14 40	25°	19 50	19 03	17 37	15 41	15 31
18 44	17 53	16 26	14 31	14 22	26°	19 43	18 49	17 17	15 19	15 13
18 38	17 39	16 06	14 09	14 04	27°	19 36	18 34	16 57	14 57	14 55
18 31	17 25	15 47	13 47	13 45	28°	19 29	18 20	16 37	14 35	14 36
18 24	17 11	15 27	13 24	13 25	29°	19 22	18 06	16 17	14 12	14 16
18 17	16 57	15 07	13 01	13 05	30°	19 15	17 51	15 56	13 49	13 56
18 10	16 42	14 46	12 38	12 45	31°	19 08	17 36	15 36	13 25	13 35
18 04	16 28	14 26	12 15	12 24	32°	19 01	17 22	15 15	13 01	13 14
17 57	16 14	14 05	11 51	12 02	33°	18 54	17 07	14 54	12 37	12 52
17 50	15 59	13 44	11 26	11 40	34°	18 47	16 52	14 33	12 12	12 29
17 43	15 44	13 23	11 01	11 17	35°	18 40	16 37	14 11	11 47	12 05
17 36	15 29	13 02	10 36	10 53	36°	18 33	16 22	13 50	11 21	11 41
17 29	15 14	12 40	10 10	10 28	37°	18 25	16 07	13 28	10 55	11 16
17 22	14 59	12 18	9 43	10 02	38°	18 18	15 51	13 05	10 28	10 50
17 14	14 44	11 56	9 17	9 36	39°	18 11	15 36	12 43	10 01	10 24
17 07	14 29	11 34	8 49	9 09	40°	18 03	15 20	12 20	9 33	9 56
16 59	14 13	11 11	8 21	8 41	41°	17 55	15 04	11 57	9 04	9 27
16 52	13 57	10 48	7 52	8 11	42°	17 48	14 48	11 34	8 34	8 56
16 44	13 41	10 25	7 22	7 40	43°	17 40	14 32	11 10	8 04	8 25
16 36	13 25	10 01	6 52	7 07	44°	17 31	14 15	10 45	7 33	7 52
16 28	13 08	9 37	6 21	6 34	45°	17 23	13 58	10 21	7 02	7 18
16 20	12 52	9 12	5 49	5 59	46°	17 15	13 41	9 56	6 30	6 42
16 12	12 35	8 47	5 16	5 22	47°	17 07	13 24	9 30	5 56	6 05
16 03	12 17	8 21	4 43	4 43	48°	16 58	13 06	9 04	5 22	5 25
15 54	12 00	7 55	4 08	4 02	49°	16 49	12 48	8 37	4 47	4 43
15 45	11 42	7 28	3 33	3 19	50°	16 40	12 30	8 10	4 10	3 59
15 36	11 23	7 01	2 56	2 34	51°	16 30	12 11	7 42	3 33	3 13
15 27	11 04	6 33	2 18	1 46	52°	16 21	11 52	7 13	2 54	2 24
15 17	10 45	6 04	1 38	0 54	53°	16 11	11 33	6 44	2 14	1 31
15 07	10 26	5 35	0 58	♑ 0 00	54°	16 01	11 13	6 14	1 32	♑ 0 36
14 57	10 06	5 05	♐ 0 16	♐29 02	55°	15 50	10 52	5 44	0 50	♐29 37
14 47	9 45	4 34	♏29 32	28 00	56°	15 40	10 32	5 13	♐ 0 05	28 33
14 35	9 24	4 03	28 47	26 54	57°	15 29	10 10	4 41	♏29 19	27 25
14 24	9 03	3 31	28 01	25 43	58°	15 17	9 48	4 08	28 32	26 13
14 12	8 40	2 58	27 12	24 27	59°	15 05	9 25	3 34	27 42	24 55
♍13 59	♎ 8 17	♏ 2 24	♏26 22	♐23 04	60°	♍14 52	♎ 9 02	♏ 3 00	♏26 50	♐23 31

9h 37m 28s 144° 22' 07'' M 22° ♌					N LAT	9h 41m 22s 145° 20' 36'' M 23° ♌				
XI	XII	A	II	III		XI	XII	A	II	III
♏23 52	♎26 17	♏26°40	♐24 50	♑22 34	0°	♏24 56	♎27 18	♏27°37	♐25 44	♑23 29
23 13	24 56	25 00	23 14	21 29	5°	24 15	25 56	25 56	24 07	22 24
22 35	23 38	23 21	21 38	20 21	10°	23 36	24 37	24 16	22 30	21 15
21 59	22 24	21 45	19 59	19 08	15°	22 59	23 22	22 38	20 50	20 01
21 24	21 11	20 07	18 17	17 50	20°	22 23	22 08	20 59	19 07	18 43
21 17	20 57	19 47	17 56	17 33	21°	22 16	21 53	20 39	18 46	18 26
21 10	20 42	19 27	17 35	17 16	22°	22 09	21 38	20 19	18 25	18 09
21 03	20 27	19 07	17 14	16 59	23°	22 02	21 23	19 59	18 03	17 51
20 56	20 13	18 48	16 52	16 41	24°	21 55	21 09	19 39	17 41	17 33
20 49	19 59	18 28	16 30	16 23	25°	21 47	20 54	19 18	17 19	17 15
20 42	19 44	18 07	16 08	16 05	26°	21 40	20 39	18 58	16 57	16 57
20 35	19 29	17 47	15 45	15 46	27°	21 33	20 24	18 37	16 34	16 38
20 28	19 15	17 27	15 22	15 27	28°	21 26	20 09	18 17	16 10	16 18
20 20	19 00	17 07	14 59	15 07	29°	21 18	19 54	17 56	15 47	15 57
20 13	18 45	16 46	14 36	14 46	30°	21 11	19 39	17 35	15 23	15 36
20 06	18 30	16 25	14 12	14 25	31°	21 04	19 24	17 14	14 59	15 15
19 59	18 15	16 04	13 48	14 04	32°	20 57	19 09	16 52	14 34	14 54
19 52	18 00	15 42	13 23	13 42	33°	20 50	18 53	16 31	14 09	14 32
19 45	17 45	15 21	12 58	13 18	34°	20 42	18 38	16 09	13 43	14 08
19 37	17 30	14 59	12 32	12 54	35°	20 34	18 23	15 47	13 17	13 43
19 30	17 15	14 37	12 06	12 29	36°	20 27	18 07	15 25	12 51	13 18
19 22	16 59	14 15	11 39	12 04	37°	20 19	17 51	15 02	12 24	12 53
19 15	16 43	13 52	11 12	11 38	38°	20 11	17 35	14 39	11 56	12 26
19 07	16 28	13 29	10 44	11 11	39°	20 03	17 19	14 16	11 28	11 58
18 59	16 12	13 06	10 16	10 43	40°	19 55	17 03	13 52	10 59	11 29
18 51	15 55	12 43	9 47	10 13	41°	19 47	16 46	13 28	10 29	10 59
18 43	15 39	12 19	9 17	9 42	42°	19 39	16 29	13 04	9 59	10 28
18 35	15 22	11 55	8 46	9 10	43°	19 31	16 12	12 39	9 28	9 55
18 27	15 05	11 30	8 14	8 37	44°	19 22	15 55	12 14	8 56	9 21
18 19	14 48	11 05	7 43	8 02	45°	19 14	15 38	11 49	8 23	8 46
18 10	14 31	10 39	7 10	7 26	46°	19 05	15 20	11 23	7 50	8 09
18 01	14 13	10 13	6 35	6 47	47°	18 56	15 02	10 56	7 15	7 30
17 52	13 55	9 46	6 00	6 07	48°	18 47	14 43	10 29	6 39	6 49
17 43	13 37	9 19	5 25	5 24	49°	18 38	14 25	10 01	6 03	6 05
17 34	13 18	8 51	4 47	4 39	50°	18 28	14 06	9 33	5 25	5 19
17 25	12 59	8 23	4 09	3 52	51°	18 19	13 47	9 04	4 46	4 31
17 15	12 40	7 54	3 30	3 02	52°	18 09	13 27	8 35	4 06	3 40
17 05	12 20	7 24	2 49	2 08	53°	17 59	13 07	8 05	3 24	2 45
16 54	12 00	6 54	2 07	1 12	54°	17 48	12 46	7 34	2 41	1 48
16 44	11 39	6 23	1 23	♑ 0 11	55°	17 37	12 25	7 02	1 57	♑ 0 46
16 33	11 18	5 52	♐ 0 38	♐29 07	56°	17 26	12 04	6 30	1 10	♐29 40
16 22	10 56	5 19	♏29 50	27 57	57°	17 15	11 42	5 57	♐ 0 22	28 29
16 10	10 33	4 45	29 02	26 43	58°	17 03	11 19	5 22	♏29 33	27 12
15 58	10 10	4 11	28 11	25 23	59°	16 50	10 55	4 47	28 41	25 51
♍15 45	♎ 9 47	♏ 3 36	♏27 18	♐23 57	60°	♍16 37	♎10 31	♏ 4 11	♏27 47	♐24 33

9ʰ 45ᵐ 16ˢ		146° 18' 54''				9ʰ 49ᵐ 08ˢ		147° 17' 03''		
		M 24° ♌						M 25° ♌		
XI	XII	A	II	III	N LAT	XI	XII	A	II	III
♍25 59	≏28 20	♏28°33	✗26 37	♑24 24	0°	♍27 02	≏29 21	♏29°29	✗27 31	♑25 19
25 17	26 56	26 51	25 00	23 18	5°	26 19	27 56	27 46	25 53	24 13
24 38	25 36	25 10	23 22	22 09	10°	25 38	26 35	26 04	24 14	23 03
24 00	24 20	23 31	21 41	20 55	15°	25 00	25 17	24 24	22 32	21 49
23 23	23 04	21 51	19 57	19 35	20°	24 22	24 00	22 43	20 47	20 28
23 16	22 49	21 31	19 36	19 18	21°	24 15	23 45	22 23	20 25	20 11
23 08	22 34	21 11	19 14	19 01	22°	24 07	23 30	22 02	20 03	19 54
23 01	22 19	20 50	18 52	18 44	23°	24 00	23 15	21 41	19 41	19 36
22 54	22 04	20 30	18 30	18 25	24°	23 52	23 00	21 20	19 19	19 18
22 46	21 49	20 09	18 08	18 07	25°	23 45	22 44	21 00	18 56	18 59
22 39	21 34	19 48	17 45	17 48	26°	23 37	22 29	20 39	18 33	18 39
22 32	21 19	19 27	17 22	17 29	27°	23 30	22 14	20 17	18 10	18 20
22 24	21 04	19 07	16 58	17 09	28°	23 22	21 58	19 56	17 46	18 00
22 16	20 48	18 46	16 34	16 48	29°	23 14	21 42	19 35	17 22	17 39
22 09	20 33	18 24	16 10	16 27	30°	23 07	21 27	19 13	16 57	17 18
22 02	20 18	18 03	15 46	16 06	31°	23 00	21 11	18 51	16 32	16 57
21 54	20 02	17 41	15 21	15 44	32°	22 52	20 55	18 29	16 07	16 34
21 47	19 46	17 19	14 55	15 21	33°	22 44	20 39	18 07	15 41	16 10
21 39	19 31	16 57	14 29	14 57	34°	22 36	20 24	17 45	15 15	15 46
21 31	19 15	16 35	14 03	14 32	35°	22 28	20 07	17 22	14 48	15 21
21 23	18 59	16 12	13 36	14 07	36°	22 20	19 51	16 59	14 21	14 56
21 15	18 43	15 49	13 08	13 41	37°	22 12	19 35	16 36	13 53	14 30
21 07	18 27	15 26	12 40	13 14	38°	22 04	19 18	16 12	13 24	14 02
20 59	18 10	15 02	12 11	12 46	39°	21 56	19 01	15 48	12 55	13 33
20 51	17 54	14 38	11 42	12 16	40°	21 47	18 45	15 24	12 25	13 03
20 43	17 37	14 14	11 12	11 45	41°	21 39	18 28	14 59	11 54	12 32
20 35	17 20	13 49	10 41	11 14	42°	21 30	18 10	14 34	11 23	12 00
20 26	17 02	13 24	10 09	10 41	43°	21 22	17 52	14 08	10 51	11 26
20 18	16 45	12 58	9 37	10 06	44°	21 13	17 35	13 42	10 18	10 51
20 09	16 27	12 33	9 04	9 31	45°	21 04	17 17	13 16	9 44	10 15
20 00	16 09	12 06	8 30	8 52	46°	20 55	16 59	12 49	9 10	9 36
19 51	15 51	11 39	7 54	8 12	47°	20 46	16 40	12 22	8 34	8 55
19 42	15 32	11 11	7 18	7 31	48°	20 37	16 21	11 54	7 57	8 13
19 32	15 13	10 43	6 41	6 46	49°	20 27	16 01	11 25	7 19	7 28
19 23	14 54	10 14	6 02	6 00	50°	20 17	15 42	10 56	6 40	6 40
19 13	14 34	9 45	5 23	• 5 10	51°	20 07	15 22	10 26	5 59	5 50
19 03	14 14	9 15	4 42	4 18	52°	19 56	15 02	9 56	5 17	4 56
18 52	13 54	8 45	3 59	3 23	53°	19 46	14 41	9 25	4 34	4 00
18 42	13 33	8 14	3 15	2 23	54°	19 35	14 19	8 53	3 49	2 59
18 31	13 12	7 41	2 30	1 21	55°	19 24	13 58	8 20	3 03	1 55
18 19	12 49	7 08	1 43	♑ 0 13	56°	19 13	13 35	7 46	2 15	♑ 0 46
18 08	12 27	6 34	0 53	✗29 00	57°	19 01	13 12	7 12	1 25	✗29 31
17 56	12 04	5 59	✗ 0 03	27 42	58°	18 49	12 49	6 36	✗ 0 33	28 12
17 43	11 40	5 24	29 10	26 19	59°	18 36	12 25	6 00	29 39	26 47
♍17 30	≏11 16	♏ 4 47	♏28 15	✗24 49	60°	♍18 23	≏12 00	♏ 5 22	♏28 43	✗25 15

	9h 53m 00s		148° 15' 03" M 26° ♌				9h 56m 52s		149° 12' 53" M 27° ♌	
XI	XII	A	II	III	N LAT	XI	XII	A	II	III
♍28 06	♎30 22	♏30°25	♐28 24	♑26 15	0°	♍29 09	♎31 22	♏31°20	♐29 17	♑27 10
27 21	28 56	28 41	26 45	25 08	5°	28 23	29 55	29 35	27 38	26 02
26 40	27 34	26 58	25 06	23 57	10°	27 41	28 32	27 52	25 57	24 51
26 01	26 14	25 16	23 23	22 42	15°	27 01	27 11	26 09	24 14	23 36
25 22	24 57	23 35	21 37	21 21	20°	26 21	25 53	24 26	22 26	22 14
25 14	24 41	23 14	21 15	21 04	21°	26 13	25 37	24 05	22 04	21 57
25 06	24 26	22 53	20 53	20 46	22°	26 05	25 21	23 44	21 42	21 38
24 59	24 10	22 32	20 30	20 28	23°	25 58	25 05	23 23	21 19	21 20
24 51	23 55	22 11	20 08	20 10	24°	25 50	24 50	23 02	20 56	21 02
24 43	23 39	21 50	19 45	19 51	25°	25 42	24 34	22 40	20 33	20 43
24 36	23 24	21 29	19 21	19 31	26°	25 34	24 18	22 19	20 09	20 23
24 28	23 08	21 07	18 58	19 11	27°	25 26	24 02	21 57	19 45	20 03
24 20	22 52	20 46	18 34	18 51	28°	25 18	23 46	21 35	19 21	19 42
24 12	22 36	20 24	18 09	18 30	29°	25 10	23 30	21 13	18 56	19 21
24 05	22 20	20 02	17 44	18 09	30°	25 02	23 14	20 51	18 31	18 59
23 57	22 04	19 40	17 19	17 47	31°	24 55	22 57	20 29	18 06	18 37
23 49	21 48	19 18	16 53	17 24	32°	24 47	22 41	20 06	17 40	18 14
23 41	21 31	18 55	16 27	17 00	33°	24 38	22 25	19 43	17 13	17 50
23 33	21 16	18 32	16 00	16 36	34°	24 30	22 09	19 20	16 46	17 25
23 25	21 00	18 09	15 33	16 11	35°	24 22	21 52	18 57	16 18	17 00
23 17	20 43	17 46	15 05	15 45	36°	24 13	21 35	18 33	15 50	16 34
23 09	20 27	17 22	14 37	15 18	37°	24 05	21 18	18 09	15 21	16 07
23 00	20 10	16 58	14 08	14 50	38°	23 57	21 01	17 45	14 52	15 38
22 52	19 53	16 34	13 38	14 21	39°	23 48	20 44	17 20	14 22	15 09
22 43	19 36	16 09	13 08	13 51	40°	23 39	20 26	16 55	13 51	14 38
22 35	19 18	15 44	12 37	13 19	41°	23 30	20 09	16 29	13 20	14 06
22 26	19 00	15 19	12 05	12 46	42°	23 22	19 51	16 03	12 47	13 32
22 17	18 42	14 53	11 32	12 12	43°	23 13	19 32	15 37	12 14	12 57
22 08	18 25	14 26	10 59	11 36	44°	23 04	19 14	15 10	11 40	12 21
21 59	18 07	14 00	10 25	10 59	45°	22 54	18 56	14 44	11 05	11 43
21 50	17 48	13 32	9 49	10 19	46°	22 45	18 37	14 15	10 29	11 03
21 41	17 29	13 04	9 13	9 38	47°	22 35	18 17	13 47	9 52	10 21
21 31	17 10	12 36	8 35	8 55	48°	22 26	17 58	13 18	9 14	9 37
21 21	16 50	12 07	7 57	8 09	49°	22 15	17 38	12 48	8 35	8 50
21 11	16 30	11 37	7 17	7 20	50°	22 05	17 18	12 18	7 54	8 01
21 01	16 10	11 07	6 36	6 29	51°	21 55	16 57	11 47	7 12	7 09
20 50	15 49	10 36	5 53	5 35	52°	21 44	16 36	11 16	6 29	6 14
20 40	15 28	10 04	5 09	4 37	53°	21 34	16 14	10 44	5 44	5 14
20 29	15 06	9 32	4 23	3 35	54°	21 22	15 52	10 11	4 57	4 11
20 18	14 44	8 58	3 36	2 30	55°	21 11	15 30	9 37	4 09	3 05
20 06	14 21	8 24	2 47	1 19	56°	20 59	15 06	9 02	3 20	1 52
19 54	13 58	7 49	1 56	♑ 0 03	57°	20 47	14 43	8 27	2 27	♑ 0 35
19 42	13 34	7 13	1 04	♐28 42	58°	20 34	14 19	7 50	1 34	♐29 12
19 29	13 09	6 36	♐ 0 08	27 15	59°	20 21	13 54	7 12	♐ 0 37	27 43
♍19 15	♎12 44	♏ 5 58	♏29 11	♐25 41	60°	♍20 08	♎13 28	♏ 6 33	♏29 39	♐26 07

78

| 10ʰ 00ᵐ 42ˢ | | 150° 10' 34'' | | | | 10ʰ 04ᵐ 32ˢ | | 151° 08' 06'' | | |
| M 28° ♌ | | | | | | M 29° ♌ | | | | |
XI	XII	A	II	III	N LAT	XI	XII	A	II	III
♍30 12	♏ 2 22	♐ 2°15	♐30 10	♑28 05	0°	♎ 1 14	♏ 3 22	♐ 3°10	♐31 02	♑29 00
29 25	0 54	0 29	28 30	26 57	5°	0 27	1 53	1 23	29 22	27 52
28 42	♎29 30	♏28 45	26 49	25 46	10°	♍29 43	♏ 0 28	♏29 38	27 40	26 40
28 01	28 08	27 01	25 05	24 30	15°	29 01	♎29 05	27 53	25 55	25 23
27 20	26 48	25 17	23 16	23 07	20°	28 19	27 44	26 08	24 06	24 00
27 12	26 32	24 56	22 54	22 49	21°	28 11	27 28	25 47	23 43	23 42
27 04	26 16	24 35	22 31	22 31	22°	28 03	27 11	25 25	23 20	23 24
26 56	26 00	24 13	22 08	22 13	23°	27 55	26 55	25 04	22 57	23 06
26 48	25 44	23 52	21 45	21 54	24°	27 47	26 39	24 42	22 33	22 46
26 40	25 28	23 30	21 22	21 35	25°	27 38	26 22	24 20	22 10	22 27
26 32	25 12	23 09	20 58	21 15	26°	27 30	26 06	23 58	21 46	22 07
26 24	24 56	22 47	20 33	20 54	27°	27 22	25 50	23 36	21 21	21 46
26 16	24 40	22 25	20 09	20 33	28°	27 14	25 34	23 14	20 56	21 25
26 08	24 24	22 02	19 44	20 12	29°	27 06	25 17	22 51	20 31	21 03
26 00	24 07	21 40	19 18	19 50	30°	26 58	25 00	22 28	20 05	20 41
25 52	23 50	21 17	18 52	19 27	31°	26 49	24 43	22 05	19 39	20 18
25 44	23 34	20 54	18 26	19 04	32°	26 41	24 27	21 42	19 12	19 54
25 35	23 18	20 31	17 59	18 40	33°	26 32	24 10	21 19	18 45	19 30
25 27	23 01	20 08	17 31	18 15	34°	26 24	23 53	20 55	18 17	19 05
25 18	22 44	19 44	17 03	17 49	35°	26 15	23 36	20 31	17 49	18 39
25 10	22 27	19 20	16 35	17 23	36°	26 06	23 18	20 06	17 20	18 12
25 01	22 10	18 56	16 06	16 55	37°	25 58	23 01	19 42	16 50	17 44
24 53	21 52	18 31	15 36	16 26	38°	25 49	22 43	19 17	16 20	17 15
24 44	21 35	18 06	15 05	15 56	39°	25 40	22 25	18 51	15 49	16 44
24 35	21 17	17 40	14 34	15 25	40°	25 31	22 07	18 25	15 17	16 12
24 26	20 59	17 14	14 02	14 52	41°	25 22	21 49	17 59	14 44	15 39
24 17	20 41	16 48	13 29	14 18	42°	25 13	21 31	17 33	14 11	15 05
24 08	20 22	16 21	12 55	13 43	43°	25 03	21 12	17 06	13 37	14 29
23 59	20 04	15 54	12 21	13 06	44°	24 54	20 53	16 38	13 02	13 52
23 49	19 45	15 27	11 46	12 28	45°	24 44	20 34	16 10	12 26	13 13
23 40	19 26	14 58	11 09	11 47	46°	24 34	20 14	15 41	11 49	12 31
23 30	19 06	14 29	10 31	11 04	47°	24 25	19 54	15 12	11 11	11 48
23 20	18 46	14 00	9 52	10 19	48°	24 15	19 34	14 42	10 31	11 02
23 10	18 26	13 30	9 13	9 32	49°	24 04	19 14	14 12	9 51	10 13
23 00	18 05	12 59	8 31	8 42	50°	23 54	18 53	13 41	9 08	9 23
22 49	17 44	12 28	7 48	7 48	51°	23 43	18 32	13 09	8 25	8 28
22 38	17 23	11 56	7 04	6 52	52°	23 32	18 10	12 36	7 40	7 30
22 27	17 01	11 24	6 19	5 52	53°	23 21	17 48	12 03	6 54	6 29
22 16	16 39	10 50	5 32	4 48	54°	23 09	17 25	11 29	6 06	5 24
22 04	16 16	10 15	4 43	3 39	55°	22 57	17 02	10 54	5 16	4 14
21 52	15 52	9 40	3 52	2 26	56°	22 45	16 38	10 18	4 24	3 00
21 40	15 28	9 04	2 59	♑ 1 07	57°	22 33	16 13	9 41	3 30	1 39
21 27	15 04	8 27	2 04	♐29 42	58°	22 20	15 48	9 03	2 34	♑ 0 12
21 14	14 38	7 48	1 06	28 11	59°	22 07	15 23	8 24	1 35	28 40
♍21 01	♎14 12	♏ 7 08	♐ 0 07	♐26 33	60°	♍21 53	♎14 56	♏ 7 43	♐ 0 35	♐26 59

M 0° ♍   M 1° ♍

XI	XII	A	II	III	N LAT	XI	XII	A	II	III
♎ 2 17	♏ 4 21	♐ 4°05	♑ 1 55	♒29 55	0°	♎ 3 19	♏ 5 20	♐ 5°00	♑ 2 48	♒30 50
1 29	2 51	2 17	0 14	28 46	5°	2 31	3 49	3 11	1 06	29 41
0 44	1 25	♐ 0 31	♐28 31	27 34	10°	1 45	2.22	♐ 1 24	♐29 23	28 29
♎ 0 01	♏ 0 02	♏28 45	26 46	26 17	15°	1 00	♏ 0 58	♏29 37	27 36	27 11
♍29 18	♎28 39	26 59	24 55	24 53	20°	0 17	♎29 34	27 50	25 44	25 46
29 10	28 23	26 37	24 32	24 35	21°	0 09	29 18	27 28	25 21	25 28
29 02	28 06	26 16	24 09	24 17	22°	♎ 0 01	29 01	27 06	24 58	25 09
28 54	27 50	25 54	23 46	23 59	23°	♍29 52	28 44	26 44	24 34	24 51
28 45	27 33	25 32	23 22	23 39	24°	29 43	28 27	26 22	24 10	24 31
28 37	27 17	25 10	22 58	23 19	25°	29 35	28 11	26 00	23 46	24 11
28 28	27 00	24 48	22 34	22 59	26°	29 26	27 54	25 37	23 22	23 51
28 20	26 44	24 25	22 09	22 38	27°	29 18	27 37	25 14	22 57	23 30
28 12	26 27	24 03	21 43	22 16	28°	29 10	27 20	24 52	22 31	23 08
28 03	26 10	23 40	21 18	21 55	29°	29 01	27 03	24 29	22 05	22 46
27 55	25 53	23 17	20 52	21 33	30°	28 52	26 46	24 05	21 38	22 24
27 46	25 36	22 53	20 25	21 09	31°	28 43	26 29	23 41	21 11	22 00
27 38	25 19	22 30	19 58	20 45	32°	28 35	26 12	23 18	20 44	21 36
27 29	25 02	22 06	19 30	20 20	33°	28 26	25 54	22 54	20 16	21 11
27 20	24 45	21 42	19 02	19 55	34°	28 17	25 37	22 29	19 48	20 45
27 12	24 28	21 18	18 34	19 29	35°	28 08	25 19	22 05	19 19	20 18
27 03	24 10	20 53	18 04	19 01	36°	27 59	25 01	21 40	18 49	19 50
26 54	23 52	20 28	17 34	18 33	37°	27 50	24 43	21 14	18 18	19 21
26 45	23 34	20 03	17 03	18 03	38°	27 41	24 25	20 48	17 47	18 51
26 36	23 16	19 37	16 32	17 32	39°	27 32	24 07	20 22	17 15	18 20
26 27	22 58	19 11	16 00	17 00	40°	27 23	23 48	19 56	16 43	17 48
26 17	22 39	18 44	15 27	16 26	41°	27 13	23 29	19 29	16 10	17 14
26 08	22 20	18 17	14 53	15 51	42°	27 04	23 10	19 01	15 35	16 38
25 59	22 01	17 50	14 18	15 15	43°	26 54	22 51	18 33	15 00	16 01
25 49	21 42	17 22	13 43	14 37	44°	26 44	22 32	18 05	14 24	15 23
25 39	21 23	16 53	13 07	13 58	45°	26 34	22 12	17 36	13 47	14 43
25 29	21 03	16 24	12 29	13 15	46°	26 24	21 52	17 07	13 08	14 00
25 19	20 43	15 54	11 50	12 31	47°	26 14	21 31	16 37	12 29	13 15
25 09	20 22	15 24	11 10	11 45	48°	26 04	21 10	16 06	11 48	12 27
24 58	20 01	14 53	10 28	10 55	49°	25 53	20 49	15 35	11 06	11 37
24 48	19 40	14 22	9 46	10 03	50°	25 42	20 28	15 03	10 23	10 44
24 37	19 19	13 49	9 01	9 08	51°	25 31	20 06	14 30	9 38	9 48
24 26	18 57	13 16	8 16	8 09	52°	25 19	19 43	13 56	8 51	8 48
24 14	18 34	12 42	7 29	7 07	53°	25 08	19 20	13 21	8 03	7 45
24 03	18 11	12 07	6 39	6 00	54°	24 56	18 57	12 46	7 13	6 37
23 51	17 47	11 32	5 49	4 49	55°	24 44	18 33	12 10	6 22	5 25
23 39	17 23	10 56	4 56	3 33	56°	24 32	18 09	11 33	5 28	4 07
23 26	16 58	10 18	4 01	2 11	57°	24 19	17 43	10 55	4 32	2 43
23 13	16 33	9 39	3 04	♑ 0 43	58°	24 06	17 17	10 15	3 34	♑ 1 13
23 00	16 07	8 59	2 04	29 08	59°	23 52	16 51	9 35	2 33	29 36
♍22 45	♎15 40	♏ 8 18	♐ 1 03	♐27 26	60°	♍23 38	♎16 24	♏ 8 53	♐ 1 31	♐27 52

| | M 2° ♍ | | | | | | M 3° ♍ | | |

XI	XII	A	II	III	N LAT	XI	XII	A	II	III
♎ 4 21	♏ 6 19	♐ 5°54	♑ 3 40	♒ 1 45	0°	♎ 5 23	♏ 7 18	♐ 6°47	♑ 4 32	♒ 2 40
3 32	4 47	4 04	1 58	0 36	5°	4 33	5 45	4 57	2 50	1 31
2 45	3 19	2 16	♑ 0 14	♑29 23	10°	3 45	4 16	3 09	♑ 1 05	♒ 0 17
2 00	1 54	♐ 0 28	♐28 26	28 05	15°	3 00	2 50	♐ 1 20	♐29 17	♑28 59
1 16	0 29	♏28 40	26 34	26 39	20°	2 15	1 24	♏29 31	27 23	27 32
1 08	♏ 0 12	28 18	26 11	26 21	21°	2 06	1 07	29 09	27 00	27 14
0 59	♎29 55	27 56	25 47	26 02	22°	1 58	0 50	28 46	26 36	26 55
0 50	29 38	27 34	25 23	25 43	23°	1 49	0 32	28 24	26 12	26 36
0 42	29 21	27 12	24 59	25 24	24°	1 40	♏ 0 15	28 01	25 47	26 16
0 33	29 05	26 49	24 35	25 04	25°	1 31	♎29 58	27 38	25 23	25 56
0 24	28 48	26 26	24 10	24 43	26°	1 22	29 41	27 15	24 58	25 35
0 16	28 31	26 03	23 44	24 22	27°	1 14	29 24	26 52	24 32	25 14
♎ 0 07	28 13	25 40	23 18	24 00	28°	1 05	29 06	26 29	24 05	24 52
♏29 58	27 56	25 17	22 52	23 38	29°	0 56	28 49	26 05	23 39	24 29
29 49	27 39	24 53	22 25	23 15	30°	0 46	28 32	25 41	23 12	24 06
29 40	27 22	24 29	21 58	22 51	31°	0 37	28 14	25 17	22 45	23 42
29 32	27 04	24 05	21 30	22 27	32°	0 28	27 56	24 53	22 17	23 18
29 23	26 46	23 41	21 02	22 01	33°	0 19	27 38	24 28	21 48	22 52
29 14	26 29	23 16	20 33	21 35	34°	0 10	27 20	24 03	21 19	22 25
29 05	26 11	22 51	20 04	21 08	35°	♎ 0 01	27 02	23 38	20 49	21 58
28 56	25 53	22 26	19 34	20 39	36°	♏29 52	26 44	23 12	20 18	21 29
28 46	25 34	22 00	19 03	20 10	37°	29 42	26 25	22 46	19 47	21 00
28 37	25 16	21 34	18 31	19 40	38°	29 33	26 06	22 20	19 15	20 29
28 28	24 57	21 08	17 59	19 09	39°	29 23	25 48	21 53	18 42	19 57
28 18	24 38	20 41	17 26	18 36	40°	29 14	25 28	21 26	18 09	19 24
28 09	24 19	20 13	16 52	18 01	41°	29 04	25 09	20 58	17 35	18 49
27 59	24 00	19 45	16 17	17 25	42°	28 54	24 50	20 30	16 59	18 12
27 49	23 40	19 17	15 42	16 47	43°	28 44	24 30	20 01	16 23	17 34
27 39	23 21	18 49	15 05	16 08	44°	28 34	24 10	19 32	15 46	16 54
27 29	23 01	18 19	14 27	15 28	45°	28 24	23 49	19 02	15 08	16 13
27 19	22 40	17 49	13 48	14 44	46°	28 13	23 29	18 32	14 28	15 29
27 08	22 19	17 19	13 08	13 58	47°	28 03	23 07	18 01	13 47	14 42
26 58	21 58	16 48	12 27	13 10	48°	27 52	22 46	17 29	13 05	13 53
26 47	21 37	16 16	11 44	12 19	49°	27 41	22 24	16 57	12 22	13 01
26 36	21 15	15 43	11 00	11 25	50°	27 30	22 02	16 24	11 37	12 07
26 25	20 53	15 10	10 15	10 28	51°	27 19	21 39	15 50	10 51	11 08
26 13	20 30	14 36	9 27	9 27	52°	27 07	21 16	15 15	10 03	10 06
26 02	20 07	14 01	8 38	8 23	53°	26 55	20 53	14 40	9 13	9 01
25 50	19 43	13 25	7 47	7 14	54°	26 43	20 29	14 03	8 21	7 51
25 37	19 19	12 48	6 55	6 00	55°	26 30	20 04	13 26	7 28	6 35
25 25	18 54	12 10	6 00	4 40	56°	26 18	19 39	12 48	6 33	5 14
25 12	18 28	11 31	5 03	3 15	57°	26 05	19 13	12 08	5 34	3 47
24 59	18 02	10 51	4 04	1 43	58°	25 51	18 47	11 28	4 34	2 14
24 45	17 35	10 10	3 02	♑ 0 04	59°	25 37	18 19	10 40	3 31	♑ 0 33
♏24 31	♎17 08	♏ 9 28	♐ 1 58	♐28 18	60°	♏25 23	♎17 52	♏10 03	♐ 2 26	♐28 45

	10ʰ 23ᵐ 35ˢ	155° 53' 38''					10ʰ 27ᵐ 21ˢ	156° 50' 21''		
		M 4° ♍						M 5° ♍		
XI	XII	A	II	III	N LAT	XI	XII	A	II	III
♎ 6 25	♏ 8 16	♐ 7°41	♑ 5 25	♒ 3 35	0°	♎ 7 27	♏ 9 14	♐ 8°34	♑ 6 17	♒ 4 30
5 34	6 42	5 50	3 41	2 25	5°	6 35	7 39	6 43	4 33	3 20
4 45	5 12	4 01	1 56	♒ 1 12	10°	5 45	6 08	4 53	2 47	2 06
3 59	3 45	2 12	♑ 0 07	♑29 53	15°	4 58	4 40	3 03	♑ 0 57	♒ 0 47
3 14	2 18	♐ 0 21	♐28 13	28 26	20°	4 12	3 13	1 11	♐29 02	♑29 19
3 05	2 01	♏29 59	27 49	28 07	21°	4 03	2 55	0 49	28 38	29 00
2 56	1 44	29 36	27 25	27 48	22°	3 54	2 38	0 26	28 14	28 41
2 47	1 26	29 14	27 00	27 29	23°	3 45	2 20	♐ 0 03	27 49	28 22
2 38	1 09	28 51	26 36	27 09	24°	3 36	2 02	♏29 40	27 24	28 02
2 29	0 52	28 28	26 11	26 48	25°	3 27	1 45	29 17	26 59	27 41
2 20	0 34	28 04	25 46	26 27	26°	3 18	1 27	28 53	26 34	27 20
2 11	♏ 0 17	27 41	25 19	26 06	27°	3 09	1 10	28 29	26 07	26 58
2 02	♎29 59	27 17	24 53	25 44	28°	2 59	0 52	28 05	25 40	26 36
1 53	29 42	26 53	24 26	25 21	29°	2 50	0 34	27 41	25 13	26 13
1 43	29 24	26 29	23 59	24 57	30°	2 40	♏ 0 16	27 17	24 46	25 49
1 34	29 06	26 05	23 31	24 33	31°	2 31	♎29 58	26 52	24 18	25 25
1 25	28 48	25 40	23 03	24 09	32°	2 22	29 40	26 27	23 49	25 00
1 16	28 30	25 15	22 34	23 42	33°	2 13	29 22	26 02	23 20	24 33
1 07	28 12	24 50	22 04	23 15	34°	2 03	29 03	25 37	22 50	24 06
0 57	27 53	24 24	21 34	22 48	35°	1 54	28 44	25 11	22 19	23 38
0 48	27 35	23 58	21 03	22 19	36°	1 44	28 26	24 44	21 48	23 09
0 38	27 16	23 32	20 31	21 49	37°	1 34	28 07	24 18	21 16	22 39
0 29	26 57	23 05	19 59	21 18	38°	1 24	27 47	23 51	20 43	22 07
0 19	26 38	22 38	19 26	20 46	39°	1 15	27 28	23 23	20 10	21 34
♎ 0 09	26 18	22 10	18 52	20 12	40°	1 05	27 08	22 55	19 35	21 00
♏29 59	25 59	21 42	18 17	19 36	41°	0 55	26 48	22 27	19 00	20 24
29 49	25 39	21 14	17 42	18 59	42°	0 45	26 28	21 58	18 24	19 47
29 39	25 19	20 45	17 05	18 21	43°	0 34	26 08	21 29	17 46	19 08
29 29	24 59	20 15	16 27	17 40	44°	0 24	25 48	20 59	17 08	18 37
29 19	24 38	19 45	15 48	16 58	45°	0 13	25 26	20 28	16 29	17 44
29 08	24 17	19 14	15 08	16 14	46°	♎ 0 03	25 05	19 57	15 48	16 59
28 57	23 55	18 43	14 27	15 26	47°	♏29 52	24 43	19 25	15 06	16 11
28 46	23 33	18 11	13 44	14 37	48°	29 40	24 21	18 52	14 23	15 20
28 35	23 11	17 38	13 00	13 44	49°	29 29	23 59	18 19	13 38	14 26
28 24	22 49	17 04	12 14	12 48	50°	29 18	23 36	17 45	12 51	13 30
28 12	22 26	16 30	11 28	11 49	51°	29 06	23 13	17 10	12 04	12 30
28 00	22 03	15 55	10 38	10 46	52°	28 54	22 49	16 34	11 14	11 26
27 48	21 39	15 19	9 48	9 39	53°	28 42	22 25	15 58	10 23	10 18
27 36	21 15	14 42	8 55	8 27	54°	28 29	22 00	15 21	9 29	9 05
27 23	20 49	14 04	8·01	7 11	55°	28 17	21 35	14 42	8 34	7 47
27 11	20 24	13 25	7 05	5 48	56°	28 04	21 09	14 02	7 37	6 22
26 57	19 58	12 45	6 05	4 19	57°	27 50	20 42	13 21	6 36	4 52
26 44	19 31	12 04	5 04	2 45	58°	27 36	20 15	12 40	5 34	3 15
26 30	19 03	11 22	4 00	♑ 1 02	59°	27 22	19 47	11 57	4 29	♑ 1 31
♍26 15	♎18 35	♏10 38	♐ 2 54	♐29 11	60°	♍27 07	♎19 18	♏11 12	♐ 3 22	♐29 38

	10ʰ 31ᵐ 08ˢ	157° 46' 56'' M 6° ♍					10ʰ 34ᵐ 54ˢ	158° 43' 24'' M 7° ♍		
XI	XII	A	II	III	**N LAT**	XI	XII	A	II	III
♎ 8 28	♏10 12	♐ 9°27	♑ 7 09	♒ 5 25	0°	♎ 9 30	♏11 09	♐10°20	♑ 8 01	♒ 6 20
7 36	8 36	7 36	5 24	4 15	5°	8 36	9 33	8 28	6 16	5 10
6 45	7 04	5 45	3 38	3 01	10°	7 45	8 00	6 37	4 29	3 55
5 57	5 35	3 54	♑ 1 47	1 41	15°	6 56	6 30	4 45	2 38	2 35
5 11	4 07	2 01	♐29 51	♒ 0 13	20°	6 09	5 01	2 51	0 40	1 06
5 01	3 49	1 39	29 27	♑29 54	21°	5 59	4 43	2 28	♑ 0 16	0 47
4 52	3 32	1 16	29 03	29 35	22°	5 50	4 25	2 05	♐29 51	0 28
4 43	3 14	0 52	28 38	29 15	23°	5 41	4 07	1 42	29 26	♒ 0 08
4 34	2 56	0 29	28 13	28 55	24°	5 31	3 50	1 18	29 01	♑29 48
4 24	2 38	♐ 0 06	27 48	28 34	25°	5 22	3 32	0 54	28 36	29 27
4 15	2 20	♏29 42	27 22	28 13	26°	5 13	3 13	0 30	28 10	29 06
4 06	2 03	29 18	26 54	27 51	27°	5 03	2 55	♐ 0 06	27 42	28 43
3 56	1 45	28 54	26 27	27 28	28°	4 53	2 37	♏29 42	27 15	28 20
3 47	1 27	28 29	26 00	27 05	29°	4 44	2 19	29 17	26 48	27 57
3 37	1 08	28 05	25 33	26 41	30°	4 34	2 00	28 52	26 20	27 33
3 28	0 50	27 40	25 04	26 16	31°	4 25	1 42	28 27	25 51	27 08
3 19	0 32	27 15	24 35	25 51	32°	4 15	1 24	28 02	25 22	26 42
3 09	♏ 0 13	26 49	24 06	25 24	33°	4 06	1 05	27 36	24 52	26 15
3 00	♎29 54	26 23	23 35	24 57	34°	3 56	0 45	27 10	24 21	25 48
2 50	29 35	25 57	23 04	24 29	35°	3 46	0 26	26 43	23 50	25 19
2 40	29 16	25 30	22 33	23 59	36°	3 36	♏ 0 07	26 16	23 18	24 49
2 30	28 57	25 03	22 00	23 29	37°	3 26	♎29 48	25 49	22 45	24 19
2 20	28 38	24 36	21 27	22 56	38°	3 16	29 28	25 21	22 11	23 46
2 10	28 18	24 08	20 53	22 23	39°	3 06	29 08	24 53	21 37	23 12
2 00	27 58	23 40	20 18	21 49	40°	2 56	28 48	24 24	21 01	22 37
1 50	27 38	23 11	19 43	21 13	41°	2 45	28 27	23 55	20 25	22 01
1 40	27 18	22 42	19 06	20 35	42°	2 35	28 07	23 26	19 48	21 22
1 29	26 57	22 12	18 28	19 55	43°	2 24	27 46	22 56	19 10	20 42
1 19	26 36	21 42	17 49	19 13	44°	2 13	27 25	22 25	18 30	20 00
1 08	26 15	21 11	17 09	18 30	45°	2 03	27 03	21 54	17 50	19 16
0 57	25 53	20 39	16 28	17 44	46°	1 51	26 41	21 22	17 08	18 29
0 46	25 31	20 07	15 45	16 55	47°	1 40	26 19	20 49	16 25	17 40
0 35	25 09	19 34	15 01	16 04	48°	1 29	25 56	20 15	15 40	16 48
0 23	24 46	19 00	14 16	15 09	49°	1 17	25 33	19 41	14 54	15 52
♎ 0 12	24 23	18 25	13 29	14 12	50°	1 06	25 10	19 06	14 06	14 54
♏30 00	24 00	17 50	12 40	13 11	51°	0 53	24 46	18 30	13 17	13 52
29 48	23 35	17 14	11 50	12 06	52°	0 41	24 21	17 53	12 26	12 46
29 35	23 11	16 37	10 58	10 56	53°	0 29	23 57	17 16	11 32	11 35
29 22	22 46	15 59	10 03	9 42	54°	0 16	23 31	16 37	10 37	10 20
29 10	22 20	15 20	9 07	8 23	55°	♎ 0 03	23 05	15 57	9 40	8 59
28 56	21 54	14 40	8 09	6 56	56°	♏29 49	22 38	15 17	8 41	7 31
28 43	21 27	13 58	7 07	5 25	57°	29 35	22 11	14 35	7 38	5 58
28 29	20 59	13 15	6 04	3 46	58°	29 21	21 43	13 51	6 34	4 17
28 14	20 31	12 32	4 58	2 00	59°	29 07	21 15	10 07	5 26	2 20
♏28 00	♎20 02	♏11 47	♐ 3 49	♑ 0 05	60°	♏28 52	♎20 45	♏12 21	♐ 4 17	♑ 0 32

	10h 38m 39s 159° 39' 45'' M 8° ♍				N LAT		10h 42m 24s 160° 35' 59'' M 9° ♍			

XI	XII	A	II	III	N LAT	XI	XII	A	II	III
♎10 31	♏12 06	♐11°13	♑ 8 53	♒ 7 16	0°	♎11 32	♏13 03	♐12°06	♑ 9 45	♒ 8 11
9 36	10 29	9 20	7 08	6 05	5°	10 36	11 25	10 12	7 59	7 00
8 45	8 56	7 28	5 20	4 50	10°	9 45	9 51	8 19	6 11	5 45
7 55	7 25	5 36	3 28	3 29	15°	8 54	8 20	6 26	4 18	4 24
7 07	5 55	3 41	1 30	2 00	20°	8 05	6 49	4 31	2 20	2 54
6 57	5 37	3 18	1 05	1 41	21°	7 55	6 31	4 08	1 55	2 35
6 48	5 19	2 55	0 40	1 22	22°	7 46	6 12	3 44	1 30	2 15
6 38	5 01	2 31	♑ 0 15	1 02	23°	7 36	5 54	3 20	1 04	1 55
6 29	4 43	2 07	♐29 49	0 41	24°	7 26	5 36	2 56	0 38	1 35
6 19	4 25	1 43	29 24	♒ 0 20	25°	7 17	5 17	2 32	♑ 0 12	1 13
6 10	4 06	1 19	28 58	♑29 59	26°	7 07	4 59	2 08	♐29 46	0 52
6 00	3 48	0 55	28 30	29 36	27°	6 57	4 40	1 43	29 18	0 29
5 50	3 29	0 30	28 02	29 13	28°	6 47	4 21	1 18	28 50	♒ 0 06
5 41	3 11	♐ 0 05	27 35	28 49	29°	6 37	4 03	0 53	28 22	♑29 42
5 31	2 52	♏29 40	27 07	28 25	30°	6 27	3 44	0 28	27 54	29 17
5 22	2 34	29 15	26 38	28 00	31°	6 18	3 25	♐ 0 02	27 24	28 52
5 12	2 15	28 49	26 08	27 34	32°	6 09	3 06	♏29 36	26 54	28 26
5 02	1 56	28 23	25 38	27 07	33°	5 59	2 47	29 10	26 24	27 58
4 52	1 36	27 56	25 07	26 39	34°	5 48	2 27	28 43	25 52	27 30
4 42	1 17	27 29	24 35	26 10	35°	5 38	2 08	28 16	25 20	27 01
4 32	0 58	27 02	24 03	25 40	36°	5 28	1 48	27 48	24 48	26 31
4 22	0 38	26 35	23 29	25 09	37°	5 18	1 28	27 20	24 14	25 59
4 12	♏ 0 18	26 07	22 55	24 36	38°	5 07	1 08	26 52	23 40	25 26
4 01	♎29 58	25 38	22 21	24 02	39°	4 57	0 48	26 23	23 04	24 51
3 51	29 37	25 09	21 45	23 26	40°	4 46	0 27	25 54	22 28	24 15
3 40	29 17	24 40	21 08	22 49	41°	4 36	♏ 0 06	25 24	21 51	23 38
3 30	28 56	24 10	20 30	22 10	42°	4 25	♎29 45	24 53	21 13	22 58
3 19	28 35	23 39	19 51	21 30	43°	4 14	29 23	24 22	20 33	22 17
3 08	28 13	23 08	19 11	20 47	44°	4 03	29 01	23 51	19 53	21 34
2 57	27 51	22 36	18 30	20 02	45°	3 52	28 40	23 19	19 11	20 49
2 46	27 29	22 04	17 48	19 15	46°	3 40	28 17	22 46	18 28	20 01
2 34	27 06	21 31	17 04	18 25	47°	3 29	27 54	22 12	17 43	19 10
2 23	26 43	20 57	16 19	17 32	48°	3 17	27 31	21 38	16 58	18 17
2 11	26 20	20 22	15 32	16 35	49°	3 05	27 07	21 03	16 10	17 18
1 59	25 57	19 46	14 44	15 37	50°	2 53	26 43	20 27	15 21	16 19
1 47	25 33	19 10	13 53	14 33	51°	2 41	26 19	19 50	14 30	15 15
1 35	25 08	18 33	13 01	13 26	52°	2 28	25 54	19 12	13 37	14 07
1 22	24 43	17 55	12 07	12 14	53°	2 15	25 28	18 33	12 42	12 53
1 09	24 17	17 15	11 11	10 57	54°	2 02	25 02	17 53	11 45	11 35
0 55	23 50	16 35	10 13	9 35	55°	1 48	24 35	17 13	10 46	10 12
0 42	23 23	15 54	9 13	8 06	56°	1 35	24 08	16 31	9 45	8 41
0 28	22 55	15 11	8 09	6 31	57°	1 21	23 40	15 47	8 41	7 04
♎ 0 14	22 27	14 27	7 04	4 49	58°	1 06	23 11	15 03	7 34	5 20
29 59	21 58	13 42	5 55	2 58	59°	0 51	22 42	14 17	6 24	3 27
♍29 44	♎21 28	♏12 56	♐ 4 45	♑ 0 59	60°	♎ 0 36	♎22 11	♏13 30	♐ 5 12	♑ 1 26

10ʰ 46ᵐ 08ˢ M 10° ♍ 161° 32' 07''						10ʰ 49ᵐ 53ˢ M 11° ♍ 162° 28' 09''				
XI	XII	A	II	III	N LAT	XI	XII	A	II	III
♎12 33	♏14 00	♐12°58	♑10 36	♒9 06	0°	♎13 33	♏14 56	♐13°50	♑11 28	♒10 01
11 36	12 21	11 04	8 50	7 55	5°	12 36	13 17	11 56	9 42	8 50
10 44	10 46	9 11	7 02	6 40	10°	11 43	11 41	10 02	7 52	7 35
9 53	9 14	7 17	5 08	5 18	15°	10 51	10 08	8 07	5 58	6 13
9 03	7 42	5 21	3 09	3 48	20°	10 01	8 35	6 10	3 58	4 42
8 53	7 24	4 57	2 44	3 29	21°	9 51	8 17	5 46	3 33	4 23
8 44	7 05	4 33	2 19	3 09	22°	9 41	7 58	5 22	3 08	4 03
8 34	6 47	4 09	1 53	2 49	23°	9 31	7 40	4 58	2 42	3 43
8 24	6 28	3 45	1 27	2 28	24°	9 21	7 21	4 34	2 15	3 22
8 14	6 10	3 21	1 01	2 07	25°	9 11	7 03	4 09	1 49	3 00
8 04	5 51	2 56	0 34	1 45	26°	9 01	6 44	3 44	1 22	2 38
7 54	5 32	2 31	♑0 06	1 22	27°	8 51	6 24	3 19	0 54	2 15
7 44	5 13	2 06	♐29 37	0 59	28°	8 41	6 05	2 54	♑0 25	1 52
7 34	4 55	1 41	29 09	0 35	29°	8 31	5 47	2 28	♐29 57	1 28
7 24	4 36	1 15	28 41	♒0 10	30°	8 21	5 28	2 02	29 28	1 03
7 14	4 17	0 49	28 11	♑29 44	31°	8 11	5 08	1 36	28 58	0 37
7 05	3 57	♐0 23	27 41	29 18	32°	8 01	4 48	1 10	28 27	♒0 10
6 55	3 38	♏29 56	27 10	28 50	33°	7 51	4 29	0 43	27 56	♑29 42
6 44	3 18	29 29	26 38	28 21	34°	7 40	4 09	♐0 16	27 24	29 13
6 34	2 58	29 02	26 06	27 52	35°	7 30	3 49	♏29 48	26 51	28 43
6 24	2 38	28 34	25 33	27 22	36°	7 19	3 29	29 20	26 18	28 13
6 13	2 18	28 06	24 59	26 50	37°	7 09	3 08	28 51	25 43	27 40
6 03	1 58	27 37	24 24	26 16	38°	6 58	2 48	28 22	25 08	27 06
5 52	1 37	27 08	23 48	25 41	39°	6 47	2 27	27 53	24 32	26 31
5 41	1 16	26 38	23 11	25 05	40°	6 37	2 06	27 23	23 55	25 55
5 31	0 55	26 08	22 34	24 27	41°	6 26	1 44	26 52	23 17	25 16
5 20	0 34	25 37	21 56	23 47	42°	6 15	1 22	26 21	22 38	24 36
5 09	♏0 12	25 06	21 15	23 05	43°	6 03	1 00	25 49	21 57	23 54
4 57	♎29 50	24 34	20 34	22 22	44°	5 52	0 38	25 17	21 15	23 09
4 46	29 28	24 02	19 52	21 36	45°	5 41	♏0 16	24 44	20 33	22 23
4 35	29 05	23 28	19 08	20 47	46°	5 29	♎29 53	24 10	19 48	21 33
4 23	28 42	22 54	18 23	19 55	47°	5 17	29 29	23 36	19 03	20 41
4 11	28 18	22 19	17 37	19 01	48°	5 05	29 05	23 01	18 16	19 46
3 59	27 54	21 43	16 48	18 02	49°	4 53	28 41	22 24	17 27	18 46
3 47	27 30	21 07	15 58	17 02	50°	4 40	28 17	21 47	16 36	17 45
3 34	27 05	20 30	15 07	15 57	51°	4 27	27 51	21 10	15 43	16 39
3 21	26 40	19 52	14 13	14 48	52°	4 15	27 25	20 31	14 49	15 29
3 08	26 14	19 12	13 18	13 33	53°	4 02	26 59	19 51	13 53	14 13
2 55	25 47	18 31	12 19	12 14	54°	3 48	26 32	19 10	12 54	12 52
2 41	25 20	17 50	11 20	10 49	55°	3 34	26 05	18 28	11 53	11 26
2 27	24 52	17 08	10 17	9 17	56°	3 20	25 37	17 45	10 50	9 52
2 13	24 24	16 24	9 12	7 38	57°	3 05	25 08	17 00	9 43	8 12
1 58	23 55	15 39	8 04	5 52	58°	2 51	24 39	16 14	8 34	6 24
♎1 43	23 25	14 52	6 53	3 57	59°	2 36	24 08	15 27	7 22	4 27
♎1 28	♎22 54	♏14 04	♐5 40	♑1 53	60°	♎2 20	♎23 37	♏14 38	♐6 07	♑2 20

XI	XII	A	II	III	N LAT	XI	XII	A	II	III
♎14 34	♏15 52	♐14°42	♑12 20	♒10 57	0°	♎15 34	♏16 48	♐15°34	♑13 12	♒11 52
13 36	14 13	12 48	10 33	9 46	5°	14 36	15 08	13 39	11 24	10 41
12 42	12 36	10 53	8 43	8 30	10°	13 41	13 31	11 44	9 34	9 25
11 50	11 02	8 57	6 49	7 07	15°	12 48	11 56	9 48	7 39	8 02
10 59	9 29	7 00	4 47	5 37	20°	11 56	10 22	7 49	5 37	6 31
10 49	9 10	6 36	4 22	5 17	21°	11 46	10 03	7 25	5 11	6 11
10 38	8 51	6 11	3 57	4 57	22°	11 36	9 44	7 00	4 46	5 51
10 28	8 33	5 47	3 30	4 37	23°	11 26	9 25	6 36	4 19	5 31
10 18	8 14	5 22	3 04	4 16	24°	11 15	9 06	6 11	3 52	5 10
10 08	7 55	4 58	2 37	3 54	25°	11 05	8 47	5 46	3 25	4 48
9 58	7 36	4 33	2 10	3 31	26°	10 55	8 28	5 21	2 58	4 25
9 48	7 16	4 07	1 42	3 08	27°	10 45	8 08	4 55	2 30	4 02
9 38	6 57	3 42	1 13	2 45	28°	10 35	7 49	4 30	2 01	3 38
9 28	6 38	3 16	0 44	2 21	29°	10 25	7 30	4 04	1 31	3 14
9 18	6 19	2 50	♑ 0 15	1 56	30°	10 15	7 10	3 37	1 02	2 49
9 08	5 59	2 24	♐29 45	1 29	31°	10 04	6 50	3 11	0 32	2 22
8 57	5 39	1 57	29 14	1 02	32°	9 53	6 30	2 44	♑ 0 00	1 55
8 47	5 20	1 30	28 42	0 34	33°	9 42	6 10	2 16	♐29 28	1 26
8 36	5 00	1 02	28 10	♒ 0 05	34°	9 32	5 50	1 48	28 56	0 57
8 26	4 39	0 34	27 37	♑29 35	35°	9 21	5 30	1 20	28 22	♒ 0 27
8 15	4 19	♐ 0 06	27 03	29 04	36°	9 11	5 09	0 51	27 48	♑29 55
8 04	3 58	♏29 37	26 28	28 31	37°	9 00	4 48	♐ 0 22	27 13	29 22
7 54	3 37	29 07	25 52	27 57	38°	8 49	4 27	♏29 52	26 37	28 48
7 43	3 16	28 37	25 16	27 22	39°	8 38	4 06	29 22	26 00	28 12
7 32	2 55	28 07	24 38	26 45	40°	8 27	3 44	28 51	25 22	27 35
7 21	2 33	27 36	24 00	26 06	41°	8 15	3 22	28 20	24 43	26 56
7 09	2 11	27 05	23 20	25 25	42°	8 04	3 00	27 48	24 03	26 14
6 58	1 49	26 33	22 39	24 42	43°	7 52	2 37	27 16	23 21	25 31
6 46	1 26	26 00	21 57	23 57	44°	7 41	2 14	26 43	22 38	24 45
6 35	1 04	25 27	21 14	23 10	45°	7 29	1 51	26 10	21 55	23 58
6 23	0 40	24 52	20 29	22 20	46°	7 17	1 28	25 34	21 09	23 07
6 11	♏ 0 17	24 17	19 43	21 27	47°	7 05	1 04	24 59	20 22	22 14
5 59	♎29 53	23 42	18 55	20 31	48°	6 52	0 40	24 23	19 34	21 17
5 47	29 28	23 05	18 05	19 30	49°	6 40	♏ 0 15	23 46	18 43	20 15
5 34	29 03	22 27	17 13	18 29	50°	6 27	♎29 49	23 08	17 51	19 13
5 21	28 37	21 49	16 20	17 21	51°	6 14	29 23	22 29	16 57	18 04
5 08	28 11	21 10	15 25	16 10	52°	6 01	28 57	21 49	16 01	16 51
4 55	27 45	20 30	14 28	14 53	53°	5 48	28 30	21 08	15 03	15 34
4 41	27 17	19 48	13 28	13 31	54°	5 34	28 03	20 26	14 02	14 10
4 27	26 50	19 05	12 26	12 03	55°	5 20	27 35	19 43	13 00	12 41
4 13	26 21	18 22	11 22	10 27	56°	5 05	27 06	18 59	11 54	11 03
3 58	25 52	17 36	10 14	8 46	57°	4 50	26 36	18 13	10 45	9 20
3 43	25 22	16 50	9 04	6 56	58°	4 35	26 06	17 25	9 34	7 28
3 28	24 52	16 02	7 51	4 57	59°	4 20	25 35	16 37	8 20	5 27
♎ 3 12	♎24 20	♏15 13	♐ 6 35	♑ 2 48	60°	♎ 4 03	♎25 03	♏15 47	♐ 7 03	♑ 3 16

		M 14° ♍			N			M 15° ♍		
XI	XII	A	II	III	LAT	XI	XII	A	II	III
♎16 34	♏17 44	♐16°26	♑14 03	♒12 48	0°	♎17 34	♏18 39	♐17°18	♑14 55	♒13 43
15 35	16 03	14 30	12 16	11 36	5°	16 34	16 58	15 21	13 07	12 32
14 40	14 25	12 34	10 25	10 20	10°	15 39	15 20	13 25	11 16	11 16
13 46	12 50	10 38	8 29	8 57	15°	14 44	13 43	11 28	9 20	9 52
12 54	11 15	8 38	6 26	7 26	20°	13 51	12 08	9 28	7 16	8 20
12 44	10 56	8 14	6 01	7 05	21°	13 41	11 48	9 03	6 50	8 00
12 33	10 37	7 49	5 35	6 45	22°	13 30	11 30	8 38	6 24	7 40
12 23	10 18	7 25	5 08	6 25	23°	13 20	11 10	8 13	5 57	7 19
12 12	9 58	7 00	4 41	6 04	24°	13 09	10 51	7 48	5 30	6 58
12 02	9 39	6 35	4 14	5 42	25°	12 59	10 31	7 23	5 03	6 36
11 52	9 20	6 09	3 46	5 19	26°	12 49	10 12	6 57	4 35	6 13
11 42	9 00	5 43	3 18	4 56	27°	12 39	9 52	6 31	4 06	5 50
11 31	8 41	5 17	2 49	4 32	28°	12 28	9 32	6 05	3 37	5 26
11 21	8 21	4 51	2 19	4 07	29°	12 17	9 12	5 39	3 07	5 01
11 11	8 01	4 25	1 49	3 41	30°	12 07	8 52	5 12	2 37	4 35
11 00	7 41	3 58	1 19	3 15	31°	11 56	8 32	4 45	2 06	4 08
10 49	7 21	3 30	0 47	2 48	32°	11 45	8 12	4 17	1 34	3 41
10 38	7 01	3 03	♑0 14	2 19	33°	11 34	7 51	3 49	1 01	3 12
10 28	6 40	2 35	♐29 42	1 49	34°	11 23	7 31	3 21	♑0 28	2 42
10 17	6 20	2 06	29 08	1 19	35°	11 13	7 10	2 52	♐29 54	2 11
10 06	5 59	1 37	28 33	0 47	36°	11 02	6 49	2 23	29 19	1 39
9 55	5 38	1 07	27 58	♒0 14	37°	10 50	6 28	1 53	28 43	1 06
9 44	5 17	0 37	27 22	♑29 39	38°	10 39	6 06	1 23	28 07	♒0 31
9 33	4 55	♐0 07	26 45	29 03	39°	10 28	5 44	0 52	27 29	♑29 54
9 22	4 33	♏29 36	26 06	28 25	40°	10 17	5 22	♐0 21	26 50	29 16
9 10	4 11	29 04	25 27	27 45	41°	10 05	5 00	♏29 49	26 10	28 36
8 59	3 49	28 32	24 46	27 04	42°	9 53	4 37	29 16	25 29	27 54
8 47	3 26	27 59	24 03	26 20	43°	9 42	4 14	28 43	24 46	27 09
8 35	3 03	27 26	23 20	25 34	44°	9 30	3 50	28 09	24 02	26 23
8 23	2 39	26 53	22 37	24 46	45°	9 18	3 27	27 35	23 18	25 34
8 11	2 15	26 17	21 50	23 54	46°	9 05	3 03	26 59	22 31	24 42
7 59	1 51	25 41	21 02	23 00	47°	8 53	2 38	26 23	21 43	23 47
7 46	1 27	25 04	20 13	22 03	48°	8 40	2 13	25 46	20 53	22 49
7 34	1 01	24 27	19 22	21 00	49°	8 27	1 48	25 08	20 01	21 46
7 21	0 35	23 48	18 29	19 57	50°	8 14	1 22	24 29	19 07	20 41
7 08	♏0 09	23 09	17 34	18 47	51°	8 01	0 55	23 49	18 12	19 31
6 54	♎29 43	22 29	16 38	17 33	52°	7 47	0 29	23 08	17 14	18 16
6 41	29 16	21 47	15 38	16 14	53°	7 33	♏0 01	22 26	16 14	16 55
6 26	28 48	21 04	14 37	14 49	54°	7 19	♎29 33	21 43	15 12	15 29
6 12	28 19	20 20	13 33	13 19	55°	7 05	29 04	20 58	14 06	13 57
5 58	27 50	19 35	12 27	11 40	56°	6 50	28 34	20 12	12 59	12 17
5 43	27 20	18 49	11 17	9 54	57°	6 35	28 04	19 25	11 48	10 29
5 27	26 49	18 01	10 04	8 00	58°	6 19	27 33	18 36	10 34	8 33
5 12	26 18	17 12	8 49	5 57	59°	6 03	27 01	17 47	9 18	6 28
♎4 55	♎25 46	♏16 21	♐7 31	♑3 44	60°	♎5 47	♎26 28	♏16 55	♐7 59	♑4 12

XI	XII	A	II	III	N LAT	XI	XII	A	II	III
♎18 33	♏19 34	♐18°09	♑15 47	♒14 39	0°	♎19 33	♏20 29	♐19°00	♑16 38	♒15 35
17 33	17 53	16 12	13 59	13 28	5°	18 32	18 47	17 03	14 50	14 23
16 37	16 14	14 16	12 07	12 11	10°	17 35	17 08	15 06	12 58	13 07
15 42	14 37	12 18	10 10	10 48	15°	16 40	15 30	13 08	11 01	11 43
14 49	13 00	10 17	8 06	9 15	20°	15 46	13 53	11 06	8 55	10 10
14 38	12 41	9 52	7 40	8 55	21°	15 35	13 33	10 41	8 29	9 50
14 27	12 22	9 27	7 13	8 35	22°	15 24	13 14	10 16	8 03	9 30
14 17	12 02	9 02	6 46	8 14	23°	15 14	12 54	9 51	7 35	9 09
14 06	11 43	8 37	6 19	7 53	24°	15 03	12 35	9 25	7 08	8 47
13 56	11 23	8 11	5 52	7 30	25°	14 53	12 15	8 59	6 41	8 25
13 46	11 03	7 45	5 23	7 07	26°	14 42	11 55	8 33	6 12	8 02
13 35	10 44	7 19	4 54	6 44	27°	14 31	11 35	8 07	5 43	7 38
13 24	10 24	6 53	4 25	6 20	28°	14 21	11 15	7 40	5 13	7 14
13 13	10 03	6 26	3 55	5 55	29°	14 10	10 54	7 13	4 43	6 49
13 03	9 43	5 59	3 24	5 29	30°	13 59	10 34	6 46	4 12	6 23
12 52	9 23	5 32	2 53	5 02	31°	13 48	10 14	6 19	3 40	5 56
12 41	9 03	5 04	2 21	4 34	32°	13 37	9 53	5 51	3 08	5 28
12 30	8 42	4 36	1 48	4 05	33°	13 26	9 32	5 22	2 35	4 58
12 19	8 21	4 07	1 14	3 35	34°	13 15	9 11	4 53	2 01	4 28
12 08	8 00	3 38	0 40	3 04	35°	13 03	8 50	4 24	1 26	3 57
11 57	7 39	3 08	♑ 0 05	2 31	36°	12 52	8 28	3 54	0 51	3 24
11 46	7 17	2 38	♐29 29	1 58	37°	12 41	8 07	3 24	♑ 0 15	2 50
11 34	6 55	2 08	28 52	1 23	38°	12 29	7 45	2 53	♐29 37	2 15
11 23	6 33	1 37	28 13	0 46	39°	12 17	7 22	2 21	28 58	1 37
11 11	6 11	1 05	27 34	♒ 0 07	40°	12 06	7 00	1 49	28 18	0 58
11 00	5 48	0 33	26 54	♑29 26	41°	11 54	6 37	1 17	27 37	♒ 0 17
10 48	5 25	♐ 0 00	26 12	28 44	42°	11 42	6 14	0 43	26 55	♑29 34
10 36	5 02	♏29 26	25 29	27 59	43°	11 30	5 50	♐ 0 09	26 12	28 49
10 24	4 38	28 52	24 44	27 12	44°	11 18	5 26	♏29 35	25 27	28 01
10 12	4 15	28 17	23 59	26 23	45°	11 06	5 02	28 59	24 41	27 11
9 59	3 50	27 41	23 12	25 30	46°	10 53	4 38	28 23	23 53	26 19
9 47	3 26	27 04	22 23	24 34	47°	10 40	4 13	27 46	23 03	25 22
9 34	3 00	26 27	21 32	23 35	48°	10 28	3 47	27 08	22 12	24 22
9 21	2 34	25 49	20 40	22 32	49°	10 14	3 21	26 29	21 19	23 18
9 08	2 08	25 09	19 45	21 26	50°	10 01	2 54	25 49	20 24	22 11
8 54	1 41	24 28	18 49	20 15	51°	9 47	2 27	25 08	19 26	20 59
8 40	1 14	23 47	17 50	18 59	52°	9 33	1 59	24 26	18 27	19 42
8 26	0 46	23 05	16 49	17 37	53°	9 19	1 31	23 43	17 25	18 18
8 12	♏ 0 17	22 21	15 46	16 10	54°	9 05	1 02	22 59	16 21	16 50
7 57	♎29 48	21 36	14 40	14 35	55°	8 50	0 33	22 13	15 14	15 14
7 42	29 18	20 49	13 32	12 54	56°	8 35	♏ 0 02	21 26	14 04	13 31
7 27	28 48	20 01	12 20	11 04	57°	8 19	♎29 31	20 38	12 52	11 40
7 11	28 16	19 12	11 05	9 06	58°	8 03	29 00	19 48	11 35	9 40
6 55	27 44	18 21	9 47	6 59	59°	7 47	28 27	18 56	10 17	7 30
♎ 6 39	♎27 11	♏17 29	♐ 8 26	♑ 4 41	60°	♎ 7 31	♎27 54	♏18 03	♐ 8 54	♑ 5 10

XI	XII	A	II	III	N LAT	XI	XII	A	II	III
♎20 32	♏21 24	♐19°51	♑17 30	♒16 31	0°	♎21 31	♏22 18	♐20°43	♑18 22	♒17 27
19 31	19 41	17 54	15 41	15 19	5°	20 30	20 35	18 45	16 33	16 15
18 33	18 02	15 57	13 49	14 02	10°	19 31	18 55	16 47	14 40	14 58
17 38	16 23	13 58	11 51	12 39	15°	18 35	17 16	14 48	12 42	13 34
16 43	14 45	11 55	9 45	11 06	20°	17 40	15 38	12 44	10 35	12 01
16 32	14 26	11 30	9 19	10 45	21°	17 29	15 18	12 19	10 09	11 40
16 21	14 06	11 05	8 52	10 25	22°	17 18	14 58	11 54	9 42	11 20
16 11	13 46	10 39	8 25	10 04	23°	17 08	14 38	11 28	9 15	10 59
16 00	13 26	10 14	7 58	9 42	24°	16 57	14 18	11 02	8 47	10 37
15 49	13 06	9 48	7 30	9 20	25°	16 46	13 58	10 36	8 19	10 15
15 38	12 47	9 22	7 01	8 57	26°	16 35	13 38	10 10	7 50	9 52
15 27	12 27	8 55	6 31	8 33	27°	16 24	13 18	9 43	7 20	9 28
15 17	12 06	8 28	6 01	8 08	28°	16 13	12 57	9 16	6 50	9 03
15 06	11 45	8 01	5 31	7 43	29°	16 02	12 36	8 48	6 19	8 38
14 55	11 25	7 34	5 00	7 17	30°	15 51	12 16	8 21	5 48	8 11
14 44	11 04	7 06	4 28	6 50	31°	15 40	11 55	7 53	5 16	7 44
14 33	10 44	6 37	3 55	6 22	32°	15 29	11 34	7 24	4 43	7 16
14 21	10 23	6 08	3 22	5 52	33°	15 17	11 13	6 55	4 09	6 46
14 10	10 01	5 39	2 48	5 21	34°	15 06	10 51	6 26	3 35	6 15
13 59	9 40	5 10	2 13	4 50	35°	14 54	10 30	5 56	2 59	5 43
13 47	9 18	4 40	1 37	4 17	36°	14 43	10 08	5 25	2 23	5 10
13 36	8 56	4 09	1 00	3 43	37°	14 31	9 46	4 54	1 46	4 36
13 24	8 34	3 38	♑ 0 22	3 07	38°	14 19	9 23	4 23	1 07	4 00
13 12	8 11	3 06	♐29 43	2 29	39°	14 07	9 00	3 51	♑ 0 28	3 22
13 01	7 49	2 34	29 03	1 50	40°	13 56	8 37	3 18	♐29 47	2 42
12 49	7 26	2 01	28 21	1 08	41°	13 44	8 14	2 45	29 05	2 00
12 37	7 02	1 27	27 38	♒ 0 25	42°	13 31	7 50	2 11	28 22	1 16
12 25	6 38	0 53	26 55	♑29 39	43°	13 19	7 26	1 36	27 38	♒ 0 30
12 12	6 14	♐ 0 18	26 09	28 51	44°	13 06	7 02	1 01	26 52	♑29 41
12 00	5 50	♏29 42	25 23	28 00	45°	12 54	6 37	♐ 0 25	26 05	28 50
11 47	5 25	29 05	24 34	27 07	46°	12 41	6 12	♏29 48	25 15	27 56
11 34	5 00	28 28	23 44	26 10	47°	12 28	5 47	29 10	24 25	26 58
11 21	4 34	27 50	22 52	25 10	48°	12 15	5 21	28 31	23 32	25 57
11 07	4 08	27 10	21 58	24 05	49°	12 01	4 54	27 51	22 37	24 52
10 54	3 41	26 29	21 02	22 57	50°	11 48	4 27	27 10	21 40	23 43
10 40	3 13	25 48	20 04	21 43	51°	11 33	3 59	26 28	20 42	22 28
10 26	2 45	25 06	19 04	20 25	52°	11 19	3 31	25 45	19 41	21 09
10 12	2 17	24 22	18 01	19 00	53°	11 05	3 02	25 01	18 37	19 43
9 57	1 47	23 37	16 56	17 31	54°	10 50	2 32	24 15	17 31	18 12
9 42	1 17	22 51	15 48	15 54	55°	10 35	2 02	23 28	16 22	16 34
9 27	0 46	22 03	14 37	14 08	56°	10 20	1 30	22 40	15 10	14 46
9 11	♏ 0 15	21 14	13 23	12 16	57°	10 03	0 59	21 50	13 55	12 52
8 55	♎29 43	20 23	12 06	10 14	58°	9 47	♏ 0 26	20 59	12 37	10 48
8 39	29 10	19 31	10 46	8 01	59°	9 31	29 53	20 00	11 15	8 33
♎ 8 22	♎28 36	♏18 37	♐ 9 22	♑ 5 39	60°	♎ 9 13	♎29 18	♏19 11	♐ 9 50	♑ 6 08

					N LAT					
11ʰ 23ᵐ 15ˢ			**170° 48' 40''**			**11ʰ 26ᵐ 56ˢ**			**171° 43' 57''**	
		M 20° ♍						M 21° ♍		
XI	XII	A	II	III	N LAT	XI	XII	A	II	III
♎22 30	♏23 12	♐21°33	♑19 13	♒18 23	0°	♎23 29	♏24 06	♐22°24	♑20 05	♒19 19
21 29	21 29	19 36	17 25	17 11	5°	22 27	22 23	20 26	18 16	18 07
20 29	19 48	17 37	15 32	15 54	10°	21 27	20 41	18 28	16 23	16 50
19 33	18 09	15 37	13 33	14 30	15°	20 30	19 02	16·27	14 24	15 26
18 37	16 30	13 33	11 25	12 57	20°	19 34	17 22	14 23	12 16	13 53
18 26	16 10	13 08	10 59	12 36	21°	19 23	17 02	13 57	11 49	13 32
18 15	15 50	12 42	10 32	12 15	22°	19 12	16 42	13 31	11 22	13 11
18 04	15 30	12 16	10 04	11 54	23°	19 01	16 22	13 05	10 54	12 50
17 53	15 10	11 50	9 36	11 33	24°	18 50	16 01	12 39	10 26	12 28
17 42	14 50	11 24	9 08	11 10	25°	18 38	15 41	12 13	9 57	12 06
17 31	14 30	10 58	8 39	10 47	26°	18 27	15 21	11 46	9 28	11 42
17 20	14 09	10 31	8 09	10 23	27°	18 16	15 00	11 19	8 58	11 18
17 09	13 48	10 03	7 39	9 58	28°	18 05	14 39	10 51	8 28	10 53
16 58	13 27	9 36	7 08	9 33	29°	17 54	14 18	10 23	7 56	10 28
16 47	13 07	9 08	6 36	9 06	30°	17 43	13 57	9 55	7 24	10 01
16 35	12 46	8 40	6 04	8 38	31°	17 31	13 36	9 27	6 52	9 33
16 24	12 24	8 11	5 30	8 10	32°	17 19	13 15	8 58	6 18	9 05
16 12	12 03	7 42	4 56	7 40	33°	17 08	12 53	8 28	5 44	8 35
16 01	11 41	7 12	4 22	7 09	34°	16 56	12 31	7 58	5 09	8 04
15 49	11 19	6 42	3 46	6 37	35°	16 45	12 09	7 28	4 33	7 31
15 38	10 57	6 11	3 09	6 04	36°	16 33	11 47	6 57	3 56	6 58
15 26	10 35	5 40	2 32	5 29	37°	16 21	11 24	6 25	3 18	6 23
15 14	10 12	5 08	1 53	4 53	38°	16 09	11 01	5 53	2 39	5 46
15 02	9 49	4 36	1 13	4 14	39°	15 57	10 38	5 21	1 58	5 07
14 50	9 26	4 03	♑ 0 32	3 34	40°	15 45	10 15	4 47	1 17	4 27
14 38	9 03	3 29	♐29 50	2 52	41°	15 32	9 51	4 13	♑ 0 34	3 44
14 26	8 39	2 55	29 06	2 08	42°	15 20	9 27	3 39	♐29 50	3 00
14 13	8 15	2 20	28 21	1 21	43°	15 08	9 02	3 04	29 04	2 12
14 00	7 50	1 44	27 35	♒ 0 32	44°	14 54	8 37	2 27	28 17	1 23
13 48	7 25	1 08	26 47	♑29 41	45°	14 42	8 12	1 50	27 29	♒ 0 31
13 35	6 59	♐ 0 30	25 57	28 45	46°	14 28	7 47	1 12	26 39	♑29 35
13 21	6 33	♏29 51	25 05	27 47	47°	14 15	7 20	♐ 0 33	25 46	28 36
13 08	6 07	29 12	24 12	26 45	48°	14 02	6 53	♏29 53	24 52	27 34
12 54	5 40	28 32	23 16	25 39	49°	13 48	6 26	29 13	23 56	26 27
12 41	5 13	27 51	22 19	24 29	50°	13 34	5 59	28 31	22 58	25 16
12 26	4 45	27 08	21 20	23 13	51°	13 19	5 30	27 48	21 58	23 59
12 12	4 16	26 24	20 18	21 53	52°	13 05	5 01	27 04	20 55	22 38
11 58	3 47	25 39	19 13	20 27	53°	12 50	4 32	26 18	19 49	21 10
11 42	3 17	24 53	18 06	18 54	54°	12 35	4 01	25 31	18 41	19 36
11 27	2 46	24 06	16 56	17 14	55°	12 19	3 30	24 43	17 31	17 54
11 12	2 15	23 17	15 44	15 25	56°	12 04	2 59	23 54	16 17	16 04
10 55	1 43	22 26	14 27	13 28	57°	11 47	2 26	23 03	14 59	14 05
10 39	1 10	21 34	13 08	11 22	58°	11 31	1 53	22 10	13 39	11 57
10 22	0 36	20 40	11 45	9 05	59°	11 14	1 18	21 15	12 14	9 38
♎10 05	♏ 0 01	♏19 45	♐10 18	♑ 6 38	60°	♎10 56	♏ 0 43	♏20 19	♐10 47	♑ 7 08

11h 30m 37s		172° 39' 12" M 22° ♍			N LAT	11h 34m 18s		173° 34' 23" M 23° ♍		
XI	XII	A	II	III		XI	XII	A	II	III
♎24 28	♏25 00	♐23°15	♑20 57	♒20 15	0°	♎25 26	♏25 54	♐24°06	♑21 49	♒21 11
23 25	23 16	21 17	19 08	19 03	5°	24 23	24 09	22 07	20 00	20 00
22 25	21 34	19 18	17 14	17 46	10°	23 22	22 27	20 08	18 06	18 43
21 27	19 54	17 17	15 15	16 22	15°	22 24	20 47	18 06	16 06	17 19
20 31	18 14	15 12	13 06	14 49	20°	21 27	19 06	16 01	13 56	15 45
20 20	17 54	14 46	12 39	14 28	21°	21 16	18 46	15 35	13 29	15 24
20 09	17 34	14 20	12 12	14 07	22°	21 05	18 25	15 09	13 02	15 03
19 57	17 13	13 54	11 44	13 46	23°	20 53	18 05	14 43	12 34	14 42
19 46	16 53	13 28	11 16	13 24	24°	20 42	17 44	14 16	12 06	14 20
19 35	16 33	13 01	10 47	13 01	25°	20 31	17 24	13 49	11 37	13 57
19 23	16 12	12 34	10 17	12 38	26°	20 19	17 03	13 22	11 07	13 34
19 12	15 51	12 07	9 47	12 14	27°	20 08	16 42	12 55	10 36	13 10
19 01	15 30	11 39	9 17	11 49	28°	19 57	16 21	12 27	10 06	12 45
18 49	15 09	11 11	8 45	11 23	29°	19 45	16 00	11 59	9 34	12 19
18 38	14 48	10 43	8 13	10 56	30°	19 33	15 38	11 30	9 02	11 52
18 26	14 27	10 14	7 40	10 28	31°	19 22	15 17	11 01	8 28	11 23
18 15	14 05	9 44	7 06	9 59	32°	19 10	14 55	10 31	7 54	10 54
18 03	13 43	9 14	6 32	9 30	33°	18 58	14 33	10 01	7 20	10 25
17 52	13 21	8 44	5 56	8 59	34°	18 47	14 11	9 31	6 44	9 54
17 40	12 59	8 14	5 20	8 26	35°	18 35	13 49	9 00	6 08	9 21
17 28	12 37	7 43	4 43	7 52	36°	18 23	13 26	8 29	5 30	8 47
17 16	12 14	7 11	4 04	7 17	37°	18 11	13 03	7 57	4 51	8 11
17 04	11 51	6 39	3 25	6 40	38°	17 59	12 40	7 24	4 11	7 34
16 52	11 27	6 06	2 44	6 01	39°	17 46	12 16	6 51	3 30	6 55
16 39	11 04	5 32	2 02	5 20	40°	17 34	11 52	6 17	2 47	6 13
16 27	10 40	4 58	1 19	4 37	41°	17 21	11 28	5 42	2 04	5 30
16 15	10 15	4 23	♑0 34	3 52	42°	17 09	11 03	5 07	1 19	4 45
16 02	9 50	3 47	♐29 48	3 04	43°	16 56	10 38	4 31	♑0 32	3 57
15 48	9 25	3 10	29 00	2 14	44°	16 42	10 13	3 54	♐29 44	3 06
15 36	9 00	2 33	28 12	1 22	45°	16 29	9 47	3 16	28 55	2 13
15 22	8 34	1 54	27 21	♒0 25	46°	16 16	9 21	2 37	28 03	1 16
15 09	8 07	1 15	26 28	♑29 26	47°	16 02	8 54	1 57	27 09	♒0 16
14 55	7 40	♐0 35	25 33	28 23	48°	15 49	8 27	1 16	26 14	♑29 12
14 41	7 13	♏29 54	24 36	27 15	49°	15 34	7 59	♐0 35	25 16	28 04
14 27	6 45	29 12	23 37	26 03	50°	15 20	7 31	♏29 52	24 16	26 51
14 12	6 16	28 28	22 36	24 45	51°	15 05	7 02	29 08	23 14	25 32
13 58	5 47	27 43	21 32	23 23	52°	14 51	6 32	28 23	22 10	24 08
13 43	5 17	26 57	20 26	21 54	53°	14 36	6 02	27 36	21 03	22 38
13 27	4 46	26 10	19 17	20 18	54°	14 20	5 31	26 48	19 53	21 01
13 12	4 15	25 21	18 05	18 35	55°	14 04	4 59	25 59	18 40	19 17
12 56	3 43	24 31	16 50	16 43	56°	13 48	4 27	25 08	17 24	17 22
12 39	3 10	23 39	15 31	14 42	57°	13 31	3 53	24 15	16 03	15 20
12 23	2 30	22 45	14 10	12 32	58°	13 14	3 19	23 21	14 41	13 08
12 06	2 01	21 49	12 44	10 11	59°	12 57	2 43	22 24	13 14	10 44
♎11 48	♏1 25	♏20 53	♐11 15	♑7 38	60°	♎12 39	♏2 07	♏21 27	♐11 43	♑8 08

XI	XII	A	II	III	N LAT	XI	XII	A	II	III
		11ʰ 37ᵐ 58ˢ	174° 29' 33''			11ʰ 41ᵐ 39ˢ	175° 24' 40''			
		M 24° ♍					M 25° ♍			
♎26 25	♏26 48	♐24°57	♑22 41	♒22 08	0°	♎27 23	♏27 41	♐25°47	♑23 33	♒23 04
25 21	25 03	22 58	20 51	20 56	5°	26 19	25 56	23 48	21 43	21 53
24 20	23 20	20 58	18 57	19 40	10°	25 17	24 13	21 48	19 49	20 37
23 21	21 39	18 56	16 57	18 16	15°	24 18	22 32	19 46	17 48	19 12
22 24	19 58	16 50	14 47	16 41	20°	23 20	20 50	17 39	15 38	17 38
22 13	19 37	16 24	14 20	16 21	21°	23 09	20 29	17 13	15 11	17 18
22 01	19 17	15 58	13 52	16 00	22°	22 57	20 08	16 47	14 43	16 57
21 50	18 56	15 31	13 24	15 39	23°	22 46	19 48	16 20	14 15	16 35
21 38	18 36	15 05	12 56	15 16	24°	22 34	19 27	15 53	13 46	16 13
21 27	18 15	14 38	12 27	14 53	25°	22 23	19 06	15 26	13 17	15 50
21 15	17 54	14 10	11 57	14 30	26°	22 11	18 45	14 58	12 47	15 26
21 04	17 33	13 43	11 26	14 06	27°	22 00	18 24	14 31	12 16	15 02
20 53	17 12	13 15	10 55	13 41	28°	21 48	18 02	14 03	11 45	14 37
20 41	16 50	12 46	10 23	13 15	29°	21 36	17 41	13 34	11 12	14 11
20 29	16 29	12 17	9 51	12 48	30°	21 25	17 20	13 05	10 39	13 44
20 17	16 07	11 48	9 17	12 19	31°	21 13	16 58	12 36	10 06	13 15
20 06	15 45	11 18	8 42	11 50	32°	21 01	16 35	12 06	9 31	12 46
19 54	15 23	10 48	8 08	11 20	33°	20 49	16 13	11 35	8 56	12 16
19 42	15 01	10 18	7 32	10 49	34°	20 37	15 50	11 04	8 20	11 44
19 30	14 38	9 47	6 55	10 16	35°	20 25	15 28	10 33	7 42	11 11
19 18	14 15	9 15	6 17	9 41	36°	20 13	15 05	10 01	7 04	10 36
19 06	13 52	8 42	5 37	9 05	37°	20 00	14 41	9 28	6 24	10 00
18 53	13 29	8 09	4 57	8 28	38°	19 48	14 18	8 55	5 44	9 23
18 41	13 05	7 36	4 16	7 49	39°	19 35	13 54	8 21	5 02	8 44
18 28	12 41	7 02	3 33	7 07	40°	19 23	13 29	7 46	4 19	8 01
18 15	12 16	6 27	2 49	6 23	41°	19 10	13 05	7 11	3 34	7 17
18 03	11 51	5 51	2 03	5 38	42°	18 57	12 40	6 35	2 48	6 32
17 50	11 26	5 14	1 16	4 50	43°	18 44	12 14	5 58	2 00	5 43
17 36	11 01	4 37	♑ 0 27	3 58	44°	18 30	11 48	5 20	1 11	4 51
17 23	10 35	3 59	♐29 38	3 05	45°	18 17	11 22	4 42	♑ 0 21	3 58
17 09	10 08	3 19	28 45	2 07	46°	18 03	10 55	4 02	♐29 28	2 59
16 56	9 41	2 39	27 51	1 06	47°	17 49	10 28	3 21	28 33	1 57
16 42	9 14	1 58	26 55	♒ 0 02	48°	17 35	10 00	2 39	27 36	♒ 0 52
16 27	8 45	1 16	25 56	♑28 53	49°	17 20	9 32	1 57	26 37	♑29 42
16 13	8 17	♐ 0 33	24 56	27 39	50°	17 06	9 03	1 13	25 36	28 28
15 58	7 47	♏29 48	23 53	26 20	51°	16 51	8 33	♐ 0 28	24 32	27 08
15 43	7 17	29 02	22 48	24 54	52°	16 36	8 03	♏29 42	23 26	25 41
15 28	6 47	28 15	21 39	23 23	53°	16 21	7 32	28 54	22 16	24 08
15 12	6 15	27 26	20 29	21 45	54°	16 05	7 00	28 05	21 05	22 29
14 56	5 43	26 36	19 15	19 59	55°	15 49	6 27	27 14	19 50	20 41
14 40	5 10	25 45	17 57	18 02	56°	15 32	5 54	26 22	18 31	18 43
14 23	4 36	24 51	16 36	15 58	57°	15 15	5 20	25 28	17 08	16 37
14 06	4 02	23 56	15 12	13 44	58°	14 58	4 45	24 32	15 43	14 20
13 49	3 26	22 59	13 44	11 18	59°	14 40	4 09	23 34	14 14	11 52
♎13 31	♏ 2 49	♏22 01	♐12 12	♑ 8 39	60°	♎14 22	♏ 3 32	♏22 35	♐12 40	♑ 9 10

	11ʰ 45ᵐ 19ˢ 176° 19' 46'' M 26° ♍					11ʰ 48ᵐ 59ˢ 177° 14' 51'' M 27° ♍			
XI	XII	A	II	III	N LAT	XI	XII	A	II	III
♎28 21	♏28 34	♐26°38	♑24 25	♒24 01	0°	♎29 19	♏29 27	♐27°29	♑25 17	♒24 58
27 17	26 49	24 39	22 35	22 50	5°	28 14	27 42	25 29	23 27	23 47
26 14	25 06	22 38	20 41	21 34	10°	27 11	25 58	23 29	21 33	22 31
25 15	23 24	20 36	18 40	20 09	15°	26 12	24 16	21 25	19 31	21 06
24 17	21 41	18 28	16 29	18 35	20°	25 13	22 33	19 17	17 20	19 32
24 05	21 21	18 02	16 02	18 15	21°	25 01	22 12	18 51	16 53	19 12
23 54	21 00	17 36	15 34	17 54	22°	24 50	21 51	18 25	16 25	18 51
23 42	20 39	17 09	15 05	17 32	23°	24 38	21 31	17 58	15 56	18 29
23 30	20 18	16 42	14 37	17 10	24°	24 26	21 09	17 31	15 27	18 07
23 19	19 57	16 15	14 07	16 47	25°	24 15	20 48	17 03	14 57	17 44
23 07	19 36	15 47	13 37	16 23	26°	24 03	20 27	16 35	14 27	17 20
22 56	19 15	15 19	13 06	15 59	27°	23 51	20 06	16 07	13 56	16 56
22 44	18 53	14 50	12 35	15 33	28°	23 39	19 44	15 38	13 25	16 30
22 32	18 32	14 22	12 02	15 07	29°	23 27	19 22	15 09	12 52	16 04
22 20	18 10	13 53	11 29	14 40	30°	23 15	19 00	14 40	12 18	15 37
22 08	17 48	13 23	10 55	14 12	31°	23 03	18 38	14 10	11 44	15 09
21 56	17 25	12 53	10 20	13 42	32°	22 51	18 15	13 40	11 09	14 39
21 44	17 03	12 22	9 44	13 12	33°	22 39	17 53	13 09	10 33	14 08
21 32	16 40	11 51	9 08	12 40	34°	22 27	17 30	12 38	9 56	13 36
21 20	16 17	11 19	8 30	12 07	35°	22 15	17 07	12 06	9 19	13 03
21 07	15 54	10 47	7 51	11 32	36°	22 02	16 43	11 33	8 39	12 28
20 55	15 31	10 14	7 11	10 56	37°	21 50	16 20	11 00	7 59	11 52
20 42	15 07	9 40	6 31	10 18	38°	21 37	15 56	10 26	7 18	11 13
20 30	14 42	9 06	5 48	9 38	39°	21 24	15 31	9 51	6 35	10 33
20 17	14 18	8 31	5 05	8 56	40°	21 11	15 06	9 16	5 51	9 51
20 04	13 53	7 56	4 20	8 12	41°	20 58	14 41	8 40	5 06	9 07
19 51	13 28	7 19	3 33	7 26	42°	20 45	14 16	8 04	4 19	8 20
19 37	13 02	6 42	2 45	6 36	43°	20 31	13 50	7 26	3 30	7 30
19 24	12 36	6 04	1 55	5 44	44°	20 18	13 23	6 47	2 40	6 38
19 11	12 10	5 25	1 04	4 50	45°	20 04	12 57	6 08	1 48	5 43
18 57	11 42	4 44	♑ 0 11	3 51	46°	19 50	12 29	5 27	♑ 0 54	4 43
18 43	11 15	4 03	♐29 15	2 49	47°	19 36	12 01	4 45	♐29 58	3 41
18 28	10 47	3 21	28 18	1 43	48°	19 22	11 33	4 03	29 00	2 34
18 14	10 18	2 38	27 17	♒ 0 32	49°	19 07	11 04	3 20	27 58	1 23
17 59	9 49	1 54	26 16	♑29 17	50°	18 52	10 35	2 35	26 56	♒ 0 07
17 44	9 19	1 08	25 11	27 56	51°	18 37	10 04	1 49	25 51	♑28 45
17 29	8 48	♐ 0 21	24 04	26 28	52°	18 22	9 33	1 01	24 43	27 16
17 13	8 17	♏29 33	22 54	24 54	53°	18 06	9 02	♐ 0 12	23 32	25 41
16 57	7 45	28 43	21 41	23 13	54°	17 49	8 29	♏29 22	22 17	23 58
16 41	7 12	27 52	20 25	21 24	55°	17 33	7 56	28 30	21 00	22 07
16 24	6 38	26 59	19 05	19 24	56°	17 16	7 22	27 36	19 40	20 06
16 07	6 03	26 04	17 41	17 16	57°	16 58	6 47	26 40	18 14	17 56
15 49	5 28	25 07	16 14	14 57	58°	16 41	6 11	25 43	16 46	15 35
15 31	4 51	24 09	14 44	12 26	59°	16 23	5 34	24 44	15 14	13 01
♎15 13	♏ 4 14	♏23 09	♐13 09	♑ 9 42	60°	♎16 04	♏ 4 56	♏23 43	♐13 38	♑10 14

	11ʰ 52ᵐ 40ˢ		178° 09' 54'' M 28° ♍		N LAT		11ʰ 56ᵐ 20ˢ		179° 04' 57'' M 29° ♍	

XI	XII	A	II	III	N LAT	XI	XII	A	II	III
♎30 16	♏30 20	♐28°19	♑26 10	♒25 55	0°	♏ 1 14	♏31 13	♐29°10	♑27 02	♒26 52
29 11	28 35	26 20	24 19	24 44	5°	0 08	29 27	27 10	25 12	25 41
28 08	26 51	24 19	22 25	23 28	10°	♎29 05	27 43	25 09	23 17	24 25
27 09	25 08	22 15	20 23	22 04	15°	28 05	26 00	23 05	21 15	23 01
26 09	23 25	20 07	18 11	20 29	20°	27 06	24 16	20 56	19 03	21 27
25 58	23 04	19 41	17 44	20 09	21°	26 54	23 55	20 30	18 36	21 07
25 46	22 43	19 14	17 16	19 48	22°	26 42	23 34	20 03	18 07	20 46
25 34	22 22	18 47	16 47	19 27	23°	26 30	23 13	19 36	17 38	20 24
25 22	22 00	18 19	16 18	19 04	24°	26 18	22 52	19 08	17 09	20 02
25 10	21 39	17 52	15 48	18 41	25°	26 06	22 30	18 40	16 39	19 39
24 59	21 18	17 24	15 17	18 17	26°	25 54	22 09	18 12	16 08	19 15
24 47	20 57	16 55	14 46	17 53	27°	25 42	21 47	17 44	15 37	18 50
24 35	20 35	16 26	14 15	17 27	28°	25 30	21 25	17 15	15 05	18 25
24 23	20 13	15 57	13 42	17 01	29°	25 18	21 03	16 46	14 32	17 58
24 11	19 50	15 28	13 08	16 34	30°	25 06	20 41	16 16	13 58	17 31
23 59	19 28	14 58	12 34	16 06	31°	24 54	20 18	15 46	13 24	17 03
23 46	19 05	14 27	11 58	15 36	32°	24 41	19 55	15 15	12 48	16 33
23 34	18 43	13 56	11 22	15 05	33°	24 29	19 33	14 43	12 11	16 02
23 22	18 20	13 24	10 45	14 33	34°	24 17	19 10	14 11	11 34	15 30
23 09	17 56	12 52	10 07	14 00	35°	24 04	18 46	13 39	10 56	14 56
22 57	17 33	12 19	9 28	13 25	36°	23 52	18 22	13 06	10 16	14 21
22 44	17 09	11 46	8 47	12 48	37°	23 39	17 58	12 32	9 35	13 44
22 31	16 44	11 12	8 05	12 09	38°	23 26	17 33	11 58	8 53	13 06
22 19	16 20	10 37	7 22	11 29	39°	23 13	17 08	11 23	8 09	12 25
22 06	15 55	10 01	6 38	10 47	40°	23 00	16 43	10 47	7 25	11 43
21 52	15 30	9 25	5 52	10 02	41°	22 46	16 18	10 10	6 38	10 58
21 39	15 04	8 48	5 04	9 15	42°	22 33	15 52	9 32	5 50	10 10
21 25	14 38	8 10	4 15	8 25	43°	22 19	15 26	8 54	5 01	9 20
21 11	14 11	7 31	3 25	7 32	44°	22 05	14 59	8 15	4 10	8 27
20 58	13 44	6 51	2 32	6 37	45°	21 52	14 31	7 35	3 17	7 31
20 44	13 17	6 10	1 37	5 36	46°	21 37	14 04	6 53	2 21	6 30
20 29	12 48	5 28	♑ 0 41	4 33	47°	21 23	13 35	6 10	1 24	5 26
20 15	12 19	4 45	♐29 42	3 26	48°	21 08	13 06	5 27	♑ 0 25	4 19
20 00	11 50	4 01	28 40	2 14	49°	20 53	12 36	4 43	♐29 22	3 06
19 45	11 21	3 16	27 37	♒ 0 57	50°	20 38	12 07	3 57	28 18	1 48
19 29	10 50	2 29	26 31	♑29 34	51°	20 22	11 36	3 10	27 11	♒ 0 24
19 14	10 18	1 41	25 21	28 04	52°	20 06	11 04	2 21	26 00	♑28 53
18 58	9 47	♐ 0 51	24 09	26 28	53°	19 50	10 32	1 31	24 47	27 16
18 42	9 14	♏30 00	22 54	24 44	54°	19 34	9 58	♐ 0 39	23 31	25 30
18 25	8 40	29 07	21 36	22 51	55°	19 17	9 24	♏29 45	22 12	23 36
18 08	8 06	28 13	20 14	20 49	56°	19 00	8 49	28 50	20 49	21 32
17 50	7 30	27 17	18 47	18 36	57°	18 42	8 13	27 53	19 21	19 17
17 32	6 54	26 18	17 18	16 13	58°	18 24	7 37	26 54	17 50	16 51
17 14	6 16	25 19	15 45	13 36	59°	18 05	6 59	25 54	16 16	14 12
♎16 55	♏ 5 38	♏24 17	♐14 07	♑10 47	60°	♎17 46	♏ 6 20	♏24 51	♐14 36	♑11 20

12ʰ 00ᵐ 00ˢ		180° 00' 00''		M 0° ♎		12ʰ 03ᵐ 40ˢ		180° 55' 03''		M 1° ♎

XI	XII	A	II	III	N LAT	XI	XII	A	II	III
♏ 2 11	♐ 2 05	♐30°00	♑27 55	♒27 49	0°	♏ 3 08	♐ 2 58	♐30°50	♑28 47	♒28 46
1 05	0 19	28 00	26 05	26 39	5°	2 02	1 12	28 51	26 58	27 37
♏ 0 02	♏28 35	25 59	24 10	25 23	10°	♏ 0 59	♏29 27	26 49	25 03	26 21
♎29 02	26 52	23 55	22 07	23 59	15°	♎29 58	27 44	24 45	23 00	24 58
28 02	25 08	21 46	19 55	22 25	20°	28 57	25 59	22 35	20 47	23 23
27 50	24 47	21 19	19 27	22 05	21°	28 45	25 38	22 08	20 19	23 03
27 38	24 25	20 52	18 59	21 44	22°	28 33	25 17	21 41	19 51	22 42
27 26	24 04	20 25	18 30	21 22	23°	28 21	24 55	21 14	19 22	22 20
27 14	23 43	19 57	18 00	21 00	24°	28 09	24 34	20 46	18 52	21 58
27 02	23 21	19 29	17 30	20 37	25°	27 57	24 12	20 18	18 22	21 35
26 49	23 00	19 01	16 59	20 13	26°	27 45	23 50	19 50	17 51	21 11
26 37	22 37	18 32	16 28	19 48	27°	27 33	23 28	19 21	17 19	20 46
26 25	22 15	18 03	15 56	19 23	28°	27 21	23 06	18 51	16 47	20 21
26 13	21 53	17 34	15 23	18 56	29°	27 09	22 44	18 22	16 13	19 55
26 01	21 31	17 04	14 49	18 29	30°	26 56	22 21	17 52	15 39	19 27
25 49	21 08	16 34	14 14	18 00	31°	26 44	21 58	17 21	15 04	18 58
25 36	20 45	16 03	13 38	17 30	32°	26 31	21 35	16 50	14 28	18 28
25 24	20 22	15 31	13 01	16 59	33°	26 19	21 12	16 18	13 51	17 57
25 12	19 59	14 58	12 23	16 27	34°	26 06	20 49	15 45	13 13	17 25
24 59	19 35	14 26	11 45	15 53	35°	25 54	20 25	15 13	12 34	16 51
24 46	19 11	13 52	11 05	15 18	36°	25 41	20 01	14 39	11 54	16 16
24 33	18 47	13 18	10 23	14 41	37°	25 28	19 36	14 05	11 12	15 39
24 20	18 22	12 44	9 41	14 03	38°	25 15	19 11	13 30	10 29	15 00
24 07	17 57	12 08	8 57	13 22	39°	25 01	18 46	12 54	9 45	14 19
23 54	17 32	11 32	8 12	12 39	40°	24 48	18 21	12 17	9 00	13 36
23 40	17 06	10 55	7 25	11 54	41°	24 35	17 55	11 40	8 13	12 50
23 27	16 40	10 17	6 37	11 06	42°	24 21	17 28	11 02	7 24	12 02
23 13	16 13	9 38	5 47	10 16	43°	24 07	17 01	10 22	6 33	11 12
22 59	15 46	8 59	4 55	9 22	44°	23 53	16 34	9 43	5 40	10 18
22 45	15 19	8 18	4 01	8 26	45°	23 38	16 06	9 02	4 46	9 21
22 31	14 51	7 36	3 05	7 24	46°	23 24	15 38	8 20	3 50	8 19
22 16	14 22	6 53	2 07	6 20	47°	23 09	15 09	7 36	2 51	7 14
22 01	13 53	6 09	1 07	5 12	48°	22 54	14 39	6 51	1 50	6 05
21 46	13 23	5 24	♑ 0 04	3 58	49°	22 39	14 09	6 06	♑ 0 46	4 51
21 31	12 52	4 38	♐28 59	2 39	50°	22 23	13 38	5 19	♐29 40	3 31
21 15	12 21	3 50	27 51	♒ 1 14	51°	22 07	13 07	4 31	28 31	2 05
20 59	11 49	3 01	26 40	♑29 43	52°	21 51	12 34	3 41	27 19	♒ 0 33
20 43	11 16	2 10	25 26	28 04	53°	21 35	12 01	2 49	26 04	♑28 53
20 26	10 43	1 17	24 08	26 17	54°	21 18	11 28	1 56	24 46	27 05
20 09	10 09	♐ 0 23	22 48	24 21	55°	21 01	10 53	1 01	23 24	25 07
19 51	9 33	♏29 28	21 23	22 15	56°	20 43	10 17	♐ 0 05	21 58	22 59
19 33	8 57	28 30	19 55	19 58	57°	20 25	9 40	♏29 07	20 29	20 40
19 15	8 20	27 30	18 22	17 30	58°	20 07	9 03	28 07	18 55	18 10
18 57	7 42	26 29	16 46	14 49	59°	19 48	8 24	27 04	17 17	15 26
♎18 37	♏ 7 02	♏25 25	♐15 06	♑11 53	60°	♎19 28	♏ 7 44	♏26 00	♐15 35	♑12 27

| 12h 07m 20s | | 181° 50' 06'' | | | | 12h 11m 01s | | 182° 45' 09'' | | |
| | M 2° ♎ | | | | | | M 3° ♎ | | | |
XI	XII	A	II	III	N LAT	XI	XII	A	II	III
♏ 4 05	♐ 3 50	♑ 1°41	♑29 40	♒29 44	0°	♏ 5 02	♐ 4 43	♑ 2°31	♑30 33	♒30 41
2 59	2 04	♐29 41	27 51	28 35	5°	3 56	2 56	0 32	28 44	29 33
1 56	♐ 0 19	27 40	25 56	27 19	10°	2 53	♐ 1 11	♐28 30	26 49	28 17
♏ 0 54	♏28 35	25 35	23 52	25 56	15°	1 50	♏29 27	26 25	24 45	26 54
♎29 53	26 50	23 25	21 40	24 21	20°	0 49	27 42	24 14	22 32	25 20
29 41	26 29	22 58	21 12	24 01	21°	0 37	27 21	23 47	22 04	25 00
29 29	26 08	22 31	20 43	23 40	22°	0 25	26 59	23 20	21 35	24 39
29 17	25 46	22 03	20 14	23 19	23°	0 13	26 37	22 53	21 06	24 18
29 05	25 25	21 35	19 44	22 56	24°	♏ 0 01	26 16	22 25	20 36	23 55
28 53	25 03	21 07	19 14	22 33	25°	♎29 48	25 54	21 56	20 06	23 32
28 41	24 41	20 39	18 42	22 09	26°	29 36	25 32	21 28	19 34	23 08
28 29	24 19	20 10	18 10	21 45	27°	29 24	25 10	20 59	19 02	22 43
28 17	23 57	19 40	17 38	21 20	28°	29 12	24 48	20 29	18 29	22 18
28 04	23 34	19 10	17 04	20 53	29°	28 59	24 25	19 59	17 55	21 52
27 51	23 11	18 40	16 30	20 25	30°	28 46	24 01	19 28	17 21	21 24
27 39	22 48	18 09	15 55	19 57	31°	28 34	23 38	18 57	16 46	20 56
27 26	22 25	17 37	15 18	19 27	32°	28 21	23 15	18 25	16 09	20 26
27 14	22 02	17 05	14 41	18 56	33°	28 09	22 52	17 53	15 32	19 54
27 01	21 38	16 33	14 03	18 23	34°	27 56	22 28	17 20	14 53	19 22
26 48	21 14	16 00	13 24	17 49	35°	27 43	22 04	16 47	14 14	18 48
26 35	20 50	15 26	12 43	17 14	36°	27 30	21 39	16 13	13 33	18 12
26 22	20 25	14 51	12 01	16 37	37°	27 17	21 14	15 38	12 51	17 35
26 09	20 00	14 16	11 18	15 58	38°	27 03	20 49	15 02	12 07	16 56
25 56	19 35	13 40	10 34	15 17	39°	26 50	20 24	14 26	11 22	16 15
25 42	19 09	13 03	9 48	14 33	40°	26 36	19 58	13 49	10 36	15 31
25 29	18 43	12 25	9 00	13 47	41°	26 23	19 31	13 11	9 48	14 45
25 15	18 16	11 47	8 10	12 59	42°	26 09	19 04	12 32	8 58	13 57
25 01	17 49	11 07	7 19	12 08	43°	25 54	18 37	11 52	8 06	13 05
24 46	17 22	10 27	6 26	11 14	44°	25 40	18 09	11 11	7 13	12 11
24 32	16 54	9 46	5 32	10 17	45°	25 26	17 41	10 30	6 18	11 13
24 17	16 25	9 03	4 35	9 15	46°	25 11	17 12	9 47	5 20	10 11
24 03	15 56	8 19	3 35	8 09	47°	24 56	16 43	9 02	4 20	9 05
23 47	15 26	7 34	2 33	6 59	48°	24 40	16 12	8 16	3 17	7 54
23 32	14 55	6 48	1 29	5 45	49°	24 25	15 41	7 30	2 12	6 39
23 16	14 24	6 00	♑ 0 22	4 24	50°	24 09	15 10	6 42	♑ 1 04	5 18
23 00	13 53	5 11	♐29 12	2 57	51°	23 53	14 38	5 52	♐29 53	3 50
22 44	13 20	4 21	27 59	♒ 1 24	52°	23 36	14 05	5 01	28 40	2 15
22 27	12 46	3 29	26 43	♑29 43	53°	23 19	13 31	4 08	27 22	♒ 0 33
22 10	12 12	2 35	25 24	27 53	54°	23 02	12 57	3 14	26 02	♑28 42
21 53	11 37	1 39	24 01	25 54	55°	22 45	12 21	2 18	24 38	26 42
21 35	11 01	♐ 0 42	22 34	23 44	56°	22 27	11 45	1 20	23 10	24 30
21 17	10 24	♏29 44	21 03	21 23	57°	22 08	11 07	♐ 0 21	21 37	22 06
20 58	9 46	28 43	19 28	18 50	58°	21 49	10 28	♏29 19	20 01	19 31
20 39	9 06	27 39	17 48	16 03	59°	21 30	9 49	28 15	18 20	16 41
♎20 19	♏ 8 26	♏26 34	♐16 05	♑13 02	60°	♎21 10	♏ 9 08	♏27 08	♐16 35	♑13 37

| | 12ʰ 14ᵐ 41ˢ | | 183° 40' 14'' | | | | 12ʰ 18ᵐ 21ˢ | | 184° 35' 20'' | |
| | | M 4° ♎ | | | | | | M 5° ♎ | | |

XI	XII	A	II	III	N LAT	XI	XII	A	II	III
♏ 5 59	♐ 5 35	♑ 3°22	♒ 1 26	♓ 1 39	0°	♏ 6 56	♐ 6 27	♑ 4°13	♒ 2 19	♓ 2 37
4 52	3 48	1 22	♑29 37	0 31	5°	5 49	4 40	2 13	0 30	1 29
3 49	2 03	♐29 21	27 42	♒29 15	10°	4 45	2 55	♑ 0 11	♑28 35	♓ 0 14
2 46	♐ 0 19	27 15	25 38	27 53	15°	3 42	♐ 1 11	♐28 05	26 31	♒28 52
1 45	♏28 33	25 04	23 25	26 19	20°	2 41	♏29 25	25 54	24 18	27 18
1 33	28 12	24 37	22 57	25 59	21°	2 29	29 03	25 27	23 50	26 58
1 21	27 50	24 10	22 28	25 38	22°	2 16	28 42	24 59	23 21	26 37
1 08	27 29	23 42	21 59	25 17	23°	2 04	28 20	24 31	22 51	26 16
0 56	27 07	23 14	21 29	24 54	24°	1 52	27 58	24 03	22 21	25 54
0 44	26 45	22 45	20 58	24 31	25°	1 39	27 36	23 35	21 50	25 31
0 31	26 23	22 17	20 26	24 07	26°	1 27	27 14	23 06	21 18	25 07
0 19	26 00	21 48	19 54	23 42	27°	1 14	26 51	22 37	20 46	24 42
♏ 0 07	25 38	21 18	19 21	23 17	28°	1 02	26 28	22 07	20 13	24 17
♎29 54	25 15	20 47	18 47	22 51	29°	0 49	26 05	21 36	19 39	23 50
29 41	24 52	20 17	18 13	22 24	30°	0 36	25 42	21 05	19 05	23 23
29 29	24 29	19 45	17 37	21 55	31°	0 24	25 19	20 34	18 29	22 54
29 16	24 05	19 13	17 00	21 25	32°	♏ 0 11	24 55	20 02	17 52	22 24
29 03	23.42	18 41	16 23	20 53	33°	♎29 58	24 32	19 29	17 14	21 53
28 51	23 18	18 08	15 44	20 21	34°	29 45	24 08	18 56	16 35	21 21
28 38	22 53	17 34	15 04	19 47	35°	29 32	23 43	18 22	15 55	20 47
28 24	22 29	17 00	14 23	19 11	36°	29 19	23 18	17 47	15 14	20 11
28 11	22 04	16 25	13 41	18 34	37°	29 05	22 53	17 12	14 31	19 33
27 58	21 38	15 49	12 57	17 55	38°	28 52	22 28	16 36	13 47	18 54
27 44	21 13	15 12	12 11	17 13	39°	28 38	22 02	15 59	13 01	18 12
27 30	20 47	14 35	11 24	16 30	40°	28 24	21 35	15 21	12 13	17 29
27 16	20 20	13 57	10 36	15 44	41°	28 10	21 08	14 43	11 24	16 43
27 02	19 53	13 17	9 46	14 55	42°	27 56	20 41	14 03	10 34	15 53
26 48	19 25	12 37	8 53	14 03	43°	27 42	20 13	13 22	9 41	15 01
26 34	18 57	11 56	7 59	13 08	44°	27 28	19 45	12 40	8 46	14 06
26 19	18 29	11 14	7 04	12 10	45°	27 13	19 16	11 58	7 50	13 08
26 04	18 00	10 30	6 05	11 08	46°	26 58	18 47	11 14	6 51	12 05
25 49	17 30	9 45	5 05	10 01	47°	26 42	18 17	10 29	5 50	10 58
25 33	16 59	8 59	4 01	8 50	48°	26 26	17 46	9 42	4 46	9 47
25 18	16 28	8 12	2 56	7 34	49°	26 11	17 15	8 54	3 39	8 30
25 02	15 56	7 23	1 47	6 12	50°	25 55	16 43	8 05	2 30	7 07
24 46	15 24	6 33	♑ 0 35	4 43	51°	25 38	16 10	7 14	1 17	5 37
24 29	14 51	5 41	♐29 20	3 07	52°	25 21	15 36	6 22	♑ 0 01	4 00
24 12	14 16	4 48	28 02	♒ 1 24	53°	25 04	15 01	5 29	♐28 42	2 16
23 55	13 41	3 53	26 40	♑29 32	54°	24 47	14 26	4 33	27 19	♒ 0 22
23 37	13 06	2 56	25 15	27 30	55°	24 29	13 50	3 35	25 53	♑28 19
23 19	12 29	1 58	23 46	25 16	56°	24 10	13 13	2 36	24 22	26 03
23 00	11 50	♐ 0 58	22 12	22 50	57°	23 51	12 34	1 35	22 47	23 35
22 41	11 11	♏29 55	20 34	20 13	58°	23 32	11 54	♐ 0 31	21 07	20 55
22 21	10 31	28 50	18 52	17 19	59°	23 12	11 13	29 25	19 24	17 59
♎22 01	♏ 9 50	♏27 43	♐17 05	♑14 13	60°	♎22 52	♏10 32	♏28 18	♐17 35	♑14 49

97

	12ʰ 22ᵐ 02ˢ 185° 30' 27'' M 6° ♎				N LAT		12ʰ 25ᵐ 42ˢ 186 25' 37'' M 7° ♎			

XI	XII	A	II	III	N LAT	XI	XII	A	II	III
♏ 7 52	♐ 7 19	♑ 5°03	♒ 3 12	♓ 3 35	0°	♏ 8 49	♐ 8 11	♑ 5°54	♒ 4 06	♓ 4 34
6 45	5 32	3 04	1 23	2 27	5°	7 42	6 24	3 54	2 17	3 26
5 41	3 47	♑ 1 02	♑29 28	♓ 1 13	10°	6 37	4 39	♑ 1 52	♒ 0 22	2 12
4 38	. 2 02	♐28 55	27 25	♒29 51	15°	5 34	2 54	♐29 46	♑28 19	♓ 0 50
3 36	♐ 0 16	26 44	25 11	28 18	20°	4 32	1 07	27 34	26 04	♒29 18
3 24	♏29 54	26 17	24 43	27 58	21°	4 20	0 46	27 07	25 36	28 58
3 12	29 33	25 49	24 14	27 37	22°	4 07	0 24	26 39	25 07	28 37
2 59	29 11	25 21	23 44	27 16	23°	3 55	♐ 0 02	26 11	24 38	28 16
2 47	28 49	24 53	23 14	26 53	24°	3 42	♏29 40	25 43	24 08	27 53
2 35	28 27	24 24	22 43	26 30	25°	3 30	29 18	25 14	23 36	27 30
2 22	28 05	23 55	22 11	26 07	26°	3 17	28 56	24 45	23 04	27 07
2 10	27 42	23 26	21 39	25 42	27°	3 05	28 33	24 15	22 32	26 42
1 57	27 19	22 56	21 06	25 17	28°	2 52	28 10	23 45	21 59	26 17
1 44	26 56	22 25	20 32	24 50	29°	2 39	27 47	23 14	21 24	25 50
1 31	26 32	21 54	19 57	24 23	30°	2 26	27 23	22 43	20 49	25 23
1 19	26 09	21 22	19 21	23 54	31°	2 14	26 59	22 11	20 13	24 54
1 06	25 45	20 50	18 44	23 24	32°	2 01	26 35	21 38	19 36	24 24
0 53	25 22	20 17	18 05	22 53	33°	1 48	26 12	21 05	18 58	23 53
0 40	24 58	19 44	17 26	22 21	34°	1 35	25 48	20 32	18 18	23 21
0 27	24 33	19 10	16 46	21 47	35°	1 21	25 23	19 57	17 37	22 47
0 13	24 08	18 35	16 04	21 11	36°	1 08	24 57	19 22	16 55	22 11
♏ 0 00	23 42	17 59	15 21	20 33	37°	0 54	24 32	18 47	16 12	21 33
♎29 46	23 17	17 23	14 37	19 54	38°	0 40	24 06	18 10	15 27	20 54
29 32	22 51	16 46	13 51	19 12	39°	0 26	23 40	17 32	14 41	20 12
29 18	22 24	16 08	13 03	18 28	40°	♏ 0 12	23 13	16 54	13 53	19 28
29 04	21 57	15 29	12 13	17 42	41°	♎29 58	22 45	16 15	13 02	18 42
28 50	21 29	14 49	11 22	16 52	42°	29 44	22 18	15 35	12 11	17 52
28 36	21 01	14 07	10 29	16 00	43°	29 29	21 50	14 53	11 18	17 00
28 21	20 33	13 25	9 34	15 05	44°	29 14	21 21	14 10	10 22	16 04
28 06	20 04	12 43	8 37	14 06	45°	28 59	20 52	13 27	9 25	15 05
27 51	19 34	11 58	7 38	13 03	46°	28 44	20 22	12 43	8 25	14 02
27 35	19 04	11 13	6 36	11 56	47°	28 29	19 51	11 57	7 22	12 54
27 19	18 32	10 26	5 31	10 44	48°	28 13	19 19	11 09	6 16	11 42
27 04	18 01	9 37	4 23	9 26	49°	27 57	18 47	10 20	5 08	10 23
26 47	17 29	8 47	3 13	8 03	50°	27 40	18 15	9 30	3 57	8 59
26 31	16 56	7 56	1 59	6 32	51°	27 23	17 42	8 38	2 42	7 28
26 14	16 22	7 03	♑ 0 43	4 54	52°	27 06	17 07	7 45	1 25	5 48
25 56	15 47	6 09	♐29 23	3 08	53°	26 49	16 32	6 50	♑ 0 03	4 01
25 39	15 11	5 13	27 59	♒ 1 13	54°	26 31	15 56	5 53	♐28 39	♒ 2 04
25 21	14 34	4 14	26 31	♑29 08	55°	26 13	15 19	4 54	27 09	♑29 58
25 02	13 56	3 14	24 59	26 50	56°	25 54	14 40	3 53	25 36	27 39
24 43	13 17	2 12	23 22	24 21	57°	25 35	14 01	2 49	23 58	25 08
24 24	12 37	1 08	21 41	21 38	58°	25 15	13 21	1 44	22 15	22 22
24 04	11 56	♐ 0 01	19 56	18 40	59°	24 55	12 39	♐ 0 37	20 28	19 21
♎23 43	♏11 14	♏28 52	♐18 05	♑15 26	60°	♎24 34	♏11 56	♏29 27	♐18 36	♑16 03

12h 29m 23s 187° 20' 48'' M 8° ♎					N LAT	12h 33m 04s 188° 16' 03'' M 9° ♎				
XI	XII	A	II	III		XI	XII	A	II	III
♏ 9 45	♐ 9 03	♑ 6°45	♒ 5 00	♓ 5 32	0°	♏10 41	♐ 9 55	♑ 7°36	♒ 5 54	♓ 6 31
8 38	7 16	4 45	3 11	4 25	5°	9 34	8 08	5 36	4 05	5 24
7 33	5 31	2 43	♒ 1 16	3 11	10°	8 29	6 23	3 34	2 10	4 11
6 30	3 46	♑ 0 37	♑29 13	1 50	15°	7 26	4 37	♑ 1 28	♒ 0 07	2 50
5 28	1 59	♐28 25	26 57	♓ 0 18	20°	6 23	2 50	♐29 15	♑27 51	1 18
5 15	1 37	27 57	26 30	♒29 58	21°	6 11	2 28	28 47	27 24	0 58
5 03	1 15	27 29	26 01	29 37	22°	5 58	2 06	28 20	26 55	0 38
4 50	0 53	27 01	25 32	29 16	23°	5 46	1 44	27 52	26 26	♓ 0 17
4 38	0 31	26 33	25 01	28 54	24°	5 33	1 22	27 23	25 55	♒29 55
4 25	♐ 0 09	26 04	24 30	28 31	25°	5 20	1 00	26 54	25 24	29 32
4 13	♏29 47	25 34	23 58	28 07	26°	5 08	0 38	26 24	24 52	29 08
4 00	29 24	25 04	23 25	27 43	27°	4 55	♐ 0 15	25 54	24 19	28 44
3 47	29 00	24 34	22 52	27 18	28°	4 42	♏29 51	25 24	23 45	28 19
3 34	28 37	24 03	22 18	26 51	29°	4 29	29 28	24 53	23 11	27 52
3 21	28 13	23 32	21 42	26 24	30°	4 16	29 04	24 21	22 35	27 25
3 09	27 50	23 00	21 05	25 55	31°	4 03	28 40	23 49	21 58	26 56
2 56	27 26	22 27	20 28	25 25	32°	3 50	28 16	23 16	21 21	26 26
2 42	27 02	21 54	19 50	24 54	33°	3 37	27 52	22 43	20 43	25 55
2 29	26 37	21 20	19 10	24 22	34°	3 24	27 27	22 09	20 03	25 23
2 16	26 12	20 45	18 29	23 48	35°	3 10	27 02	21 34	19 22	24 49
2 02	25 46	20 10	17 47	23 12	36°	2 57	26 36	20 58	18 39	24 13
1 49	25 21	19 34	17 03	22 34	37°	2 43	26 11	20 22	17 55	23 35
1 35	24 55	18 57	16 18	21 55	38°	2 29	25 45	19 45	17 10	22 56
1 21	24 29	18 19	15 31	21 13	39°	2 15	25 18	19 07	16 22	22 14
1 06	24 02	17 41	14 43	20 29	40°	2 01	24 51	18 28	15 33	21 30
0 52	23 34	17 02	13 53	19 42	41°	1 46	24 23	17 48	14 43	20 43
0 38	23 06	16 21	13 01	18 52	42°	1 32	23 55	17 07	13 51	19 53
0 23	22 38	15 39	12 07	18 00	43°	1 17	23 26	16 25	12 56	19 01
♏ 0 08	22 09	14 56	11 11	17 04	44°	1 02	22 57	15 41	12 00	18 05
♎29 53	21 39	14 12	10 12	16 05	45°	0 46	22 27	14 58	11 00	17 05
29 37	21 09	13 27	9 12	15 01	46°	0 31	21 57	14 12	9 59	16 01
29 22	20 38	12 41	8 08	13 53	47°	♏ 0 15	21 25	13 25	8 55	14 53
29 06	20 06	11 53	7 02	12 40	48°	♎29 59	20 53	12 37	7 48	13 39
28 50	19 34	11 03	5 53	11 21	49°	29 43	20 21	11 47	6 39	12 20
28 33	19 01	10 12	4 41	9 56	50°	29 26	19 48	10 55	5 26	10 54
28 16	18 28	9 20	3 25	8 24	51°	29 09	19 14	10 02	4 09	9 21
27 59	17 53	8 26	2 07	6 43	52°	28 51	18 38	9 07	2 50	7 40
27 41	17 17	7 30	♑ 0 44	4 56	53°	28 33	18 02	8 11	♑ 1 26	5 51
27 23	16 41	6 33	♐29 19	2 57	54°	28 15	17 26	7 13	♐29 59	3 51
27 04	16 03	5 33	27 48	♒ 0 49	55°	27 56	16 48	6 12	28 27	♒ 1 41
26 45	15 24	4 31	26 14	♑28 29	56°	27 37	16 08	5 10	26 52	♑29 19
26 26	14 45	3 27	24 34	25 55	57°	27 18	15 28	4 05	25 10	26 43
26 06	14 04	2 21	22 50	23 07	58°	26 58	14 47	2 58	23 25	23 52
25 46	13 22	1 13	21 01	20 03	59°	26 37	14 04	1 49	♑21 31	20 46
♎25 25	♏12 38	♐ 0 02	♐19 07	♑16 41	60°	♎26 16	♏13 20	♐ 0 37	♐19 39	♑17 20

XI	XII	A	II	III	N LAT	XI	XII	A	II	III
♏11 37	♐10 47	♑8°27	♒6 48	♓7 30	0°	♏12 33	♐11 38	♑9°18	♒7 42	♓8 29
10 30	9 00	6 27	5 00	6 23	5°	11 26	9 52	7 18	5 54	7 23
9 25	7 15	4 25	3 05	5 11	10°	10 21	8 07	5 16	4 00	6 11
8 22	5 29	2 19	♒1 02	3 50	15°	9 17	6 21	3 10	♒1 57	4 51
7 19	3 42	♑0 06	♑28 46	2 19	20°	8 14	4 33	0 57	♑29 42	3 20
7 06	3 20	♐29 38	28 19	1 59	21°	8 02	4 11	0 29	29 14	3 00
6 54	2 58	29 10	27 50	1 39	22°	7 49	3 49	♑0 01	28 45	2 40
6 41	2 36	28 42	27 20	1 18	23°	7 36	3 27	♐29 32	28 15	2 19
6 29	2 13	28 13	26 50	0 56	24°	7 24	3 05	29 03	27 44	1 57
6 16	1 51	27 44	26 18	0 33	25°	7 11	2 42	28 34	27 13	1 34
6 03	1 29	27 14	25 46	♓0 09	26°	6 58	2 20	28 05	26 41	1 11
5 50	1 06	26 44	25 13	♒29 45	27°	6 45	1 57	27 35	26 07	0 47
5 37	0 42	26 14	24 39	29 20	28°	6 32	1 33	27 04	25 33	♓0 22
5 24	♐0 18	25 43	24 05	28 54	29°	6 19	1 09	26 32	24 59	♒29 56
5 11	♏29 54	25 11	23 29	28 27	30°	6 06	0 45	26 00	24 23	29 29
4 58	29 30	24 38	22 52	27 58	31°	5 53	♐0 21	25 28	23 46	29 00
4 45	29 06	24 05	22 14	27 28	32°	5 40	♏29 57	24 55	23 08	28 30
4 32	28 42	23 32	21 36	26 57	33°	5 26	29 32	24 21	22 29	27 59
4 18	28 17	22 57	20 56	26 25	34°	5 13	29 07	23 46	21 49	27 27
4 05	27 52	22 22	20 14	25 51	35°	4 59	28 42	23 11	21 07	26 53
3 51	27 26	21 47	19 31	25 15	36°	4 45	28 16	22 35	20 24	26 17
3 37	27 00	21 10	18 47	24 37	37°	4 32	27 50	21 58	19 40	25 39
3 23	26 34	20 32	18 02	23 58	38°	4 18	27 23	21 20	18 54	25 00
3 09	26 07	19 54	17 14	23 16	39°	4 03	26 56	20 42	18 06	24 18
2 55	25 40	19 15	16 25	22 32	40°	3 49	26 29	20 03	17 16	23 34
2 40	25 12	18 34	15 34	21 45	41°	3 34	26 01	19 22	16 25	22 47
2 25	24 43	17 53	14 41	20 55	42°	3 19	25 32	18 40	15 32	21 57
2 10	24 14	17 11	13 46	20 02	43°	3 04	25 03	17 57	14 36	21 04
1 55	23 45	16 27	12 49	19 06	44°	2 49	24 33	17 13	13 39	20 08
1 40	23 15	15 43	11 49	18 06	45°	2 34	24 03	16 29	12 39	19 08
1 24	22 44	14 57	10 47	17 02	46°	2 18	23 32	15 42	11 36	18 03
1 08	22 13	14 10	9 43	15 53	47°	2 02	23 00	14 54	10 31	16 54
0 52	21 41	13 21	8 35	14 39	48°	1 45	22 28	14 05	9 22	15 40
0 36	21 08	12 30	7 25	13 19	49°	1 29	21 55	13 14	8 11	14 19
0 19	20 34	11 38	6 11	11 53	50°	1 11	21 21	12 21	6 56	12 52
♏0 01	20 00	10 44	4 53	10 19	51°	0 54	20 46	11 27	5 38	11 18
♎29 44	19 24	9 49	3 33	8 37	52°	0 36	20 10	10 31	4 17	9 35
29 26	18 48	8 52	2 08	6 47	53°	♏0 18	19 33	9 33	2 51	7 44
29 07	18 11	7 53	♑0 40	4 46	54°	♎29 59	18 56	8 34	♑1 21	5 41
28 48	17 32	6 52	♐29 07	2 34	55°	29 40	18 17	7 32	♐29 47	3 28
28 29	16 53	5 49	27 30	♒0 10	56°	29 21	17 37	6 28	28 08	♒1 02
28 09	16 12	4 43	25 47	♑27 32	57°	29 01	16 56	5 21	26 24	♑28 22
27 49	15 30	3 35	24 00	24 38	58°	28 40	16 13	4 12	24 35	25 26
27 28	14 47	2 25	22 08	21 29	59°	28 19	15 30	3 01	22 42	22 13
♎27 07	♏14 02	♐1 12	♐20 10	♑18 00	60°	♎27 57	♏14 44	♐1 47	♐20 42	♑18 41

XI	XII	A	II	III	N LAT	XI	XII	A	II	III
♏13 29	♐12 30	♑10°09	♒8 36	♓9 28	0°	♏14 25	♐13 22	♑11°00	♒9 31	♓10 27
12 22	10 44	8 10	6 49	8 23	5°	13 18	11 36	9 01	7 44	9 23
11 16	8 59	6 08	4 55	7 11	10°	12 12	9 50	6 59	5 50	8 11
10 13	7 13	4 01	2 52	5 52	15°	11 09	8 04	4 52	3 48	6 53
9 10	5 25	1 48	0 38	4 21	20°	10 05	6 16	2 39	1 33	5 23
8 57	5 03	1 20	♒0 09	4 01	21°	9 52	5 54	2 11	1 04	5 03
8 44	4 41	0 52	♑29 40	3 41	22°	9 40	5 32	1 43	0 35	4 43
8 32	4 18	♑0 23	29 10	3 20	23°	9 27	5 10	1 14	♒0 05	4 22
8 19	3 56	♐29 54	28 39	2 59	24°	9 14	4 47	0 45	♑29 35	4 01
8 06	3 33	29 25	28 08	2 36	25°	9 01	4 24	♑0 16	29 03	3 38
7 53	3 11	28 55	27 36	2 13	26°	8 48	4 02	♐29 46	28 31	3 15
7 40	2 48	28 25	27 02	1 49	27°	8 35	3 39	29 15	27 57	2 51
7 27	2 24	27 54	26 28	1 24	28°	8 22	3 15	28 44	27 23	2 26
7 14	2 00	27 22	25 54	0 58	29°	8 09	2 51	28 12	26 49	2 00
7 01	1 36	26 50	25 18	0 31	30°	7 56	2 27	27 40	26 13	1 33
6 47	1 12	26 18	24 41	♓0 02	31°	7 42	2 03	27 08	25 36	1 05
6 34	0 47	25 44	24 02	♒29 33	32°	7 29	1 38	26 34	24 58	0 36
6 21	♐0 22	25 10	23 23	29 02	33°	7 16	1 13	26 00	24 18	♓0 05
6 07	♏29 57	24 35	22 43	28 30	34°	7 02	0 48	25 25	23 37	♒29 33
5 54	29 32	24 00	22 01	27 56	35°	6 48	♐0 22	24 49	22 55	28 59
5 40	29 06	23 24	21 18	27 20	36°	6 34	♏29 56	24 13	22 12	28 23
5 26	28 40	22 47	20 33	26 42	37°	6 20	29 30	23 35	21 26	27 46
5 12	28 13	22 09	19 47	26 03	38°	6 06	29 03	22 57	20 40	27 07
4 57	27 46	21 30	18 59	25 21	39°	5 52	28 35	22 18	19 52	26 24
4 43	27 18	20 50	18 09	24 37	40°	5 37	28 07	21 38	19 02	25 40
4 28	26 50	20 09	17 17	23 50	41°	5 22	27 39	20 57	18 09	24 54
4 13	26 21	19 27	16 23	23 00	42°	5 07	27 10	20 14	17 15	24 04
3 58	25 52	18 44	15 27	22 07	43°	4 52	26 40	19 31	16 19	23 10
3 43	25 22	17 59	14 29	21 11	44°	4 36	26 10	18 46	15 20	22 14
3 27	24 51	17 14	13 29	20 10	45°	4 21	25 40	18 00	14 19	21 13
3 11	24 20	16 27	12 25	19 05	46°	4 04	25 08	17 13	13 15	20 08
2 55	23 48	15 39	11 19	17 56	47°	3 48	24 36	16 24	12 08	18 59
2 38	23 15	14 49	10 10	16 42	48°	3 31	24 03	15 34	10 58	17 44
2 22	22 42	13 58	8 58	15 20	49°	3 15	23 29	14 42	9 46	16 22
2 04	22 07	13 05	7 42	13 53	50°	2 57	22 54	13 48	8 29	14 54
1 47	21 32	12 10	6 23	12 18	51°	2 39	22 19	12 53	7 09	13 19
1 29	20 56	11 13	5 01	10 34	52°	2 21	21 42	11 55	5 46	11 34
1 10	20 19	10 14	3 34	8 42	53°	2 03	21 05	10 56	4 17	9 41
0 52	19 41	9 14	2 03	6 38	54°	1 44	20 26	9 55	2 45	7 36
0 32	19 02	8 12	♑0 27	4 23	55°	1 24	19 47	8 52	♑1 08	5 20
♏0 13	18 21	7 07	♐28 47	♒1 55	56°	1 04	19 06	7 46	♐29 27	2 50
♎29 53	17 40	5 59	27 02	♑29 14	57°	0 44	18 24	6 38	27 40	♒0 06
29 32	16 57	4 50	25 11	26 14	58°	0 23	17 40	5 27	25 47	♑27 03
29 10	16 13	3 37	23 16	22 58	59°	♏0 01	16 56	4 14	20 50	23 44
♎28 48	♏15 27	♐2 22	♐21 15	♑19 23	60°	♎29 39	♏16 09	♐2 58	♐21 47	♑20 06

| 12ʰ 51ᵐ 32ˢ | | 192° 53' 02'' | | | | 12ʰ 55ᵐ 15ˢ | | 193° 48' 38'' | | |
| M 14° ♎ | | | | | | M 15° ♎ | | | | |
XI	XII	A	II	III	N LAT	XI	XII	A	II	III
♏15 21	♐14 13	♑11°51	♒10 26	♓11 27	0°	♏16 17	♐15 05	♑12°42	♒11 21	♓12 26
14 13	12 28	9 53	8 39	10 23	5°	15 09	13 19	10 44	9 35	11 23
13 08	10 42	7 51	6 46	9 12	10°	14 04	11 34	8 43	7 42	10 13
12 04	8 56	5 44	4 44	7 54	15°	12 59	9 48	6 36	5 40	8 55
11 00	7 08	3 30	2 29	6 25	20°	11 56	8 00	4 22	3 25	7 27
10 48	6 46	3 02	2 00	6 05	21°	11 43	7 37	3 54	2 56	7 08
10 35	6 24	2 34	1 31	5 45	22°	11 30	7 15	3 26	2 27	6 48
10 22	6 01	2 05	1 01	5 25	23°	11 17	6 53	2 57	1 58	6 28
10 09	5 38	1 36	♒0 30	5 03	24°	11 04	6 30	2 28	1 26	6 06
9 56	5 16	1 07	♑29 58	4 41	25°	10 51	6 07	1 58	0 54	5 44
9 43	4 53	0 37	29 26	4 18	26°	10 38	5 44	1 28	♒0 22	5 21
9 30	4 30	♑0 06	28 53	3 54	27°	10 25	5 21	0 57	♑29 49	4 57
9 17	4 06	♐29 35	28 19	3 29	28°	10 12	4 57	♑0 26	29 15	4 33
9 04	3 42	29 03	27 44	3 03	29°	9 59	4 33	♐29 54	28 40	4 07
8 51	3 18	28 31	27 08	2 36	30°	9 46	4 09	29 22	28 04	3 40
8 37	2 54	27 58	26 31	2 08	31°	9 32	3 45	28 49	27 27	3 12
8 24	2 29	27 24	25 53	1 39	32°	9 19	3 20	28 15	26 48	2 43
8 10	2 04	26 50	25 13	1 09	33°	9 05	2 54	27 40	26 08	2 13
7 57	1 38	26 15	24 32	0 37	34°	8 51	2 29	27 05	25 27	1 41
7 43	1 12	25 39	23 50	♓0 03	35°	8 37	2 03	26 29	24 45	1 07
7 29	0 46	25 02	23 06	♒29 27	36°	8 23	1 36	25 52	24 01	♓0 31
7 15	♐0 20	24 24	22 20	28 50	37°	8 09	1 10	25 14	23 15	♒29 54
7 00	♏29 53	23 46	21 34	28 11	38°	7 54	0 43	24 35	22 28	29 15
6 46	29 25	23 06	20 45	27 28	39°	7 40	♐0 15	23 55	21 39	28 33
6 31	28 57	22 26	19 55	26 44	40°	7 25	♏29 46	23 15	20 49	27 49
6 16	28 28	21 45	19 02	25 58	41°	7 10	29 17	22 33	19 55	27 03
6 01	27 59	21 02	18 07	25 08	42°	6 55	28 48	21 50	19 00	26 13
5 45	27 29	20 18	17 11	24 14	43°	6 39	28 18	21 06	18 03	25 19
5 30	26 59	19 33	16 11	23 18	44°	6 24	27 48	20 20	17 03	24 23
5 14	26 28	18 47	15 10	22 17	45°	6 08	27 16	19 34	16 02	23 22
4 57	25 56	17 59	14 05	21 12	46°	5 51	26 44	18 46	14 56	22 17
4 41	25 24	17 10	12 58	20 03	47°	5 35	26 11	17 56	13 48	21 07
4 24	24 50	16 19	11 47	18 47	48°	5 17	25 38	17 04	12 37	19 51
4 07	24 16	15 26	10 34	17 25	49°	5 00	25 04	16 11	11 23	18 29
3 50	23 41	14 32	9 16	15 57	50°	4 43	24 28	15 17	10 04	17 00
3 32	23 05	13 36	7 55	14 21	51°	4 25	23 52	14 20	8 42	15 23
3 14	22 28	12 38	6 31	12 35	52°	4 06	23 15	13 21	7 17	13 37
2 55	21 50	11 38	5 01	10 41	53°	3 48	22 36	12 21	5 46	11 42
2 36	21 12	10 36	3 28	8 35	54°	3 28	21 57	11 18	4 12	9 35
2 16	20 32	9 32	1 50	6 17	55°	3 08	21 16	10 13	2 32	7 15
1 56	19 50	8 26	♑0 07	3 45	56°	2 48	20 35	9 06	♑0 47	4 42
1 35	19 08	7 17	♐28 18	♒0 58	57°	2 27	19 52	7 56	♐28 57	♒1 52
1 14	18 24	6 05	26 24	♑27 54	58°	2 06	19 07	6 43	27 01	♑28 45
0 52	17 39	4 51	24 25	24 31	59°	1 44	18 22	5 28	25 00	25 19
♏0 30	♏16 52	♐3 34	♐22 20	♑20 49	60°	♏1 21	♏17 34	♐4 10	♐22 53	♑21 33

12h 58m 57s 194° 44' 18'' M 16° ♎						13h 02m 40s 195° 40' 04'' M 17° ♎				
XI	XII	A	II	III	N LAT	XI	XII	A	II	III
♏17 12	♐15 57	♑13°34	♒12 16	♓13 26	0°	♏18 08	♐16 48	♑14°26	♒13 12	♓14 26
16 05	14 11	11 36	10 31	12 23	5°	17 00	15 03	12 28	11 27	13 24
14 59	12 26	9 35	8 38	11 14	10°	15 55	13 18	10 27	9 34	12 15
13 55	10 40	7 28	6 36	9 57	15°	14 50	11 32	8 20	7 33	10 59
12 51	8 51	5 14	4 22	8 30	20°	13 46	9 43	6 06	5 19	9 33
12 38	8 29	4 46	3 53	8 11	21°	13 34	9 21	5 38	4 50	9 14
12 25	8 06	4 18	3 24	7 51	22°	13 21	8 58	5 10	4 21	8 54
12 13	7 44	3 49	2 54	7 31	23°	13 08	8 36	4 41	3 51	8 34
12 00	7 21	3 19	2 23	7 09	24°	12 55	8 13	4 11	3 20	8 13
11 47	6 58	2 49	1 51	6 47	25°	12 42	7 50	3 41	2 48	7 51
11 34	6 35	2 19	1 19	6 24	26°	12 29	7 27	3 11	2 16	7 28
11 20	6 12	1 49	0 46	6 01	27°	12 15	7 03	2 40	1 43	7 05
11 07	5 48	1 17	♒ 0 12	5 37	28°	12 02	6 39	2 09	1 09	6 41
10 54	5 24	0 45	♑29 36	5 11	29°	11 49	6 15	1 37	♒ 0 33	6 15
10 41	5 00	♑ 0 13	29 00	4 44	30°	11 36	5 51	1 04	♑29 57	5 49
10 27	4 36	♐29 40	28 23	4 16	31°	11 22	5 27	♑ 0 31	29 20	5 21
10 13	4 11	29 06	27 44	3 47	32°	11 08	5 02	♐29 57	28 41	4 52
10 00	3 45	28 31	27 04	3 17	33°	10 54	4 36	29 22	28 01	4 22
9 46	3 19	27 55	26 23	2 45	34°	10 41	4 10	28 46	27 19	3 50
9 32	2 53	27 19	25 41	2 12	35°	10 27	3 44	28 09	26 37	3 17
9 18	2 27	26 42	24 56	1 36	36°	10 12	3 17	27 32	25 52	2 42
9 03	2 00	26 04	24 11	0 59	37°	9 58	2 50	26 54	25 07	2 05
8 49	1 33	25 24	23 23	♓ 0 20	38°	9 43	2 23	26 14	24 19	1 26
8 34	1 05	24 44	22 34	♒29 38	39°	9 28	1 55	25 34	23 29	0 44
8 19	0 36	24 04	21 43	28 54	40°	9 13	1 26	24 53	22 38	♓ 0 00
8 04	♐ 0 07	23 22	20 49	28 08	41°	8 58	0 57	24 11	21 44	♒29 14
7 49	♏29 37	22 39	19 54	27 18	42°	8 43	♐ 0 27	23 27	20 48	28 24
7 33	29 07	21 54	18 56	26 25	43°	8 27	♏29 56	22 42	19 50	27 31
7 17	28 36	21 08	17 56	25 29	44°	8 11	29 25	21 55	18 50	26 35
7 02	28 05	20 21	16 54	24 27	45°	7 55	28 54	21 08	17 47	25 34
6 45	27 33	19 32	15 48	23 23	46°	7 38	28 21	20 19	16 40	24 29
6 28	27 00	18 42	14 39	22 12	47°	7 21	27 48	19 28	15 31	23 18
6 11	26 26	17 50	13 28	20 56	48°	7 04	27 14	18 36	14 18	22 02
5 54	25 51	16 56	12 12	19 34	49°	6 47	26 38	17 42	13 02	20 39
5 36	25 15	16 01	10 53	18 05	50°	6 29	26 02	16 46	11 42	19 10
5 18	24 39	15 04	9 30	16 26	51°	6 10	25 26	15 48	10 18	17 31
4 59	24 01	14 04	8 03	14 40	52°	5 52	24 47	14 48	8 50	15 44
4 40	23 22	13 03	6 31	12 44	53°	5 32	24 09	13 46	7 17	13 48
4 20	22 43	12 00	4 56	10 36	54°	5 13	23 28	12 42	5 40	11 38
4 00	22 01	10 54	3 15	8 14	55°	4 53	22 47	11 35	3 58	9 15
3 40	21 20	9 46	♑ 1 28	5 39	56°	4 32	22 04	10 26	2 10	6 38
3 19	20 36	8 35	♐29 36	♒ 2 48	57°	4 11	21 20	9 14	♑ 0 16	3 44
2 57	19 51	7 21	27 39	♑29 38	58°	3 49	20 35	8 00	♐28 17	♒ 0 32
2 35	19 05	6 05	25 36	26 09	59°	3 20	19 48	6 42	26 12	26 59
♏ 2 12	♏18 17	♐ 4 46	♐23 27	♑22 18	60°	♏ 3 03	♏18 59	♐ 5 22	♐24 01	♑23 04

| | 13ʰ 06ᵐ 24ˢ | | 196° 35' 54'' | | | | 13ʰ 10ᵐ 07 | | 197° 31' 51'' | |
| | M 18° ♎ | | | | | | | M 19° ♎ | | |

XI	XII	A	II	III	N LAT	XI	XII	A	II	III
♏19 03	♐17 40	♑15°18	≈14 08	✕15 26	0°	♏19 59	♐18 32	♑16°10	≈15 04	✕16 27
17 56	15 55	13 20	12 23	14 25	5°	18 51	16 47	14 13	13 20	15 26
16 50	14 10	11 19	10 31	13 17	10°	17 46	15 02	12 12	11 28	14 19
15 46	12 24	9 13	8 30	12 02	15°	16 41	13 16	10 06	9 28	13 05
14 42	10 35	6 58	6 16	10 36	20°	15 37	11 27	7 51	7 14	11 39
14 29	10 13	6 30	5 48	10 17	21°	15 24	11 05	7 23	6 46	11 21
14 16	9 50	6 02	5 19	9 57	22°	15 11	10 42	6 55	6 17	11 01
14 03	9 28	5 33	4 49	9 37	23°	14 58	10 20	6 26	5 47	10 41
13 50	9 05	5 03	4 18	9 17	24°	14 45	9 57	5 56	5 16	10 21
13 37	8 42	4 33	3 46	8 55	25°	14 32	9 34	5 26	4 44	10 00
13 24	8 19	4 03	3 13	8 32	26°	14 19	9 11	4 56	4 11	9 37
13 11	7 55	3 32	2 40	8 09	27°	14 06	8 47	4 25	3 38	9 14
12 57	7 31	3 01	2 06	7 45	28°	13 52	8 23	3 53	3 04	8 50
12 44	7 07	2 29	1 30	7 20	29°	13 39	7 58	3 21	2 28	8 25
12 31	6 43	1 56	0 54	6 54	30°	13 26	7 34	2 48	1 52	7 59
12 17	6 18	1 22	≈ 0 17	6 26	31°	13 12	7 09	2 14	1 15	7 32
12 03	5 53	0 48	♑29 38	5 57	32°	12 58	6 44	1 39	≈ 0 36	7 03
11 49	5 27	♑ 0 13	28 58	5 27	33°	12 44	6 18	1 04	♑29 56	6 33
11 35	5 01	♐29 37	28 16	4 56	34°	12 30	5 52	♑ 0 28	29 14	6 02
11 21	4 35	29 00	27 34	4 23	35°	12 16	5 26	♐29 51	28 31	5 29
11 07	4 08	28 23	26 49	3 48	36°	12 01	4 59	29 14	27 46	4 55
10 52	3 41	27 44	26 03	3 11	37°	11 47	4 31	28 35	27 00	4 18
10 37	3 13	27 04	25 15	2 32	38°	11 32	4 03	27 55	26 12	3 39
10 22	2 45	26 24	24 25	1 51	39°	11 17	3 35	27 14	25 22	2 58
10 07	2 16	25 43	23 33	1 07	40°	11 02	3 06	26 33	24 29	2 15
9 52	1 46	25 00	22 39	✕ 0 21	41°	10 46	2 36	25 50	23 35	1 29
9 37	1 16	24 16	21 43	≈29 31	42°	10 31	2 06	25 05	22 39	✕ 0 39
9 21	0 45	23 31	20 45	28 38	43°	10 15	1 35	24 20	21 40	≈29 46
9 05	♐ 0 14	22 44	19 44	27 42	44°	9 59	1 04	23 32	20 38	28 50
8 49	♏29 42	21 56	18 40	26 41	45°	9 42	♐ 0 31	22 44	19 34	27 49
8 32	29 10	21 06	17 33	25 36	46°	9 25	♏29 59	21 54	18 26	26 44
8 15	28 36	20 15	16 23	24 25	47°	9 08	29 25	21 02	17 16	25 33
7 58	28 02	19 22	15 09	23 09	48°	8 51	28 50	20 09	16 01	24 17
7 40	27 26	18 28	13 52	21 46	49°	8 33	28 14	19 14	14 44	22 54
7 22	26 50	17 32	12 32	20 16	50°	8 15	27 37	18 17	13 22	21 24
7 03	26 13	16 33	11 07	18 37	51°	7 56	27 00	17 18	11 57	19 44
6 44	25 34	15 32	9 38	16 50	52°	7 37	26 21	16 17	10 26	17 56
6 25	24 55	14 29	8 04	14 52	53°	7 17	25 41	15 13	8 51	15 58
6 05	24 14	13 24	6 25	12 41	54°	6 57	25 00	14 07	7 11	13 46
5 45	23 33	12 17	4 42	10 17	55°	6 37	24 18	12 59	5 26	11 20
5 24	22 49	11 07	2 52	7 39	56°	6 16	23 35	11 48	3 35	8 40
5 02	22 05	9 54	♑ 0 57	4 42	57°	5 54	22 49	10 34	♑ 1 38	5 42
4 40	21 19	8 38	♐28 56	≈ 1 27	58°	5 31	22 03	9 17	♐29 35	≈ 2 24
4 17	20 31	7 20	26 49	27 51	59°	5 08	21 14	7 58	27 26	28 44
♏ 3 54	♏19 42	♐ 5 58	♐24 36	♑23 52	60°	♏ 4 44	♏20 25	♐ 6 35	♐25 11	♑24 41

XI	XII	A	II	III	N LAT	XI	XII	A	II	III
♏20 54	♐19 24	♑17°02	♒16 00	♓17 27	0°	♏21 49	♐20 15	♑17°54	♒16 57	♓18 28
19 46	17 39	15 05	14 17	16 27	5°	20 42	18 31	15 58	15 14	17 29
18 41	15 54	13 05	12 26	15 21	10°	19 36	16 47	13 58	13 24	16 23
17 37	14 08	10 59	10 26	14 08	15°	18 32	15 01	11 52	11 24	15 11
16 32	12 19	8 44	8 12	12 43	20°	17 28	13 12	9 37	9 11	13 47
16 19	11 57	8 16	7 44	12 25	21°	17 15	12 49	9 09	8 43	13 29
16 06	11 34	7 48	7 15	12 06	22°	17 02	12 27	8 41	8 14	13 10
15 54	11 12	7 19	6 45	11 46	23°	16 49	12 04	8 12	7 44	12 51
15 40	10 49	6 49	6 14	11 26	24°	16 36	11 41	7 42	7 13	12 31
15 27	10 26	6 19	5 42	11 05	25°	16 22	11 18	7 12	6 41	12 10
15 14	10 03	5 48	5 10	10 42	26°	16 09	10 55	6 41	6 09	11 48
15 01	9 39	5 17	4 37	10 19	27°	15 56	10 31	6 10	5 36	11 25
14 47	9 15	4 45	4 03	9 55	28°	15 42	10 07	5 38	5 02	11 01
14 34	8 50	4 13	3 27	9 31	29°	15 29	9 42	5 06	4 26	10 37
14 21	8 25	3 40	2 50	9 05	30°	15 16	9 17	4 33	3 49	10 11
14 07	8 00	3 06	2 13	8 38	31°	15 02	8 52	3 59	3 12	9 45
13 53	7 35	2 31	1 34	8 10	32°	14 48	8 27	3 24	2 33	9 17
13 38	7 09	1 56	0 54	7 40	33°	14 33	8 01	2 48	1 53	8 47
13 24	6 43	1 20	♒ 0 12	7 09	34°	14 19	7 35	2 12	1 11	8 16
13 10	6 17	0 43	♑29 29	6 36	35°	14 05	7 08	1 35	♒ 0 27	7 44
12 56	5 50	♑ 0 05	28 44	6 02	36°	13 50	6 41	0 56	♑29 42	7 10
12 41	5 22	♐29 26	27 57	5 25	37°	13 36	6 13	♑ 0 17	28 55	6 33
12 26	4 54	28 46	27 09	4 47	38°	13 21	5 45	♐29 37	28 07	5 55
12 11	4 25	28 05	26 19	4 06	39°	13 06	5 16	28 56	27 17	5 14
11 56	3 56	27 23	25 26	3 23	40°	12 50	4 47	28 13	26 24	4 32
11 41	3 26	26 40	24 32	2 37	41°	12 35	4 17	27 30	25 29	3 46
11 25	2 56	25 55	23 35	1 47	42°	12 19	3 46	26 45	24 32	2 56
11 09	2 25	25 09	22 36	♓ 0 55	43°	12 03	3 15	25 58	23 32	2 04
10 52	1 53	24 21	21 33	♒29 59	44°	11 46	2 43	25 10	22 29	1 08
10 36	1 21	23 32	20 29	28 57	45°	11 30	2 10	24 21	21 25	♓ 0 07
10 19	0 48	22 42	19 20	27 53	46°	11 13	1 37	23 31	20 15	♒29 03
10 02	♐ 0 13	21 50	18 10	26 42	47°	10 56	1 02	22 38	19 04	27 52
9 44	♏29 38	20 56	16 54	25 26	48°	10 38	♐ 0 26	21 43	17 48	26 36
9 26	29 02	20 00	15 36	24 03	49°	10 20	♏29 50	20 47	16 29	25 12
9 08	28 25	19 03	14 13	22 32	50°	10 01	29 13	19 49	15 05	23 42
8 49	27 47	18 03	12 47	20 52	51°	9 42	28 35	18 49	13 38	22 02
8 30	27 08	17 01	11 15	19 04	52°	9 22	27 55	17 46	12 05	20 13
8 10	26 28	15 57	9 39	17 05	53°	9 03	27 15	16 41	10 28	18 13
7 50	25 47	14 50	7 58	14 52	54°	8 42	26 33	15 33	8 45	15 59
7 29	25 04	13 41	6 11	12 25	55°	8 21	25 50	14 23	6 57	13 32
7 08	24 21	12 29	4 18	9 43	56°	8 00	25 06	13 10	5 02	10 47
6 46	23 34	11 14	2 20	6 42	57°	7 38	24 19	11 55	3 02	7 44
6 23	22 47	9 57	♑ 0 15	♒ 3 22	58°	7 15	23 31	10 36	♑ 0 55	4 21
6 00	21 58	8 36	28 04	29 00	59°	6 51	22 42	9 14	28 42	♒ 0 35
♏ 5 35	♏21 08	♐ 7 12	♐25 46	♑25 31	60°	♏ 6 26	♏21 51	♐ 7 49	♐26 22	♑26 23

					N LAT					
XI	**XII**	**A**	**II**	**III**		**XI**	**XII**	**A**	**II**	**III**
♏22 44	♐21 07	♑18°47	♒17 54	♓19 29	0°	♏23 40	♐21 59	♑19°40	♒18 51	♓20 30
21 37	19 23	16 51	16 11	18 31	5°	22 33	20 16	17 44	17 09	19 33
20 32	17 39	14 51	14 22	17 26	10°	21 27	18 32	15 45	15 20	18 29
19 27	15 53	12 45	12 22	16 14	15°	20 23	16 46	13 39	13 21	17 18
18 23	14 04	10 31	10 10	14 52	20°	19 18	14 57	11 25	11 10	15 57
18 10	13 41	10 03	9 42	14 34	21°	19 05	14 34	10 57	10 41	15 39
17 57	13 19	9 34	9 13	14 15	22°	18 52	14 12	10 28	10 12	15 20
17 44	12 56	9 05	8 43	13 56	23°	18 39	13 49	9 59	9 43	15 01
17 31	12 33	8 35	8 12	13 36	24°	18 26	13 26	9 29	9 12	14 41
17 17	12 10	8 05	7 40	13 15	25°	18 13	13 02	8 59	8 40	14 21
17 04	11 47	7 34	7 08	12 54	26°	18 00	12 39	8 28	8 08	14 00
16 51	11 23	7 03	6 35	12 31	27°	17 46	12 15	7 57	7 35	13 37
16 37	10 59	6 31	6 01	12 07	28°	17 32	11 51	7 25	7 01	13 14
16 24	10 34	5 59	5 26	11 43	29°	17 19	11 26	6 52	6 26	12 50
16 11	10 09	5 26	4 49	11 18	30°	17 06	11 01	6 19	5 49	12 25
15 57	9 44	4 52	4 11	10 52	31°	16 52	10 36	5 45	5 11	11 59
15 43	9 19	4 17	3 32	10 24	32°	16 38	10 11	5 10	4 32	11 32
15 28	8 53	3 41	2 52	9 55	33°	16 23	9 45	4 34	3 52	11 03
15 14	8 26	3 04	2 10	9 24	34°	16 09	9 18	3 57	3 10	10 32
15 00	7 59	2 27	1 26	8 52	35°	15 54	8 51	3 20	2 26	10 00
14 45	7 32	1 48	♒ 0 41	8 18	36°	15 40	8 23	2 41	1 41	9 27
14 30	7 04	1 09	♑29 54	7 42	37°	15 25	7 55	2 01	0 54	8 51
14 15	6 36	♑ 0 29	29 06	7 04	38°	15 10	7 27	1 21	♒ 0 05	8 13
14 00	6 07	♐29 47	28 15	6 23	39°	14 55	6 58	♑ 0 39	♑29 14	7 33
13 45	5 37	29 04	27 22	5 41	40°	14 39	6 28	♐29 56	28 21	6 51
13 29	5 07	28 21	26 27	4 55	41°	14 23	5 58	29 12	27 26	6 05
13 13	4 36	27 35	25 30	4 06	42°	14 07	5 27	28 26	26 28	5 17
12 57	4 05	26 48	24 29	3 14	43°	13 51	4 55	27 39	25 27	4 25
12 40	3 33	26 00	23 26	2 18	44°	13 34	4 23	26 50	24 24	3 29
12 24	3 00	25 10	22 21	1 18	45°	13 18	3 50	26 00	23 18	2 30
12 07	2 26	24 20	21 11	♓ 0 13	46°	13 00	3 15	25 09	22 08	1 24
11 49	1 51	23 26	19 59	♒29 02	47°	12 43	2 40	24 15	20 55	♓ 0 13
11 31	1 15	22 31	18 43	27 47	48°	12 25	2 05	23 19	19 38	♒28 59
11 13	0 39	21 34	17 23	26 23	49°	12 07	1 28	22 22	18 17	27 35
10 54	♐ 0 01	20 36	15 58	24 53	50°	11 47	0 49	21 23	16 52	26 04
10 35	♏29 22	19 35	14 29	23 12	51°	11 28	♐ 0 10	20 21	15 22	24 24
10 15	28 43	18 31	12 56	21 23	52°	11 08	♏29 31	19 17	13 48	22 34
9 55	28 02	17 25	11 17	19 22	53°	10 48	28 49	18 10	12 07	20 33
9 35	27 19	16 17	9 33	17 08	54°	10 27	28 06	17 01	10 22	18 18
9 14	26 36	15 06	7 44	14 39	55°	10 06	27 22	15 49	8 31	15 48
8 52	25 51	13 52	5 47	11 53	56°	9 44	26 36	14 34	6 33	13 00
8 29	25 04	12 36	3 45	8 48	57°	9 21	25 49	13 17	4 29	9 53
8 06	24 15	11 16	♑ 1 36	5 22	58°	8 58	25 00	11 56	2 18	6 25
7 42	23 26	9 53	29 21	♒ 1 32	59°	8 34	24 10	10 32	♑ 0 00	♒ 2 31
♏7 17	♏22 34	♐ 8 27	♐26 58	♑27 16	60°	♏ 8 09	♏23 17	♐ 9 04	♐27 35	♑28 10

	13h 28m 52s	202° 13' 04'' M 24° ♎					13h 32m 39s	203° 09' 39'' M 25° ♎		
XI	XII	A	II	III	N LAT	XI	XII	A	II	III
♏24 35	♐22 51	♑20°33	♒19 48	♓21 32	0°	♏25 30	♐23 43	♑21°26	♒20 46	♓22 33
23 28	21 08	18 38	18 07	20 35	5°	24 23	22 00	19 32	19 06	21 37
22 23	19 24	16 39	16 19	19 32	10°	23 18	20 17	17 33	17 18	20 35
21 18	17 39	14 33	14 21	18 22	15°	22 14	18 32	15 27	15 21	19 26
20 14	15 50	12 19	12 10	17 02	20°	21 09	16 43	13 13	13 10	18 07
20 01	15 27	11 51	11 41	16 44	21°	20 56	16 20	12 45	12 42	17 50
19 48	15 04	11 22	11 12	16 26	22°	20 43	15 57	12 17	12 13	17 32
19 35	14 41	10 53	10 43	16 07	23°	20 30	15 34	11 47	11 44	17 13
19 21	14 18	10 23	10 12	15 47	24°	20 17	15 11	11 17	11 13	16 53
19 08	13 55	9 53	9 41	15 27	25°	20 04	14 48	10 47	10 42	16 33
18 55	13 31	9 22	9 09	15 06	26°	19 50	14 24	10 16	10 10	16 13
18 41	13 07	8 51	8 36	14 44	27°	19 37	14 00	9 45	9 37	15 51
18 27	12 43	8 19	8 01	14 21	28°	19 23	13 36	9 13	9 02	15 28
18 14	12 18	7 46	7 26	13 57	29°	19 09	13 11	8 40	8 27	15 05
18 01	11 53	7 12	6 50	13 33	30°	18 56	12 46	8 08	7 51	14 41
17 47	11 28	6 38	6 12	13 07	31°	18 42	12 21	7 32	7 13	14 15
17 33	11 03	6 03	5 33	12 40	32°	18 28	11 55	6 57	6 34	13 48
17 18	10 37	5 27	4 52	12 11	33°	18 13	11 29	6 21	5 53	13 20
17 04	10 10	4 50	4 10	11 41	34°	17 59	11 02	5 44	5 11	12 50
16 49	9 43	4 13	3 27	11 09	35°	17 44	10 35	5 06	4 28	12 19
16 34	9 15	3 34	2 41	10 36	36°	17 29	10 07	4 27	3 42	11 46
16 20	8 47	2 54	1 54	10 01	37°	17 15	9 39	3 47	2 55	11 11
16 05	8 18	2 13	1 05	9 23	38°	16 59	9 10	3 06	2 06	10 34
15 49	7 49	1 31	♒0 14	8 44	39°	16 44	8 41	2 24	1 15	9 55
15 34	7 19	0 48	♑29 21	8 02	40°	16 28	8 11	1 40	♒0 21	9 13
15 18	6 49	♒0 03	28 25	7 16	41°	16 12	7 40	0 55	♑29 25	8 28
15 02	6 17	♐29 17	27 27	6 28	42°	15 56	7 08	♑0 09	28 27	7 40
14 45	5 45	28 30	26 26	5 37	43°	15 40	6 36	♐29 21	27 26	6 49
14 28	5 13	27 41	25 22	4 41	44°	15 23	6 03	28 32	26 21	5 54
14 12	4 40	26 51	24 16	3 42	45°	15 06	5 30	27 42	25 15	4 55
13 54	4 05	25 59	23 06	2 36	46°	14 48	4 55	26 49	24 04	3 50
13 37	3 30	25 04	21 52	1 26	47°	14 30	4 20	25 54	22 50	2 40
13 18	2 54	24 08	20 34	♓0 12	48°	14 12	3 43	24 57	21 31	1 25
13 00	2 16	23 10	19 12	♒28 48	49°	13 54	3 05	23 59	20 09	♓0 02
12 41	1 38	22 10	17 47	27 17	50°	13 34	2 27	22 58	18 42	♒28 32
12 21	0 58	21 08	16 16	25 37	51°	13 15	1 47	21 55	17 10	26 51
12 01	♐0 18	20 03	14 40	23 47	52°	12 55	1 06	20 49	15 33	25 00
11 41	♏29 36	18 56	12 58	21 45	53°	12 34	♐0 24	19 41	13 50	22 59
11 20	28 53	17 46	11 12	19 30	54°	12 12	♏29 40	18 31	12 03	20 43
10 58	28 08	16 33	9 19	16 58	55°	11 51	28 55	17 17	10 08	18 10
10 36	27 22	15 17	7 19	14 10	56°	11 28	28 08	16 00	8 06	15 20
10 13	26 34	13 59	5 13	11 00	57°	11 05	27 19	14 41	5 58	12 09
9 49	25 45	12 36	3 00	7 29	58°	10 41	26 30	13 17	3 43	8 35
9 25	24 54	11 11	♑0 40	♒3 32	59°	10 17	25 38	11 51	♑1 21	♒4 34
♏9 00	♏24 01	♐9 42	♐28 13	♑29 06	60°	♏9 51	♏24 44	♑10 20	♐28 51	♒0 04

| 13h 36m 25s | | | 204° 06' 22" | | | 13h 40m 13s | | | 205° 03' 12" | |
| M 26° ♎ | | | | | | M 27° ♎ | | | | |
XI	XII	A	II	III	N LAT	XI	XII	A	II	III
♏26 25	♐24 35	♑22°19	♒21 44	♓23 35	0°	♏27 20	♐25 28	♑23°13	♒22 42	♓24 37
25 18	22 52	20 26	20 05	22 40	5°	26 14	23 45	21 20	21 04	23 43
24 13	21 10	18 27	18 18	21 39	10°	25 09	22 03	19 22	19 18	22 43
23 09	19 25	16 22	16 21	20 31	15°	24 05	20 18	17 17	17 22	21 36
22 05	17 36	14 08	14 11	19 13	20°	23 00	18 29	15 03	15 12	20 19
21 52	17 13	13 40	13 43	18 56	21°	22 47	18 06	14 35	14 45	20 02
21 38	16 50	13 12	13 14	18 38	22°	22 34	17 43	14 07	14 16	19 44
21 25	16 27	12 42	12 45	18 19	23°	22 21	17 20	13 37	13 47	19 26
21 12	16 04	12 12	12 15	18 00	24°	22 08	16 57	13 07	13 17	19 08
20 59	15 41	11 42	11 43	17 40	25°	21 54	16 34	12 37	12 45	18 48
20 45	15 17	11 11	11 11	17 20	26°	21 41	16 10	12 06	12 13	18 28
20 32	14 53	10 40	10 38	16 59	27°	21 27	15 46	11 35	11 40	18 07
20 18	14 29	10 08	10 04	16 36	28°	21 14	15 22	11 03	11 06	17 44
20 04	14 04	9 35	9 29	16 13	29°	21 00	14 57	10 30	10 31	17 21
19 51	13 39	9 01	8 53	15 49	30°	20 46	14 32	9 56	9 55	16 58
19 37	13 13	8 26	8 15	15 24	31°	20 32	14 06	9 21	9 17	16 33
19 23	12 47	7 51	7 36	14 57	32°	20 18	13 40	8 46	8 38	16 07
19 08	12 21	7 15	6 55	14 29	33°	20 03	13 13	8 10	7 58	15 39
18 54	11 54	6 38	6 13	14 00	34°	19 49	12 46	7 33	7 16	15 10
18 39	11 27	6 00	5 30	13 29	35°	19 34	12 19	6 55	6 32	14 40
18 24	10 59	5 21	4 44	12 56	36°	19 19	11 51	6 16	5 47	14 07
18 09	10 31	4 41	3 57	12 22	37°	19 04	11 23	5 35	4 59	13 34
17 54	10 02	4 00	3 08	11 45	38°	18 49	10 54	4 54	4 10	12 57
17 39	9 32	3 17	2 16	11 06	39°	18 33	10 24	4 11	3 18	12 18
17 23	9 02	2 33	1 22	10 25	40°	18 17	9 54	3 27	2 24	11 38
17 07	8 31	1 48	♒ 0 26	9 41	41°	18 01	9 23	2 41	1 28	10 54
16 51	8 00	1 01	♑29 28	8 53	42°	17 45	8 51	1 54	♒ 0 30	10 07
16 34	7 27	♑ 0 13	28 26	8 02	43°	17 28	8 18	1 06	♑29 28	9 16
16 17	6 54	♐29 23	27 21	7 08	44°	17 11	7 45	♑ 0 15	28 22	8 22
16 00	6 20	28 33	26 14	6 09	45°	16 54	7 11	♐29 24	27 15	7 24
15 42	5 45	27 39	25 03	5 05	46°	16 36	6 36	28 30	26 03	6 20
15 24	5 10	26 44	23 49	3 55	47°	16 18	6 00	27 35	24 48	5 11
15 06	4 33	25 47	22 29	2 40	48°	16 00	5 23	26 37	23 28	3 56
14 47	3 55	24 48	21 06	♓ 1 18	49°	15 41	4 45	25 37	22 04	2 34
14 28	3 16	23 47	19 38	♒29 47	50°	15 21	4 05	24 35	20 35	♓ 1 04
14 08	2 36	22 43	18 05	28 06	51°	15 01	3 24	23 31	19 01	♒29 23
13 48	1 54	21 36	16 27	26 16	52°	14 41	2 43	22 24	17 22	27 33
13 27	1 11	20 27	14 43	24 14	53°	14 20	1 59	21 14	15 37	25 31
13 05	♐ 0 28	19 16	12 54	21 57	54°	13 58	1 15	20 02	13 46	23 13
12 43	♏29 42	18 02	10 58	19 24	55°	13 36	♐ 0 29	18 47	11 49	20 40
12 20	28 55	16 44	8 54	16 33	56°	13 13	♏29 41	17 28	9 43	17 47
11 57	28 05	15 23	6 44	13 20	57°	12 49	28 51	16 06	7 31	14 32
11 33	27 15	13 59	4 27	9 43	58°	12 25	28 00	14 40	5 12	10 53
11 08	26 22	12 31	♑ 2 03	5 38	59°	12 00	27 07	13 11	2 45	6 44
♏10 42	♏25 28	♐10 59	♐29 30	♒ 1 04	60°	♏11 33	♏26 12	♐11 38	♑ 0 10	♒ 2 06

| | | 13ʰ 44ᵐ 01ˢ | 206° 00' 10'' | | | | | 13ʰ 47ᵐ 49ˢ | 206° 57' 17'' | |
| | | M 28° ♎ | | | | | | M 29° ♎ | | |
XI	XII	A	II	III	N LAT	XI	XII	A	II	III
♏28 15	♐26 20	♑24°06	♒23 41	♓25 39	0°	♏29 10	♐27 12	♑25°00	♒24 40	♓26 41
27 09	24 38	22 14	22 03	24 46	5°	28 04	25 31	23 09	23 03	25 49
26 04	22 56	20 17	20 18	23 47	10°	27 00	23 49	21 12	21 19	24 51
25 00	21 11	18 12	18 23	22 41	15°	25 56	22 04	19 08	19 25	23 46
23 56	19 22	15 59	16 14	21 25	20°	24 51	20 15	16 55	17 17	22 32
23 43	18 59	15 31	15 47	21 08	21°	24 38	19 53	16 27	16 49	22 15
23 29	18 36	15 02	15 18	20 51	22°	24 25	19 30	15 58	16 21	21 58
23 16	18 14	14 33	14 49	20 33	23°	24 12	19 07	15 29	15 52	21 41
23 03	17 51	14 03	14 19	20 15	24°	23 59	18 44	14 59	15 22	21 23
22 50	17 27	13 33	13 48	19 56	25°	23 45	18 20	14 29	14 51	21 04
22 36	17 03	13 02	13 16	19 36	26°	23 32	17 56	13 58	14 19	20 44
22 23	16 39	12 30	12 43	19 15	27°	23 18	17 32	13 26	13 47	20 24
22 09	16 15	11 58	12 09	18 53	28°	23 05	17 08	12 54	13 13	20 03
21 55	15 50	11 25	11 34	18 30	29°	22 51	16 43	12 21	12 38	19 40
21 41	15 25	10 51	10 58	18 07	30°	22 36	16 18	11 47	12 02	19 17
21 27	14 59	10 16	10 20	17 43	31°	22 22	15 52	11 12	11 24	18 53
21 13	14 33	9 41	9 41	17 17	32°	22 08	15 26	10 37	10 45	18 27
20 58	14 06	9 05	9 01	16 50	33°	21 54	14 59	10 01	10 05	18 01
20 44	13 39	8 28	8 19	16 21	34°	21 39	14 32	9 23	9 23	17 33
20 29	13 12	7 50	7 35	15 51	35°	21 24	14 05	8 45	8 39	17 03
20 14	12 44	7 11	6 50	15 19	36°	21 09	13 37	8 06	7 54	16 31
19 59	12 15	6 30	6 02	14 46	37°	20 54	13 08	7 25	7 06	15 58
19 44	11 46	5 48	5 13	14 10	38°	20 39	12 39	6 43	6 17	15 23
19 28	11 16	5 05	4 21	13 31	39°	20 23	12 09	5 59	5 25	14 45
19 12	10 46	4 21	3 27	12 51	40°	20 07	11 38	5 15	4 31	14 05
18 56	10 15	3 35	2 31	12 08	41°	19 51	11 07	4 29	3 35	13 22
18 40	9 43	2 48	1 32	11 21	42°	19 34	10 35	3 42	2 35	12 36
18 23	9 10	1 59	♒ 0 30	10 31	43°	19 17	10 02	2 52	1 33	11 47
18 06	8 36	1 08	♑29 24	9 37	44°	19 00	9 28	2 01	♒ 0 27	10 53
17 48	8 02	♑ 0 16	28 16	8 39	45°	18 43	8 53	1 09	♑29 19	9 55
17 31	7 26	♐29 22	27 04	7 36	46°	18 25	8 17	♑ 0 15	28 06	8 53
17 12	6 50	28 26	25 48	6 28	47°	18 07	7 41	♐29 18	26 49	7 46
16 54	6 12	27 28	24 28	5 13	48°	17 48	7 03	28 19	25 29	6 32
16 35	5 34	26 27	23 03	3 52	49°	17 29	6 24	27 18	24 03	5 10
16 15	4 54	25 25	21 33	2 21	50°	17 09	5 44	26 15	22 32	3 40
15 55	4 13	24 20	19 59	♓ 0 41	51°	16 49	5 03	25 09	20 57	2 01
15 34	3 31	23 12	18 18	♒28 51	52°	16 28	4 20	24 01	19 16	♓ 0 11
15 13	2 48	22 02	16 32	26 49	53°	16 06	3 36	22 50	17 28	♒28 09
14 51	2 03	20 48	14 40	24 31	54°	15 44	2 51	21 35	15 34	25 50
14 29	1 16	19 32	12 40	21 57	55°	15 22	2 03	20 17	13 33	23 15
14 06	♐ 0 28	18 12	10 33	19 02	56°	14 58	1 15	18 57	11 24	20 20
13 42	♏29 37	16 49	8 19	15 46	57°	14 34	♐ 0 23	17 32	9 08	17 02
13 17	28 45	15 22	5 58	12 04	58°	14 09	♏29 31	16 04	6 44	13 18
12 51	27 52	13 52	3 28	7 52	59°	13 43	20 07	14 33	4 12	9 03
♏12 25	♏26 56	♐12 17	♑ 0 50	♒ 3 09	60°	♏13 16	♏27 40	♐12 57	♑ 1 31	♒ 4 14

13ʰ 51ᵐ 38ˢ 207° 54' 31'' M 0° ♏						13ʰ 55ᵐ 28ˢ 208° 51' 54'' M 1° ♏				
XI	XII	A	II	III	N LAT	XI	XII	A	II	III
♏30 05	♐28 05	♑25°55	♒25 39	♓27 43	0°	♏31 00	♐28 58	♑26°50	♒26 38	♓28 46
28 59	26 24	24 04	24 03	26 52	5°	29 55	27 17	24 59	25 04	27 55
27 55	24 42	22 07	22 20	25 55	10°	28 51	25 36	23 03	23 21	27 00
26 51	22 57	20 04	20 27	24 52	15°	27 47	23 51	21 00	21 29	25 58
25 47	21 09	17 51	18 20	23 39	20°	26 42	22 03	18 48	19 23	24 46
25 34	20 47	17 23	17 52	23 22	21°	26 29	21 41	18 20	18 56	24 30
25 21	20 24	16 54	17 24	23 06	22°	26 16	21 18	17 51	18 28	24 14
25 07	20 01	16 25	16 55	22 49	23°	26 03	20 55	17 22	17 59	23 57
24 54	19 38	15 55	16 26	22 31	24°	25 50	20 32	16 52	17 30	23 39
24 41	19 14	15 25	15 55	22 12	25°	25 36	20 08	16 22	16 59	23 21
24 27	18 50	14 54	15 23	21 53	26°	25 22	19 44	15 51	16 27	23 02
24 13	18 26	14 23	14 51	21 33	27°	25 09	19 20	15 20	15 55	22 42
24 00	18 02	13 51	14 17	21 12	28°	24 55	18 56	14 48	15 22	22 22
23 46	17 37	13 18	13 42	20 50	29°	24 41	18 31	14 15	14 47	22 01
23 32	17 12	12 44	13 06	20 27	30°	24 27	18 06	13 41	14 11	21 38
23 17	16 46	12 09	12 29	20 03	31°	24 13	17 40	13 06	13 34	21 14
23 03	16 19	11 33	11 50	19 38	32°	23 59	17 13	12 30	12 55	20 50
22 49	15 52	10 57	11 10	19 12	33°	23 45	16 46	11 53	12 15	20 24
22 35	15 25	10 19	10 28	18 44	34°	23 30	16 19	11 16	11 33	19 56
22 20	14 58	9 41	9 44	18 15	35°	23 15	15 51	10 37	10 50	19 27
22 04	14 30	9 01	8 59	17 44	36°	23 00	15 23	9 57	10 05	18 57
21 49	14 01	8 20	8 11	17 11	37°	22 44	14 54	9 16	9 17	18 25
21 34	13 31	7 38	7 22	16 36	38°	22 29	14 24	8 34	8 28	17 50
21 18	13 01	6 54	6 30	15 59	39°	22 13	13 54	7 50	7 36	17 14
21 02	12 30	6 10	5 36	15 20	40°	21 57	13 23	7 05	6 41	16 35
20 46	11 59	5 24	4 39	14 37	41°	21 41	12 51	6 19	5 44	15 53
20 29	11 27	4 36	3 39	13 52	42°	21 24	12 19	5 31	4 45	15 09
20 12	10 54	3 46	2 37	13 03	43°	21 07	11 46	4 41	3 42	14 20
19 55	10 20	2 55	1 31	12 10	44°	20 50	11 12	3 49	2 36	13 28
19 37	9 45	2 02	♒ 0 22	11 13	45°	20 32	10 36	2 56	1 26	12 32
19 19	9 09	1 08	♑29 09	10 12	46°	20 14	10 00	2 01	♒ 0 13	11 31
19 01	8 32	♑ 0 10	27 51	9 04	47°	19 55	9 23	1 03	♑28 55	10 23
18 42	7 54	♐29 11	26 31	7 51	48°	19 36	8 45	♑ 0 04	27 34	9 12
18 23	7 14	28 10	25 05	6 30	49°	19 17	8 05	♐29 02	26 07	7 52
18 03	6 34	27 06	23 33	5 00	50°	18 57	7 24	27 57	24 34	6 22
17 42	5 52	25 59	21 56	3 22	51°	18 36	6 42	26 50	22 57	4 44
17 21	5 09	24 50	20 14	♓ 1 32	52°	18 15	5 59	25 40	21 13	2 54
17 00	4 25	23 38	18 25	♒29 30	53°	17 53	5 14	24 27	19 24	♓ 0 52
16 37	3 39	22 22	16 30	27 11	54°	17 30	4 27	23 10	17 26	♒28 34
16 14	2 51	21 03	14 27	24 36	55°	17 07	3 39	21 50	15 22	25 58
15 51	2 02	19 42	12 16	21 40	56°	16 44	2 49	20 28	13 09	23 02
15 26	1 10	18 16	9 58	18 20	57°	16 19	1 57	19 01	10 49	19 41
15 01	♐ 0 17	16 47	7 31	14 34	58°	15 53	1 03	17 30	8 20	15 52
14 35	29 22	15 14	4 56	10 15	59°	15 27	♐ 0 07	15 56	5 41	11 30
♏14 08	♏28 24	♐13 37	♑ 2 13	♒ 5 21	60°	♏14 59	♏29 09	♐14 17	♑ 2 55	♒ 6 31

XI	XII	A	II	III	N LAT	XI	XII	A	II	III
♐ 1 55	♐ 29 50	♑ 27°45	♒ 27 38	♓ 29 48	0°	♐ 2 50	♐ 30 43	♑ 28°40	♒ 28 38	♓ 30 51
0 50	28 11	25 55	26 05	28 59	5°	1 46	29 04	26 51	27 06	30 03
♏ 29 46	26 29	23 59	24 23	28 05	10°	♐ 0 42	27 23	24 56	25 25	29 10
28 42	24 45	21 57	22 32	27 04	15°	♏ 29 38	25 40	22 54	23 35	28 10
27 38	22 57	19 45	20 27	25 53	20°	28 34	23 51	20 42	21 31	27 01
27 25	22 35	19 17	20 00	25 38	21°	28 21	23 29	20 15	21 05	26 46
27 12	22 12	18 48	19 32	25 22	22°	28 08	23 07	19 46	20 37	26 30
26 59	21 49	18 19	19 04	25 05	23°	27 55	22 44	19 17	20 09	26 14
26 46	21 26	17 50	18 35	24 48	24°	27 41	22 20	18 48	19 40	25 57
26 32	21 02	17 20	18 04	24 30	25°	27 28	21 57	18 18	19 10	25 40
26 18	20 38	16 49	17 32	24 12	26°	27 14	21 33	17 47	18 38	25 22
26 05	20 14	16 17	17 00	23 52	27°	27 01	21 08	17 15	18 06	25 03
25 51	19 50	15 45	16 27	23 32	28°	26 47	20 44	16 43	17 33	24 43
25 37	19 25	15 12	15 53	23 11	29°	26 33	20 19	16 10	16 59	24 22
25 23	19 00	14 38	15 17	22 49	30°	26 19	19 54	15 36	16 23	24 00
25 09	18 34	14 03	14 40	22 26	31°	26 05	19 28	15 01	15 46	23 38
24 55	18 07	13 27	14 01	22 02	32°	25 51	19 01	14 25	15 08	23 14
24 40	17 40	12 50	13 21	21 36	33°	25 36	18 34	13 48	14 28	22 49
24 26	17 13	12 13	12 39	21 09	34°	25 21	18 07	13 11	13 46	22 23
24 11	16 45	11 34	11 56	20 41	35°	25 06	17 39	12 32	13 03	21 55
23 56	16 16	10 54	11 11	20 11	36°	24 51	17 11	11 52	12 18	21 25
23 40	15 48	10 13	10 24	19 39	37°	24 36	16 42	11 10	11 31	20 54
23 25	15 18	9 31	9 34	19 05	38°	24 20	16 12	10 28	10 41	20 21
23 09	14 47	8 47	8 42	18 29	39°	24 04	15 41	9 44	9 49	19 45
22 52	14 16	8 01	7 48	17 51	40°	23 48	15 10	8 58	8 55	19 08
22 36	13 44	7 15	6 51	17 10	41°	23 31	14 38	8 11	7 58	18 27
22 19	13 12	6 26	5 51	16 26	42°	23 14	14 05	7 22	6 58	17 44
22 02	12 38	5 36	4 48	15 38	43°	22 57	13 31	6 32	5 55	16 57
21 45	12 04	4 44	3 42	14 47	44°	22 40	12 56	5 40	4 49	16 06
21 27	11 28	3 51	2 32	13 51	45°	22 22	12 21	4 46	3 38	15 11
21 08	10 52	2 55	1 18	12 51	46°	22 03	11 44	3 50	2 24	14 12
20 49	10 15	1 57	♒ 0 00	11 44	47°	21 44	11 07	2 51	♒ 1 06	13 06
20 30	9 36	♑ 0 57	♑ 28 38	10 34	48°	21 25	10 27	1 50	♑ 29 43	11 56
20 11	8 56	♐ 29 54	27 10	9 14	49°	21 05	9 47	♑ 0 47	28 15	10 36
19 51	8 15	28 49	25 37	7 45	50°	20 45	9 06	♐ 29 41	26 41	9 09
19 30	7 32	27 41	23 59	6 07	51°	20 24	8 23	28 33	25 02	7 32
19 09	6 49	26 30	22 14	4 18	52°	20 03	7 39	27 21	23 16	5 44
18 47	6 03	25 16	20 23	♓ 2 17	53°	19 40	6 53	26 06	21 23	3 43
18 24	5 16	23 59	18 24	♒ 29 59	54°	19 17	6 05	24 48	19 23	♓ 1 25
18 00	4 27	22 38	16 18	27 23	55°	18 54	5 16	23 26	17 16	♒ 28 49
17 36	3 37	21 14	14 03	24 26	56°	18 29	4 25	22 01	14 58	25 52
17 11	2 44	19 46	11 41	21 04	57°	18 04	3 31	20 32	12 34	22 29
16 45	1 49	18 14	9 09	17 12	58°	17 38	2 36	18 59	9 59	18 35
16 19	♐ 0 53	16 38	6 28	12 47	59°	17 11	1 39	17 21	7 16	14 06
♏ 15 51	♏ 29 54	♐ 14 58	♑ 3 38	♒ 7 44	60°	♏ 16 43	♐ 0 39	♐ 15 39	♑ 4 22	♒ 8 59

	14ʰ 07ᵐ 00ˢ	211° 44' 57'' M 4° ♏					14ʰ 10ᵐ 52ˢ	212° 42' 57'' M 5° ♏		
XI	XII	A	II	III	N LAT	XI	XII	A	II	III
♐ 3 45	♐ 31 36	♑ 29°35	♒ 29 38	♈ 1 54	0°	♐ 4 41	♑ 2 29	♑ 30°31	♒ 30 39	♈ 2 58
2 41	29 58	27 47	28 07	1 07	5°	3 36	0 51	28 43	29 09	2 11
1 37	28 17	25 53	26 28	♈ 0 15	10°	2 33	♐ 29 12	26 50	27 31	1 20
♐ 0 34	26 34	23 52	24 39	♓ 29 16	15°	1 30	27 29	24 50	25 43	♈ 0 23
♏ 29 30	24 46	21 40	22 36	28 09	20°	0 26	25 41	22 39	23 42	♓ 29 17
29 17	24 24	21 13	22 10	27 54	21°	0 13	25 19	22 11	23 16	29 03
29 04	24 01	20 44	21 43	27 39	22°	♐ 0 00	24 56	21 43	22 49	28 48
28 51	23 38	20 15	21 15	27 23	23°	♏ 29 47	24 33	21 14	22 21	28 32
28 37	23 15	19 46	20 46	27 07	24°	29 33	24 10	20 45	21 52	28 16
28 24	22 52	19 16	20 16	26 50	25°	29 20	23 47	20 15	21 22	28 00
28 10	22 28	18 45	19 45	26 32	26°	29 06	23 23	19 44	20 52	27 42
27 57	22 03	18 13	19 13	26 13	27°	28 53	22 58	19 12	20 20	27 24
27 43	21 39	17 41	18 40	25 54	28°	28 39	22 34	18 40	19 47	27 05
27 29	21 14	17 08	18 06	25 33	29°	28 25	22 09	18 07	19 13	26 45
27 15	20 48	16 34	17 30	25 12	30°	28 11	21 43	17 33	18 38	26 24
27 01	20 22	15 59	16 53	24 50	31°	27 57	21 17	16 58	18 01	26 03
26 47	19 56	15 23	16 15	24 27	32°	27 43	20 51	16 22	17 23	25 40
26 32	19 29	14 46	15 36	24 02	33°	27 28	20 24	15 45	16 44	25 16
26 17	19 01	14 09	14 54	23 37	34°	27 13	19 56	15 08	16 03	24 51
26 02	18 33	13 30	14 11	23 09	35°	26 58	19 28	14 28	15 20	24 24
25 47	18 05	12 50	13 26	22 40	36°	26 42	18 59	13 48	14 35	23 55
25 31	17 36	12 08	12 39	22 09	37°	26 27	18 30	13 07	13 48	23 25
25 15	17 06	11 25	11 49	21 37	38°	26 11	18 00	12 23	12 58	22 53
24 59	16 35	10 41	10 57	21 02	39°	25 55	17 29	11 39	12 06	22 19
24 43	16 03	9 55	10 03	20 25	40°	25 39	16 57	10 53	11 13	21 43
24 26	15 31	9 08	9 07	19 45	41°	25 22	16 25	10 06	10 16	21 04
24 09	14 58	8 19	8 06	19 03	42°	25 05	15 52	9 17	9 16	20 22
23 52	14 24	7 29	7 03	18 16	43°	24 48	15 18	8 26	8 13	19 36
23 35	13 49	6 36	5 57	17 26	44°	24 30	14 43	7 33	7 06	18 47
23 17	13 14	5 42	4 46	16 32	45°	24 12	14 07	6 38	5 55	17 54
22 58	12 37	4 45	3 31	15 33	46°	23 53	13 30	5 41	4 40	16 56
22 39	11 59	3 46	2 13	14 29	47°	23 34	12 51	4 42	3 21	15 53
22 19	11 19	2 45	♒ 0 49	13 19	48°	23 14	12 12	3 40	1 57	14 44
22 00	10 39	1 41	♑ 29 21	12 00	49°	22 54	11 21	2 35	♒ 0 28	13 26
21 39	9 57	♑ 0 34	27 46	10 34	50°	22 34	10 48	1 28	♑ 28 53	12 01
21 18	9 14	♐ 29 25	26 06	8 58	51°	22 12	10 05	♑ 0 18	27 12	10 26
20 57	8 29	28 13	24 19	7 11	52°	21 51	9 20	♐ 29 05	25 24	8 39
20 34	7 43	26 57	22 25	5 10	53°	21 28	8 33	27 48	23 28	6 40
20 11	6 55	25 38	20 24	2 53	54°	21 05	7 44	26 28	21 26	4 23
19 47	6 05	24 15	18 14	♓ 0 18	55°	20 40	6 54	25 04	19 14	♓ 1 48
19 22	5 13	22 48	15 55	♒ 27 20	56°	20 16	6 02	23 36	16 53	♒ 28 50
18 57	4 19	21 18	13 28	23 56	57°	19 50	5 07	22 05	14 24	25 26
18 30	3 23	19 44	10 51	20 00	58°	19 23	4 10	20 29	11 44	21 28
18 03	2 25	18 04	8 05	15 29	59°	18 55	3 11	18 48	8 55	16 54
♏ 17 35	♐ 1 24	♐ 16 21	♑ 5 07	♒ 10 16	60°	♏ 18 27	♐ 2 10	♐ 17 03	♑ 5 54	♒ 11 37

| 14ʰ 14ᵐ 44ˢ | | 213° 41' 06'' | | | | 14ʰ 18ᵐ 38ˢ | | 214° 39' 24'' | | |
| M 6° ♏ | | | | | | M 7° ♏ | | | | |
XI	XII	A	II	III	N LAT	XI	XII	A	II	III
♐ 5 36	♑ 3 23	♒ 1°27	♓ 1 40	♈ 4 01	0°	♐ 6 31	♑ 4 16	♒ 2°23	♓ 2 42	♈ 5 04
4 32	1 45	♑29 40	0 11	3 15	5°	5 28	2 39	0 37	1 14	4 20
3 29	♑ 0 06	27 48	♒28 35	2 26	10°	4 25	♑ 1 01	♑28 46	♒29 39	3 32
2 26	♐28 24	25 48	26 48	1 30	15°	3 22	♐29 19	26 46	27 53	2 37
1 22	26 36	23 38	24 48	0 26	20°	2 18	27 31	24 37	25 55	1 35
1 09	26 14	23 10	24 22	♈ 0 12	21°	2 05	27 09	24 09	25 29	1 21
0 56	25 51	22 42	23 55	♓29 57	22°	1 52	26 46	23 41	25 02	1 07
0 43	25 28	22 13	23 28	29 42	23°	1 39	26 24	23 13	24 35	0 52
0 29	25 05	21 44	22 59	29 26	24°	1 25	26 01	22 43	24 07	0 37
0 16	24 42	21 14	22 30	29 10	25°	1 12	25 37	22 13	23 38	0 21
♐ 0 02	24 18	20 43	21 59	28 53	26°	0 59	25 13	21 43	23 07	♈ 0 04
♏29 49	23 53	20 11	21 28	28 35	27°	0 45	24 49	21 11	22 36	♓29 46
29 35	23 29	19 39	20 55	28 16	28°	0 31	24 25	20 39	22 04	29 28
29 21	23 04	19 06	20 22	27 57	29°	0 17	24 00	20 06	21 31	29 10
29 07	22 38	18 32	19 47	27 37	30°	♐ 0 03	23 34	19 32	20 56	28 50
28 53	22 12	17 57	19 10	27 16	31°	♏29 49	23 08	18 57	20 20	28 29
28 39	21 46	17 22	18 32	26 53	32°	29 35	22 41	18 22	19 42	28 07
28 24	21 19	16 45	17 53	26 30	33°	29 20	22 14	17 45	19 03	27 44
28 09	20 51	16 07	17 12	26 05	34°	29 05	21 46	17 07	18 22	27 20
27 54	20 23	15 27	16 30	25 39	35°	28 50	21 18	16 27	17 40	26 55
27 38	19 54	14 47	15 45	25 11	36°	28 34	20 49	15 47	16 56	26 27
27 23	19 25	14 06	14 58	24 42	37°	28 19	20 20	15 06	16 09	25 59
27 07	18 55	13 22	14 09	24 10	38°	28 03	19 50	14 22	15 20	25 28
26 50	18 24	12 38	13 16	23 37	39°	27 46	19 19	13 37	14 28	24 55
26 34	17 52	11 52	12 23	23 01	40°	27 30	18 47	12 51	13 34	24 20
26 17	17 19	11 04	11 26	22 23	41°	27 13	18 14	12 03	12 37	23 43
26 00	16 46	10 15	10 26	21 42	42°	26 56	17 41	11 14	11 37	23 03
25 43	16 12	9 24	9 23	20 57	43°	26 38	17 07	10 23	10 34	22 19
25 25	15 37	8 31	8 16	20 09	44°	26 20	16 31	9 29	9 27	21 32
25 07	15 00	7 35	7 05	19 17	45°	26 02	15 54	8 33	8 16	20 41
24 48	14 23	6 38	5 50	18 20	46°	25 44	15 16	7 36	7 01	19 45
24 29	13 44	5 38	4 30	17 18	47°	25 24	14 37	6 35	5 41	18 44
24 09	13 04	4 35	3 06	16 09	48°	25 04	13 57	5 32	4 17	17 35
23 49	12 23	3 30	1 37	14 53	49°	24 43	13 16	4 26	2 47	16 21
23 28	11 40	2 23	♒ 0 01	13 29	50°	24 23	12 33	3 18	♒ 1 10	14 58
23 07	10 57	♑ 1 12	♑28 18	11 55	51°	24 01	11 49	2 07	♑29 27	13 25
22 45	10 11	♐29 58	26 30	10 09	52°	23 39	11 02	♑ 0 52	27 37	11 40
22 22	9 24	28 40	24 33	8 10	53°	23 16	10 15	♐29 33	25 39	9 43
21 59	8 34	27 19	22 29	5 55	54°	22 52	9 25	28 11	23 34	7 28
21 34	7 44	25 54	20 16	3 20	55°	22 28	8 34	26 45	21 19	4 54
21 09	6 51	24 25	17 53	♓ 0 23	56°	22 03	7 40	25 15	18 54	♓ 1 57
20 43	5 55	22 53	15 21	♒26 58	57°	21 36	6 44	23 41	16 19	♒28 32
20 16	4 58	21 15	12 38	22 59	58°	21 09	5 46	22 02	13 34	24 33
19 40	3 50	19 00	9 46	18 22	59°	20 40	4 46	20 18	10 38	19 53
♏19 19	♐ 2 56	♐17 46	♑ 6 42	♒13 00	60°	♏20 11	♐ 3 42	♐18 29	♑ 7 31	♒14 27

XI	XII	A	II	III	N LAT	XI	XII	A	II	III
♐ 7 26	♑ 5 10	≈ 3°20	♓ 3 43	♈ 6 08	0°	♐ 8 21	♑ 6 04	≈ 4°17	♓ 4 45	♈ 7 12
6 23	3 34	1 35	2 17	5 25	5°	7 19	4 28	2 33	3 20	6 30
5 21	1 56	♑29 44	♓ 0 43	4 38	10°	6 17	2 51	≈ 0 43	1 48	5 44
4 18	♑ 0 14	27 45	≈28 59	3 45	15°	5 14	♑ 1 09	♑28 45	♓ 0 05	4 53
3 14	♐28 27	25 37	27 02	2 44	20°	4 10	♐29 23	26 37	≈28 09	3 53
3 01	28 05	25 09	26 36	2 31	21°	3 57	29 01	26 10	27 44	3 40
2 48	27 42	24 41	26 10	2 17	22°	3 44	28 38	25 42	27 18	3 27
2 35	27 20	24 13	25 43	2 02	23°	3 31	28 16	25 13	26 52	3 13
2 22	26 57	23 43	25 15	1 47	24°	3 18	27 53	24 44	26 24	2 58
2 08	26 33	23 13	24 46	1 32	25°	3 05	27 29	24 14	25 55	2 43
1 55	26 09	22 43	24 16	1 15	26°	2 51	27 05	23 44	25 26	2 27
1 41	25 45	22 12	23 45	0 58	27°	2 37	26 41	23 13	24 55	2 11
1 27	25 21	21 40	23 14	0 41	28°	2 23	26 17	22 41	24 24	1 54
1 13	24 56	21 07	22 41	0 23	29°	2 09	25 52	22 08	23 51	1 36
0 59	24 30	20 33	22 06	♈ 0 03	30°	1 55	25 26	21 34	23 17	1 17
0 45	24 04	19 58	21 30	♓29 43	31°	1 41	25 00	20 59	22 41	0 57
0 31	23 37	19 22	20 53	29 21	32°	1 27	24 33	20 23	22 04	0 36
0 16	23 10	18 45	20 14	28 59	33°	1 12	24 06	19 46	21 26	♈ 0 14
♐ 0 01	22 42	18 07	19 33	28 36	34°	0 57	23 38	19 08	20 45	♓29 52
♏29 46	22 14	17 28	18 51	28 11	35°	0 42	23 10	18 29	20 03	29 27
29 30	21 45	16 48	18 07	27 44	36°	0 26	22 41	17 49	19 19	29 01
29 15	21 15	16 06	17 20	27 16	37°	♐ 0 11	22 11	17 07	18 33	28 34
28 59	20 45	15 22	16 32	26 46	38°	♏29 55	21 40	16 23	17 45	28 05
28 42	20 14	14 37	15 41	26 14	39°	29 39	21 09	15 38	16 54	27 34
28 26	19 42	13 51	14 46	25 40	40°	29 22	20 37	14 52	16 00	27 00
28 09	19 09	13 03	13 50	25 03	41°	29 05	20 04	14 04	15 04	26 24
27 52	18 36	12 14	12 50	24 24	42°	28 48	19 31	13 14	14 04	25 46
27 34	18 01	11 22	11 47	23 41	43°	28 30	18 56	12 22	13 01	25 04
27 16	17 25	10 28	10 40	22 55	44°	28 12	18 20	11 28	11 54	24 19
26 58	16 48	9 32	9 29	22 05	45°	27 53	17 43	10 32	10 43	23 30
26 39	16 10	8 34	8 13	21 10	46°	27 34	17 05	9 33	9 27	22 36
26 19	15 31	7 33	6 53	20 10	47°	27 15	16 25	8 32	8 07	21 37
25 59	14 50	6 29	5 29	19 03	48°	26 54	15 44	7 28	6 42	20 32
25 38	14 09	5 23	3 58	17 50	49°	26 33	15 02	6 21	5 10	19 20
25 18	13 26	4 14	2 21	16 28	50°	26 13	14 19	5 11	3 33	17 59
24 56	12 41	3 02	≈ 0 37	14 56	51°	25 51	13 33	3 58	≈ 1 49	16 29
24 34	11 54	1 46	♑28 46	13 13	52°	25 28	12 47	2 42	♑29 57	14 48
24 10	11 06	♑ 0 27	26 47	11 17	53°	25 05	11 58	♑ 1 22	27 57	12 53
23 46	10 16	♐29 04	24 40	9 04	54°	24 41	11 07	♐29 58	25 48	10 41
23 22	9 24	27 37	22 23	6 31	55°	24 16	10 14	28 29	23 29	8 10
22 56	8 29	26 05	19 56	3 34	56°	23 50	9 19	26 56	21 00	5 13
22 29	7 33	24 30	17 19	♓ 0 09	57°	23 23	8 22	25 19	18 21	♓ 1 49
22 02	6 34	22 49	14 31	≈26 09	58°	22 55	7 22	23 37	15 30	≈27 48
21 33	5 32	21 04	11 32	21 27	59°	22 26	6 20	21 50	12 27	23 05
♏21 03	♐ 4 28	♐19 13	♑ 8 21	≈15 57	60°	♏21 56	♐ 5 15	♐19 58	♑ 9 12	≈17 30

| | 14ʰ 30ᵐ 21ˢ | 217° 35' 20'' | | | | | 14ʰ 34ᵐ 17ˢ | 218° 34' 19'' | | |
| | | M 10° ♏ | | | | | | M 11° ♏ | | |
XI	XII	A	II	III	N LAT	XI	XII	A	II	III
♐ 9 17	♑ 6 58	♒ 5°14	♓ 5 48	♈ 8 16	0°	♐ 10 12	♑ 7 52	♒ 6°11	♓ 6 50	♈ 9 20
8 15	5 23	3 31	4 24	7 35	5°	9 10	6 18	4 30	5 28	8 40
7 13	3 46	♒ 1 42	2 53	6 50	10°	8 09	4 42	2 42	3 58	7 57
6 10	2 05	♑ 29 45	♓ 1 12	6 01	15°	7 07	3 01	♒ 0 46	2 19	7 09
5 06	♑ 0 19	27 38	♒ 29 17	5 03	20°	6 03	1 16	♑ 28 39	0 26	6 13
4 53	♐ 29 57	27 11	28 53	4 50	21°	5 50	0 54	28 12	♓ 0 02	6 00
4 40	29 35	26 43	28 27	4 37	22°	5 37	0 32	27 45	♒ 29 37	5 48
4 28	29 12	26 14	28 01	4 24	23°	5 24	♑ 0 09	27 16	29 11	5 35
4 15	28 49	25 45	27 34	4 09	24°	5 11	♐ 29 46	26 47	28 44	5 21
4 01	28 26	25 16	27 05	3 54	25°	4 58	29 23	26 18	28 16	5 06
3 47	28 02	24 46	26 36	3 39	26°	4 44	28 59	25 48	27 47	4 51
3 34	27 38	24 15	26 06	3 23	27°	4 31	28 35	25 17	27 17	4 36
3 20	27 13	23 43	25 35	3 07	28°	4 17	28 10	24 45	26 46	4 20
3 06	26 48	23 10	25 02	2 49	29°	4 03	27 45	24 12	26 14	4 03
2 52	26 22	22 36	24 28	2 31	30°	3 49	27 19	23 38	25 41	3 45
2 38	25 56	22 01	23 53	2 12	31°	3 35	26 53	23 03	25 06	3 27
2 23	25 29	21 25	23 17	1 51	32°	3 20	26 26	22 28	24 30	3 07
2 08	25 02	20 48	22 39	1 30	33°	3 05	25 59	21 51	23 52	2 46
1 53	24 35	20 10	21 58	1 08	34°	2 50	25 31	21 13	23 12	2 25
1 38	24 06	19 31	21 16	0 44	35°	2 35	25 03	20 34	22 30	2 02
1 23	23 37	18 51	20 33	♈ 0 19	36°	2 20	24 34	19 54	21 47	1 37
1 07	23 07	18 09	19 47	♓ 29 52	37°	2 04	24 04	19 12	21 02	1 11
0 51	22 36	17 25	18 59	29 24	38°	1 48	23 33	18 28	20 14	0 43
0 35	22 05	16 40	18 08	28 54	39°	1 31	23 02	17 43	19 23	♈ 0 14
0 18	21 33	15 54	17 15	28 21	40°	1 14	22 30	16 56	18 30	♓ 29 42
♐ 0 01	21 00	15 05	16 18	27 46	41°	0 57	21 56	16 07	17 34	29 08
♏ 29 44	20 26	14 15	15 19	27 08	42°	0 40	21 22	15 17	16 35	28 31
29 26	19 51	13 22	14 16	26 28	43°	0 22	20 47	14 24	15 32	27 52
29 08	19 15	12 29	13 09	25 44	44°	♐ 0 04	20 11	13 30	14 25	27 09
28 49	18 38	11 32	11 58	24 56	45°	♏ 29 45	19 33	12 33	13 15	26 23
28 30	18 00	10 33	10 42	24 03	46°	29 26	18 55	11 34	11 59	25 31
28 11	17 20	9 31	9 22	23 05	47°	29 06	18 15	10 32	10 39	24 34
27 50	16 38	8 27	7 57	22 02	48°	28 45	17 33	9 27	9 13	23 32
27 29	15 56	7 20	6 25	20 51	49°	28 25	16 51	8 19	7 41	22 23
27 08	15 12	6 09	4 46	19 32	50°	28 03	16 06	7 08	6 02	21 06
26 46	14 26	4 55	3 02	18 03	51°	27 41	15 20	5 53	4 17	19 39
26 23	13 39	3 38	♒ 1 09	16 23	52°	27 18	14 32	4 35	2 22	18 01
26 00	12 50	2 17	♑ 29 08	14 30	53°	26 54	13 42	3 13	♒ 0 21	16 09
25 35	11 59	♑ 0 52	26 58	12 20	54°	26 30	12 51	1 47	♑ 28 09	14 00
25 10	11 05	♐ 29 22	24 37	9 50	55°	26 04	11 57	♑ 0 16	25 47	11 32
24 44	10 09	27 48	22 06	6 55	56°	25 38	11 00	♐ 28 41	23 13	8 40
24 16	9 12	26 10	19 24	♓ 3 31	57°	25 10	10 02	27 01	20 29	5 16
23 48	8 11	24 26	16 30	♒ 29 31	58°	24 41	9 00	25 16	17 32	♓ 1 17
23 19	7 08	22 37	13 24	24 46	59°	24 12	7 56	23 25	14 22	26 30
♏ 22 48	♐ 6 02	♐ 20 43	♑ 10 05	♒ 19 08	60°	♏ 23 41	♐ 6 49	♐ 21 28	♑ 10 59	♒ 20 49

XI	XII	A	II	III	N LAT	XI	XII	A	II	III
♐11 07	♑8 47	♒7°09	♓7 53	♈10 24	0°	♐12 03	♑9 41	♒8°07	♓8 56	♈11 28
10 06	7 13	5 29	6 33	9 46	5°	11 02	8 09	6 28	7 38	10 52
9 05	5 38	3 42	5 04	9 04	10°	10 01	6 34	4 42	6 11	10 11
8 03	3 57	♒1 47	3 27	8 17	15°	8 59	4 54	2 48	4 35	9 26
7 00	2 13	♑29 41	1 36	7 23	20°	7 57	3 10	0 43	2 46	8 33
6 47	1 51	29 14	1 12	7 11	21°	7 44	2 48	♒0 17	2 22	8 22
6 34	1 29	28 47	0 47	6 59	22°	7 31	2 26	♑29 50	1 57	8 10
6 21	1 06	28 18	♓0 21	6 46	23°	7 18	2 03	29 21	1 32	7 57
6 08	0 43	27 50	♒29 55	6 33	24°	7 05	1 40	28 53	1 06	7 45
5 55	♑0 20	27 21	29 27	6 19	25°	6 51	1 17	28 24	0 39	7 31
5 41	♐29 56	26 51	28 59	6 04	26°	6 38	0 53	27 54	♓0 11	7 17
5 28	29 32	26 20	28 29	5 49	27°	6 25	0 29	27 23	♒29 42	7 02
5 14	29 07	25 48	27 58	5 33	28°	6 11	♑0 05	26 51	29 11	6 47
5 00	28 42	25 15	27 27	5 17	29°	5 57	♐29 40	26 19	28 40	6 31
4 46	28 16	24 41	26 54	5 00	30°	5 43	29 14	25 45	28 08	6 15
4 32	27 50	24 06	26 20	4 42	31°	5 29	28 48	25 10	27 34	5 57
4 17	27 23	23 31	25 44	4 23	32°	5 14	28 21	24 35	26 58	5 39
4 02	26 56	22 54	25 06	4 03	33°	4 59	27 54	23 58	26 21	5 20
3 47	26 28	22 16	24 27	3 42	34°	4 44	27 26	23 20	25 43	4 59
3 32	26 00	21 37	23 45	3 20	35°	4 29	26 58	22 41	25 02	4 38
3 17	25 31	20 57	23 02	2 56	36°	4 14	26 29	22 01	24 19	4 15
3 01	25 01	20 15	22 18	2 30	37°	3 58	25 59	21 19	23 34	3 50
2 44	24 30	19 31	21 30	2 03	38°	3 41	25 28	20 35	22 47	3 24
2 28	23 59	18 46	20 39	1 35	39°	3 25	24 56	19 50	21 57	2 56
2 11	23 27	17 59	19 47	1 04	40°	3 08	24 24	19 03	21 05	2 26
1 54	22 53	17 10	18 51	♈0 31	41°	2 51	23 50	18 14	20 10	1 54
1 37	22 18	16 20	17 52	♓29 55	42°	2 33	23 15	17 23	19 11	1 20
1 19	21 43	15 27	16 50	29 17	43°	2 15	22 40	16 31	18 09	0 42
1 00	21 07	14 32	15 43	28 35	44°	1 56	22 03	15 35	17 02	♈0 02
0 42	20 29	13 35	14 33	27 50	45°	1 38	21 26	14 38	15 52	♓29 18
0 22	19 51	12 35	13 17	26 59	46°	1 18	20 47	13 38	14 37	28 28
♐0 02	19 10	11 33	11 57	26 04	47°	0 58	20 06	12 35	13 16	27 35
♏29 41	18 28	10 28	10 31	25 03	48°	0 38	19 24	11 29	11 51	26 35
29 21	17 46	9 19	8 58	23 56	49°	♐0 17	18 41	10 20	10 17	25 30
28 59	17 00	8 07	7 19	22 40	50°	♏29 55	17 55	9 08	8 38	24 16
28 36	16 14	6 52	5 33	21 15	51°	29 32	17 08	7 52	6 52	22 53
28 13	15 26	5 33	3 38	19 39	52°	29 09	16 20	6 32	4 56	21 19
27 49	14 35	4 10	♒1 35	17 50	53°	28 45	15 29	5 08	2 52	19 32
27 25	13 43	2 43	♑29 22	15 43	54°	28 20	14 36	3 40	♒0 37	17 28
26 59	12 49	♑1 11	26 59	13 17	55°	27 54	13 41	2 07	♑28 13	15 03
26 32	11 51	♐29 35	24 23	10 26	56°	27 27	12 43	♑0 30	25 35	12 15
26 04	10 52	27 53	21 36	7 04	57°	26 58	11 43	♐28 46	22 45	8 55
25 35	9 50	26 06	18 36	♓3 05	58°	26 29	10 40	26 57	19 42	4 56
25 05	8 45	24 13	15 22	28 18	59°	25 58	9 34	25 02	16 24	♓0 09
♏24 34	♐7 37	♐22 14	♑11 55	♒22 34	60°	♏25 27	♐8 25	♐23 01	♑12 53	♒24 23

	14ʰ 46ᵐ 09ˢ 221° 32' 19" M 14° ♏				N LAT		14ʰ 50ᵐ 08ˢ 222° 32' 01" M 15° ♏			
XI	XII	A	II	III	N LAT	XI	XII	A	II	III
♐12 58	♑10 36	♒9°06	♓10 00	♈12 33	0°	♐13 54	♑11 32	♒10°05	♓11 04	♈13 37
11 58	9 05	7 28	8 43	11 57	5°	12 54	10 01	8 28	9 48	13 03
10 57	7 30	5 43	7 18	11 18	10°	11 53	8 27	6 44	8 25	12 25
9 56	5 51	3 50	5 43	10 34	15°	10 53	6 48	4 52	6 52	11 43
8 54	4 07	1 46	3 56	9 44	20°	9 51	5 05	2 50	5 07	10 55
8 41	3 45	1 20	3 33	9 33	21°	9 38	4 43	2 24	4 44	10 44
8 28	3 23	0 53	3 09	9 21	22°	9 25	4 21	1 57	4 20	10 32
8 15	3 01	♒0 25	2 44	9 09	23°	9 12	3 59	1 29	3 56	10 21
8 02	2 38	♑29 57	2 18	8 57	24°	8 59	3 36	1 01	3 31	10 10
7 48	2 15	29 28	1 51	8 44	25°	8 46	3 13	0 32	3 04	9 57
7 35	1 51	28 58	1 24	8 30	26°	8 32	2 49	♒0 02	2 37	9 43
7 22	1 27	28 27	0 55	8 16	27°	8 19	2 25	♑29 32	2 09	9 30
7 08	1 03	27 55	♓0 25	8 01	28°	8 05	2 01	29 00	1 40	9 15
6 54	0 38	27 23	♒29 54	7 46	29°	7 51	1 36	28 28	1 09	9 01
6 40	♑0 12	26 49	29 22	7 30	30°	7 37	1 11	27 54	0 38	8 45
6 26	29 46	26 15	28 49	7 13	31°	7 23	0 44	27 20	♓0 05	8 29
6 11	♐29 19	25 40	28 14	6 55	32°	7 08	♑0 18	26 45	♒29 30	8 12
5 56	28 52	25 03	27 37	6 37	33°	6 53	♐29 51	26 09	28 54	7 54
5 41	28 24	24 25	26 59	6 17	34°	6 38	29 23	25 31	28 16	7 35
5 26	27 56	23 46	26 19	5 56	35°	6 23	28 54	24 52	27 37	7 15
5 11	27 27	23 06	25 37	5 34	36°	6 08	28 25	24 12	26 55	6 53
4 55	26 57	22 24	24 52	5 10	37°	5 52	27 55	23 30	26 10	6 30
4 38	26 26	21 40	24 05	4 45	38°	5 35	27 24	22 46	25 24	6 06
4 22	25 54	20 55	23 16	4 18	39°	5 19	26 52	22 01	24 36	5 40
4 05	25 22	20 08	22 24	3 49	40°	5 02	26 20	21 14	23 44	5 12
3 48	24 48	19 19	21 29	3 18	41°	4 45	25 46	20 25	22 50	4 42
3 30	24 13	18 28	20 31	2 45	42°	4 27	25 11	19 34	21 52	4 10
3 12	23 37	17 35	19 29	2 08	43°	4 09	24 35	18 41	20 50	3 34
2 53	23 00	16 39	18 23	1 29	44°	3 50	23 58	17 45	19 45	2 56
2 34	22 23	15 42	17 13	♈0 46	45°	3 31	23 20	16 47	18 35	2 14
2 15	21 43	14 42	15 58	♓29 58	46°	3 12	22 40	15 47	17 20	1 29
1 55	21 02	13 39	14 37	29 06	47°	2 51	21 59	14 43	16 00	♈0 38
1 34	20 20	12 32	13 12	28 08	48°	2 30	21 17	13 36	14 34	♓29 42
1 13	19 37	11 22	11 39	27 05	49°	2 09	20 33	12 26	13 02	28 40
0 51	18 51	10 09	9 59	25 53	50°	1 47	19 47	11 12	11 22	27 31
0 28	18 03	8 53	8 12	24 32	51°	1 24	18 59	9 55	9 34	26 12
♐ 0 04	17 14	7 32	6 15	23 00	52°	1 00	18 09	8 33	7 37	24 42
♏29 40	16 23	6 07	4 11	21 15	53°	0 35	17 18	7 07	5 31	23 00
29 15	15 30	4 38	♒1 54	19 14	54°	♐0 10	16 24	5 37	3 14	21 01
28 49	14 34	3 04	♑29 28	16 52	55°	♏29 44	15 27	4 02	♒0 45	18 43
28 22	13 35	♑1 25	26 48	14 06	56°	29 17	14 28	2 21	♑28 03	15 59
27 53	12 34	♐29 40	23 56	10 48	57°	28 47	13 26	♑0 35	25 09	12 44
27 23	11 30	27 49	20 50	6 51	58°	28 17	12 21	♐28 42	22 00	8 49
26 52	10 23	25 53	17 28	♓2 04	59°	27 46	11 13	26 44	18 35	♓4 03
♏26 20	♐9 13	♐23 50	♑13 53	♒26 16	60°	♏27 14	♐10 02	♐24 39	♑14 54	♒28 14

14ʰ 54ᵐ 08ˢ		223° 31' 53''				14ʰ 58ᵐ 08ˢ		224° 31' 56''		
		M 16° ♏						M 17° ♏		
XI	XII	A	II	III	N LAT	XI	XII	A	II	III
♐14 50	♑12 27	≈11°04	)(12 08	♈14 42	0°	♐15 45	♑13 23	≈12°04	)(13 13	♈15 47
13 50	10 57	9 28	10 54	14 09	5°	14 46	11 53	10 29	12 00	15 15
12 50	9 24	7 46	9 32	13 32	10°	13 47	10 21	8 48	10 40	14 40
11 50	7 46	5 55	8 02	12 52	15°	12 47	8 44	6 59	9 12	14 01
10 48	6 03	3 54	6 18	12 05	20°	11 45	7 01	4 58	7 30	13 16
10 35	5 41	3 28	5 56	11 55	21°	11 32	6 40	4 32	7 08	13 06
10 22	5 19	3 01	5 33	11 44	22°	11 19	6 18	4 06	6 46	12 56
10 09	4 57	2 34	5 09	11 33	23°	11 06	5 56	3 39	6 22	12 45
9 56	4 35	2 06	4 44	11 22	24°	10 54	5 34	3 11	5 58	12 34
9 43	4 12	1 37	4 18	11 10	25°	10 41	5 11	2 42	5 32	12 23
9 29	3 48	1 07	3 51	10 57	26°	10 27	4 47	2 13	5 06	12 11
9 16	3 24	0 37	3 24	10 44	27°	10 13	4 23	1 43	4 39	11 58
9 02	3 00	≈ 0 06	2 55	10 30	28°	10 00	3 59	1 12	4 11	11 45
8 48	2 35	♑29 34	2 25	10 16	29°	9 46	3 34	0 40	3 41	11 31
8 34	2 09	29 00	1 54	10 01	30°	9 32	3 08	≈ 0 07	3 10	11 17
8 20	1 43	28 26	1 21	9 45	31°	9 17	2 42	♑29 33	2 38	11 02
8 05	1 17	27 51	0 47	9 29	32°	9 03	2 16	28 58	2 05	10 46
7 50	0 50	27 15	)(0 12	9 11	33°	8 48	1 49	28 22	1 30	10 29
7 35	♑ 0 22	26 37	≈29 34	8 53	34°	8 33	1 21	27 44	0 53	10 12
7 20	♐29 53	25 58	28 55	8 34	35°	8 18	0 52	27 05	)(0 15	9 53
7 05	29 24	25 18	28 14	8 13	36°	8 02	♑ 0 23	26 25	≈29 34	9 33
6 49	28 54	24 37	27 30	7 51	37°	7 46	♐29 53	25 44	28 51	9 12
6 33	28 23	23 53	26 45	7 27	38°	7 30	29 22	25 00	28 07	8 49
6 16	27 51	23 07	25 57	7 02	39°	7 13	28 50	24 15	27 19	8 25
5 59	27 18	22 20	25 05	6 35	40°	6 56	28 17	23 27	26 28	7 59
5 42	26 44	21 31	24 12	6 07	41°	6 39	27 43	22 38	25 35	7 32
5 24	26 09	20 40	23 14	5 35	42°	6 21	27 08	21 47	24 38	7 01
5 06	25 33	19 47	22 13	5 01	43°	6 03	26 32	20 54	23 37	6 29
4 47	24 56	18 51	21 08	4 24	44°	5 44	25 55	19 58	22 33	5 53
4 28	24 18	17 53	19 58	3 44	45°	5 25	25 16	19 00	21 23	5 15
4 09	23 38	16 53	18 44	3 00	46°	5 06	24 36	17 59	20 10	4 32
3 48	22 57	15 49	17 24	2 11	47°	4 45	23 55	16 55	18 50	3 45
3 27	22 14	14 41	15 58	1 17	48°	4 24	23 11	15 47	17 24	2 52
3 05	21 30	13 30	14 26	♈ 0 17	49°	4 02	22 27	14 36	15 53	1 54
2 43	20 43	12 16	12 46	)(29 09	50°	3 40	21 40	13 21	14 13	♈ 0 49
2 20	19 55	10 58	10 58	27 53	51°	3 16	20 52	12 02	12 25	)(29 35
1 56	19 05	9 36	9 01	26 26	52°	2 52	20 01	10 39	10 27	28 10
1 31	18 13	8 09	6 54	24 46	53°	2 27	19 08	9 11	8 20	26 34
1 06	17 18	6 37	4 36	22 50	54°	2 02	18 13	7 38	6 00	24 41
0 39	16 21	5 00	≈ 2 05	20 35	55°	1 34	17 15	6 00	3 28	22 28
♐ 0 11	15 21	3 18	♑29 22	17 54	56°	1 06	16 15	4 17	≈ 0 43	19 52
♏29 42	14 18	♑ 1 31	26 25	14 43	57°	0 37	15 11	2 28	♑27 43	16 44
29 11	13 12	♐29 36	23 12	10 50	58°	♐ 0 06	14 04	♑ 0 31	24 27	12 54
28 40	12 04	27 36	19 43	6 06	59°	29 34	12 55	28 29	20 54	8 13
♏28 07	♐10 51	♑25 29	♑15 57	)(0 17	60°	♏29 00	♐11 41	♐26 20	♑17 03	)(2 24

15h 02m 09s 225° 32' 09'' M 18° ♏					N LAT	15h 06m 10s 226° 32' 34'' M 19° ♏				
XI	XII	A	II	III		XI	XII	A	II	III
♐16 41	♑14 19	♒13°04	♓14 18	♈16 52	0°	♐17 37	♑15 15	♒14°05	♓15 23	♈17 57
15 42	12 50	11 30	13 07	16 21	5°	16 39	13 47	12 32	14 14	17 27
14 43	11 18	9 51	11 49	15 48	10°	15 40	12 16	10 54	12 58	16 56
13 44	9 42	8 03	10 22	15 10	15°	14 41	10 41	9 07	11 33	16 20
12 42	8 00	6 03	8 43	14 27	20°	13 40	8 59	7 09	9 56	15 39
12 29	7 39	5 38	8 21	14 17	21°	13 27	8 38	6 44	9 35	15 29
12 17	7 17	5 12	7 59	14 08	22°	13 15	8 17	6 18	9 13	15 20
12 04	6 55	4 45	7 36	13 58	23°	13 02	7 55	5 51	8 51	15 10
11 51	6 33	4 17	7 12	13 47	24°	12 49	7 32	5 24	8 27	15 00
11 38	6 10	3 49	6 47	13 36	25°	12 36	7 09	4 56	8 03	14 50
11 25	5 46	3 20	6 21	13 25	26°	12 23	6 46	4 27	7 37	14 39
11 11	5 22	2 50	5 55	13 13	27°	12 09	6 22	3 57	7 11	14 27
10 57	4 58	2 19	5 27	13 00	28°	11 55	5 58	3 27	6 44	14 15
10 44	4 33	1 47	4 58	12 47	29°	11 42	5 33	2 55	6 16	14 03
10 30	4 08	1 14	4 28	12 33	30°	11 28	5 08	2 22	5 46	13 50
10 15	3 42	0 41	3 56	12 19	31°	11 13	4 42	1 49	5 15	13 36
10 01	3 16	♒ 0 06	3 23	12 03	32°	10 59	4 16	1 14	4 43	13 21
9 46	2 49	♑29 30	2 49	11 47	33°	10 44	3 49	0 39	4 09	13 06
9 31	2 21	28 52	2 13	11 31	34°	10 29	3 21	♒ 0 01	3 34	12 50
9 16	1 52	28 13	1 35	11 13	35°	10 14	2 53	♑29 22	2 57	12 33
9 00	1 23	27 33	0 55	10 54	36°	9 58	2 23	28 42	2 17	12 15
8 44	0 53	26 52	♓ 0 13	10 33	37°	9 42	1 53	28 01	1 36	11 55
8 28	♑ 0 22	26 08	♒29 30	10 11	38°	9 26	1 22	27 17	0 53	11 34
8 11	♐29 50	25 23	28 42	9 48	39°	9 09	0 50	26 32	♓ 0 06	11 11
7 54	29 17	24 36	27 52	9 23	40°	8 52	♑ 0 17	25 46	♒29 17	10 48
7 37	28 43	23 47	26 59	8 57	41°	8 35	♐29 43	24 57	28 25	10 22
7 19	28 08	22 56	26 03	8 28	42°	8 17	29 08	24 06	27 29	9 55
7 00	27 31	22 02	25 03	7 57	43°	7 58	28 31	23 11	26 30	9 25
6 42	26 54	21 06	23 59	7 22	44°	7 40	27 54	22 16	25 27	8 52
6 23	26 15	20 08	22 50	6 45	45°	7 20	27 15	21 17	24 18	8 16
6 03	25 35	19 06	21 37	6 04	46°	7 00	26 34	20 15	23 06	7 37
5 42	24 53	18 02	20 18	5 19	47°	6 40	25 52	19 10	21 47	6 53
5 21	24 09	16 54	18 52	4 28	48°	6 18	25 08	18 02	20 22	6 04
4 59	23 25	15 42	17 21	3 32	49°	5 56	24 23	16 50	18 52	5 10
4 37	22 38	14 27	15 41	2 29	50°	5 34	23 36	15 34	17 12	4 10
4 13	21 49	13 08	13 53	♈ 1 18	51°	5 10	22 47	14 14	15 24	3 01
3 49	20 58	11 44	11 55	♓29 56	52°	4 46	21 55	12 50	13 25	1 43
3 24	20 04	10 15	9 47	28 22	53°	4 20	21 01	11 21	11 17	♈ 0 12
2 58	19 09	8 41	7 27	26 33	54°	3 54	20 05	9 46	8 56	♓28 26
2 30	18 10	7 02	4 54	24 24	55°	3 26	19 06	8 05	6 22	26 21
2 01	17 09	5 17	♒ 2 06	21 52	56°	2 57	18 04	6 18	3 33	23 53
1 32	16 04	3 26	♑29 04	18 47	57°	2 27	16 58	4 25	♒ 0 28	20 53
1 01	14 57	♑ 1 28	25 44	15 02	58°	1 56	15 50	2 25	♑27 04	17 12
♐ 0 28	13 46	29 23	22 07	10 23	59°	1 23	14 38	♑ 0 18	23 23	12 38
♏29 54	♐12 31	♐27 11	♑18 11	♓ 4 35	60°	♐ 0 48	♐13 22	♐28 03	♑19 23	♓ 6 51

XI	XII	A	II	III	N LAT	XI	XII	A	II	III
♐18 33	♑16 11	♒15°05	♓16 28	♈19 02	0°	♐19 29	♑17 08	♒16°06	♓17 34	♈20 07
17 35	14 44	13 34	15 21	18 34	5°	18 32	15 42	14 37	16 28	19 40
16 37	13 14	11 57	14 07	18 04	10°	17 34	14 13	13 01	15 16	19 12
15 38	11 40	10 12	12 44	17 29	15°	16 35	12 39	11 17	13 56	18 39
14 38	9 59	8 15	11 10	16 50	20°	15 36	10 59	9 22	12 24	18 02
14 25	9 38	7 50	10 49	16 41	21°	15 23	10 38	8 57	12 04	17 53
14 13	9 17	7 25	10 28	16 32	22°	15 11	10 17	8 32	11 43	17 45
14 00	8 55	6 58	10 06	16 23	23°	14 58	9 55	8 06	11 21	17 36
13 47	8 32	6 31	9 43	16 13	24°	14 45	9 33	7 39	10 59	17 27
13 34	8 09	6 04	9 19	16 03	25°	14 32	9 10	7 12	10 36	17 17
13 21	7 46	5 35	8 54	15 53	26°	14 19	8 47	6 44	10 12	17 07
13 07	7 23	5 05	8 29	15 42	27°	14 05	8 24	6 14	9 47	16 57
12 53	6 59	4 35	8 02	15 31	28°	13 51	8 00	5 44	9 21	16 46
12 40	6 34	4 04	7 34	15 19	29°	13 38	7 35	5 13	8 53	16 35
12 26	6 09	3 31	7 05	15 06	30°	13 24	7 10	4 41	8 25	16 23
12 11	5 43	2 58	6 35	14 53	31°	13 09	6 44	4 08	7 56	16 10
11 57	5 17	2 23	6 03	14 39	32°	12 55	6 18	3 33	7 25	15 57
11 42	4 50	1 48	5 30	14 24	33°	12 40	5 51	2 58	6 52	15 43
11 27	4 22	1 11	4 56	14 09	34°	12 25	5 23	2 22	6 19	15 28
11 12	3 53	♒ 0 33	4 19	13 53	35°	12 10	4 54	1 44	5 42	15 13
10 56	3 24	♑29 53	3 40	13 36	36°	11 54	4 25	1 04	5 04	14 57
10 40	2 54	29 11	3 00	13 17	37°	11 39	3 55	♒ 0 23	4 25	14 39
10 24	2 23	28 28	2 17	12 57	38°	11 23	3 24	♑29 40	3 42	14 20
10 07	1 51	27 43	1 31	12 35	39°	11 06	2 52	28 55	2 57	14 00
9 50	1 18	26 57	♓ 0 43	12 13	40°	10 49	2 19	28 08	2 10	13 38
9 33	0 43	26 08	♒29 52	11 48	41°	10 31	1 44	27 19	1 20	13 14
9 15	♑ 0 08	25 16	28 57	11 22	42°	10 13	1 09	26 28	♓ 0 26	12 49
8 56	♐29 32	24 22	27 58	10 53	43°	9 55	♑ 0 33	25 34	♒29 28	12 22
8 38	28 54	23 27	26 56	10 22	44°	9 36	♐29 55	24 38	28 26	11 52
8 18	28 15	22 27	25 48	9 47	45°	9 16	29 16	23 39	27 20	11 19
7 58	27 34	21 26	24 36	9 10	46°	8 56	28 35	22 37	26 08	10 43
7 37	26 52	20 20	23 18	8 28	47°	8 35	27 52	21 31	24 51	10 03
7 16	26 08	19 11	21 54	7 41	48°	8 14	27 08	20 22	23 28	9 19
6 54	25 22	17 59	20 24	6 50	49°	7 51	26 22	19 10	21 58	8 30
6 31	24 35	16 43	18 44	5 52	50°	7 28	25 34	17 53	20 19	7 34
6 07	23 45	15 22	16 56	4 46	51°	7 04	24 44	16 32	18 30	6 31
5 42	22 53	13 57	14 58	3 30	52°	6 39	23 52	15 06	16 33	5 18
5 17	21 58	12 27	12 49	2 03	53°	6 14	22 56	13 34	14 25	3 54
4 50	21 02	10 51	10 27	♈ 0 20	54°	5 47	21 59	11 57	12 02	2 16
4 22	20 02	9 09	7 52	♓28 20	55°	5 19	20 59	10 14	9 26	♈ 0 20
3 53	18 59	7 21	5 02	25 56	56°	4 49	19 55	8 25	6 34	♓28 00
3 23	17 53	5 26	♒ 1 54	23 01	57°	4 19	18 48	6 28	♒ 3 24	25 11
2 51	16 44	3 24	♑28 28	19 25	58°	3 46	17 38	4 24	♑29 55	21 41
2 18	15 31	♑ 1 15	24 43	14 56	59°	3 13	16 24	♑ 2 12	26 05	17 17
♐ 1 43	♐14 14	♐28 56	♑20 37	♓ 9 13	60°	♐ 2 37	♐15 06	♐29 52	♑21 53	♓11 39

	15ʰ 18ᵐ 20ˢ	229° 34' 53'' M 22° ♏			N LAT	15ʰ 22ᵐ 24ˢ	230° 36' 02'' M 23° ♏			

XI	XII	A	II	III	N LAT	XI	XII	A	II	III
♐20 25	♑18 05	♒17°08	♓18 40	♈21 12	0°	♐21 22	♑19 02	♒18°10	♓19 46	♈22 17
19 29	16 40	15 40	17 36	20 47	5°	20 26	17 38	16 43	18 44	21 53
18 32	15 12	14 06	16 26	20 20	10°	19 29	16 11	15 11	17 36	21 28
17 33	13 39	12 23	15 08	19 49	15°	18 31	14 39	13 29	16 21	20 58
16 34	11 59	10 30	13 38	19 13	20°	17 32	13 00	11 38	14 53	20 25
16 21	11 39	10 05	13 19	19 05	21°	17 19	12 40	11 14	14 34	20 17
16 09	11 18	9 40	12 58	18 57	22°	17 07	12 19	10 49	14 14	20 10
15 56	10 56	9 15	12 37	18 49	23°	16 54	11 57	10 24	13 54	20 02
15 43	10 34	8 48	12 16	18 40	24°	16 42	11 35	9 58	13 33	19 54
15 30	10 11	8 21	11 53	18 31	25°	16 29	11 13	9 31	13 11	19 45
15 17	9 48	7 53	11 30	18 21	26°	16 15	10 50	9 03	12 49	19 36
15 03	9 25	7 24	11 06	18 12	27°	16 02	10 27	8 34	12 25	19 27
14 50	9 01	6 54	10 40	18 02	28°	15 49	10 03	8 05	12 00	19 17
14 36	8 37	6 23	10 13	17 51	29°	15 35	9 39	7 34	11 34	19 07
14 22	8 12	5 52	9 46	17 39	30°	15 21	9 14	7 03	11 07	18 56
14 08	7 46	5 19	9 17	17 27	31°	15 07	8 48	6 31	10 39	18 45
13 54	7 20	4 44	8 47	17 15	32°	14 53	8 22	5 56	10 10	18 33
13 39	6 53	4 09	8 15	17 02	33°	14 38	7 55	5 21	9 39	18 21
13 24	6 25	3 33	7 42	16 48	34°	14 23	7 27	4 45	9 06	18 08
13 09	5 56	2 56	7 07	16 33	35°	14 08	6 59	4 08	8 32	17 54
12 53	5 27	2 16	6 29	16 18	36°	13 52	6 30	3 29	7 55	17 39
12 37	4 57	1 35	5 50	16 01	37°	13 36	6 00	2 48	7 17	17 23
12 21	4 26	0 52	5 08	15 43	38°	13 20	5 29	2 05	6 36	17 06
12 04	3 54	♒0 07	4 25	15 24	39°	13 03	4 56	1 20	5 54	16 48
11 47	3 21	♑29 20	3 38	15 03	40°	12 46	4 23	♒0 34	5 08	16 28
11 29	2 46	28 31	2 49	14 41	41°	12 28	3 49	♑29 45	4 19	16 07
11 11	2 11	27 41	1 56	14 17	42°	12 10	3 13	28 55	3 27	15 45
10 53	1 34	26 47	♓0 59	13 51	43°	11 52	2 36	28 01	2 32	15 20
10 34	0 56	25 51	♒29 58	13 22	44°	11 33	1 58	27 05	1 32	14 53
10 14	♑0 17	24 52	28 53	12 51	45°	11 13	1 19	26 06	♓0 28	14 24
9 54	♐29 36	23 50	27 42	12 17	46°	10 53	♑0 38	25 04	♒29 18	13 51
9 33	28 53	22 44	26 26	11 39	47°	10 32	♐29 55	23 58	28 03	13 15
9 12	28 09	21 35	25 04	10 57	48°	10 10	29 10	22 49	26 42	12 35
8 49	27 23	20 22	23 34	10 10	49°	9 47	28 24	21 35	25 13	11 50
8 26	26 34	19 05	21 56	9 17	50°	9 24	27 35	20 17	23 36	11 00
8 02	25 44	17 43	20 08	8 16	51°	9 00	26 44	18 55	21 49	10 02
7 37	24 51	16 16	18 11	7 07	52°	8 35	25 51	17 28	19 51	8 56
7 11	23 55	14 43	16 03	5 46	53°	8 08	24 55	15 54	17 43	7 39
6 44	22 57	13 05	13 40	4 13	54°	7 41	23 56	14 15	15 20	6 10
6 16	21 56	11 21	11 02	2 21	55°	7 13	22 54	12 30	12 42	4 23
5 46	20 52	9 30	8 09	♈0 07	56°	6 43	21 50	10 37	9 47	♈2 15
5 15	19 44	7 32	4 56	♓27 23	57°	6 11	20 40	8 37	6 33	♓29 37
4 42	18 33	5 26	♒1 25	24 00	58°	5 38	19 28	6 29	♒2 58	26 21
4 08	17 18	3 11	27 30	19 42	59°	5 03	18 12	4 12	28 59	22 10
♐3 32	♐15 58	♑0 49	♑23 13	♓14 10	60°	♐4 27	♐16 51	♑1 47	♑24 37	♓16 45

121

XI	XII	A	II	III	N LAT	XI	XII	A	II	III
		15ʰ 26ᵐ 29ˢ 231° 37' 21" M 24° ♏						15ʰ 30ᵐ 35ˢ 232° 38' 51" M 25° ♏		
♐22 18	♑19 59	♒19°12	♓20 53	♈23 22	0°	♐23 15	♑20 57	♒20°14	♓22 00	♈24 27
21 23	18 36	17 47	19 53	23 00	5°	22 20	19 35	18 51	21 02	24 07
20 27	17 10	16 16	18 47	22 36	10°	21 24	18 10	17 22	19 58	23 44
19 29	15 39	14 36	17 34	22 08	15°	20 27	16 40	15 44	18 47	23 18
18 30	14 01	12 46	16 09	21 37	20°	19 28	15 03	13 55	17 25	22 49
18 17	13 41	12 23	15 50	21 30	21°	19 16	14 43	13 32	17 07	22 42
18 05	13 20	11 58	15 31	21 23	22°	19 04	14 22	13 08	16 49	22 35
17 53	12 59	11 34	15 12	21 15	23°	18 52	14 01	12 44	16 30	22 28
17 40	12 37	11 08	14 51	21 07	24°	18 39	13 39	12 19	16 10	22 21
17 27	12 15	10 41	14 30	20 59	25°	18 26	13 17	11 52	15 49	22 14
17 14	11 52	10 13	14 08	20 51	26°	18 13	12 55	11 25	15 27	22 06
17 01	11 29	9 45	13 45	20 42	27°	18 00	12 32	10 57	15 05	21 57
16 48	11 05	9 16	13 20	20 33	28°	17 47	12 08	10 28	14 41	21 49
16 34	10 41	8 46	12 55	20 23	29°	17 33	11 44	9 59	14 17	21 40
16 20	10 16	8 15	12 29	20 13	30°	17 19	11 19	9 28	13 52	21 31
16 06	9 51	7 43	12 02	20 03	31°	17 05	10 54	8 56	13 25	21 21
15 52	9 25	7 09	11 33	19 52	32°	16 51	10 28	8 23	12 57	21 10
15 37	8 58	6 34	11 03	19 40	33°	16 36	10 01	7 48	12 28	20 59
15 22	8 30	5 59	10 31	19 27	34°	16 21	9 34	7 13	11 57	20 47
15 07	8 02	5 22	9 58	19 14	35°	16 06	9 06	6 37	11 25	20 35
14 51	7 33	4 43	9 22	19 00	36°	15 50	8 36	5 58	10 50	20 22
14 35	7 03	4 02	8 45	18 45	37°	15 34	8 06	5 17	10 14	20 07
14 19	6 32	3 19	8 05	18 29	38°	15 18	7 35	4 35	9 35	19 52
14 02	5 59	2 35	7 24	18 12	39°	15 01	7 03	3 51	8 55	19 37
13 45	5 26	1 49	6 39	17 54	40°	14 44	6 30	3 05	8 11	19 20
13 27	4 52	1 00	5 51	17 34	41°	14 27	5 56	2 16	7 24	19 01
13 09	4 16	♒0 10	5 00	17 13	42°	14 09	5 20	1 26	6 34	18 41
12 51	3 39	♑29 16	4 06	16 49	43°	13 50	4 43	♒0 33	5 41	18 19
12 32	3 01	28 20	3 07	16 24	44°	13 31	4 05	♑29 37	4 43	17 55
12 12	2 22	27 22	2 04	15 56	45°	13 11	3 25	28 39	3 42	17 29
11 52	1 41	26 19	♓0 55	15 26	46°	12 51	2 44	27 36	2 34	17 00
11 31	0 57	25 13	♒29 41	14 52	47°	12 30	2 00	26 30	1 21	16 28
11 09	♑0 12	24 04	28 22	14 13	48°	12 08	1 15	25 20	♓0 03	15 52
10 46	♐29 26	22 50	26 53	13 31	49°	11 45	♑0 29	24 06	♒28 35	15 12
10 22	28 37	21 32	25 17	12 43	50°	11 21	♐29 39	22 48	27 01	14 27
9 58	27 45	20 09	23 31	11 49	51°	10 57	28 47	21 25	25 16	13 36
9 33	26 52	18 41	21 34	10 46	52°	10 31	27 53	19 56	23 20	12 36
9 06	25 55	17 07	19 27	9 33	53°	10 05	26 56	18 21	21 13	11 27
8 39	24 56	15 27	17 04	8 08	54°	9 37	25 56	16 40	18 50	10 07
8 10	23 53	13 40	14 25	6 26	55°	9 08	24 53	14 52	16 12	8 30
7 40	22 48	11 45	11 30	4 24	56°	8 37	23 47	12 56	13 15	6 33
7 08	21 38	9 44	8 13	♈1 53	57°	8 05	22 36	10 53	9 58	4 09
6 34	20 24	7 34	4 35	♓28 44	58°	7 31	21 21	8 40	6 17	♈1 08
5 59	19 07	5 14	♒0 33	24 42	59°	6 55	20 03	6 18	♒2 10	27 15
♐5 22	♐17 45	♑2 46	♑26 04	♓19 25	60°	♐6 18	♐18 39	♑3 47	♑27 36	♓22 09

	15ʰ 34ᵐ 42ˢ M 26° ♏						15ʰ 38ᵐ 50ˢ M 27° ♏			
XI	XII	A	II	III	N LAT	XI	XII	A	II	III
♐24 12	♑21 55	♒21°17	♓23 07	♈25 33	0°	♐25 09	♑22 53	♒22°21	♓24 14	♈26 38
23 17	20 34	19 56	22 11	25 13	5°	24 15	21 34	21 01	23 20	26 20
22 22	19 10	18 29	21 10	24 52	10°	23 20	20 11	19 36	22 21	26 00
21 25	17 41	16 53	20 01	24 28	15°	22 24	18 43	18 02	21 15	25 38
20 27	16 05	15 05	18 42	24 01	20°	21 26	17 08	16 16	19 59	25 13
20 15	15 45	14 42	18 24	23 55	21°	21 14	16 48	15 53	19 42	25 07
20 03	15 25	14 19	18 06	23 48	22°	21 02	16 27	15 30	19 25	25 01
19 51	15 03	13 55	17 48	23 42	23°	20 50	16 06	15 07	19 07	24 55
19 38	14 42	13 30	17 29	23 35	24°	20 37	15 45	14 42	18 48	24 49
19 25	14 20	13 04	17 08	23 28	25°	20 24	15 23	14 16	18 28	24 42
19 12	13 58	12 37	16 47	23 21	26°	20 11	15 01	13 50	18 08	24 35
18 59	13 35	12 09	16 26	23 13	27°	19 58	14 38	13 23	17 48	24 28
18 46	13 11	11 41	16 03	23 05	28°	19 45	14 15	12 55	17 26	24 21
18 32	12 47	11 12	15 40	22 56	29°	19 32	13 51	12 26	17 03	24 13
18 18	12 23	10 42	15 15	22 48	30°	19 18	13 27	11 57	16 39	24 05
18 04	11 58	10 10	14 49	22 39	31°	19 04	13 02	11 25	16 14	23 56
17 50	11 32	9 37	14 22	22 29	32°	18 50	12 36	10 52	15 48	23 47
17 36	11 05	9 03	13 54	22 18	33°	18 36	12 10	10 19	15 21	23 37
17 21	10 38	8 28	13 24	22 07	34°	18 21	11 43	9 44	14 52	23 27
17 06	10 10	7 52	12 53	21 56	35°	18 06	11 15	9 08	14 21	23 16
16 50	9 40	7 14	12 19	21 44	36°	17 50	10 45	8 30	13 49	23 05
16 34	9 10	6 34	11 44	21 30	37°	17 34	10 15	7 51	13 15	22 53
16 18	8 40	5 52	11 06	21 16	38°	17 18	9 45	7 10	12 38	22 40
16 01	8 08	5 08	10 26	21 01	39°	17 01	9 13	6 26	11 59	22 26
15 44	7 35	4 22	9 44	20 45	40°	16 44	8 40	5 41	11 18	22 11
15 26	7 00	3 34	8 59	20 28	41°	16 26	8 05	4 53	10 34	21 55
15 08	6 24	2 43	8 10	20 09	42°	16 08	7 29	4 02	9 47	21 37
14 49	5 47	1 51	7 18	19 49	43°	15 49	6 52	3 10	8 56	21 18
14 30	5 09	♒ 0 55	6 21	19 26	44°	15 30	6 14	2 14	8 01	20 57
14 11	4 29	♑29 57	5 21	19 02	45°	15 11	5 34	1 16	7 02	20 34
13 50	3 48	28 54	4 15	18 35	46°	14 50	4 53	♒ 0 14	5 57	20 09
13 29	3 04	27 48	3 03	18 05	47°	14 28	4 09	♑29 08	4 47	19 41
13 07	2 19	26 38	1 46	17 30	48°	14 06	3 24	27 58	3 31	19 09
12 44	1 32	25 24	♓ 0 21	16 53	49°	13 43	2 36	26 44	2 08	18 34
12 20	♑ 0 42	24 06	♒28 47	16 11	50°	13 19	1 46	25 25	♓ 0 36	17 55
11 56	♐29 50	22 42	27 03	15 23	51°	12 55	♑ 0 53	24 01	♒28 53	17 10
11 30	28 55	21 12	25 09	14 27	52°	12 29	♐29 59	22 31	27 00	16 18
11 03	27 58	19 37	23 03	13 21	53°	12 02	29 00	20 55	24 55	15 16
10 35	26 57	17 55	20 40	12 06	54°	11 33	27 59	19 12	22 34	14 05
10 06	25 54	16 05	18 02	10 34	55°	11 04	26 55	17 21	19 56	12 39
9 35	24 47	14 08	15 05	8 43	56°	10 33	25 47	15 23	16 58	10 54
9 02	23 35	12 03	11 46	6 27	57°	10 00	24 34	13 15	13 28	8 46
8 28	22 19	9 48	8 02	♈ 3 34	58°	9 25	23 18	10 58	9 52	6 02
7 52	20 59	7 24	♒ 3 52	29 52	59°	8 40	21 56	8 31	5 38	♈ 2 30
♐ 7 14	♐19 34	♑ 4 49	♑29 11	♓24 56	60°	♐ 8 10	♐20 30	♑ 5 53	♒ 0 52	♓27 46

	15ʰ 42ᵐ 58ˢ	235° 44' 25''	M 28° ♏		N LAT		15ʰ 47ᵐ 06ˢ	236° 46' 37''	M 29° ♏	
XI	XII	A	II	III		XI	XII	A	II	III
♐26 06	♑23 52	♒23°25	♓25 21	♈27 43	0°	♐27 03	♑24 51	♒24°29	♓26 29	♈28 49
25 12	22 34	22 07	24 30	27 27	5°	26 10	23 34	23 13	25 40	28 34
24 18	21 12	20 43	23 33	27.09	10°	25 16	22 13	21 50	24 45	28 17
23 23	19 45	19 11	22 29	26 48	15°	24 22	20 47	20 20	23 44	27 58
22 25	18 11	17 27	21 16	26 25	20°	23 25	19 15	18 39	22 34	27 37
22 13	17 51	17 05	21 00	26 19	21°	23 13	18 54	18 17	22 19	27 32
22 01	17 31	16 42	20 44	26 14	22°	23 01	18 35	17 55	22 03	27 27
21 49	17 10	16 19	20 26	26 08	23°	22 49	18 14	17 32	21 46	27 22
21 37	16 49	15 54	20 08	26 03	24°	22 37	17 53	17 08	21 28	27 17
21 24	16 27	15 29	19 49	25 57	25°	22 24	17 32	16 43	21 10	27 11
21 11	16 05	15 04	19 30	25 50	26°	22 11	17 10	16 18	20 52	27 05
20 58	15 43	14 37	19 10	25 44	27°	21 58	16 48	15 52	20 32	26 59
20 45	15 20	14 10	18 49	25 37	28°	21 45	16 25	15 25	20 12	26 53
20 32	14 56	13 41	18 27	25 30	29°	21 32	16 01	14 57	19 51	26 46
20 18	14 32	13 12	18 04	25 22	30°	21 18	15 37	14 28	19 29	26 39
20 04	14 07	12 41	17 40	25 14	31°	21 04	15 12	13 57	19 06	26 32
19 50	13 41	12 09	17 15	25 06	32°	20 50	14 47	13 26	18 42	26 25
19 36	13 15	11 36	16 48	24 57	33°	20 36	14 21	12 54	18 16	26 17
19 21	12 48	11 01	16 20	24 47	34°	20 21	13 54	12 20	17 49	26 08
19 06	12 20	10 25	15 50	24 37	35°	20 06	13 26	11 44	17 20	25 58
18 50	11 51	9 48	15 19	24 27	36°	19 50	12 57	11 07	16 50	25 49
18 34	11 21	9 09	14 46	24 16	37°	19 34	12 27	10 28	16 18	25 39
18 18	10 51	8 29	14 11	24 04	38°	19 18	11 57	9 48	15 45	25 28
18 01	10 19	7 45	13 33	23 51	39°	19 02	11 25	9 05	15 08	25 16
17 44	9 46	7 00	12 53	23 37	40°	18 45	10 52	8 21	14 29	25 03
17 26	9 11	6 13	12 10	23 22	41°	18 27	10 18	7 34	13 48	24 49
17 08	8 35	5 23	11 24	23 06	42°	18 09	9 42	6 45	13 03	24 34
16 49	7 58	4 31	10 35	22 48	43°	17 50	9 05	5 53	12 16	24 18
16 30	7 20	3 35	9 42	22 29	44°	17 31	8 27	4 58	11 24	24 00
16 11	6 40	2 37	8 44	22 07	45°	17 11	7 46	4 00	10 28	23 40
15 50	5 59	1 35	7 41	21 44	46°	16 50	7 05	2 58	9 27	23 18
15 28	5 15	♒ 0 30	6 33	21 18	47°	16 28	6 21	1 53	8 20	22 54
15 06	4 29	♑29 20	5 18	20 48	48°	16 06	5 35	♒ 0 43	7 07	22 27
14 43	3 41	28 05	3 57	20 15	49°	15 43	4 47	♑29 28	5 48	21 57
14 19	2 51	26 46	2 26	19 39	50°	15 19	3 57	28 09	4 19	21 22
13 54	1 58	25 22	♓ 0 45	18 57	51°	14 54	3 04	26 45	2 41	20 44
13 28	1 03	23 52	♒28 54	18 08	52°	14 28	2 08	25 14	♓ 0 51	19 59
13 01	♑ 0 04	22 15	26 51	17 11	53°	14 00	1 09	23 36	♒28 49	19 05
12 32	♐29 03	20 30	24 30	16 04	54°	13 31	♑ 0 07	21 51	26 30	18 03
12 02	27 57	18 38	21 53	14 44	55°	13 01	♐29 01	19 58	23 55	16 49
11 31	26 48	16 39	18 56	13 06	56°	12 30	27 51	17 57	20 58	15 18
10 58	25 35	14 29	15 35	11 05	57°	11 56	26 36	15 46	17˙37	13 24
10 22	24 18	12 10	11 47	8 31	58°	11 20	25 18	13 24	13 48	11 00
9 46	22 55	9 40	7 30	5 10	59°	10 43	23 54	10 52	9 26	7 51
♐ 9 07	♐21 26	♑ 6 59	♒ 2 38	♈ 0 40	60°	♐10 03	♐22 24	♑ 8 07	♒ 4 29	♈ 3 35

15ʰ 51ᵐ 16ˢ		237° 49' 00'' M 0° ♐				15ʰ 55ᵐ 26ˢ		238° 51' 33'' M 1° ♐		
XI	XII	A	II	III	N LAT	XI	XII	A	II	III
♐28 00	♑25 50	♒25°33	♓27 37	♈29 54	0°	♐28 57	♑26 49	♒26°38	♓28 45	♉ 1 00
27 08	24 34	24 19	26 50	29 40	5°	28 06	25 35	25 26	28 00	0 47
26 15	23 14	22 58	25 58	29 25	10°	27 14	24 16	24 07	27 11	0 34
25 21	21 50	21 30	24 59	29 08	15°	26 20	22 53	22 41	26 15	0 18
24 25	20 18	19 52	23 52	28 49	20°	25 24	21 23	21 05	25 10	♉ 0 01
24 13	19 59	19 30	23 37	28 44	21°	25 13	21 03	20 44	24 56	♈29 57
24 01	19 39	19 08	23 22	28 40	22°	25 01	20 43	20 22	24 42	29 53
23 49	19 18	18 45	23 06	28 35	23°	24 49	20 23	19 59	24 27	29 49
23 37	18 58	18 22	22 49	28 30	24°	24 37	20 03	19 37	24 11	29 44
23 24	18 37	17 58	22 32	28 25	25°	24 24	19 42	19 13	23 54	29 40
23 11	18 15	17 33	22 14	28 20	26°	24 12	19 21	18 49	23 37	29 35
22 58	17 53	17 07	21 55	28 15	27°	23 59	18 59	18 24	23 19	29 30
22 45	17 30	16 41	21 36	28 09	28°	23 46	18 36	17 58	23 01	29 25
22 32	17 07	16 13	21 16	28 03	29°	23 32	18 13	17 31	22 42	29 20
22 18	16 43	15 45	20 55	27 57	30°	23 19	17 49	17 03	22 21	29 14
22 04	16 18	15 15	20 33	27 50	31°	23 05	17 25	16 34	21 59	29 08
21 50	15 53	14 44	20 09	27 43	32°	22 51	17 00	16 03	21 37	29 02
21 36	15 27	14 12	19 45	27 36	33°	22 37	16 34	15 32	21 14	28 55
21 22	15 00	13 39	19 19	27 28	34°	22 23	16 07	14 59	20 49	28 48
21 07	14 32	13 04	18 51	27 20	35°	22 08	15 39	14 24	20 23	28 40
20 51	14 03	12 27	18 22	27 11	36°	21 52	15 11	13 48	19 55	28 32
20 35	13 34	11 49	17 51	27 01	37°	21 36	14 42	13 11	19 25	28 24
20 19	13 04	11 09	17 19	26 51	38°	21 20	14 12	12 31	18 54	28 15
20 02	12 32	10 27	16 44	26 40	39°	21 03	13 40	11 50	18 21	28 05
19 45	11 59	9 43	16 07	26 28	40°	20 46	13 07	11 06	17 45	27 54
19 27	11 25	8 56	15 27	26 16	41°	20 28	12 33	10 20	17 06	27 42
19 09	10 50	8 08	14 44	26 02	42°	20 10	11 58	9 32	16 25	27 30
18 51	10 13	7 16	13 57	25 47	43°	19 52	11 21	8 41	15 40	27 17
18 31	9 34	6 22	13 07	25 31	44°	19 32	10 42	7 47	14 52	27 02
18 11	8 54	5 24	12 13	25 13	45°	19 12	10 02	6 50	14 00	26 45
17 51	8 12	4 23	11 14	24 53	46°	18 52	9 20	5 49	13 03	26 27
17 29	7 28	3 10	10 09	24 31	47°	18 30	8 36	4 44	12 00	26 07
17 07	6 42	2 08	8 58	24 05	48°	18 08	7 50	3 34	10 51	25 44
16 43	5 53	♒ 0 53	7 41	23 38	49°	17 44	7 00	2 20	9 36	25 19
16 19	5 04	♑29 34	6 15	23 06	50°	17 20	6 11	♒ 1 01	8 12	24 50
15 54	4 10	28 10	4 38	22 31	51°	16 55	5 17	♑29 36	6 38	24 17
15 28	3 14	26 39	2 51	21 49	52°	16 28	4 21	28 05	4 53	23 39
15 00	2 14	25 00	♓ 0 51	21 00	53°	16 00	3 21	26 26	2 56	22 54
14 31	1 11	23 14	♒28 34	20 02	54°	15 31	2 17	24 40	♓ 0 41	22 01
14 00	♑ 0 05	21 20	26 00	18 54	55°	15 00	♑ 1 10	22 45	♒28 10	20 58
13 29	♐28 54	19 17	23 04	17 29	56°	14 28	♐29 59	20 40	25 15	19 40
12 55	27 39	17 05	19 43	15 44	57°	13 54	28 42	18 26	21 55	18 03
12 18	26 19	14 41	15 54	13 29	58°	13 17	27 21	16 00	18 04	15 58
11 41	24 54	12 06	11 29	10 32	59°	12 39	25 55	13 22	13 38	13 14
♐11 00	♐23 23	♑ 9 18	♒ 6 27	♈ 6 31	60°	♐11 58	♐24 23	♑10 31	♒ 8 31	♈ 9 29

		M 2° ♐						M 3° ♐		
XI	XII	A	II	III	N LAT	XI	XII	A	II	III
♐29 55	♑27 49	≈27°43	✕29 54	♉ 2 05	0°	♐30 52	♑28 49	≈28°49	♈ 1 02	♉ 3 10
29 04	26 36	26 33	29 11	1 54	5°	30 02	27 37	27 40	0 22	3 01
28 13	25 18	25 17	28 24	1 42	10°	29 12	26 21	26 27	✕29 37	2 50
27 19	23 56	23 53	27 31	1 28	15°	28 19	25 00	25 05	28 47	2 38
26 24	22 27	22 18	26 29	1 13	20°	27 24	23 33	23 32	27 48	2 25
26 13	22 08	21 58	26 16	1 09	21°	27 13	23 14	23 13	27 36	2 22
26 01	21 48	21 37	26 02	1 06	22°	27 01	22 54	22 52	27 23	2 19
25 49	21 29	21 14	25 48	1 02	23°	26 49	22 35	22 30	27 09	2 15
25 37	21 09	20 52	25 33	0 58	24°	26 37	22 15	22 08	26 55	2 12
25 25	20 48	20 29	25 17	0 54	25°	26 25	21 54	21 46	26 40	2 08
25 13	20 27	20 06	25 00	0 50	26°	26 13	21 33	21 23	26 24	2 05
25 00	20 05	19 41	24 43	0 46	27°	26 01	21 12	20 59	26 08	2 01
24 47	19 43	19 16	24 26	0 41	28°	25 48	20 50	20 34	25 51	1 57
24 33	19 20	18 49	24 08	0 36	29°	25 34	20 27	20 08	25 34	1 52
24 20	18 56	18 21	23 48	0 31	30°	25 21	20 04	19 41	25 15	1 48
24 06	18 32	17 53	23 27	0 26	31°	25 07	19 40	19 13	24 56	1 43
23 52	18 07	17 23	23 06	0 20	32°	24 53	19 15	18 44	24 36	1 38
23 38	17 42	16 52	22 44	0 14	33°	24 39	18 50	18 14	24 15	1 33
23 24	17 15	16 20	22 20	0 07	34°	24 25	18 24	17 42	23 52	1 27
23 09	16 47	15 46	21 55	♉ 0 01	35°	24 10	17 57	17 09	23 28	1 21
22 53	16 19	15 10	21 29	♈29 54	36°	23 55	17 28	16 34	23 03	1 15
22 37	15 50	14 33	21 00	29 46	37°	23 39	16 59	15 57	22 36	1 08
22 21	15 20	13 54	20 30	29 38	38°	23 23	16 29	15 19	22 07	1 01
22 04	14 49	13 14	19 58	29 29	39°	23 06	15 58	14 39	21 36	0 53
21 47	14 16	12 31	19 24	29 19	40°	22 49	15 26	13 57	21 03	0 45
21 30	13 42	11 45	18 47	29 09	41°	22 32	14 52	13 12	20 29	0 36
21 12	13 07	10 58	18 07	28 58	42°	22 14	14 17	12 25	19 50	0 26
20 53	12 30	10 07	17 24	28 46	43°	21 55	13 40	11 35	19 10	0 15
20 34	11 51	9 14	16 38	28 32	44°	21 35	13 01	10 42	18 25	♉ 0 03
20 14	11 11	8 17	15 48	28 18	45°	21 15	12 21	9 46	17 37	♈29 50
19 53	10 30	7 17	14 53	28 01	46°	20 55	11 40	8 46	16 44	29 35
19 31	9 45	6 12	13 52	27 43	47°	20 33	10 55	7 42	15 46	29 19
19 09	8 59	5 03	12 46	27 22	48°	20 10	10 09	6 34	14 43	29 00
18 46	8 09	3 49	11 33	27 00	49°	19 47	9 20	5 20	13 32	28 40
18 21	7 19	2 30	10 12	26 33	50°	19 22	8 29	4 01	12 14	28 16
17 56	6 26	≈ 1 05	8 41	26 04	51°	18 57	7 35	2 36	10 45	27 50
17 29	5 29	♑29 34	6 59	25 29	52°	18 30	6 38	≈ 1 05	9 06	27 18
17 01	4 28	27 55	5 04	24 48	53°	18 02	5 37	♑29 26	7 15	26 41
16 31	3 24	26 08	2 52	24 00	54°	17 32	4 32	27 39	5 06	25 58
16 01	2 17	24 12	✕ 0 23	23 02	55°	17 01	3 24	25 42	✕ 2 40	25 05
15 28	♑ 1 05	22 06	≈27 30	21 50	56°	16 28	2 12	23 35	≈29 50	24 00
14 53	♐29 47	19 50	24 12	20 22	57°	15 53	♑ 0 53	21 17	26 34	22 40
14 16	28 24	17 22	20 21	18 27	58°	15 16	♐29 29	18 47	22 44	20 55
13 37	26 57	14 41	15 53	15 56	59°	14 36	28 00	16 03	18 15	18 37
♐12 56	♐25 23	♑11 46	≈10 42	♈12 27	60°	♐13 54	♐26 24	♑13 04	≈13 00	♈15 25

16ʰ 08ᵐ 01ˢ		242° 00' 11''				16ʰ 12ᵐ 14ˢ		243° 03' 23''		
		M 4° ♐						M 5° ♐		
XI	XII	A	II	III	N LAT	XI	XII	A	II	III
♑ 1 50	♑29 50	≈29°55	♈ 2 11	♉ 4 16	0°	♑ 2 48	♑30 50	✕ 1 01	♈ 3 20	♉ 5 21
1 01	28 39	28 48	1 33	4 08	5°	2 00	29 41	≈29 57	2 44	5 14
♑ 0 11	27 24	27 37	0 50	3 59	10°	1 10	28 28	28 47	2 04	5 07
♐29 19	26 05	26 17	♈ 0 03	3 48	15°	♑ 0 19	27 10	27 30	1 19	4 58
28 25	24 38	24 47	✕29 08	3 37	20°	♐29 25	25 44	26 03	0 28	4 49
28 13	24 20	24 28	28 56	3 34	21°	29 14	25 26	25 44	0 16	4 46
28 02	24 01	24 08	28 44	3 31	22°	29 03	25 08	25 25	♈ 0 05	4 44
27 50	23 42	23 46	28 31	3 29	23°	28 51	24 49	25 04	✕29 53	4 42
27 38	23 22	23 25	28 17	3 26	24°	28 39	24 29	24 43	29 40	4 40
27 26	23 01	23 04	28 03	3 23	25°	28 27	24 09	24 22	29 27	4 37
27 14	22 41	22 41	27 48	3 20	26°	28 15	23 49	24 00	29 13	4 34
27 02	22 20	22 17	27 33	3 16	27°	28 03	23 28	23 37	28 58	4 31
26 49	21 58	21 53	27 17	3 13	28°	27 50	23 06	23 13	28 43	4 28
26 35	21 35	21 28	27 01	3 09	29°	27 37	22 44	22 49	28 27	4 25
26 22	21 12	21 02	26 43	3 05	30°	27 24	22 21	22 23	28 11	4 22
26 09	20 48	20 34	26 25	3 01	31°	27 11	21 58	21 56	27 54	4 18
25 55	20 24	20 06	26 06	2 56	32°	26 57	21 34	21 28	27 36	4 14
25 41	19 59	19 36	25 46	2 52	33°	26 43	21 09	20 59	27 17	4 11
25 27	19 33	19 05	25 24	2 47	34°	26 29	20 43	20 29	26 57	4 07
25 12	19 06	18 33	25 01	2 42	35°	26 14	20 16	19 57	26 35	4 03
24 57	18 38	17 58	24 37	2 37	36°	25 59	19 48	19 24	26 12	3 58
24 41	18 09	17 22	24 12	2 31	37°	25 43	19 20	18 49	25 48	3 53
24 25	17 39	16 45	23 45	2 24	38°	25 27	18 50	18 12	25 23	3 47
24 08	17 08	16 05	23 15	2 17	39°	25 10	18 19	17 33	24 55	3 41
23 51	16 36	15 24	22 44	2 10	40°	24 53	17 47	16 53	24 26	3 35
23 34	16 03	14 40	22 11	2 02	41°	24 36	17 14	16 09	23 54	3 28
23 16	15 27	13 54	21 35	1 53	42°	24 18	16 39	15 24	23 20	3 20
22 57	14 50	13 04	20 56	1 43	43°	23 59	16 02	14 35	22 43	3 12
22 37	14 12	12 12	20 13	1 33	44°	23 40	15 24	13 44	22 03	3 03
22 17	13 33	11 17	19 28	1 22	45°	23 20	14 45	12 49	21 19	2 53
21 57	12 51	10 17	18 37	1 09	46°	22 59	14 03	11 51	20 31	2 42
21 35	12 06	9 14	17 41	0 54	47°	22 38	13 19	10 48	19 38	2 29
21 12	11 20	8 06	16 41	0 37	48°	22 15	12 32	9 40	18 41	2 14
20 49	10 32	6 53	15 33	♉ 0 19	49°	21 51	11 44	8 28	17 35	1 58
20 24	9 40	5 35	14 17	♈29 58	50°	21 26	10 52	7 10	16 23	1 40
19 59	8 45	4 10	12 52	29 35	51°	21 01	9 57	5 46	15 02	1 20
19 32	7 48	2 38	11 17	29 07	52°	20 34	8 59	4 15	13 30	0 55
19 03	6 47	≈ 0 59	9 30	28 33	53°	20 05	7 58	2 36	11 46	♉ 0 25
18 34	5 42	♑29 12	7 24	27 55	54°	19 35	6 53	≈ 0 48	9 45	♈29 51
18 02	4 33	27 15	5 01	27 07	55°	19 04	5 43	♑28 50	7 26	29 09
17 29	3 19	25 07	✕ 2 15	26 09	56°	18 30	4 28	26 42	4 45	28 17
16 53	2 00	22 48	≈29 02	24 56	57°	17 54	3 08	24 21	✕ 1 35	27 12
16 16	♑ 0 35	20 15	25 14	23 22	58°	17 16	1 43	21 46	≈27 50	25 48
15 36	♐29 05	17 28	20 45	21 16	59°	16 30	♑ 0 11	10 50	20 22	20 55
♐14 53	♐27 27	♑14 26	≈15 27	♈18 22	60°	♐15 52	♐28 31	♑15 50	≈18 02	♈21 17

XI	XII	A	II	III	N LAT	XI	XII	A	II	III
♑ 3 46	♒ 1 51	♓ 2°07	♈ 4 29	♉ 6 26	0°	♑ 4 45	♒ 2 53	♓ 3°14	♈ 5 38	♉ 7 32
2 59	0 44	1 06	3 55	6 21	5°	3 58	1 47	2 15	5 06	7 28
2 10	♑29 32	♒29 58	3 18	6 15	10°	3 10	♒ 0 36	♓ 1 09	4 32	7 23
1 19	28 15	28 43	2 36	6 08	15°	2 19	♑29 21	♒29 57	3 53	7 18
0 26	26 51	27 19	1 48	6 00	20°	1 27	27 58	28 36	3 08	7 12
0 15	26 33	27 01	1 37	5 59	21°	1 16	27 41	28 18	2 58	7 11
♑ 0 04	26 15	26 42	1 26	5 57	22°	1 05	27 23	28 00	2 48	7 09
♐29 52	25 56	26 22	1 15	5 55	23°	0 53	27 04	27 40	2 37	7 08
29 41	25 37	26 02	1 03	5 53	24°	0 42	26 46	27 21	2 26	7 07
29 29	25 18	25 41	0 51	5 51	25°	0 31	26 27	27.00	2 15	7 05
29 17	24 58	25 19	0 38	5 49	26°	0 19	26 07	26 39	2 03	7 03
29 04	24 37	24 57	0 24	5 46	27°	♑ 0 06	25 46	26 18	1 50	7 01
28 52	24 15	24 34	♈ 0 10	5 44	28°	♐29 54	25 25	25 56	1 37	6 59
28 39	23 53	24 10	♓29 55	5 41	29°	29 41	25 03	25 33	1 23	6 57
28 26	23 31	23 45	29 40	5 39	30°	29 28	24 41	25 08	1 09	6 55
28 13	23 08	23 19	29 24	5 36	31°	29 15	24 18	24 43	0 54	6 53
27 59	22 44	22 52	29 07	5 32	32°	29 01	23 54	24 17	0 38	6 50
27 45	22 19	22 24	28 49	5 29	33°	28 47	23 30	23 49	0 21	6 48
27 31	21 54	21 54	28 30	5 26	34°	28 33	23 05	23 20	♈ 0 03	6 46
27 16	21 27	21 23	28 10	5 23	35°	28 19	22 39	22 50	♓29 45	6 43
27 01	20 59	20 50	27 48	5 19	36°	28 04	22 11	22 18	29 24	6 40
26 46	20 31	20 16	27 25	5 15	37°	27 49	21 43	21 44	29 03	6 36
26 30	20 02	19 40	27 02	5 10	38°	27 33	21 14	21 09	28 41	6 33
26 13	19 31	19 02	26 36	5 05	39°	27 16	20 44	20 32	28 17	6 29
25 56	18 59	18 22	26 08	5 00	40°	26 59	20 12	19 53	27 51	6 24
25 39	18 26	17 40	25 38	4 54	41°	26 42	19 39	19 12	27 23	6 20
25 21	17 51	16 56	25 06	4 48	42°	26 24	19 04	18 29	26 53	6 15
25 02	17 15	16 08	24 31	4 41	43°	26 05	18 29	17 42	26 20	6 09
24 43	16 37	15 17	23 53	4 33	44°	25 46	17 51	16 52	25 44	6 02
24 23	15 57	14 23	23 12	4 24	45°	25 26	17 11	15 59	25 05	5 55
24 02	15 16	13 26	22 26	4 15	46°	25 05	16 30	15 03	24 22	5 47
23 41	14 32	12 24	21 36	4 04	47°	24 44	15 46	14 02	23 35	5 38
23 18	13 45	11 17	20 42	3 51	48°	24 21	14 59	12 57	22 44	5 27
22 54	12 56	10 05	19 39	3 37	49°	23 58	14 11	11 46	21 45	5 15
22 29	12 05	8 48	18 30	3 21	50°	23 32	13 19	10 29	20 40	5 02
22 04	11 10	7 25	17 13	3 04	51°	23 07	12 24	9 06	19 27	4 47
21 36	10 12	5 54	15 45	2 42	52°	22 39	11 26	7 36	18 03	4 29
21 07	9 11	4 15	14 05	2 16	53°	22 10	10 24	5 57	16 27	4 06
20 37	8 05	2 27	12 09	1 47	54°	21 40	9 18	4 09	14 37	3 41
20 06	6 55	♒ 0 29	9 55	1 10	55°	21 08	8 07	2 11	12 28	3 09
19 32	5 39	♑28 20	7 19	♉ 0 24	56°	20 34	6 51	♒ 0 01	9 57	2 29
18 55	4 18	25 58	4 13	♈29 26	57°	19 57	5 29	♑27 38	6 57	1 39
18 17	2 52	23 21	♓ 0 32	28 12	58°	19 18	4 02	25 00	♓ 3 21	♉ 0 34
17 36	♑ 1 18	20 28	26 06	26 31	59°	18 37	2 27	22 05	28 59	29 05
♐16 52	♐29 37	♑17 19	♒20 47	♈24 11	60°	♐17 52	♑ 0 44	♑18 51	♒23 40	♈27 02

16h 24m 56s		246° 13' 53'' M 8° ♐				16h 29m 11s		247° 17' 40'' M 9° ♐		
XI	XII	A	II	III	**N LAT**	XI	XII	A	II	III
♑ 5 43	♒ 3 55	♓ 4°21	♈ 6 47	♉ 8 37	0°	♑ 6 42	♒ 4 57	♓ 5°29	♈ 7 56	♉ 9 42
4 57	2 50	3 24	6 18	8 34	5°	5 56	3 53	4 34	7 30	9 41
4 10	1 41	2 21	5 46	8 31	10°	5 10	2 46	3 33	7 01	9 39
3 20	♒ 0 27	♓ 1 12	5 10	8 28	15°	4 21	1 34	2 27	6 28	9 37
2 28	♑ 29 06	♒ 29 53	4 28	8 24	20°	3 30	♒ 0 14	1 11	5 49	9 35
2 17	28 49	29 36	4 19	8 23	21°	3 19	♑ 29 57	0 54	5 41	9 35
2 06	28 31	29 18	4 10	8 22	22°	3 08	29 40	0 37	5 32	9 35
1 55	28 13	28 59	4 00	8 21	23°	2 57	29 23	0 19	5 23	9 34
1 44	27 55	28 41	3 50	8 20	24°	2 46	29 04	♓ 0 01	5 14	9 33
1 33	27 36	28 21	3 39	8 19	25°	2 35	28 45	♒ 29 42	5 04	9 32
1 21	27 16	28 01	3 28	8 18	26°	2 23	28 26	29 23	4 54	9 32
1 08	26 56	27 40	3 16	8 16	27°	2 11	28 06	29 03	4 43	9 31
0 56	26 35	27 18	3 04	8 15	28°	1 59	27 46	28 42	4 32	9 30
0 43	26 14	26 56	2 51	8 13	29°	1 46	27 25	28 20	4 20	9 29
0 31	25 52	26 33	2 38	8 12	30°	1 34	27 03	27 58	4 08	9 28
0 18	25 29	26 08	2 24	8 10	31°	1 21	26 41	27 34	3 55	9 27
♑ 0 04	25 06	25 42	2 09	8 08	32°	1 07	26 18	27 09	3 41	9 26
♐ 29 50	24 42	25 15	1 54	8 07	33°	0 53	25 55	26 42	3 27	9 25
29 36	24 17	24 47	1 37	8 05	34°	0 39	25 30	26 15	3 12	9 24
29 22	23 51	24 18	1 20	8 03	35°	0 25	25 04	25 47	2 56	9 23
29 07	23 24	23 47	1 02	8 00	36°	♑ 0 10	24 37	25 17	2 39	9 21
28 52	22 56	23 14	0 42	7 58	37°	♐ 29 55	24 10	24 45	2 20	9 19
28 36	22 28	22 40	♈ 0 21	7 55	38°	29 39	23 42	24 12	2 01	9 17
28 19	21 58	22 04	♓ 29 58	7 52	39°	29 23	23 12	23 37	1 40	9 15
28 03	21 26	21 26	29 34	7 48	40°	29 07	22 41	23 00	1 18	9 12
27 46	20 53	20 46	29 08	7 45	41°	28 50	22 08	22 21	0 54	9 10
27 28	20 19	20 03	28 40	7 41	42°	28 32	21 34	21 39	♈ 0 28	9 07
27 09	19 43	19 17	28 09	7 36	43°	28 13	20 59	20 54	♓ 29 59	9 03
26 50	19 06	18 29	27 36	7 31	44°	27 54	20 22	20 07	29 28	9 00
26 30	18 26	17 37	26 59	7 25	45°	27 34	19 43	19 17	28 54	8 55
26 09	17 45	16 42	26 19	7 19	46°	27 13	19 01	18 22	28 17	8 50
25 47	17 01	15 42	25 35	7 12	47°	26 51	18 18	17 23	27 36	8 45
25 24	16 15	14 38	24 47	7 03	48°	26 28	17 32	16 20	26 51	8 38
25 01	15 27	13 28	23 52	6 53	49°	26 05	16 43	15 12	26 00	8 30
24 36	14 35	12 12	22 51	6 42	50°	25 40	15 51	13 57	25 02	8 21
24 10	13 40	10 50	21 42	6 30	51°	25 14	14 57	12 36	23 58	8 12
23 43	12 42	9 20	20 22	6 15	52°	24 47	13 59	11 07	22 44	7 59
23 13	11 39	7 42	18 52	5 56	53°	24 17	12 56	9 30	21 19	7 44
22 43	10 33	5 55	17 07	5 34	54°	23 47	11 49	7 44	19 40	7 26
22 11	9 21	3 57	15 04	5 07	55°	23 14	10 37	5 46	17 43	7 04
21 36	8 04	♒ 1 47	12 40	4 33	56°	22 39	9 20	3 36	15 26	6 35
20 59	6 42	♑ 29 22	9 45	3 50	57°	22 02	7 57	♒ 1 11	12 40	5 59
20 20	5 14	26 42	6 16	2 54	58°	21 23	6 27	♑ 28 29	9 18	5 11
19 38	3 37	23 45	♓ 2 00	♉ 1 07	59°	20 10	4 49	25 29	♓ 5 08	4 06
♐ 18 53	♑ 1 53	♑ 20 27	♒ 26 44	♈ 29 50	60°	♐ 19 54	♑ 3 03	♑ 22 08	♒ 29 58	♉ 2 34

| | M 10° ♐ | | | | N | | M 11° ♐ | | | |
XI	XII	A	II	III	LAT	XI	XII	A	II	III
♑ 7 41	♒ 5 59	♓ 6°37	♈ 9 06	♉10 47	0°	♑ 8 40	♒ 7 02	♓ 7°45	♈10 15	♉11 52
6 56	4 57	5 44	8 42	10 47	5°	7 56	6 01	6 54	9 54	11 54
6 10	3 51	4 46	8 15	10 47	10°	7 11	4 57	5 59	9 30	11 55
5 23	2 41	3 42	7 45	10 47	15°	6 24	3 48	4 58	9 03	11 57
4 32	1 23	2 29	7 10	10 47	20°	5 34	2 32	3 48	8 31	11 58
4 21	1 06	2 13	7 03	10 47	21°	5 23	2 16	3 33	8 24	11 58
4 10	0 49	1 57	6 55	10 47	22°	5 12	1 59	3 17	8 17	11 59
3 59	0 32	1 40	6 46	10 46	23°	5 02	1 42	3 01	8 09	11 59
3 48	♒ 0 14	1 22	6 38	10 46	24°	4 51	1 25	2 44	8 02	11 59
3 37	♑29 56	1 04	6 29	10 46	25°	4 40	1 07	2 26	7 54	12 00
3 25	29 37	0 45	6 20	10 46	26°	4 28	0 48	2 08	7 46	12 00
3 14	29 17	0 26	6 10	10 46	27°	4 17	0 29	1 49	7 37	12 00
3 02	28 57	♓ 0 06	5 59	10 45	28°	4 05	♒ 0 09	1 30	7 27	12 00
2 49	28 37	♒29 45	5 49	10 45	29°	3 52	♑29 49	1 10	7 18	12 00
2 37	28 16	29 23	5 38	10 44	30°	3 40	29 29	0 49	7 08	12 00
2 24	27 54	29 00	5 26	10 44	31°	3 27	29 07	0 27	6 57	12 00
2 10	27 31	28 36	5 13	10 43	32°	3 14	28 45	♓ 0 04	6 45	12 00
1 57	27 08	28 10	5 00	10 43	33°	3 01	28 22	♒29 39	6 33	12 01
1 43	26 44	27 44	4 46	10 43	34°	2 47	27 58	29 14	6 21	12 01
1 29	26 18	27 17	4 32	10 42	35°	2 33	27 33	28 48	6 08	12 01
1 14	25 52	26 48	4 16	10 41	36°	2 18	27 07	28 20	5 54	12 01
0 59	25 25	26 17	3 59	10 40	37°	2 03	26 41	27 50	5 38	12 00
0 43	24 57	25 45	3 41	10 39	38°	1 48	26 13	27 19	5 22	12 00
0 27	24 28	25 11	3 22	10 38	39°	1 32	25 44	26 46	5 05	12 00
♑ 0 11	23 57	24 35	3 02	10 36	40°	1 16	25 13	26 12	4 46	11 59
♐29 54	23 24	23 57	2 40	10 34	41°	0 59	24 41	25 35	4 26	11 58
29 36	22 50	23 17	2 16	10 33	42°	0 41	24 08	24 56	4 04	11 58
29 17	22 15	22 33	1 50	10 30	43°	0 22	23 33	24 14	3 41	11 57
28 58	21 39	21 47	1 21	10 28	44°	♑ 0 03	22 57	23 29	3 15	11 55
28 39	21 00	20 58	0 50	10 25	45°	♐29 44	22 19	22 41	2 46	11 54
28 18	20 19	20 04	♈ 0 16	10 21	46°	29 23	21 38	21 49	2 15	11 51
27 56	19 36	19 07	♓29 38	10 17	47°	29 01	20 55	20 53	1 40	11 49
27 33	18 50	18 05	28 56	10 12	48°	28 38	20 09	19 53	1 02	11 45
27 10	18 01	16 58	28 09	10 07	49°	28 15	19 21	18 47	♈ 0 19	11 42
26 45	17 09	15 45	27 15	10 00	50°	27 50	18 29	17 35	♓29 30	11 37
26 19	16 15	14 25	26 16	9 53	51°	27 24	17 35	16 17	28 35	11 33
25 51	15 17	12 57	25 07	9 43	52°	26 56	16 36	14 51	27 31	11 26
25 22	14 14	11 21	23 48	9 31	53°	26 27	15 34	13 16	26 18	11 17
24 51	13 07	9 36	22 15	9 17	54°	25 56	14 27	11 32	24 52	11 06
24 18	11 55	7 39	20 25	8 59	55°	25 23	13 14	9 36	23 10	10 53
23 43	10 37	5 29	18 15	8 36	56°	24 48	11 55	7 26	21 09	10 35
23 06	9 13	3 03	15 38	8 06	57°	24 10	10 31	5 00	18 41	10 11
22 26	7 42	♒ 0 21	12 25	7 26	58°	23 30	8 59	♒ 2 18	15 38	9 39
21 43	6 03	27 19	8 25	6 32	59°	22 46	7 19	29 14	11 49	8 55
♐20 56	♑ 4 15	♑23 55	♓ 3 22	♉ 5 14	60°	♐21 59	♑ 5 29	♑25 47	♓ 6 56	♉ 7 50

XI	XII	A	II	III	N LAT	XI	XII	A	II	III
♐ 9 39	♒ 8 05	✕ 8°53	♈11 25	♉12 57	0°	♐10 38	♒ 9 08	♓10°02	♈12 35	♉14 02
8 56	7 06	8 05	11 06	13 00	5°	9 56	8 11	9 16	12 18	14 06
8 12	6 03	7 13	10 44	13 03	10°	9 13	7 10	8 27	11 59	14 10
7 25	4 56	6 14	10 20	13 06	15°	8 27	6 05	7 31	11 38	14 15
6 36	3 42	5 07	9 52	13 09	20°	7 39	4 52	6 27	11 13	14 20
6 25	3 26	4 53	9 46	13 10	21°	7 28	4 37	6 13	11 08	14 22
6 15	3 10	4 38	9 40	13 11	22°	7 18	4 21	5 59	11 02	14 23
6 05	2 53	4 22	9 33	13 11	23°	7 08	4 04	5 44	10 56	14 24
5 54	2 36	4 06	9 26	13 12	24°	6 57	3 47	5 29	10 50	14 25
5 43	2 18	3 49	9 19	13 13	25°	6 46	3 30	5 13	10 44	14 26
5 31	2 00	3 32	9 12	13 14	26°	6 35	3 13	4 56	10 38	14 27
5 20	1 41	3 14	9 04	13 14	27°	6 24	2 54	4 39	10 31	14 28
5 08	1 22	2 55	8 55	13 15	28°	6 12	2 35	4 21	10 23	14 29
4 56	1 02	2 36	8 47	13 15	29°	6 00	2 16	4 03	10 16	14 30
4 44	0 42	2 16	8 38	13 16	30°	5 48	1 56	3 44	10 08	14 32
4 31	♒ 0 21	1 55	8 28	13 17	31°	5 35	1 35	3 24	9 59	14 33
4 18	♑29 59	1 33	8 18	13 17	32°	5 23	1 14	3 03	9 50	14 34
4 05	29 36	1 09	8 07	13 18	33°	5 10	0 52	2 40	9 41	14 35
3 51	29 13	0 45	7 56	13 19	34°	4 56	0 29	2 17	9 31	14 37
3 37	28 49	✕ 0 20	7 44	13 20	35°	4 42	♒ 0 05	1 53	9 20	14 38
3 23	28 23	♒29 53	7 31	13 20	36°	4 28	♑29 40	1 27	9 09	14 39
3 08	27 57	29 25	7 17	13 21	37°	4 13	29 14	1 00	8 57	14 41
2 53	27 29	28 55	7 03	13 21	38°	3 58	28 47	0 32	8 44	14 42
2 37	27 01	28 23	6 48	13 22	39°	3 42	28 19	✕ 0 01	8 31	14 43
2 21	26 31	27 50	6 31	13 22	40°	3 26	27 50	♒29 29	8 16	14 44
2 04	26 00	27 14	6 13	13 22	41°	3 09	27 19	28 54	8 00	14 45
1 46	25 27	26 36	5 53	13 23	42°	2 51	26 46	28 18	7 42	14 47
1 27	24 52	25 56	5 32	13 23	43°	2 33	26 12	27 39	7 23	14 48
1 08	24 16	25 12	5 09	13 22	44°	2 14	25 36	26 57	7 03	14 49
0 49	23 38	24 26	4 43	13 22	45°	1 55	24 59	26 13	6 40	14 50
0 28	22 58	23 36	4 15	13 21	46°	1 34	24 19	25 24	6 15	14 50
♐ 0 07	22 15	22 42	3 43	13 20	47°	1 13	23 36	24 32	5 47	14 50
♐29 44	21 29	21 43	3 09	13 18	48°	0 50	22 51	23 35	5 16	14 50
29 21	20 42	20 39	2 30	13 17	49°	0 27	22 04	22 33	4 41	14 50
28 55	19 50	19 29	1 45	13 14	50°	♐ 0 01	21 13	21 25	4 01	14 50
28 29	18 56	18 12	♈ 0 55	13 12	51°	♐29 35	20 19	20 10	3 16	14 50
28 02	17 57	16 48	✕29 57	13 08	52°	29 08	19 20	18 47	2 23	14 48
27 32	16 55	15 15	28 50	13 01	53°	28 38	18 18	17 16	1 23	14 44
27 01	15 48	13 32	27 31	12 53	54°	28 07	17 11	15 35	♈ 0 11	14 40
26 28	14 35	11 37	25 57	12 45	55°	27 34	15 58	13 42	✕28 46	14 35
25 53	13 16	9 28	24 05	12 32	56°	26 59	14 39	11 34	27 04	14 26
25 15	11 51	7 02	21 47	12 14	57°	26 20	13 13	9 10	24 57	14 15
24 34	10 18	4 20	18 57	11 49	58°	25 39	11 39	6 27	22 20	13 57
23 50	8 37	♒ 1 14	15 20	11 14	59°	24 55	9 57	♒ 3 21	18 58	13 30
♐23 02	♑ 6 45	♑27 44	✕10 40	♉10 23	60°	♐24 06	♑ 8 04	♑29 48	✕14 34	♉12 51

XI	XII	A	II	III	N LAT	XI	XII	A	II	III
♑11 38	♒10 12	♓11°11	♈13 44	♉15 07	0°	♑12 37	♒11 16	♓12°20	♈14 54	♉16 11
10 56	9 16	10 28	13 30	15 12	5°	11 57	10 22	11 40	14 42	16 18
10 14	8 17	9 41	13 14	15 18	10°	11 15	9 25	10 55	14 28	16 25
9 29	7 14	8 48	12 56	15 24	15°	10 31	8 23	10 05	14 13	16 33
8 42	6 03	7 48	12 35	15 31	20°	9 45	7 14	9 09	13 56	16 42
8 31	5 48	7 34	12 30	15 33	21°	9 35	6 59	8 56	13 52	16 44
8 21	5 32	7 21	12 25	15 35	22°	9 25	6 44	8 43	13 48	16 46
8 11	5 16	7 07	12 20	15 36	23°	9 15	6 29	8 30	13 44	16 48
8 01	5 00	6 52	12 15	15 37	24°	9 05	6 13	8 16	13 40	16 50
7 50	4 43	6 37	12 09	15 39	25°	8 54	5 56	8 02	13 35	16 51
7 39	4 26	6 21	12 04	15 40	26°	8 43	5 39	7 47	13 30	16 53
7 28	4 08	6 05	11 58	15 42	27°	8 32	5 22	7 32	13 25	16 56
7 16	3 50	5 48	11 51	15 44	28°	8 20	5 05	7 16	13 19	16 58
7 04	3 31	5 31	11 45	15 45	29°	8 09	4 46	6 59	13 14	17 00
6 52	3 11	5 13	11 38	15 47	30°	7 57	4 27	6 42	13 08	17 02
6 40	2 51	4 53	11 31	15 49	31°	7 45	4 07	6 23	13 02	17 05
6 28	2 30	4 33	11 23	15 51	32°	7 33	3 47	6 04	12 56	17 07
6 15	2 08	4 12	11 15	15 52	33°	7 20	3 25	5 45	12 49	17 09
6 01	1 45	3 50	11 06	15 54	34°	7 06	3 03	5 24	12 42	17 11
5 47	1 22	3 27	10 57	15 56	35°	6 53	2 40	5 02	12 34	17 14
5 33	0 57	3 03	10 47	15 58	36°	6 39	2 16	4 39	12 25	17 17
5 18	0 32	2 37	10 37	16 00	37°	6 24	1 51	4 14	12 16	17 19
5 03	♒ 0 06	2 10	10 26	16 02	38°	6 09	1 25	3 48	12 07	17 22
4 48	♑29 38	1 40	10 14	16 04	39°	5 54	0 58	3 20	11 57	17 25
4 32	29 09	1 09	10 01	16 06	40°	5 38	0 30	2 51	11 46	17 28
4 15	28 39	0 36	9 47	16 08	41°	5 21	♒ 0 00	2 20	11 34	17 31
3 57	28 07	♓ 0 01	9 32	16 11	42°	5 04	♑29 28	1 46	11 21	17 34
3 39	27 33	♒29 24	9 15	16 13	43°	4 46	28 55	1 10	11 07	17 37
3 20	26 58	28 44	8 57	16 15	44°	4 27	28 21	♓ 0 32	10 51	17 40
3 01	26 21	28 01	8 37	16 17	45°	4 08	27 44	♒29 51	10 34	17 44
2 41	25 41	27 14	8 15	16 19	46°	3 48	27 05	29 06	10 15	17 47
2 19	24 59	26 24	7 50	16 21	47°	3 26	26 24	28 18	9 54	17 50
1 57	24 15	25 29	7 23	16 21	48°	3 04	25 40	27 25	9 30	17 52
1 33	23 28	24 29	6 52	16 23	49°	2 40	24 53	26 27	9 03	17 55
1 08	22 37	23 23	6 16	16 25	50°	2 16	24 03	25 24	8 32	17 59
0 42	21 43	22 10	5 37	16 26	51°	1 49	23 09	24 14	7 58	18 02
♑ 0 15	20 45	20 50	4 50	16 27	52°	1 22	22 12	22 56	7 17	18 06
♐29 45	19 43	19 22	3 56	16 26	53°	0 52	21 10	21 30	6 30	18 07
29 14	18 36	17 43	2 52	16 26	54°	♑ 0 21	20 03	19 54	5 34	18 10
28 40	17 23	15 51	1 36	16 24	55°	♐29 47	18 50	18 05	4 27	18 11
28 05	16 03	13 45	♈ 0 04	16 19	56°	29 12	17 30	16 01	3 05	18 10
27 26	14 37	11 23	♓28 10	16 13	57°	28 33	16 03	13 42	♈ 1 24	18 09
26 45	13 03	8 40	25 46	16 01	58°	27 51	14 29	11 00	♓29 15	18 03
26 00	11 19	5 34	22 40	15 43	59°	27 06	12 44	7 54	26 27	17 53
♐25 11	♑ 9 25	♒ 2 00	♓18 35	♉15 15	60°	♐26 17	♑10 48	♒ 4 19	♓22 44	♉17 34

| | 16ʰ 59ᵐ 11ˢ | | 254° 47' 45'' | | | 17ʰ 03ᵐ 30ˢ | | 255° 52' 29'' | |
| | | M 16° ♐ | | | | | | M 17° ♐ | | |
XI	XII	A	II	III	N LAT	XI	XII	A	II	III
♑13 37	♒12 20	♓13°30	♈16 04	♉17 16	0°	♑14 37	♒13 24	♓14°40	♈17 13	♉18 20
12 58	11 28	12 52	15 54	17 24	5°	13 59	12 35	14 04	17 06	18 30
12 17	10 33	12 10	15 43	17 33	10°	13 19	11 41	13 25	16 58	18 40
11 34	9 33	11 23	15 31	17 42	15°	12 37	10 43	12 41	16 49	18 51
10 48	8 26	10 30	15 17	17 52	20°	11 52	9 38	11 52	16 38	19 03
10 39	8 11	10 18	15 14	17 55	21°	11 43	9 24	11 41	16 36	19 06
10 29	7 57	10 06	15 11	17 57	22°	11 33	9 10	11 29	16 33	19 08
10 19	7 42	9 53	15 07	17 59	23°	11 23	8 55	11 17	16 31	19 11
10 09	7 26	9 40	15 04	18 02	24°	11 13	8 40	11 05	16 28	19 13
9 58	7 10	9 27	15 00	18 04	25°	11 02	8 25	10 53	16 25	19 16
9 47	6 54	9 13	14 56	18 06	26°	10 52	8 09	10 40	16 22	19 19
9 36	6 37	8 59	14 52	18 09	27°	10 41	7 53	10 26	16 19	19 22
9 25	6 20	8 44	14 47	18 12	28°	10 30	7 36	10 12	16 15	19 25
9 14	6 02	8 28	14 43	18 14	29°	10 19	7 18	9 57	16 12	19 28
9 02	5 43	8 12	14 38	18 17	30°	10 07	7 00	9 42	16 08	19 31
8 50	5 24	7 54	14 34	18 20	31°	9 56	6 41	9 26	16 05	19 35
8 38	5 04	7 36	14 29	18 23	32°	9 43	6 22	9 09	16 01	19 38
8 25	4 43	7 18	14 23	18 25	33°	9 31	6 02	8 52	15 56	19 41
8 12	4 22	6 58	14 17	18 28	34°	9 18	5 41	8 33	15 52	19 45
7 59	3 59	6 37	14 10	18 32	35°	9 05	5 19	8 14	15 47	19 49
7 45	3 36	6 15	14 03	18 35	36°	8 51	4 56	7 53	15 41	19 53
7 31	3 11	5 52	13 56	18 38	37°	8 37	4 32	7 31	15 36	19 57
7 16	2 45	5 27	13 48	18 42	38°	8 23	4 07	7 08	15 30	20 01
7 00	2 19	5 01	13 40	18 45	39°	8 07	3 41	6 44	15 23	20 05
6 44	1 52	4 34	13 31	18 49	40°	7 51	3 14	6 18	15 16	20 10
6 28	1 22	4 04	13 21	18 53	41°	7 35	2 45	5 49	15 08	20 14
6 11	0 51	3 32	13 10	18 57	42°	7 18	2 15	5 19	14 59	20 19
5 53	♒0 19	2 58	12 58	19 01	43°	7 01	1 44	4 47	14 49	20 24
5 35	♑29 45	2 22	12 45	19 05	44°	6 43	1 10	4 13	14 39	20 29
5 16	29 08	1 43	12 31	19 10	45°	6 24	♒0 34	3 36	14 28	20 35
4 55	28 30	1 00	12 15	19 14	46°	6 03	♑29 57	2 55	14 15	20 40
4 34	27 50	♓0 13	11 57	19 18	47°	5 42	29 17	2 11	14 01	20 46
4 12	27 07	♒29 23	11 37	19 22	48°	5 20	28 35	1 24	13 44	20 51
3 48	26 20	28 28	11 13	19 27	49°	4 57	27 49	♓0 32	13 24	20 58
3 24	25 31	27 28	10 48	19 32	50°	4 32	27 00	♒29 34	13 04	21 04
2 57	24 37	26 21	10 19	19 37	51°	4 06	26 07	28 30	12 40	21 11
2 30	23 41	25 06	9 45	19 43	52°	3 39	25 11	27 19	12 12	21 19
2 00	22 39	23 43	9 04	19 47	53°	3 09	24 10	25 59	11 38	21 25
1 29	21 32	22 09	8 16	19 52	54°	2 38	23 03	24 29	10 58	21 33
0 56	20 19	20 23	7 18	19 56	55°	2 05	21 51	22 47	10 09	21 40
♑0 20	18 59	18 23	6 07	20 00	56°	1 28	20 31	20 50	9 09	21 47
♐29 41	17 33	16 07	4 39	20 02	57°	0 49	19 04	18 38	7 54	21 53
28 59	15 57	13 27	2 46	20 02	58°	♑0 07	17 28	16 01	6 17	21 58
20 10	14 12	10 22	♈0 14	10 50	59°	20 21	15 42	12 58	4 10	22 01
♐27 24	♑12 14	♒6 47	♓26 58	♉19 49	60°	♐28 31	♑13 44	♒9 25	♈1 15	♉22 00

XI	XII	A	II	III	N LAT	XI	XII	A	II	III
♑15 37	♒14 29	♓15°50	♈18 23	♉19 24	0°	♑16 38	♒15 34	♓17°00	♈19 33	♉20 29
15 00	13 42	15 17	18 18	19 36	5°	16 01	14 49	16 30	19 30	20 41
14 21	12 50	14 40	18 13	19 47	10°	15 23	13 59	15 56	19 28	20 54
13 40	11 54	14 00	18 07	19 59	15°	14 43	13 05	15 19	19 24	21 07
12 56	10 51	13 14	17 59	20 13	20°	14 00	12 04	14 36	19 20	21 23
12 47	10 38	13 04	17 58	20 16	21°	13 51	11 52	14 27	19 20	21 26
12 37	10 24	12 53	17 56	20 19	22°	13 41	11 39	14 17	19 19	21 30
12 27	10 10	12 42	17 54	20 22	23°	13 32	11 25	14 07	19 18	21 33
12 17	9 55	12 31	17 52	20 25	24°	13 22	11 10	13 57	19 16	21 36
12 07	9 40	12 19	17 50	20 28	25°	13 12	10 56	13 46	19 15	21 40
11 57	9 25	12 07	17 48	20 32	26°	13 02	10 41	13 35	19 14	21 44
11 46	9 09	11 54	17 46	20 35	27°	12 52	10 26	13 23	19 13	21 48
11 35	8 52	11 41	17 43	20 38	28°	12 41	10 10	13 11	19 11	21 51
11 24	8 35	11 27	17 41	20 42	29°	12 30	9 53	12 58	19 10	21 55
11 13	8 18	11 13	17 38	20 45	30°	12 19	9 36	12 45	19 08	21 59
11 02	8 00	10 58	17 36	20 49	31°	12 08	9 19	12 31	19 07	22 03
10 49	7 41	10 43	17 33	20 53	32°	11 56	9 00	12 17	19 05	22 08
10 37	7 21	10 26	17 30	20 57	33°	11 44	8 41	12 02	19 04	22 13
10 25	7 01	10 09	17 27	21 01	34°	11 32	8 22	11 46	19 02	22 17
10 12	6 40	9 51	17 23	21 06	35°	11 19	8 01	11 29	18 59	22 22
9 58	6 17	9 32	17 19	21 10	36°	11 05	7 39	11 11	18 57	22 27
9 44	5 54	9 11	17 15	21 15	37°	10 51	7 16	10 52	18 54	22 33
9 30	5 30	8 50	17 11	21 20	38°	10 37	6 53	10 32	18 51	22 38
9 15	5 05	8 27	17 06	21 25	39°	10 23	6 29	10 11	18 48	22 44
8 59	4 38	8 03	17 00	21 30	40°	10 07	6 03	9 48	18 44	22 50
8 43	4 10	7 36	16 54	21 35	41°	9 51	5 35	9 24	18 41	22 56
8 26	3 40	7 08	16 48	21 41	42°	9 35	5 06	8 58	18 37	23 02
8 09	3 09	6 38	16 41	21 47	43°	9 18	4 36	8 30	18 32	23 09
7 51	2 36	6 06	16 33	21 53	44°	9 00	4 04	8 00	18 27	23 16
7 32	2 01	5 31	16 24	21 59	45°	8 41	3 30	7 28	18 20	23 23
7 12	1 25	4 52	16 15	22 06	46°	8 21	2 54	6 52	18 14	23 31
6 51	0 46	4 11	16 04	22 13	47°	8 00	2 16	6 14	18 06	23 39
6 29	♒ 0 04	3 27	15 51	22 19	48°	7 38	1 35	5 32	17 57	23 46
6 06	♑29 19	2 38	15 35	22 27	49°	7 16	0 51	4 46	17 46	23 55
5 41	28 30	1 43	15 20	22 35	50°	6 51	♒ 0 03	3 54	17 34	24 05
5 15	27 39	♓ 0 42	15 01	22 43	51°	6 25	♑29 13	2 57	17 20	24 15
4 48	26 43	♒29 35	14 38	22 53	52°	5 58	28 17	1 54	17 04	24 27
4 19	25 43	28 19	14 11	23 02	53°	5 29	27 18	♓ 0 43	16 43	24 37
3 47	24 37	26 53	13 39	23 12	54°	4 57	26 13	♒29 21	16 19	24 50
3 14	23 25	25 15	13 00	23 22	55°	4 24	25 02	27 48	15 49	25 02
2 37	22 05	23 23	12 10	23 32	56°	3 48	23 42	26 01	15 10	25 15
1 58	20 39	21 15	11 09	23 42	57°	3 08	22 16	23 58	14 22	25 29
1 16	19 02	18 42	9 48	23 52	58°	2 26	20 40	21 30	13 19	25 43
♑ 0 30	17 15	15 43	8 02	24 01	59°	1 40	18 53	18 36	11 53	25 57
♐29 39	♑15 17	♒12 12	♈ 5 34	♉24 07	60°	♑ 0 48	♑16 53	♒15 10	♈ 9 52	♉26 10

17h 16m 29s		259° 07' 13" M 20° ♐				17h 20m 49s		260° 12' 17" M 21° ♐		
XI	XII	A	II	III	N LAT	XI	XII	A	II	III
♐17 39	≈16 40	)(18°10	♈20 42	♉21 33	0°	♐18 39	≈17 46	)(19°20	♈21 51	♉22 37
17 03	15 56	17 43	20 42	21 46	5°	18 05	17 03	18 56	21 54	22 51
16 25	15 08	17 12	20 42	22 01	10°	17 28	16 18	18 28	21 57	23 07
15 46	14 16	16 38	20 42	22 15	15°	16 50	15 28	17 57	21 59	23 23
15 04	13 18	15 59	20 41	22 33	20°	16 09	14 32	17 22	22 02	23 42
14 55	13 06	15 51	20 42	22 36	21°	16 00	14 20	17 14	22 03	23 46
14 46	12 53	15 42	20 41	22 40	22°	15 51	14 08	17 07	22 03	23 50
14 37	12 40	15 32	20 41	22 44	23°	15 42	13 56	16 58	22 04	23 54
14 27	12 26	15 23	20 40	22 47	24°	15 33	13 43	16 50	22 04	23 58
14 18	12 12	15 13	20 40	22 51	25°	15 23	13 29	16 41	22 05	24 03
14 08	11 58	15 03	20 40	22 56	26°	15 14	13 15	16 31	22 06	24 08
13 58	11 43	14 52	20 40	23 00	27°	15 04	13 01	16 22	22 07	24 12
13 47	11 28	14 41	20 39	23 04	28°	14 53	12 46	16 12	22 07	24 16
13 36	11 12	14 29	20 39	23 08	29°	14 43	12 31	16 01	22 08	24 21
13 25	10 55	14 17	20 38	23 13	30°	14 32	12 15	15 50	22 08	24 26
13 14	10 38	14 05	20 38	23 17	31°	14 21	11 58	15 39	22 09	24 31
13 03	10 20	13 52	20 37	23 22	32°	14 10	11 41	15 27	22 09	24 37
12 51	10 02	13 38	20 37	23 28	33°	13 58	11 23	15 14	22 10	24 43
12 39	9 43	13 23	20 36	23 33	34°	13 46	11 05	15 01	22 10	24 48
12 26	9 23	13 08	20 35	23 38	35°	13 34	10 46	14 47	22 11	24 54
12 13	9 02	12 51	20 34	23 44	36°	13 21	10 26	14 32	22 11	25 00
11 59	8 40	12 34	20 33	23 50	37°	13 07	10 05	14 16	22 12	25 07
11 45	8 17	12 15	20 32	23 56	38°	12 54	9 43	13 59	22 12	25 13
11 31	7 54	11 56	20 30	24 02	39°	12 40	9 20	13 42	22 12	25 20
11 16	7 29	11 35	20 28	24 09	40°	12 25	8 56	13 23	22 12	25 28
11 00	7 02	11 13	20 27	24 16	41°	12 09	8 30	13 03	22 12	25 35
10 44	6 34	10 49	20 25	24 23	42°	11 53	8 03	12 41	22 12	25 43
10 27	6 04	10 23	20 22	24 30	43°	11 36	7 34	12 18	22 12	25 51
10 09	5 33	9 55	20 20	24 38	44°	11 19	7 04	11 52	22 12	26 00
9 50	5 00	9 26	20 16	24 46	45°	11 00	6 32	11 25	22 12	26 09
9 31	4 25	8 53	20 12	24 55	46°	10 41	5 57	10 55	22 10	26 19
9 10	3 48	8 18	20 08	25 04	47°	10 21	5 21	10 23	22 09	26 28
8 48	3 08	7 39	20 02	25 13	48°	9 59	4 42	9 48	22 07	26 39
8 26	2 25	6 56	19 55	25 23	49°	9 37	4 00	9 08	22 04	26 50
8 02	1 38	6 08	19 48	25 34	50°	9 13	3 15	8 24	22 01	27 02
7 36	≈0 48	5 15	19 39	25 46	51°	8 47	2 26	7 36	21 57	27 15
7 09	♐29 54	4 17	19 28	25 59	52°	8 21	1 32	6 42	21 51	27 30
6 40	28 56	3 10	19 14	26 12	53°	7 51	≈0 35	5 40	21 43	27 44
6 09	27 51	1 53	18 58	26 26	54°	7 21	♐29 32	4 29	21 35	28 01
5 35	26 41	)(0 26	18 36	26 41	55°	6 47	28 23	3 08	21 22	28 17
4 59	25 23	≈28 45	18 09	26 56	56°	6 11	27 05	)(1 34	21 05	28 35
4 20	23 57	26 47	17 33	27 13	57°	5 32	25 40	≈29 43	20 42	28 55
3 37	22 21	24 25	16 46	27 31	58°	4 49	24 05	27 31	20 10	29 17
2 50	20 34	21 39	15 41	27 50	59°	4 02	22 19	24 52	19 26	29 39
♐ 1 59	♐18 33	≈18 17	♈14 08	♉28 08	60°	♐ 3 11	♐20 18	≈21 37	♈18 19	♉30 03

| 17ʰ 25ᵐ 10ˢ | | 261° 17' 25'' | | | | 17ʰ 29ᵐ 30ˢ | | 262° 22' 37'' | | |
| M 22° ♐ | | | | | | M 23° ♐ | | | | |
XI	XII	A	II	III	N LAT	XI	XII	A	II	III
♑19 40	♒18 52	♓20°31	♈23 01	♉23 40	0°	♑20 41	♒19 58	♓21°42	♈24 10	♉24 44
19 07	18 11	20 09	23 06	23 56	5°	20 09	19 19	21 22	24 18	25 01
18 31	17 28	19 44	23 11	24 13	10°	19 34	18 38	21 01	24 25	25 19
17 54	16 40	19 17	23 16	24 31	15°	18 58	17 53	20 37	24 34	25 39
17 14	15 47	18 45	23 22	24 51	20°	18 19	17 02	20 09	24 43	26 00
17 05	15 35	18 38	23 24	24 56	21°	18 10	16 51	20 03	24 45	26 05
16 56	15 24	18 32	23 25	25 00	22°	18 02	16 40	19 57	24 47	26 10
16 48	15 12	18 24	23 27	25 04	23°	17 54	16 29	19 51	24 50	26 14
16 39	15 00	18 17	23 28	25 09	24°	17 45	16 17	19 44	24 52	26 19
16 29	14 47	18 09	23 30	25 14	25°	17 36	16 05	19 37	24 54	26 24
16 20	14 33	18 00	23 31	25 19	26°	17 26	15 52	19 30	24 56	26 30
16 10	14 19	17 52	23 33	25 24	27°	17 17	15 39	19 22	24 59	26 35
16 00	14 05	17 43	23 34	25 28	28°	17 07	15 25	19 14	25 01	26 40
15 50	13 51	17 33	23 36	25 33	29°	16 57	15 11	19 06	25 04	26 46
15 39	13 35	17 23	23 37	25 39	30°	16 47	14 56	18 57	25 06	26 52
15 28	13 19	17 13	23 39	25 45	31°	16 36	14 41	18 48	25 09	26 58
15 17	13 03	17 03	23 41	25 51	32°	16 25	14 25	18 39	25 12	27 04
15 06	12 46	16 51	23 43	25 57	33°	16 14	14 09	18 29	25 15	27 11
14 54	12 28	16 39	23 44	26 03	34°	16 03	13 52	18 18	25 18	27 17
14 42	12 10	16 27	23 46	26 09	35°	15 51	13 35	18 07	25 21	27 24
14 29	11 51	16 13	23 48	26 16	36°	15 38	13 17	17 55	25 24	27 31
14 16	11 30	15 59	23 50	26 23	37°	15 25	12 57	17 43	25 27	27 39
14 03	11 09	15 44	23 52	26 30	38°	15 12	12 36	17 30	25 31	27 47
13 49	10 47	15 29	23 54	26 38	39°	14 58	12 15	17 16	25 34	27 55
13 34	10 24	15 12	23 55	26 46	40°	14 44	11 53	17 01	25 38	28 03
13 19	9 59	14 54	23 57	26 54	41°	14 29	11 29	16 45	25 42	28 12
13 03	9 33	14 34	23 59	27 03	42°	14 13	11 04	16 28	25 46	28 22
12 46	9 05	14 13	24 01	27 12	43°	13 57	10 37	16 09	25 50	28 31
12 29	8 36	13 50	24 03	27 21	44°	13 40	10 09	15 49	25 54	28 41
12 11	8 04	13 26	24 06	27 31	45°	13 23	9 38	15 28	25 59	28 52
11 52	7 31	12 59	24 07	27 42	46°	13 04	9 07	15 04	26 03	29 04
11 32	6 56	12 30	24 09	27 52	47°	12 44	8 32	14 38	26 08	29 15
11 11	6 18	11 58	24 10	28 04	48°	12 23	7 56	14 10	26 12	29 28
10 48	5 37	11 22	24 11	28 16	49°	12 00	7 16	13 38	26 17	29 41
10 25	4 53	10 43	24 12	28 29	50°	11 38	6 34	13 03	26 22	♉29 56
9 59	4 06	9 59	24 13	28 44	51°	11 13	5 48	12 24	26 28	♊ 0 11
9 33	3 13	9 09	24 13	29 00	52°	10 46	4 57	11 39	26 33	0 28
9 04	2 17	8 13	24 11	29 15	53°	10 18	4 02	10 48	26 37	0 45
8 34	1 15	7 09	24 10	29 34	54°	9 47	3 01	9 51	26 42	1 05
8 00	♒ 0 07	5 55	24 05	♉29 52	55°	9 14	1 55	8 45	26 46	1 25
7 24	♑28 51	4 28	23 59	♊ 0 13	56°	8 38	♒ 0 41	7 27	26 48	1 49
6 45	27 28	2 46	23 48	0 35	57°	7 59	♑29 19	5 55	26 49	2 13
6 02	25 53	♓ 0 43	23 31	1 00	58°	7 17	27 46	4 02	26 47	2 40
5 15	24 08	28 14	23 05	1 26	59°	6 30	26 01	♓ 1 46	26 39	3 10
♐ 4 24	♑22 07	♒25 10	♈22 24	♊ 1 55	60°	♐ 5 38	♑24 01	♒28 55	♈26 22	♊ 3 43

	17ʰ 33ᵐ 51ˢ 263° 27' 52" M 24° ♐				N LAT		17ʰ 38ᵐ 13ˢ 264° 33' 09" M 25° ♐			

XI	XII	A	II	III	N LAT	XI	XII	A	II	III
♑21 43	♒21 04	♓22 53	♈25 19	♉25 48	0°	♑22 44	♒22 11	♓24°04	♈26 28	♉26 51
21 11	20 28	22 36	25 29	26 06	5°	22 14	21 37	23 50	26 40	27 11
20 37	19 49	22 18	25 40	26 25	10°	21 41	21 00	23 35	26 54	27 31
20 02	19 06	21 57	25 51	26 46	15°	21 07	20 20	23 17	27 08	27 53
19 24	18 18	21 34	26 03	27 09	20°	20 30	19 34	22 58	27 23	28 18
19 16	18 07	21 28	26 06	27 14	21°	20 22	19 24	22 53	27 27	28 23
19 08	17 57	21 23	26 09	27 19	22°	20 14	19 14	22 49	27 31	28 28
19 00	17 46	21 17	26 12	27 24	23°	20 06	19 04	22 44	27 34	28 34
18 51	17 35	21 11	26 15	27 30	24°	19 58	18 53	22 39	27 38	28 39
18 42	17 23	21 05	26 18	27 35	25°	19 49	18 42	22 34	27 42	28 45
18 33	17 11	20 59	26 21	27 41	26°	19 40	18 31	22 29	27 46	28 51
18 24	16 59	20 53	26 25	27 46	27°	19 31	18 19	22 24	27 50	28 57
18 14	16 46	20 46	26 28	27 52	28°	19 22	18 07	22 18	27 54	29 03
18 05	16 32	20 39	26 32	27 58	29°	19 12	17 54	22 12	27 59	29 10
17 55	16 18	20 32	26 35	28 04	30°	19 03	17 41	22 06	28 03	29 16
17 44	16 04	20 24	26 39	28 11	31°	18 53	17 27	21 59	28 08	29 23
17 33	15 49	20 16	26 43	28 17	32°	18 42	17 13	21 52	28 13	29 30
17 23	15 33	20 07	26 47	28 24	33°	18 32	16 58	21 45	28 18	29 37
17 12	15 17	19 58	26 51	28 31	34°	18 21	16 43	21 38	28 24	29 45
17 00	15 01	19 48	26 55	28 39	35°	18 10	16 27	21 30	28 29	♉29 53
16 48	14 43	19 38	27 00	28 46	36°	17 58	16 10	21 21	28 35	♊ 0 01
16 35	14 24	19 27	27 04	28 54	37°	17 45	15 52	21 12	28 41	0 09
16 22	14 05	19 16	27 09	29 03	38°	17 32	15 34	21 02	28 47	0 18
16 08	13 45	19 04	27 14	29 12	39°	17 19	15 15	20 52	28 54	0 28
15 54	13 23	18 51	27 20	29 21	40°	17 05	14 54	20 41	29 01	0 37
15 39	13 00	18 37	27 26	29 30	41°	16 51	14 32	20 29	29 09	0 47
15 24	12 36	18 22	27 32	29 40	42°	16 36	14 09	20 17	29 17	0 58
15 08	12 10	18 06	27 38	♉29 50	43°	16 20	13 45	20 04	29 25	1 09
14 52	11 43	17 49	27 44	♊ 0 01	44°	16 04	13 19	19 50	29 33	1 20
14 35	11 14	17 31	27 51	0 12	45°	15 47	12 51	19 34	29 43	1 32
14 16	10 44	17 10	27 58	0 25	46°	15 29	12 22	19 17	♈29 52	1 45
13 57	10 10	16 48	28 06	0 37	47°	15 10	11 50	18 58	♉ 0 03	1 58
13 36	9 36	16 23	28 13	0 51	48°	14 50	11 17	18 37	0 13	2 13
13 14	8 58	15 55	28 22	1 05	49°	14 28	10 41	18 13	0 25	2 28
12 51	8 17	15 24	28 31	1 21	50°	14 05	10 01	17 47	0 38	2 45
12 27	7 32	14 50	28 41	1 37	51°	13 42	9 18	17 18	0 52	3 02
12 00	6 43	14 11	28 51	1 56	52°	13 15	8 31	16 46	1 07	3 22
11 32	5 50	13 27	29 00	2 14	53°	12 47	7 40	16 08	1 21	3 42
11 02	4 51	12 37	29 12	2 35	54°	12 18	6 43	15 26	1 39	4 04
10 29	3 46	11 39	29 23	2 57	55°	11 45	5 40	14 37	1 57	4 27
9 53	2 34	10 30	29 34	3 22	56°	11 09	4 30	13 38	2 17	4 54
9 15	♒ 1 13	9 09	29 46	3 49	57°	10 31	3 12	12 28	2 39	5 23
8 33	♑29 43	7 28	29 57	4 18	58°	9 50	1 44	11 02	3 01	5 54
7 46	27 59	5 27	30 05	4 51	59°	9 03	♒ 0 02	9 17	3 25	6 30
♑ 6 54	♑26 00	♓ 2 52	♈30 10	♊ 5 28	60°	♑ 8 11	♑28 06	♓ 7 01	♉ 3 50	♊ 7 10

17ʰ 42ᵐ 34ˢ		265° 38' 28'' M 26° ♐				17ʰ 46ᵐ 55ˢ		266° 43' 50'' M 27° ♐		
XI	XII	A	II	III	N LAT	XI	XII	A	II	III
♑23 46	♒23 18	♓25°15	♈27 37	♉27 54	0°	♑24 48	♒24 26	♓26°26	♈28 46	♉28 57
23 17	22 46	25 04	27 51	28 15	5°	24 20	23 55	26 18	29 02	29 19
22 45	22 11	24 52	28 07	28 37	10°	23 49	23 23	26 09	29 20	♉29 43
22 12	21 34	24 38	28 24	29 00	15°	23 17	22 48	25 58	♈29 40	♊ 0 07
21 36	20 51	24 22	28 43	29 26	20°	22 42	22 08	25 47	♉ 0 02	0 34
21 28	20 41	24 18	28 47	29 32	21°	22 35	21 59	25 44	0 07	0 40
21 21	20 32	24 15	28 52	29 37	22°	22 28	21 50	25 41	0 13	0 46
21 13	20 22	24 11	28 56	29 43	23°	22 20	21 41	25 38	0 18	0 52
21 05	20 12	24 07	29 01	29 49	24°	22 12	21 31	25 35	0 23	0 58
20 56	20 01	24 03	29 05	♉29 55	25°	22 04	21 22	25 32	0 28	1 05
20 47	19 51	23 59	29 10	♊ 0 01	26°	21 55	21 12	25 29	0 34	1 11
20 39	19 40	23 55	29 15	0 08	27°	21 47	21 01	25 26	0 40	1 18
20 30	19 28	23 50	29 20	0 14	28°	21 38	20 50	25 22	0 46	1 25
20 20	19 16	23 45	29 26	0 21	29°	21 29	20 39	25 19	0 52	1 32
20 11	19 04	23 40	29 31	0 28	30°	21 20	20 28	25 15	0 58	1 39
20 02	18 51	23 35	29 37	0 35	31°	21 11	20 16	25 11	1 05	1 47
19 52	18 38	23 29	29 43	0 43	32°	21 01	20 03	25 07	1 12	1 55
19 41	18 24	23 23	29 49	0 50	33°	20 51	19 50	25 02	1 20	2 03
19 30	18 09	23 17	♈29 56	0 58	34°	20 40	19 36	24 57	1 27	2 11
19 19	17 54	23 11	♉ 0 03	1 07	35°	20 29	19 22	24 53	1 35	2 20
19 08	17 38	23 04	0 10	1 15	36°	20 18	19 07	24 48	1 44	2 29
18 56	17 21	22 57	0 17	1 24	37°	20 06	18 51	24 43	1 53	2 38
18 43	17 04	22 49	0 25	1 34	38°	19 54	18 34	24 37	2 02	2 48
18 30	16 46	22 41	0 33	1 43	39°	19 42	18 17	24 31	2 11	2 58
18 17	16 26	22 32	0 42	1 53	40°	19 29	17 59	24 24	2 21	3 09
18 03	16 05	22 23	0 51	2 04	41°	19 15	17 39	24 17	2 32	3 20
17 48	15 43	22 13	1 01	2 15	42°	19 01	17 19	24 09	2 44	3 32
17 33	15 20	22 02	1 11	2 27	43°	18 46	16 57	24 01	2 56	3 44
17 17	14 56	21 51	1 21	2 39	44°	18 30	16 34	23 53	3 08	3 57
17 00	14 30	21 38	1 33	2 51	45°	18 14	16 10	23 43	3 22	4 09
16 42	14 02	21 24	1 45	3 05	46°	17 56	15 43	23 33	3 37	4 24
16 24	13 32	21 09	1 58	3 19	47°	17 39	15 15	23 21	3 52	4 39
16 04	13 00	20 52	2 11	3 34	48°	17 19	14 45	23 08	4 08	4 54
15 43	12 26	20 33	2 26	3 50	49°	16 58	14 13	22 54	4 26	5 12
15 20	11 48	20 12	2 43	4 08	50°	16 36	13 37	22 38	4 46	5 30
14 57	11 07	19 49	3 01	4 26	51°	16 13	12 58	22 21	5 08	5 49
14 31	10 22	19 23	3 20	4 47	52°	15 48	12 15	22 02	5 31	6 11
14 04	9 33	18 53	3 40	5 08	53°	15 21	11 29	21 39	5 56	6 33
13 34	8 38	18 18	4 03	5 31	54°	14 52	10 37	21 12	6 24	6 57
13 02	7 38	17 38	4 28	5 56	55°	14 21	9 40	20 41	6 55	7 24
12 27	6 31	16 50	4 55	6 25	56°	13 46	8 36	20 05	7 30	7 54
11 49	5 15	15 53	5 26	6 55	57°	13 08	7 23	19 21	8 09	8 25
11 08	3 50	14 42	6 00	7 28	58°	12 27	6 01	18 27	8 52	9 00
10 21	2 11	13 15	6 38	8 06	59°	11 41	4 26	17 20	9 42	9 40
♑ 9 30	♒ 0 18	♓11 22	♉ 7 20	♊ 8 48	60°	♑10 50	♒ 2 36	♓15 53	♉10 40	♊10 24

| | 17ʰ 51ᵐ 17ˢ | 267° 49' 12'' | | | | | 17ʰ 55ᵐ 38ˢ | 268° 54' 36'' | | |
| | | M 28° ♐ | | | | | | M 29° ♐ | | |
XI	XII	A	II	III	N LAT	XI	XII	A	II	III
♑25 50	♒25 33	✕27°37	♈29 54	♊ 0 00	0°	♑26 52	♒26 41	✕28°49	♉ 1 03	♊ 1 03
25 23	25 05	27 32	♉ 0 13	0 23	5°	26 26	26 15	28 46	1 24	1 27
24 53	24 35	27 26	0 34	0 48	10°	25 57	25 48	28 43	1 47	1 53
24 23	24 02	27 19	0 56	1 14	15°	25 28	25 17	28 39	2 12	2 20
23 49	23 25	27 11	1 22	1 42	20°	24 56	24 43	28 35	2 41	2 50
23 42	23 17	27 09	1 27	1 48	21°	24 49	24 35	28 34	2 47	2 56
23 35	23 09	27 07	1 33	1 55	22°	24 42	24 28	28 34	2 53	3 03
23 27	23 00	27 05	1 39	2 01	23°	24 35	24 20	28 33	3 00	3 09
23 19	22 51	27 03	1 45	2 07	24°	24 27	24 12	28 32	3 06	3 16
23 11	22 42	27 01	1 51	2 14	25°	24 20	24 03	28 31	3 13	3 23
23 03	22 33	26 59	1 57	2 21	26°	24 12	23 55	28 29	3 20	3 30
22 55	22 23	26 57	2 04	2 28	27°	24 04	23 46	28 28	3 28	3 38
22 47	22 13	26 55	2 11	2 35	28°	23 56	23 36	28 27	3 36	3 45
22 38	22 03	26 52	2 18	2 43	29°	23 47	23 27	28 26	3 44	3 53
22 29	21 52	26 50	2 25	2 50	30°	23 39	23 17	28 25	3 52	4 01
22 20	21 41	26 47	2 33	2 58	31°	23 30	23 06	28 23	4 01	4 09
22 11	21 29	26 44	2 41	3 07	32°	23 21	22 55	28 22	4 10	4 18
22 01	21 17	26 41	2 50	3 15	33°	23 11	22 44	28 21	4 19	4 27
21 51	21 04	26 38	2 58	3 24	34°	23 02	22 32	28 19	4 29	4 36
21 40	20 51	26 35	3 07	3 33	35°	22 51	22 20	28 18	4 39	4 45
21 29	20 37	26 32	3 17	3 42	36°	22 41	22 07	28 16	4 50	4 55
21 18	20 22	26 28	3 27	3 52	37°	22 30	21 54	28 14	5 01	5 05
21 06	20 06	26 24	3 38	4 02	38°	22 18	21 39	28 12	5 13	5 16
20 54	19 50	26 20	3 49	4 13	39°	22 06	21 24	28 10	5 25	5 27
20 41	19 33	26 16	4 00	4 24	40°	21 54	21 08	28 08	5 38	5 39
20 28	19 15	26 11	4 13	4 36	41°	21 41	20 52	28 06	5 52	5 51
20 14	18 56	26 06	4 26	4 48	42°	21 28	20 34	28 03	6 06	6 03
19 59	18 36	26 01	4 40	5 00	43°	21 13	20 15	28 00	6 22	6 16
19 44	18 14	25 55	4 54	5 14	44°	20 59	19 55	27 57	6 39	6 30
19 28	17 51	25 48	5 10	5 27	45°	20 43	19 34	27 54	6 57	6 44
19 11	17 26	25 42	5 27	5 42	46°	20 27	19 11	27 51	7 16	7 00
18 54	17 00	25 34	5 45	5 58	47°	20 10	18 46	27 47	7 36	7 16
18 35	16 32	25 25	6 03	6 14	48°	19 52	18 20	27 42	7 57	7 33
18 14	16 02	25 16	6 24	6 32	49°	19 31	17 53	27 38	8 21	7 52
17 53	15 28	25 05	6 47	6 51	50°	19 11	17 21	27 33	8 46	8 11
17 30	14 51	24 54	7 13	7 11	51°	18 48	16 46	27 27	9 15	8 32
17 05	14 11	24 41	7 40	7 34	52°	18 24	16 09	27 20	9 46	8 55
16 39	13 28	24 25	8 09	7 57	53°	17 59	15 30	27 12	10 19	9 19
16 11	12 39	24 07	8 42	8 22	54°	17 31	14 44	27 03	10 57	9 46
15 40	11 45	23 46	9 19	8 50	55°	17 01	13 53	26 52	11 39	10 14
15 06	10 44	23 22	10 00	9 21	56°	16 27	12 57	26 40	12 25	10 46
14 29	9 36	22 52	10 46	9 53	57°	15 51	11 53	26 25	13 18	11 20
13 48	8 18	22 16	11 38	10 30	58°	15 11	10 40	26 07	14 19	11 58
13 03	6 47	21 30	12 39	11 11	59°	14 27	9 15	25 44	15 29	12 41
♑12 12	♒ 5 02	✕20 31	♉13 50	♊11 58	60°	♑12 37	♒ 7 36	✕25 14	♉16 51	♊13 29

	18ʰ 00ᵐ 00ˢ 270° 00' 00'' M 0° ♑					18ʰ 04ᵐ 22ˢ 271° 05' 24'' M 1° ♑				
XI	XII	A	II	III	N LAT	XI	XII	A	II	III
♑27 55	≈27 49	♈ 0°00	♉ 2 11	♊ 2 05	0°	♑28 57	≈28 57	♈ 1°11	♉ 3 19	♊ 3 08
27 29	27 25	0 00	2 35	2 31	5°	28 33	28 36	1 14	3 45	3 34
27 02	27 00	0 00	3 00	2 58	10°	28 07	28 13	1 17	4 12	4 03
26 34	26 32	0 00	3 28	3 26	15°	27 40	27 48	1 21	4 43	4 32
26 03	26 01	0 00	3 59	3 57	20°	27 10	27 19	1 25	5 17	5 04
25 56	25 54	0 00	4 06	4 04	21°	27 04	27 13	1 26	5 25	5 11
25 50	25 47	0 00	4 13	4 10	22°	26 57	27 07	1 26	5 32	5 18
25 43	25 40	0 00	4 20	4 17	23°	26 51	27 00	1 27	5 40	5 25
25 35	25 33	0 00	4 27	4 25	24°	26 44	26 54	1 28	5 48	5 33
25 28	25 25	0 00	4 35	4 32	25°	26 37	26 47	1 29	5 57	5 40
25 21	25 17	0 00	4 43	4 39	26°	26 30	26 40	1 31	6 05	5 48
25 13	25 09	0 00	4 51	4 47	27°	26 22	26 32	1 32	6 14	5 56
25 05	25 00	0 00	5 00	4 55	28°	26 15	26 24	1 33	6 24	6 04
24 57	24 51	0 00	5 09	5 03	29°	26 07	26 16	1 34	6 33	6 13
24 49	24 42	0 00	5 18	5 11	30°	25 59	26 08	1 35	6 43	6 21
24 40	24 32	0 00	5 28	5 20	31°	25 51	25 59	1 37	6 54	6 30
24 31	24 22	0 00	5 38	5 29	32°	25 42	25 50	1 38	7 05	6 39
24 22	24 12	0 00	5 48	5 38	33°	25 33	25 41	1 39	7 16	6 49
24 13	24 01	0 00	5 59	5 47	34°	25 24	25 31	1 41	7 28	6 58
24 03	23 50	0 00	6 10	5 57	35°	25 15	25 21	1 42	7 40	7 09
23 53	23 38	0 00	6 22	6 07	36°	25 05	25 10	1 44	7 53	7 19
23 42	23 26	0 00	6 34	6 18	37°	24 55	24 59	1 46	8 06	7 30
23 31	23 13	0 00	6 47	6 29	38°	24 44	24 47	1 48	8 21	7 42
23 19	22 59	0 00	7 01	6 41	39°	24 33	24 35	1 50	8 36	7 54
23 07	22 45	0 00	7 15	6 53	40°	24 21	24 22	1 52	8 52	8 06
22 55	22 30	0 00	7 30	7 05	41°	24 09	24 08	1 54	9 08	8 19
22 42	22 14	0 00	7 46	7 18	42°	23 57	23 54	1 57	9 26	8 32
22 28	21 56	0 00	8 04	7 32	43°	23 44	23 38	2 00	9 45	8 47
22 14	21 37	0 00	8 23	7 46	44°	23 30	23 21	2 03	10 05	9 01
21 59	21 18	0 00	8 42	8 01	45°	23 16	23 03	2 06	10 26	9 17
21 43	20 57	0 00	9 03	8 17	46°	23 00	22 44	2 09	10 49	9 33
21 27	20 34	0 00	9 26	8 33	47°	22 44	22 24	2 13	11 14	9 50
21 09	20 11	0 00	9 49	8 51	48°	22 27	22 03	2 18	11 40	10 08
20 49	19 45	0 00	10 15	9 11	49°	22 08	21 39	2 22	12 07	10 29
20 30	19 16	0 00	10 44	9 30	50°	21 49	21 14	2 27	12 39	10 49
20 08	18 45	0 00	11 15	9 52	51°	21 28	20 45	2 33	13 14	11 12
19 44	18 10	0 00	11 50	10 16	52°	21 05	20 14	2 40	13 51	11 36
19 19	17 34	0 00	12 26	10 41	53°	20 41	19 41	2 48	14 30	12 01
18 52	16 52	0 00	13 08	11 08	54°	20 14	19 03	2 57	15 16	12 29
18 23	16 05	0 00	13 55	11 37	55°	19 46	18 21	3 08	16 07	12 59
17 50	15 13	0 00	14 47	12 10	56°	19 14	17 35	3 20	17 03	13 33
17 14	14 15	0 00	15 45	12 46	57°	18 40	16 42	3 35	18 07	14 09
16 36	13 08	0 00	16 52	13 24	58°	18 02	15 41	3 53	19 20	14 49
15 52	11 50	0 00	18 10	14 08	59°	17 19	14 31	4 16	20 45	15 33
♑15 03	≈10 18	♈ 0 00	♉19 42	♊14 57	60°	♑16 31	≈13 09	♈ 4 46	♉22 24	♊16 23

| | 18 ʰ08ᵐ 43ˢ | | 272° 10' 48" | | | | 18ʰ 13ᵐ 05ˢ | | 273° 16' 10" | |
| | | M 2° ♑ | | | | | | M 3° ♑ | | |
XI	XII	A	II	III	N LAT	XI	XII	A	II	III
♑30 00	♒30 06	♈ 2°23	♉ 4 27	♊ 4 10	0°	♒ 1 03	♓ 1 14	♈ 3°34	♉ 5 34	♊ 5 12
29 37	29 47	2 28	4 55	4 37	5°	0 41	0 58	3 42	6 05	5 40
29 12	29 26	2 34	5 25	5 07	10°	♒ 0 17	0 40	3 51	6 37	6 11
28 46	29 04	2 41	5 58	5 37	15°	♑29 53	♓ 0 20	4 02	7 12	6 43
28 18	28 38	2 49	6 35	6 11	20°	29 26	♒29 58	4 13	7 52	7 18
28 12	28 33	2 51	6 43	6 18	21°	29 20	29 53	4 16	8 01	7 25
28 05	28 27	2 53	6 51	6 25	22°	29 14	29 47	4 19	8 10	7 32
27 59	28 21	2 55	7 00	6 33	23°	29 08	29 42	4 22	8 19	7 40
27 53	28 15	2 57	7 09	6 41	24°	29 02	29 37	4 25	8 29	7 48
26 46	28 09	2 59	7 18	6 49	25°	28 55	29 32	4 28	8 38	7 56
27 39	28 03	3 01	7 27	6 57	26°	28 49	29 26	4 31	8 48	8 05
27 32	27 56	3 03	7 37	7 05	27°	28 42	29 20	4 34	8 59	8 13
27 25	27 49	3 05	7 47	7 13	28°	28 35	29 14	4 38	9 10	8 22
27 17	27 42	3 08	7 57	7 22	29°	28 28	29 08	4 41	9 21	8 31
27 10	27 35	3 10	8 08	7 31	30°	28 21	29 02	4 45	9 32	8 40
27 02	27 27	3 13	8 19	7 40	31°	28 13	28 55	4 49	9 44	8 49
26 53	27 19	3 16	8 31	7 49	32°	28 05	28 48	4 53	9 57	8 59
26 45	27 10	3 19	8 43	7 59	33°	27 57	28 40	4 58	10 10	9 09
26 36	27 02	3 22	8 56	8 09	34°	27 49	28 33	5 03	10 24	9 20
26 27	26 53	3 25	9 09	8 20	35°	27 40	28 25	5 07	10 38	9 31
26 18	26 43	3 28	9 23	8 31	36°	27 31	28 16	5 12	10 53	9 42
26 08	26 33	3 32	9 38	8 42	37°	27 22	28 07	5 17	11 09	9 54
25 58	26 22	3 36	9 54	8 54	38°	27 12	27 58	5 23	11 26	10 06
25 47	26 11	3 40	10 10	9 06	39°	27 02	27 49	5 29	11 43	10 18
25 36	26 00	3 44	10 27	9 19	40°	26 51	27 39	5 36	12 01	10 31
25 24	25 47	3 49	10 45	9 32	41°	26 40	27 28	5 43	12 21	10 45
25 12	25 34	3 54	11 04	9 46	42°	26 28	27 16	5 51	12 41	10 59
25 00	25 20	3 59	11 24	10 01	43°	26 16	27 04	5 59	13 03	11 14
24 46	25 06	4 05	11 46	10 16	44°	26 04	26 52	6 07	13 26	11 30
24 33	24 50	4 12	12 09	10 32	45°	25 51	26 38	6 17	13 50	11 46
24 18	24 33	4 18	12 34	10 49	46°	25 36	26 23	6 27	14 17	12 04
24 02	24 15	4 26	13 00	11 06	47°	25 21	26 08	6 39	14 45	12 21
23 46	23 57	4 35	13 28	11 25	48°	25 06	25 52	6 52	15 15	12 41
23 28	23 36	4 44	13 58	11 46	49°	24 48	25 34	7 06	15 47	13 02
23 09	23 13	4 55	14 32	12 07	50°	24 30	25 14	7 22	16 23	13 24
22 49	22 47	5 06	15 09	12 30	51°	24 11	24 52	7 39	17 02	13 47
22 26	22 20	5 19	15 49	12 55	52°	23 49	24 29	7 58	17 45	14 12
22 03	21 51	5 35	16 32	13 21	53°	23 27	24 04	8 21	18 31	14 39
21 38	21 18	5 53	17 21	13 49	54°	23 03	23 36	8 48	19 23	15 08
21 10	20 41	6 14	18 15	14 20	55°	22 36	23 05	9 19	20 20	15 39
20 39	20 00	6 38	19 16	14 54	56°	22 06	22 30	9 55	21 24	16 14
20 07	19 14	7 08	20 24	15 31	57°	21 35	21 51	10 39	22 37	16 52
19 30	18 22	7 44	21 42	16 12	58°	21 00	21 08	11 33	23 59	17 33
18 49	17 21	8 30	23 13	16 57	59°	20 20	20 10	12 40	25 34	18 10
♑18 02	♒16 10	♈ 9 29	♉24 58	♊17 48	60°	♑19 36	♒19 20	♈14 07	♉27 24	♊19 10

18ʰ 17ᵐ 26ˢ 274° 21' 32'' M 4° ♑					N LAT	18ʰ 21ᵐ 47ˢ 275° 26' 51'' M 5° ♑				
XI	XII	A	II	III		XI	XII	A	II	III
♒ 2 06	♓ 2 23	♈ 4°45	♉ 6 42	♊ 6 14	0°	♒ 3 09	♓ 3 32	♈ 5°56	♉ 7 49	♊ 7 16
1 45	2 09	4 56	7 14	6 43	5°	2 49	3 20	6 10	8 23	7 46
1 23	1 53	5 08	7 49	7 15	10°	2 29	3 06	6 25	9 00	8 19
1 00	1 36	5 22	8 26	7 48	15°	2 07	2 52	6 43	9 40	8 53
0 34	1 17	5 38	9 09	8 24	20°	1 42	2 37	7 02	10 26	9 30
0 28	1 13	5 42	9 19	8 32	21°	1 37	2 33	7 07	10 36	9 38
0 23	1 08	5 45	9 28	8 39	22°	1 32	2 29	7 11	10 46	9 46
0 17	1 04	5 49	9 38	8 47	23°	1 26	2 26	7 16	10 56	9 54
0 11	0 59	5 53	9 48	8 55	24°	1 21	2 22	7 21	11 07	10 02
♒ 0 05	0 55	5 57	9 59	9 04	25°	1 15	2 18	7 26	11 18	10 11
♑ 29 59	0 50	6 01	10 09	9 13	26°	1 09	2 14	7 31	11 29	10 20
29 52	0 45	6 05	10 20	9 21	27°	1 03	2 10	7 36	11 41	10 29
29 46	0 40	6 10	10 32	9 30	28°	0 57	2 06	7 42	11 53	10 38
29 39	0 34	6 15	10 44	9 40	29°	0 50	2 01	7 48	12 06	10 48
29 32	0 29	6 20	10 56	9 49	30°	0 44	1 57	7 54	12 19	10 57
29 25	0 23	6 25	11 09	9 58	31°	0 37	1 52	8 01	12 33	11 07
29 17	0 17	6 31	11 22	10 08	32°	0 30	1 47	8 08	12 47	11 18
29 10	0 11	6 37	11 36	10 19	33°	0 23	1 42	8 15	13 02	11 28
29 02	♓ 0 04	6 43	11 51	10 30	34°	0 15	1 36	8 22	13 17	11 39
28 53	♒ 29 57	6 49	12 06	10 41	35°	♒ 0 07	1 31	8 30	13 33	11 50
28 45	29 50	6 56	12 22	10 52	36°	♑ 29 59	1 25	8 39	13 50	12 02
28 36	29 43	7 03	12 39	11 04	37°	29 51	1 19	8 48	14 08	12 15
28 26	29 35	7 11	12 56	11 17	38°	29 42	1 13	8 58	14 26	12 28
28 17	29 27	7 19	13 14	11 30	39°	29 32	1 06	9 08	14 45	12 41
28 07	29 18	7 28	13 34	11 43	40°	29 23	0 59	9 19	15 06	12 55
27 56	29 09	7 37	13 55	11 57	41°	29 13	0 51	9 31	15 28	13 09
27 45	28 59	7 47	14 17	12 12	42°	29 02	0 43	9 43	15 51	13 24
27 33	28 49	7 58	14 40	12 27	43°	28 51	0 35	9 56	16 15	13 40
27 21	28 39	8 09	15 04	12 43	44°	28 40	0 27	10 10	16 41	13 56
27 09	28 27	8 22	15 30	13 00	45°	28 28	0 17	10 26	17 09	14 13
26 55	28 15	8 36	15 58	13 18	46°	28 15	♓ 0 08	10 43	17 38	14 31
26 41	28 02	8 51	16 28	13 36	47°	28 02	♒ 29 57	11 02	18 10	14 50
26 26	27 49	9 08	17 00	13 56	48°	27 47	29 47	11 23	18 43	15 10
26 10	27 34	9 27	17 34	14 17	49°	27 32	29 35	11 47	19 19	15 32
25 52	27 17	9 48	18 12	14 40	50°	27 15	29 22	12 13	19 59	15 55
25 34	26 59	10 11	18 53	15 03	51°	26 58	29 08	12 42	20 42	16 18
25 13	26 40	10 37	19 38	15 29	52°	26 38	28 53	13 14	21 29	16 45
24 52	26 20	11 07	20 27	15 56	53°	26 18	28 39	13 52	22 20	17 13
24 29	25 57	11 42	21 22	16 26	54°	25 56	28 21	14 34	23 17	17 42
24 04	25 32	12 22	22 22	16 58	55°	25 33	28 03	15 23	24 20	18 15
23 35	25 05	13 10	23 29	17 33	56°	25 06	27 43	16 22	25 30	18 51
23 05	24 34	14 07	24 45	18 11	57°	24 37	27 21	17 32	26 48	19 29
22 32	24 00	15 18	26 10	18 52	58°	24 06	26 59	18 58	28 16	20 10
21 54	23 22	16 45	27 49	19 39	59°	23 30	26 35	20 43	♉ 29 58	20 57
♑ 21 12	♒ 22 40	♈ 18 38	♉ 29 42	♊ 20 30	60°	♑ 22 50	♒ 26 10	♈ 22 59	♊ 1 54	♊ 21 49

	18h 26m 09s	276° 32' 08'' M 6° ♑					18h 30m 30s	277° 37' 23'' M 7° ♑		
XI	XII	A	II	III	N LAT	XI	XII	A	II	III
♒ 4 12	♓ 4 41	♈ 7°07	♉ 8 56	♊ 8 17	0°	♒ 5 16	♓ 5 50	♈ 8°18	♉10 02	♊ 9 19
3 54	4 31	7 24	9 32	8 49	5°	4 59	5 42	8 38	10 41	9 51
3 35	4 20	7 42	10 11	9 23	10°	4 41	5 35	8 59	11 22	10 26
3 14	4 09	8 03	10 54	9 58	15°	4 21	5 26	9 23	12 07	11 02
2 51	3 57	8 26	11 42	10 36	20°	4 00	5 17	9 51	12 58	11 41
2 46	3 54	8 32	11 53	10 44	21°	3 55	5 15	9 57	13 09	11 50
2 41	3 51	8 37	12 03	10 52	22°	3 50	5 13	10 03	13 20	11 58
2 36	3 48	8 43	12 14	11 00	23°	3 46	5 10	10 09	13 31	12 06
2 30	3 45	8 49	12 25	11 09	24°	3 41	5 08	10 16	13 43	12 15
2 25	3 42	8 55	12 37	11 18	25°	3 36	5 06	10 23	13 55	12 24
2 19	3 39	9 01	12 49	11 27	26°	3 30	5 04	10 30	14 08	12 34
2 14	3 35	9 07	13 01	11 36	27°	3 25	5 01	10 38	14 21	12 43
2 08	3 32	9 14	13 14	11 46	28°	3 20	4 59	10 46	14 35	12 53
2 02	3 28	9 21	13 28	11 55	29°	3 14	4 56	10 54	14 49	13 03
1 56	3 25	9 28	13 42	12 05	30°	3 08	4 54	11 03	15 04	13 13
1 49	3 21	9 36	13 56	12 16	31°	3 02	4 51	11 12	15 19	13 24
1 43	3 17	9 44	14 11	12 27	32°	2 56	4 48	11 21	15 35	13 35
1 36	3 13	9 53	14 27	12 37	33°	2 49	4 45	11 31	15 51	13 46
1 29	3 09	10 02	14 43	12 48	34°	2 43	4 42	11 42	16 08	13 57
1 21	3 05	10 12	14 59	13 00	35°	2 36	4 39	11 53	16 25	14 09
1 14	3 00	10 22	15 17	13 12	36°	2 29	4 36	12 05	16 43	14 22
1 06	2 56	10 33	15 36	13 25	37°	2 21	4 33	12 17	17 03	14 35
0 57	2 51	10 44	15 55	13 38	38°	2 13	4 29	12 30	17 24	14 48
0 48	2 46	10 56	16 15	13 52	39°	2 05	4 26	12 44	17 45	15 02
0 39	2 40	11 09	16 37	14 06	40°	1 57	4 22	12 59	18 07	15 16
0 30	2 34	11 23	17 00	14 21	41°	1 48	4 18	13 15	18 31	15 31
0 20	2 28	11 38	17 24	14 36	42°	1 38	4 14	13 32	18 56	15 47
♒ 0 10	2 22	11 54	17 50	14 52	43°	1 29	4 10	13 51	19 23	16 03
♑29 59	2 16	12 11	18 17	15 08	44°	1 19	4 06	14 11	19 51	16 20
29 48	2 09	12 29	18 46	15 25	45°	1 08	4 01	14 32	20 22	16 37
29 35	2 02	12 50	19 16	15 44	46°	0 56	3 57	14 56	20 53	16 56
29 23	1 54	13 12	19 50	16 03	47°	0 45	3 52	15 22	21 28	17 16
29 09	1 47	13 37	20 24	16 24	48°	0 32	3 48	15 50	22 04	17 37
28 55	1 38	14 05	21 02	16 46	49°	0 19	3 43	16 22	22 44	18 00
28 39	1 29	14 36	21 43	17 09	50°	♒ 0 04	3 38	16 57	23 26	18 22
28 23	1 19	15 10	22 28	17 33	51°	♑29 49	3 32	17 36	24 12	18 47
28 04	1 09	15 49	23 17	18 00	52°	29 32	3 27	18 21	25 03	19 14
27 46	1 00	16 33	24 10	18 28	53°	29 15	3 23	19 12	25 58	19 42
27 25	0 48	17 23	25 09	18 58	54°	28 55	3 18	20 09	26 59	20 13
27 03	0 37	18 21	26 14	19 31	55°	28 35	3 14	21 15	28 05	20 46
26 38	0 26	19 30	27 26	20 07	56°	28 11	3 12	22 33	♉29 19	21 22
26 11	0 14	20 51	♉28 47	20 45	57°	27 47	3 11	24 05	♊ 0 41	22 01
25 42	♓ 0 03	22 32	♊ 0 17	21 27	58°	27 20	3 13	25 58	2 14	22 43
25 00	20 54	24 03	2 01	22 14	59°	20 50	3 21	♈28 14	3 59	23 30
♑24 32	♒29 50	♈27 08	♊ 4 00	♊23 06	60°	♑26 17	♓ 3 38	♉ 1 05	♊ 5 59	♊24 22

18h 34m 50s		278° 42' 35'' M 8° ♐				18h 39m 11s		279° 47' 43'' M 9° ♐		
XI	XII	A	II	III	N LAT	XI	XII	A	II	III
♒ 6 20	♓ 6 59	♈ 9°29	♉11 08	♊10 20	0°	♒ 7 23	♓ 8 09	♈10°40	♉12 14	♊11 21
6 04	6 54	9 51	11 49	10 53	5°	7 09	8 06	11 04	12 57	11 55
5 47	6 49	10 16	12 32	11 29	10°	6 53	8 03	11 32	13 42	12 32
5 29	6 44	10 43	13 20	12 06	15°	6 37	8 01	12 03	14 32	13 10
5 09	6 38	11 15	14 13	12 46	20°	6 18	7 58	12 38	15 28	13 51
5 04	6 36	11 22	14 25	12 55	21°	6 14	7 57	12 46	15 40	14 00
5 00	6 35	11 28	14 36	13 04	22°	6 10	7 57	12 53	15 52	14 09
4 56	6 33	11 36	14 48	13 12	23°	6 06	7 56	13 02	16 04	14 18
4 51	6 32	11 43	15 00	13 21	24°	6 02	7 56	13 10	16 17	14 27
4 46	6 30	11 51	15 13	13 31	25°	5 57	7 55	13 19	16 31	14 37
4 41	6 29	12 00	15 27	13 40	26°	5 52	7 54	13 29	16 45	14 46
4 36	6 27	12 08	15 41	13 50	27°	5 48	7 53	13 38	16 59	14 56
4 32	6 26	12 17	15 55	14 00	28°	5 44	7 53	13 48	17 14	15 07
4 27	6 24	12 27	16 09	14 10	29°	5 39	7 52	13 59	17 29	15 17
4 21	6 23	12 37	16 25	14 21	30°	5 34	7 52	14 10	17 45	15 28
4 15	6 21	12 47	16 41	14 32	31°	5 29	7 51	14 21	18 02	15 39
4 09	6 19	12 57	16 57	14 43	32°	5 23	7 51	14 33	18 19	15 50
4 03	6 17	13 09	17 14	14 54	33°	5 17	7 50	14 46	18 37	16 02
3 57	6 16	13 21	17 32	15 06	34°	5 12	7 50	14 59	18 55	16 14
3 51	6 14	13 33	17 50	15 18	35°	5 06	7 49	15 13	19 14	16 26
3 44	6 12	13 47	18 09	15 31	36°	5 00	7 49	15 28	19 34	16 39
3 37	6 10	14 01	18 30	15 44	37°	4 53	7 48	15 44	19 55	16 53
3 30	6 08	14 16	18 51	15 57	38°	4 47	7 48	16 01	20 17	17 06
3 22	6 06	14 31	19 13	16 11	39°	4 40	7 48	16 18	20 40	17 20
3 14	6 05	14 48	19 36	16 26	40°	4 32	7 48	16 37	21 04	17 35
3 06	6 03	15 06	20 01	16 41	41°	4 25	7 48	16 57	21 30	17 51
2 57	6 01	15 26	20 27	16 57	42°	4 17	7 48	17 19	21 57	18 07
2 48	5 59	15 47	20 55	17 14	43°	4 09	7 48	17 42	22 26	18 24
2 39	5 57	16 10	21 24	17 31	44°	4 00	7 48	18 08	22 56	18 41
2 29	5 54	16 34	21 56	17 49	45°	3 51	7 48	18 35	23 28	19 00
2 18	5 53	17 01	22 29	18 08	46°	3 41	7 50	19 05	24 03	19 19
2 08	5 51	17 30	23 04	18 28	47°	3 32	7 51	19 37	24 39	19 39
1 56	5 50	18 02	23 42	18 49	48°	3 21	7 53	20 12	25 18	20 01
1 44	5 49	18 38	24 23	19 12	49°	3 10	7 56	20 52	26 00	20 23
1 31	5 48	19 17	25 07	19 35	50°	2 58	7 59	21 36	26 45	20 47
1 16	5 47	20 01	25 54	20 01	51°	2 45	8 03	22 24	27 34	21 13
1 00	5 47	20 51	26 47	20 27	52°	2 30	8 09	23 18	28 28	21 39
0 45	5 49	21 47	27 43	20 56	53°	2 16	8 17	24 20	♉29 25	22 09
0 26	5 50	22 51	28 45	21 26	54°	1 59	8 25	25 31	♊ 0 28	22 39
♒ 0 08	5 55	24 05	♉29 53	22 00	55°	1 43	8 38	26 52	1 37	23 13
♑29 47	6 01	25 32	♊ 1 09	22 36	56°	1 25	8 55	♈28 26	2 55	23 49
29 25	6 12	27 14	2 32	23 15	57°	1 05	9 18	♉ 0 17	4 20	24 28
29 00	6 29	♈29 17	4 07	23 58	58°	0 43	9 50	2 30	5 55	25 11
28 34	6 55	1 46	5 52	24 45	59°	♒ 0 21	10 34	5 08	7 41	25 58
♑28 05	♓ 7 36	♉ 4 50	♊ 7 53	♊25 36	60°	♑29 57	♓11 41	♉ 8 23	♊ 9 42	♊26 49

18ʰ 43ᵐ 31ˢ 280° 52' 47'' M 10° ♑						18ʰ 47ᵐ 51ˢ 281° 57' 46'' M 11° ♑				
XI	XII	A	II	III	**N LAT**	XI	XII	A	II	III
♒ 8 27	♓ 9 18	♈11°50	♉13 20	♊12 21	**0°**	♒ 9 31	♓10 27	♈13°00	♉14 26	♊13 22
8 14	9 18	12 17	14 04	12 57	**5°**	9 19	10 30	13 30	15 11	13 59
7 59	9 18	12 48	14 52	13 35	**10°**	9 06	10 32	14 04	16 01	14 37
7 45	9 18	13 22	15 44	14 14	**15°**	8 53	10 36	14 41	16 55	15 17
7 27	9 19	14 01	16 42	14 56	**20°**	8 37	10 40	15 24	17 56	16 00
7 24	9 18	14 09	16 54	15 05	**21°**	8 34	10 40	15 33	18 08	16 09
7 20	9 19	14 18	17 07	15 14	**22°**	8 30	10 41	15 43	18 21	16 19
7 16	9 19	14 28	17 20	15 23	**23°**	8 27	10 42	15 53	18 35	16 28
7 13	9 20	14 37	17 34	15 33	**24°**	8 24	10 44	16 03	18 50	16 38
7 09	9 20	14 47	17 48	15 42	**25°**	8 20	10 45	16 14	19 04	16 48
7 04	9 20	14 57	18 02	15 52	**26°**	8 16	10 46	16 25	19 19	16 58
7 00	9 20	15 08	18 17	16 02	**27°**	8 12	10 47	16 37	19 34	17 08
6 56	9 21	15 19	18 32	16 13	**28°**	8 09	10 49	16 49	19 50	17 19
6 52	9 21	15 31	18 48	16 24	**29°**	8 05	10 50	17 02	20 07	17 30
6 47	9 22	15 43	19 05	16 35	**30°**	8 01	10 52	17 15	20 24	17 41
6 43	9 22	15 55	19 22	16 46	**31°**	7 57	10 53	17 29	20 41	17 52
6 38	9 23	16 08	19 40	16 57	**32°**	7 52	10 55	17 43	21 00	18 04
6 32	9 23	16 22	19 58	17 09	**33°**	7 47	10 56	17 58	21 19	18 16
6 27	9 24	16 37	20 17	17 21	**34°**	7 43	10 58	18 14	21 38	18 28
6 22	9 25	16 52	20 37	17 34	**35°**	7 38	11 01	18 31	21 59	18 41
6 16	9 26	17 09	20 58	17 47	**36°**	7 33	11 03	18 49	22 21	18 55
6 10	9 27	17 26	21 20	18 01	**37°**	7 27	11 06	19 08	22 44	19 09
6 04	9 28	17 45	21 43	18 15	**38°**	7 22	11 09	19 28	23 07	19 23
5 58	9 30	18 04	22 06	18 29	**39°**	7 16	11 12	19 49	23 31	19 37
5 51	9 32	18 25	22 31	18 44	**40°**	7 10	11 16	20 12	23 57	19 53
5 44	9 33	18 47	22 58	19 00	**41°**	7 04	11 19	20 36	24 25	20 09
5 37	9 35	19 11	23 26	19 16	**42°**	6 58	11 23	21 02	24 54	20 25
5 30	9 38	19 37	23 56	19 33	**43°**	6 51	11 28	21 30	25 24	20 42
5 22	9 40	20 05	24 27	19 51	**44°**	6 44	11 33	22 00	25 56	21 00
5 14	9 44	20 34	25 00	20 10	**45°**	6 37	11 40	22 32	26 30	21 19
5 05	9 48	21 07	25 35	20 29	**46°**	6 29	11 46	23 08	27 06	21 39
4 56	9 52	21 42	26 12	20 50	**47°**	6 21	11 54	23 46	27 44	22 00
4 47	9 58	22 21	26 52	21 12	**48°**	6 14	12 03	24 28	28 25	22 22
4 37	10 05	23 04	27 35	21 34	**49°**	6 05	12 14	25 14	29 09	22 44
4 26	10 12	23 52	28 22	21 58	**50°**	5 55	12 26	26 06	♉29 57	23 09
4 14	10 21	24 45	♉29 12	22 24	**51°**	5 45	12 40	27 03	♊ 0 47	23 35
4 01	10 32	25 43	♊ 0 06	22 51	**52°**	5 33	12 56	28 06	1 43	24 02
3 48	10 46	26 50	1 04	23 20	**53°**	5 23	13 17	♈29 17	2 42	24 31
3 34	11 02	28 07	2 09	23 51	**54°**	5 10	13 41	♉ 0 39	3 47	25 03
3 19	11 24	♈29 34	3 19	24 25	**55°**	4 58	14 11	2 12	4 58	25 36
3 04	11 51	♉ 1 15	4 37	25 01	**56°**	4 45	14 50	3 59	6 18	26 12
2 47	12 27	3 13	6 03	25 40	**57°**	4 31	15 38	6 02	7 44	26 52
2 29	13 14	5 35	7 39	26 23	**58°**	4 17	16 41	8 30	9 20	27 34
2 10	14 19	8 21	9 26	27 10	**59°**	4 03	18 07	11 24	11 07	28 20
♒ 1 52	♓15 52	♉11 43	♊11 27	♊28 01	**60°**	♒ 3 50	♓20 08	♉14 50	♊13 07	♊29 12

XI	XII	A	II	III	N LAT	XI	XII	A	II	III
♒10 36	♓11 37	♈14°10	♉15 31	♊14 23	0°	♒11 40	♓12 47	♈15°20	♉16 36	♊15 23
10 24	11 42	14 43	16 18	15 00	5°	11 30	12 54	15 56	17 25	16 01
10 13	11 47	15 20	17 10	15 39	10°	11 20	13 02	16 35	18 19	16 41
10 01	11 53	16 00	18 06	16 20	15°	11 09	13 11	17 19	19 17	17 23
9 47	12 01	16 46	19 09	17 04	20°	10 57	13 22	18 08	20 22	18 08
9 44	12 02	16 56	19 22	17 13	21°	10 54	13 24	18 19	20 36	18 17
9 41	12 04	17 07	19 36	17 23	22°	10 52	13 27	18 31	20 50	18 27
9 38	12 06	17 18	19 50	17 33	23°	10 49	13 29	18 43	21 05	18 37
9 35	12 08	17 29	20 05	17 43	24°	10 47	13 32	18 55	21 20	18 47
9 32	12 10	17 41	20 20	17 53	25°	10 44	13 35	19 07	21 35	18 58
9 28	12 12	17 53	20 35	18 03	26°	10 41	13 38	19 20	21 51	19 08
9 25	12 14	18 06	20 51	18 14	27°	10 38	13 41	19 34	22 07	19 19
9 22	12 17	18 19	21 08	18 25	28°	10 35	13 45	19 48	22 24	19 30
9 18	12 19	18 33	21 25	18 36	29°	10 32	13 48	20 03	22 42	19 41
9 15	12 22	18 47	21 42	18 47	30°	10 29	13 52	20 18	23 00	19 53
9 11	12 24	19 02	22 00	18 58	31°	10 25	13 55	20 34	23 19	20 04
9 07	12 27	19 17	22 19	19 11	32°	10 22	13 59	20 51	23 38	20 17
9 03	12 30	19 34	22 39	19 23	33°	10 19	14 04	21 08	23 58	20 29
8 59	12 33	19 51	22 59	19 35	34°	10 15	14 08	21 27	24 19	20 42
8 54	12 37	20 09	23 20	19 48	35°	10 11	14 13	21 46	24 41	20 55
8 50	12 41	20 28	23 43	20 02	36°	10 07	14 19	22 07	25 04	21 09
8 45	12 45	20 49	24 06	20 16	37°	10 03	14 24	22 29	25 28	21 23
8 40	12 49	21 10	24 30	20 30	38°	9 59	14 30	22 52	25 53	21 37
8 35	12 54	21 33	24 55	20 45	39°	9 55	14 37	23 16	26 19	21 53
8 30	13 00	21 57	25 22	21 01	40°	9 50	14 44	23 42	26 46	22 09
8 25	13 06	22 24	25 50	21 17	41°	9 46	14 52	24 11	27 15	22 25
8 19	13 12	22 52	26 20	21 34	42°	9 41	15 01	24 41	27 45	22 42
8 13	13 19	23 22	26 51	21 51	43°	9 36	15 11	25 13	28 16	22 59
8 07	13 27	23 54	27 24	22 09	44°	9 31	15 21	25 47	28 50	23 17
8 01	13 36	24 29	27 59	22 28	45°	9 25	15 32	26 24	♉29 26	23 36
7 54	13 45	25 08	28 35	22 48	46°	9 20	15 45	27 05	♊ 0 03	23 57
7 47	13 56	25 49	29 14	23 09	47°	9 14	15 59	27 49	0 43	24 18
7 41	14 09	26 33	♉29 56	23 31	48°	9 09	16 16	28 36	1 25	24 40
7 33	14 25	27 22	♊ 0 41	23 54	49°	9 02	16 36	♈29 28	2 11	25 03
7 25	14 40	28 17	1 30	24 19	50°	8 56	16 56	♉ 0 26	3 00	25 28
7 17	14 59	♈29 18	2 21	24 45	51°	8 49	17 20	1 30	3 53	25 54
7 07	15 22	♉ 0 25	3 17	25 12	52°	8 41	17 48	2 41	4 49	26 21
6 58	15 49	1 41	4 17	25 41	53°	8 35	18 22	4 01	5 50	26 51
6 48	16 21	3 07	5 23	26 13	54°	8 27	19 02	5 31	6 57	27 22
6 38	17 00	4 45	6 35	26 46	55°	8 20	19 51	7 13	8 09	27 55
6 28	17 50	6 37	7 55	27 23	56°	8 13	20 51	9 10	9 29	28 32
6 18	18 51	8 45	9 21	28 02	57°	8 07	22 06	11 22	10 56	29 11
6 08	20 12	11 18	10 58	28 44	58°	8 02	23 43	13 59	12 32	♊29 53
5 59	21 58	14 17	12 45	29 30	59°	7 59	25 50	17 02	14 18	0 39
♒ 5 53	♓24 26	♉17 48	♊14 43	♊30 21	60°	♒ 8 00	♓28 45	♉20 35	♊16 16	♋1 29

XI	XII	A	II	III	N LAT	XI	XII	A	II	III
♒12 44	♓13 56	♈16°30	♉17 40	♊16 23	0°	♒13 49	♓15 06	♈17°40	♉18 44	♊17 23
12 36	14 00	17 08	18 32	17 02	5°	13 42	15 18	18 20	19 38	18 03
12 27	14 17	17 50	19 27	17 43	10°	13 35	15 32	19 05	20 35	18 45
12 18	14 29	18 37	20 27	18 26	15°	13 27	15 47	19 55	21 37	19 29
12 08	14 43	19 30	21 34	19 12	20°	13 18	16 04	20 51	22 46	20 15
12 05	14 46	19 42	21 49	19 21	21°	13 16	16 08	21 04	23 01	20 25
12 03	14 49	19 54	22 03	19 31	22°	13 14	16 12	21 17	23 16	20 35
12 01	14 53	20 07	22 18	19 41	23°	13 12	16 16	21 30	23 31	20 45
11 58	14 56	20 20	22 34	19 51	24°	13 10	16 20	21 44	23 47	20 55
11 56	15 00	20 33	22 50	20 02	25°	13 09	16 25	21 58	24 04	21 06
11 54	15 04	20 47	23 06	20 13	26°	13 07	16 30	22 13	24 21	21 17
11 51	15 08	21 01	23 23	20 24	27°	13 04	16 35	22 28	24 38	21 28
11 48	15 13	21 16	23 40	20 35	28°	13 02	16 41	22 44	24 55	21 40
11 46	15 17	21 32	23 58	20 46	29°	13 00	16 46	23 01	25 14	21 51
11 43	15 22	21 48	24 17	20 58	30°	12 58	16 52	23 18	25 33	22 03
11 40	15 26	22 06	24 36	21 10	31°	12 55	16 58	23 37	25 53	22 15
11 37	15 31	22 24	24 56	21 22	32°	12 53	17 04	23 56	26 13	22 27
11 35	15 37	22 42	25 17	21 35	33°	12 51	17 11	24 15	26 35	22 40
11 32	15 43	23 02	25 38	21 48	34°	12 49	17 18	24 36	26 57	22 54
11 28	15 50	23 23	26 01	22 01	35°	12 46	17 26	24 58	27 20	23 07
11 25	15 57	23 45	26 24	22 15	36°	12 43	17 35	25 21	27 44	23 21
11 22	16 04	24 08	26 49	22 29	37°	12 41	17 44	25 46	28 09	23 36
11 18	16 12	24 33	27 15	22 44	38°	12 38	17 53	26 12	28 35	23 51
11 15	16 20	24 59	27 41	23 00	39°	12 35	18 03	26 40	29 02	24 06
11 11	16 29	25 26	28 08	23 16	40°	12 32	18 14	27 09	♉29 30	24 22
11 07	16 39	25 56	28 38	23 32	41°	12 29	18 26	27 40	♊0 00	24 39
11 03	16 50	26 28	29 09	23 49	42°	12 26	18 39	28 14	0 32	24 56
10 59	17 02	27 02	♊29 41	24 07	43°	12 23	18 53	28 50	1 05	25 14
10 55	17 15	27 38	♊0 15	24 25	44°	12 20	19 09	♈29 28	1 39	25 33
10 50	17 29	28 17	0 52	24 44	45°	12 16	19 26	♉0 09	2 16	25 52
10 46	17 45	29 00	1 30	25 05	46°	12 13	19 45	0 54	2 55	26 12
10 42	18 03	♈29 47	2 10	25 26	47°	12 10	20 06	1 42	3 36	26 34
10 38	18 23	♉0 37	2 53	25 48	48°	12 08	20 30	2 35	4 20	26 56
10 33	18 47	1 32	3 40	26 12	49°	12 05	20 57	3 33	5 07	27 20
10 28	19 12	2 32	4 29	26 36	50°	12 01	21 28	4 36	5 57	27 44
10 23	19 41	3 39	5 23	27 03	51°	11 58	22 02	5 46	6 51	28 11
10 17	20 15	4 54	6 19	27 30	52°	11 54	22 43	7 04	7 48	28 38
10 13	20 56	6 17	7 21	28 00	53°	11 53	23 30	8 30	8 50	29 08
10 08	21 44	7 51	8 28	28 31	54°	11 50	24 26	10 06	9 57	♊29 39
10 04	22 42	9 37	9 41	29 04	55°	11 49	25 33	11 55	11 10	♋0 13
10 00	23 53	11 37	11 01	♊29 40	56°	11 50	26 55	13 59	12 30	0 48
9 58	25 21	13 53	12 27	♋0 19	57°	11 51	♓28 36	16 18	13 57	1 27
9 58	27 14	16 33	14 03	1 01	58°	11 57	♈0 45	19 00	15 31	2 09
10 01	♓29 46	19 38	15 48	1 47	59°	12 07	3 33	22 06	17 16	2 54
♒10 11	♈3 02	♉23 13	♊17 46	♋2 36	60°	♒12 26	♈7 16	♉25 41	♊19 12	♋3 43

19ʰ 09ᵐ 26ˢ		287° 21' 26''				19ʰ 13ᵐ 43ˢ		288° 25' 51''		
M 16° ♑						M 17° ♑				
XI	XII	A	II	III	N LAT	XI	XII	A	II	III
♒14 53	♓16 16	♈18°49	♉19 48	♊18 22	0°	♒15 58	♓17 25	♈19°58	♉20 52	♊19 22
14 48	16 30	19 32	20 44	19 04	5°	15 54	17 42	20 44	21 49	20 04
14 42	16 46	20 19	21 43	19 46	10°	15 50	18 01	21 33	22 50	20 47
14 36	17 04	21 12	22 46	20 31	15°	15 45	18 22	22 29	23 55	21 33
14 29	17 25	22 12	23 57	21 18	20°	15 40	18 47	23 33	25 08	22 21
14 27	17 30	22 26	24 12	21 29	21°	15 38	18 52	23 47	25 23	22 32
14 25	17 35	22 39	24 28	21 39	22°	15 37	18 58	24 01	25 39	22 42
14 24	17 40	22 53	24 44	21 49	23°	15 36	19 04	24 16	25 56	22 52
14 23	17 45	23 08	25 00	21 59	24°	15 35	19 10	24 31	26 13	23 03
14 21	17 51	23 23	25 17	22 10	25°	15 34	19 16	24 47	26 30	23 14
14 20	17 56	23 39	25 34	22 21	26°	15 33	19 22	25 04	26 47	23 25
14 18	18 02	23 55	25 52	22 32	27°	15 32	19 29	25 21	27 06	23 36
14 16	18 09	24 12	26 10	22 44	28°	15 31	19 37	25 39	27 25	23 48
14 15	18 15	24 29	26 29	22 56	29°	15 30	19 44	25 57	27 44	24 00
14 13	18 22	24 47	26 49	23 08	30°	15 28	19 52	26 16	28 04	24 12
14 11	18 29	25 07	27 09	23 20	31°	15 27	20 01	26 36	28 25	24 25
14 09	18 37	25 27	27 30	23 32	32°	15 26	20 10	26 57	28 46	24 37
14 08	18 45	25 48	27 52	23 45	33°	15 25	20 19	27 20	29 08	24 50
14 06	18 54	26 10	28 15	23 59	34°	15 23	20 29	27 43	29 31	25 04
14 04	19 03	26 33	28 38	24 13	35°	15 22	20 40	28 07	♉29 55	25 18
14 02	19 13	26 57	29 03	24 27	36°	15 21	20 51	28 33	♊ 0 20	25 32
14 00	19 23	27 23	29 28	24 42	37°	15 19	21 03	29 00	0 46	25 47
13 58	19 34	27 50	♉29 54	24 57	38°	15 18	21 16	29 28	1 13	26 02
13 56	19 46	28 20	♊ 0 22	25 12	39°	15 17	21 29	♈29 59	1 41	26 18
13 54	19 59	28 51	0 51	25 28	40°	15 16	21 44	♉ 0 31	2 10	26 34
13 52	20 13	29 24	1 21	25 45	41°	15 15	22 00	1 06	2 41	26 51
13 49	20 28	♈29 59	1 53	26 03	42°	15 13	22 18	1 42	3 14	27 09
13 47	20 45	♉ 0 36	2 27	26 21	43°	15 12	22 37	2 21	3 48	27 27
13 45	21 03	1 16	3 02	26 40	44°	15 11	22 57	3 03	4 24	27 46
13 43	21 23	1 59	3 39	26 59	45°	15 10	23 20	3 47	5 01	28 05
13 41	21 45	2 46	4 19	27 19	46°	15 10	23 45	4 36	5 41	28 26
13 39	22 10	3 36	5 01	27 41	47°	15 10	24 13	5 28	6 24	28 47
13 39	22 37	4 31	5 45	28 03	48°	15 10	24 44	6 25	7 09	29 10
13 37	23 08	5 31	6 32	28 27	49°	15 10	25 19	7 27	7 56	29 33
13 35	23 44	6 37	7 23	28 52	50°	15 10	25 59	8 35	8 47	♊29 59
13 34	24 23	7 50	8 17	29 18	51°	15 10	26 44	9 50	9 41	♋ 0 25
13 33	25 10	9 10	9 15	♊29 45	52°	15 12	27 37	11 13	10 40	0 52
13 34	26 04	10 38	10 17	♋ 0 15	53°	15 16	28 37	12 44	11 42	1 22
13 34	27 08	12 17	11 24	0 46	54°	15 20	♓29 49	14 25	12 49	1 53
13 36	28 24	14 09	12 37	1 20	55°	15 25	♈ 1 14	16 18	14 02	2 26
13 41	♓29 56	16 15	13 57	1 55	56°	15 34	2 56	18 26	15 21	3 01
13 47	♈ 1 50	18 37	15 23	2 34	57°	15 45	5 03	20 50	16 47	3 40
13 59	4 14	21 20	16 57	3 15	58°	16 03	7 40	23 33	18 21	4 21
14 17	7 20	24 26	18 41	4 00	59°	16 30	11 02	26 39	20 03	5 05
♒14 45	♈11 25	♉28 00	♊20 35	♋ 4 49	60°	♒17 09	♈15 26	♉30 12	♊21 56	♋ 5 54

19ʰ 18ᵐ 01ˢ		289° 30' 10''		M 18° ♑		19ʰ 22ᵐ 17ˢ		290° 34' 21''	M 19° ♑	

XI	XII	A	II	III	N LAT	XI	XII	A	II	III
♒17 03	♓18 35	♈21°07	♉21 55	♊20 21	0°	♒18 08	♓19 45	♈22°15	♉22 58	♊21 20
17 00	18 54	21 55	22 54	21 04	5°	18 06	20 06	23 06	23 59	22 04
16 57	19 16	22 47	23 57	21 48	10°	18 05	20 30	24 01	25 03	22 49
16 54	19 40	23 46	25 04	22 35	15°	18 03	20 57	25 02	26 12	23 36
16 51	20 08	24 53	26 18	23 24	20°	18 02	21 29	26 12	27 28	24 26
16 50	20 14	25 07	26 34	23 35	21°	18 02	21 36	26 27	27 44	24 37
16 49	20 20	25 22	26 50	23 45	22°	18 01	21 43	26 43	28 01	24 48
16 49	20 27	25 38	27 07	23 55	23°	18 01	21 51	26 59	28 18	24 58
16 48	20 34	25 54	27 24	24 06	24°	18 01	21 58	27 16	28 35	25 09
16 47	20 41	26 11	27 42	24 17	25°	18 00	22 06	27 34	28 53	25 20
16 46	20 48	26 28	28 00	24 29	26°	18 00	22 14	27 52	29 12	25 32
16 46	20 56	26 46	28 19	24 40	27°	18 00	22 23	28 11	29 31	25 43
16 45	21 05	27 05	28 38	24 52	28°	18 00	22 33	28 30	♉29 51	25 55
16 45	21 13	27 24	28 58	25 04	29°	18 00	22 42	28 50	♊ 0 11	26 08
16 44	21 22	27 44	29 18	25 16	30°	18 00	22 52	29 11	0 31	26 20
16 43	21 32	28 05	♉29 39	25 29	31°	18 00	23 03	29 33	0 53	26 33
16 43	21 42	28 27	♊ 0 01	25 42	32°	18 00	23 15	♈29 56	1 15	26 46
16 42	21 53	28 51	0 24	25 55	33°	17 59	23 27	♉ 0 21	1 38	26 59
16 41	22 04	29 15	0 47	26 09	34°	17 59	23 39	0 46	2 02	27 13
16 40	22 16	♈29 40	1 11	26 23	35°	17 59	23 52	1 12	2 27	27 27
16 40	22 29	♉ 0 07	1 37	26 37	36°	17 59	24 06	1 40	2 53	27 42
16 39	22 43	0 35	2 03	26 52	37°	18 00	24 22	2 10	3 19	27 57
16 39	22 57	1 05	2 31	27 07	38°	18 00	24 38	2 41	3 47	28 12
16 38	23 12	1 37	2 59	27 23	39°	18 00	24 55	3 14	4 16	28 28
16 38	23 29	2 10	3 29	27 39	40°	18 01	25 14	3 48	4 47	28 44
16 38	23 47	2 46	4 00	27 56	41°	18 02	25 34	4 25	5 19	29 01
16 37	24 07	3 24	4 33	28 14	42°	18 02	25 56	5 04	5 52	29 19
16 37	24 28	4 04	5 08	28 33	43°	18 03	26 19	5 46	6 27	29 38
16 38	24 51	4 48	5 44	28 52	44°	18 05	26 45	6 31	7 03	♊29 57
16 38	25 17	5 34	6 22	29 11	45°	18 06	27 14	7 19	7 41	♋ 0 16
16 39	25 45	6 24	7 02	29 32	46°	18 09	27 45	8 11	8 22	0 37
16 40	26 17	7 18	7 45	♊29 53	47°	18 11	28 20	9 07	9 05	0 59
16 42	26 51	8 17	8 31	♋ 0 16	48°	18 15	28 58	10 07	9 51	1 22
16 43	27 30	9 21	9 18	0 39	49°	18 18	♓29 41	11 13	10 39	1 45
16 46	28 15	10 31	10 10	1 05	50°	18 23	♈ 0 30	12 25	11 31	2 10
16 48	♓29 05	11 48	11 04	1 31	51°	18 27	1 25	13 43	12 25	2 36
16 52	♈ 0 03	13 12	12 03	1 58	52°	18 34	2 29	15 09	13 24	3 04
16 59	1 10	14 45	13 05	2 28	53°	18 43	3 42	16 44	14 26	3 33
17 07	2 29	16 28	14 12	2 59	54°	18 54	5 08	18 28	15 33	4 04
17 15	4 03	18 23	15 25	3 32	55°	19 07	6 50	20 24	16 46	4 37
17 28	5 55	20 32	16 44	4 07	56°	19 25	8 51	22 34	18 05	5 12
17 46	8 13	22 58	18 09	4 45	57°	19 49	11 19	25 00	19 28	5 50
18 11	11 03	25 40	19 42	5 26	58°	20 21	14 22	♉27 42	21 01	6 30
18 46	14 40	♉28 46	21 23	6 10	59°	21 05	18 11	0 46	22 41	7 14
♒19 37	♈19 20	♊ 2 16	♊23 15	♋ 6 58	60°	♒22 10	♈23 04	♊ 4 13	♊24 31	♋ 8 01

| | 19ʰ 26ᵐ 34ˢ | | 291° 38' 24'' | | | | 19ʰ 30ᵐ 49ˢ | | 292° 42' 20'' | |
| | | M 20° ♑ | | | | | | M 21° ♑ | | |
XI	XII	A	II	III	N LAT	XI	XII	A	II	III
≈19 13	✕20 54	♈23°23	♉24 01	♊22 19	0°	≈20 18	✕22 04	♈24°31	♉25 03	♊23 18
19 13	21 18	24 16	25 03	23 04	5°	20 19	22 30	25 26	26 07	24 04
19 13	21 45	25 14	26 09	23 50	10°	20 21	22 59	26 27	27 14	24 50
19 13	22 15	26 18	27 19	24 37	15°	20 23	23 32	27 33	28 26	25 39
19 13	22 50	27 31	28 37	25 28	20°	20 25	24 11	28 49	♉29 46	26 30
19 13	22 57	27 47	28 54	25 39	21°	20 25	24 19	29 06	♊ 0 03	26 41
19 13	23 05	28 03	29 11	25 50	22°	20 25	24 28	29 23	0 20	26 52
19 14	23 14	28 20	29 28	26 01	23°	20 26	24 37	29 41	0 37	27 03
19 14	23 22	28 38	♉29 46	26 12	24°	20 27	24 46	♈29 59	0 56	27 14
19 14	23 31	28 56	♊ 0 04	26 23	25°	20 28	24 56	♉ 0 18	1 15	27 25
19 14	23 40	29 15	0 23	26 35	26°	20 28	25 06	0 37	1 34	27 37
19 14	23 50	29 34	0 43	26 46	27°	20 29	25 17	0 57	1 54	27 49
19 15	24 01	♈29 54	1 03	26 58	28°	20 30	25 28	1 18	2 14	28 01
19 15	24 11	♉ 0 15	1 23	27 11	29°	20 31	25 40	1 40	2 35	28 14
19 16	24 22	0 37	1 44	27 23	30°	20 32	25 52	2 02	2 57	28 26
19 16	24 34	1 00	2 06	27 36	31°	20 33	26 05	2 26	3 19	28 39
19 17	24 47	1 24	2 29	27 50	32°	20 34	26 19	2 51	3 42	28 53
19 17	25 00	1 50	2 52	28 03	33°	20 35	26 33	3 18	4 05	29 07
19 17	25 14	2 16	3 16	28 17	34°	20 36	26 48	3 45	4 30	29 21
19 18	25 28	2 43	3 42	28 31	35°	20 37	27 04	4 13	4 56	29 35
19 19	25 44	3 12	4 08	28 46	36°	20 39	27 21	4 43	5 23	♊29 50
19 20	26 01	3 43	4 35	29 01	37°	20 41	27 40	5 15	5 50	♋ 0 05
19 21	26 19	4 15	5 03	29 17	38°	20 43	27 59	5 48	6 18	0 21
19 22	26 38	4 49	5 32	29 33	39°	20 45	28 20	6 23	6 48	0 37
19 24	26 58	5 25	6 03	♊29 49	40°	20 48	28 42	7 00	7 19	0 53
19 26	27 20	6 03	6 36	♋ 0 06	41°	20 50	29 06	7 39	7 52	1 10
19 27	27 44	6 43	7 10	0 24	42°	20 53	✕29 32	8 21	8 26	1 28
19 30	28 10	7 27	7 45	0 43	43°	20 57	♈ 0 01	9 06	9 01	1 47
19 32	28 39	8 13	8 21	1 02	44°	21 00	0 32	9 53	9 38	2 06
19 35	29 10	9 02	9 00	1 21	45°	21 05	1 06	10 43	10 17	2 26
19 39	✕29 44	9 56	9 41	1 42	46°	21 10	1 43	11 38	10 59	2 47
19 43	♈ 0 22	10 53	10 24	2 04	47°	21 15	2 24	12 37	11 42	3 09
19 48	1 04	11 55	11 10	2 27	48°	21 22	3 09	13 40	12 28	3 32
19 53	1 51	13 02	11 59	2 50	49°	21 30	4 00	14 48	13 17	3 55
20 00	2 45	14 15	12 51	3 15	50°	21 39	4 58	16 03	14 09	4 20
20 07	3 44	15 35	13 45	3 41	51°	21 48	6 02	17 24	15 03	4 46
20 17	4 53	17 03	14 43	4 09	52°	22 01	7 16	18 53	16 01	5 13
20 29	6 12	18 39	15 46	4 38	53°	22 16	8 41	20 30	17 04	5 43
20 43	7 45	20 24	16 53	5 09	54°	22 34	10 20	22 16	18 11	6 13
21 01	9 35	22 21	18 05	5 42	55°	22 56	12 17	24 14	19 23	6 46
21 24	11 45	24 31	19 23	6 17	56°	23 25	14 34	26 24	20 40	7 21
21 54	14 22	26 57	20 47	6 54	57°	24 01	17 20	♉28 49	22 03	7 58
22 34	17 35	♉29 39	22 18	7 34	58°	24 49	20 42	♊ 1 31	23 33	8 37
23 28	21 35	♊ 2 41	23 57	8 17	59°	25 54	24 52	4 31	25 11	9 20
≈24 46	♈26 38	♊ 6 05	♊25 45	♋ 9 04	60°	≈27 26	♈30 02	♊ 7 52	♊26 57	♋10 06

| | 19ʰ 35ᵐ 04ˢ | | 293° 46' 07'' | | | | 19ʰ 39ᵐ 19ˢ | | 294° 49' 46'' | |
| | | M 22° ♐ | | | | | | M 23° ♐ | | |

XI	XII	A	II	III	N LAT	XI	XII	A	II	III
♒21 23	♓23 13	♈25°39	♉26 05	♊24 17	0°	♒22 28	♓24 22	♈26°46	♉27 07	♊25 15
21 26	23 42	26 36	27 10	25 03	5°	22 32	24 54	27 45	28 13	26 02
21 29	24 14	27 39	28 19	25 50	10°	22 37	25 28	♈28 51	♉29 24	26 50
21 32	24 50	♈28 48	♉29 33	26 40	15°	22 42	26 07	♉ 0 03	♊ 0 39	27 41
21 36	25 32	♉ 0 07	♊ 0 54	27 32	20°	22 48	26 52	1 24	2 02	28 33
21 37	25 41	0 24	1 11	27 43	21°	22 49	27 02	1 42	2 19	28 44
21 38	25 50	0 42	1 29	27 54	22°	22 51	27 12	2 00	2 37	28 55
21 39	26 00	1 01	1 47	28 05	23°	22 52	27 23	2 20	2 56	29 07
21 40	26 10	1 19	2 05	28 16	24°	22 53	27 34	2 39	3 14	29 18
21 41	26 21	1 39	2 24	28 27	25°	22 55	27 45	3 00	3 33	29 29
21 42	26 32	1 59	2 44	28 39	26°	22 57	27 57	3 21	3 53	29 41
21 44	26 44	2 20	3 04	28 52	27°	22 59	28 10	3 42	4 14	♊29 54
21 45	26 56	2 42	3 25	29 04	28°	23 01	28 23	4 04	4 35	♋ 0 06
21 47	27 09	3 04	3 46	29 17	29°	23 03	28 37	4 27	4 57	0 19
21 48	27 22	3 27	4 08	29 29	30°	23 05	28 51	4 52	5 19	0 32
21 50	27 36	3 52	4 31	29 42	31°	23 07	29 06	5 17	5 42	0 45
21 52	27 51	4 18	4 54	♊29 56	32°	23 10	29 22	5 43	6 06	0 59
21 53	28 06	4 45	5 18	♋ 0 10	33°	23 12	29 39	6 11	6 30	1 13
21 55	28 23	5 13	5 43	0 24	34°	23 14	♓29 57	6 40	6 55	1 27
21 57	28 40	5 42	6 09	0 38	35°	23 17	♈ 0 15	7 10	7 21	1 41
22 00	28 58	6 13	6 36	0 53	36°	23 20	0 36	7 42	7 49	1 56
22 02	29 18	6 46	7 04	1 08	37°	23 24	0 57	8 16	8 17	2 11
22 05	♓29 39	7 20	7 32	1 24	38°	23 27	1 19	8 51	8 46	2 27
22 08	♈ 0 02	7 56	8 02	1 41	39°	23 31	1 43	9 28	9 16	2 44
22 12	0 26	8 34	8 34	1 57	40°	23 36	2 09	10 07	9 48	3 01
22 15	0 52	9 14	9 07	2 14	41°	23 40	2 37	10 48	10 21	3 18
22 19	1 20	9 57	9 41	2 32	42°	23 45	3 07	11 31	10 56	3 36
22 24	1 51	10 43	10 17	2 51	43°	23 51	3 40	12 18	11 31	3 55
22 29	2 24	11 31	10 54	3 10	44°	23 58	4 16	13 08	12 09	4 14
22 35	3 01	12 23	11 34	3 30	45°	24 05	4 55	14 01	12 49	4 34
22 41	3 41	13 18	12 15	3 51	46°	24 13	5 38	14 57	13 30	4 55
22 48	4 25	14 18	12 59	4 13	47°	24 22	6 25	15 58	14 14	5 16
22 57	5 13	15 22	13 45	4 36	48°	24 33	7 16	17 03	15 01	5 39
23 07	6 08	16 32	14 33	4 59	49°	24 45	8 15	18 14	15 49	6 02
23 18	7 09	17 48	15 25	5 24	50°	24 58	9 20	19 31	16 41	6 28
23 30	8 18	19 10	16 20	5 50	51°	25 13	10 33	20 54	17 36	6 53
23 45	9 38	20 40	17 18	6 17	52°	25 31	11 57	22 24	18 34	7 21
24 04	11 08	22 18	18 21	6 47	53°	25 54	13 33	24 03	19 36	7 50
24 26	12 53	24 05	19 27	7 17	54°	26 19	15 23	25 51	20 42	8 20
24 53	14 56	26 03	20 39	7 49	55°	26 51	17 32	27 49	21 53	8 52
25 27	17 20	♉28 13	21 56	8 24	56°	27 31	20 03	♉29 59	23 09	9 26
26 10	20 15	♊ 0 37	23 18	9 01	57°	28 21	23 03	♊ 2 22	24 31	10 03
27 06	23 44	3 18	24 46	9 40	58°	♒29 26	♈26 39	5 00	25 58	10 42
28 23	♈28 00	6 15	26 23	10 22	59°	0 55	1 01	7 55	27 33	11 23
♒30 10	♉ 3 16	♊ 9 33	♊28 07	♋11 07	60°	♓ 2 58	♉ 6 20	♊11 09	♊29 16	♋12 08

| 19h 43m 33s | | 295° 53' 16'' M 24° ♐ | | | | 19h 47m 46s | | 296° 56' 37'' M 25° ♐ | | |

XI	XII	A	II	III	N LAT	XI	XII	A	II	III
♒23 34	♓25 31	♈27°53	♉28 09	♊26 14	0°	♒24 39	♓26 40	♈28°59	♉29 10	♊27 12
23 39	26 05	28 54	29 16	27 01	5°	24 46	27 16	♉ 0 03	♊ 0 19	28 00
23 45	26 42	♉ 0 02	♊ 0 28	27 50	10°	24 53	27 56	1 13	1 32	28 50
23 52	27 24	1 17	1 45	28 41	15°	25 02	28 41	2 30	2 50	♊29 41
24 00	28 12	2 41	3 09	29 34	20°	25 11	29 32	3 57	4 16	♋ 0 35
24 01	28 23	2 59	3 27	29 45	21°	25 14	29 44	4 16	4 34	0 46
24 03	28 34	3 18	3 45	♊29 56	22°	25 16	♓29 55	4 35	4 52	0 57
24 05	28 45	3 38	4 04	♋ 0 08	23°	25 18	♈ 0 07	4 56	5 11	1 09
24 07	28 57	3 58	4 23	0 19	24°	25 20	0 20	5 17	5 31	1 21
24 09	29 09	4 19	4 42	0 31	25°	25 23	0 33	5 38	5 51	1 33
24 11	29 22	4 41	5 02	0 43	26°	25 26	0 47	6 00	6 11	1 45
24 14	29 36	5 03	5 23	0 56	27°	25 29	1 02	6 23	6 32	1 57
24 16	♓29 50	5 26	5 45	1 08	28°	25 32	1 17	6 47	6 54	2 10
24 19	♈ 0 05	5 50	6 07	1 21	29°	25 35	1 33	7 11	7 16	2 23
24 21	0 20	6 15	6 29	1 34	30°	25 38	1 49	7 37	7 39	2 36
24 24	0 36	6 41	6 52	1 47	31°	25 42	2 06	8 04	8 02	2 49
24 28	0 53	7 08	7 16	2 01	32°	25 46	2 24	8 32	8 26	3 03
24 31	1 11	7 36	7 41	2 15	33°	25 49	2 43	9 01	8 51	3 17
24 34	1 30	8 06	8 06	2 29	34°	25 53	3 03	9 31	9 17	3 31
24 37	1 50	8 37	8 33	2 44	35°	25 57	3 25	10 03	9 44	3 46
24 41	2 12	9 10	9 01	2 59	36°	26 02	3 48	10 36	10 12	4 01
24 45	2 35	9 44	9 29	3 14	37°	26 07	4 12	11 11	10 40	4 17
24 50	2 58	10 20	9 58	3 30	38°	26 13	4 37	11 48	11 10	4 33
24 55	3 24	10 58	10 29	3 47	39°	26 19	5 05	12 27	11 41	4 50
25 00	3 52	11 38	11 01	4 04	40°	26 25	5 34	13 07	12 13	5 07
25 06	4 22	12 20	11 34	4 21	41°	26 32	6 06	13 51	12 46	5 24
25 12	4 54	13 04	12 09	4 39	42°	26 40	6 40	14 36	13 21	5 42
25 19	5 29	13 52	12 45	4 58	43°	26 48	7 17	15 25	13 58	6 01
25 27	6 07	14 43	13 23	5 17	44°	26 57	7 57	16 16	14 36	6 20
25 36	6 48	15 37	14 03	5 37	45°	27 07	8 41	17 11	15 15	6 40
25 45	7 34	16 34	14 44	5 58	46°	27 18	9 29	18 09	15 57	7 01
25 56	8 24	17 36	15 28	6 19	47°	27 31	10 22	19 12	16 41	7 22
26 09	9 18	18 43	16 15	6 42	48°	27 46	11 19	20 20	17 28	7 45
26 23	10 21	19 55	17 04	7 06	49°	28 02	12 25	21 32	18 16	8 09
26 39	11 30	21 12	17 55	7 31	50°	28 20	13 37	22 50	19 08	8 34
26 56	12 47	22 35	18 50	7 56	51°	28 40	14 58	24 14	20 03	8 59
27 18	14 15	24 06	19 48	8 24	52°	29 05	16 30	25 45	21 01	9 26
27 44	15 55	25 45	20 49	8 53	53°	♒29 35	18 14	27 24	22 02	9 55
28 13	17 51	27 33	21 55	9 23	54°	♓ 0 09	20 15	♉29 12	23 07	10 25
28 50	20 05	♉29 31	23 05	9 54	55°	0 51	22 34	♊ 1 10	24 17	10 56
♒29 36	22 41	♊ 1 40	24 21	10 28	56°	1 43	25 15	3 18	25 32	11 30
♓ 0 34	25 47	4 03	25 42	11 05	57°	2 48	♈28 25	5 39	26 52	12 06
1 48	♈29 28	6 38	27 08	11 43	58°	4 12	♉ 2 10	8 13	28 17	12 44
3 29	3 54	9 32	28 42	12 24	59°	6 05	6 38	11 04	29 49	13 24
♓ 5 49	♉ 9 13	♊12 41	♊30 23	♋13 08	60°	♓ 8 43	♉11 58	♊14 10	♊31 29	♋14 08

	19ʰ 51ᵐ 59ˢ M 26° ♑	297° 59' 49''			N LAT		19ʰ 56ᵐ 11ˢ M 27° ♑	299° 02' 52''		
XI	XII	A	II	III		XI	XII	A	II	III
♒25 44	✕27 49	♉ 0°05	♊ 0 10	♊28 10	0°	♒26 50	✕28 58	♉ 1°11	♊ 1 11	♊29 08
25 52	28 27	1 12	1 21	28 59	5°	26 59	29 38	2 20	2 23	29 58
26 01	29 10	2 23	2 36	♊29 49	10°	27 10	♈ 0 23	3 33	3 39	♋ 0 48
26 12	✕29 57	3 43	3 55	♋ 0 41	15°	27 22	1 13	4 55	5 00	1 41
26 23	♈ 0 52	5 13	5 22	1 35	20°	27 35	2 12	6 28	6 27	2 36
26 26	1 04	5 32	5 40	1 47	21°	27 38	2 24	6 47	6 46	2 47
26 29	1 16	5 52	5 59	1 58	22°	27 41	2 37	7 08	7 06	2 59
26 31	1 29	6 14	6 18	2 10	23°	27 45	2 51	7 30	7 25	3 11
26 34	1 43	6 35	6 38	2 22	24°	27 48	3 05	7 52	7 45	3 23
26 37	1 57	6 56	6 59	2 34	25°	27 52	3 20	8 14	8 06	3 35
26 40	2 12	7 19	7 19	2 46	26°	27 55	3 36	8 37	8 27	3 47
26 44	2 27	7 43	7 40	2 58	27°	27 59	3 52	9 01	8 48	3 59
26 47	2 43	8 07	8 02	3 11	28°	28 03	4 09	9 26	9 10	4 12
26 51	2 59	8 32	8 25	3 25	29°	28 08	4 26	9 52	9 33	4 26
26 55	3 17	8 58	8 48	3 38	30°	28 12	4 45	10 19	9 56	4 39
26 59	3 35	9 26	9 12	3 51	31°	28 17	5 04	10 47	10 20	4 53
27 04	3 54	9 54	9 36	4 05	32°	28 22	5 24	11 16	10 45	5 07
27 08	4 14	10 24	10 01	4 19	33°	28 27	5 45	11 46	11 10	5 21
27 13	4 36	10 55	10 27	4 33	34°	28 33	6 08	12 18	11 36	5 35
27 18	4 59	11 27	10 54	4 48	35°	28 39	6 32	12 51	12 03	5 50
27 23	5 23	12 02	11 22	5 03	36°	28 45	6 57	13 26	12 32	6 05
27 29	5 48	12 38	11 51	5 19	37°	28 52	7 24	14 03	13 01	6 21
27 36	6 15	13 15	12 21	5 35	38°	28 59	7 53	14 41	13 31	6 37
27 43	6 45	13 55	12 52	5 52	39°	29 07	8 24	15 21	14 02	6 54
27 50	7 16	14 36	13 24	6 09	40°	29 15	8 57	16 03	14 34	7 11
27 58	7 49	15 20	13 57	6 26	41°	29 24	9 31	16 48	15 08	7 28
28 07	8 25	16 06	14 33	6 44	42°	29 34	10 10	17 35	15 43	7 46
28 17	9 04	16 56	15 10	7 03	43°	29 45	10 50	18 25	16 20	8 05
28 27	9 47	17 48	15 48	7 23	44°	♒29 57	11 35	19 18	16 59	8 25
28 38	10 32	18 43	16 27	7 43	45°	✕ 0 10	12 23	20 14	17 39	8 45
28 51	11 23	19 43	17 09	8 03	46°	0 25	13 16	21 14	18 20	9 05
29 06	12 19	20 46	17 54	8 25	47°	0 41	14 14	22 18	19 05	9 27
29 23	13 19	21 54	18 40	8 48	48°	1 00	15 17	23 26	19 51	9 50
♒29 41	14 27	23 07	19 28	9 11	49°	1 20	16 28	24 40	20 40	10 13
✕ 0 02	15 43	24 25	20 20	9 36	50°	1 44	17 46	25 59	21 31	10 38
0 25	17 08	25 50	21 15	10 01	51°	2 10	19 15	27 24	22 25	11 03
0 53	18 43	27 22	22 12	10 28	52°	2 42	20 54	♉28 55	23 22	11 30
1 27	20 30	♉29 01	23 13	10 57	53°	3 19	22 45	♊ 0 34	24 23	11 58
2 05	22 36	♊ 0 48	24 18	11 26	54°	4 02	24 54	2 21	25 28	12 28
2 53	24 59	2 45	25 27	11 58	55°	4 55	♈27 20	4 18	26 36	12 59
3 51	♈27 45	4 53	26 41	12 31	56°	6 00	♉ 0 10	6 25	27 48	13 32
5 04	♉ 0 58	7 12	28 00	13 07	57°	7 20	3 26	8 42	♊29 07	14 07
6 38	4 46	9 45	♊29 25	13 44	58°	9 05	7 16	11 13	♋ 0 31	14 44
8 44	9 15	12 32	0 55	14 24	59°	11 23	11 46	13 57	2 00	15 24
✕11 38	♉14 33	♊15 34	♋ 2 33	♋15 07	60°	✕14 35	♉17 00	♊16 56	♋ 3 36	♋16 06

20ʰ 00ᵐ 23ˢ 300° 05' 44'' M 28° ♑					N LAT	20ʰ 04ᵐ 34ˢ 301° 08' 27'' M 29° ♑				
XI	XII	A	II	III		XI	XII	A	II	III	
♒27 55	♈ 0 06	♉ 2°17	♊ 2 11	♋ 0 05	0°	♒29 00	♈ 1 15	♉ 3°22	♊ 3 11	♋ 1 03
28 06	0 49	3 27	3 24	0 56	5°	29 13	2 00	4 34	4 25	1 54
28 18	1 36	4 43	4 42	1 47	10°	29 26	2 49	5 53	5 44	2 46
28 32	2 29	6 07	6 04	2 41	15°	29 42	3 45	7 19	7 07	3 40
28 47	3 31	7 42	7 33	3 36	20°	♒29 59	4 50	8 55	8 37	4 36
28 51	3 44	8 02	7 52	3 47	21°	♓ 0 03	5 04	9 16	8 57	4 47
28 54	3 58	8 23	8 12	3 59	22°	0 07	5 18	9 38	9 17	4 59
28 58	4 12	8 46	8 31	4 11	23°	0 11	5 33	10 01	9 37	5 11
29 02	4 27	9 08	8 51	4 23	24°	0 16	5 49	10 23	9 57	5 23
29 06	4 43	9 31	9 12	4 35	25°	0 20	6 06	10 47	10 18	5 36
29 10	5 00	9 54	9 33	4 47	26°	0 25	6 23	11 11	10 39	5 48
29 14	5 17	10 19	9 55	5 00	27°	0 30	6 41	11 36	11 01	6 01
29 19	5 34	10 44	10 17	5 13	28°	0 35	6 59	12 02	11 24	6 14
29 24	5 52	11 11	10 40	5 27	29°	0 40	7 18	12 29	11 47	6 28
29 29	6 12	11 39	11 04	5 40	30°	0 46	7 39	12 57	12 11	6 41
29 34	6 33	12 07	11 28	5 54	31°	0 52	8 01	13 26	12 35	6 55
29 40	6 54	12 37	11 53	6 08	32°	0 58	8 23	13 57	13 00	7 09
29 46	7 16	13 08	12 18	6 22	33°	1 05	8 46	14 28	13 26	7 23
29 53	7 40	13 40	12 45	6 36	34°	1 12	9 11	15 01	13 53	7 37
♒29 59	8 05	14 14	13 13	6 51	35°	1 20	9 37	15 36	14 21	7 52
♓ 0 06	8 31	14 50	13 41	7 07	36°	1 28	10 05	16 12	14 49	8 08
0 14	9 00	15 27	14 10	7 23	37°	1 36	10 35	16 49	15 18	8 24
0 22	9 30	16 06	14 40	7 39	38°	1 45	11 06	17 29	15 48	8 40
0 31	10 02	16 46	15 11	7 56	39°	1 55	11 39	18 10	16 20	8 57
0 41	10 36	17 29	15 44	8 13	40°	2 06	12 15	18 54	16 53	9 14
0 51	11 13	18 15	16 18	8 30	41°	2 18	12 54	19 40	17 27	9 32
1 02	11 53	19 02	16 53	8 48	42°	2 30	13 35	20 28	18 02	9 50
1 14	12 36	19 53	17 30	9 07	43°	2 43	14 20	21 19	18 39	10 08
1 28	13 22	20 46	18 09	9 26	44°	2 58	15 08	22 13	19 18	10 28
1 42	14 12	21 43	18 49	9 46	45°	3 15	16 00	23 10	19 58	10 48
1 59	15 07	22 43	19 30	10 07	46°	3 33	16 57	24 11	20 40	11 08
2 17	16 08	23 48	20 15	10 29	47°	3 53	18 00	25 16	21 24	11 30
2 38	17 14	24 57	21 01	10 51	48°	4 16	19 09	26 26	22 10	11 52
3 00	18 27	26 11	21 51	11 14	49°	4 41	20 24	27 40	23 00	12 16
3 27	19 48	27 30	22 41	11 39	50°	5 10	21 48	♉28 59	23 49	12 40
3 56	21 19	♉28 55	23 34	12 04	51°	5 43	23 22	♊ 0 24	24 43	13 05
4 31	23 01	♊ 0 26	24 31	12 31	52°	6 21	25 07	1 55	25 39	13 32
5 12	24 56	2 05	25 32	12 59	53°	7 06	27 04	3 34	26 39	14 00
6 00	27 08	3 52	26 36	13 29	54°	7 59	♈29 19	5 20	27 43	14 29
6 58	♈29 37	5 48	27 43	13 59	55°	9 02	♉ 1 50	7 15	♊28 50	15 00
8 10	♉ 2 30	7 54	♊28 55	14 32	56°	10 20	4 45	9 20	♋ 0 01	15 32
9 38	5 48	10 09	♋ 0 13	15 07	57°	11 57	8 05	11 33	1 18	16 06
11 33	9 39	12 38	1 36	15 44	58°	14 02	11 56	14 00	2 39	16 43
14 04	14 07	15 19	3 03	16 23	59°	16 46	16 22	16 38	4 05	17 21
♓17 33	♉19 18	♊18 14	♋ 4 37	♋17 04	60°	♓20 31	♉21 29	♊19 29	♋ 5 37	♋18 02

154

20h 08m 44s		302° 11' 00''				20h 12m 54s		303° 13' 23''		
		M 0° ♒						M 1° ♒		
XI	XII	A	II	III	N LAT	XI	XII	A	II	III
♓ 0 06	♈ 2 23	♉ 4°27	♊ 4 10	♋ 2 00	0°	♓ 1 11	♈ 3 31	♉ 5°31	♊ 5 09	♋ 2 57
0 20	3 10	5 41	5 26	2 52	5°	1 26	4 20	6 47	6 26	3 50
0 35	4 02	7 02	6 46	3 45	10°	1 43	5 15	8 10	7 47	4 44
0 52	5 01	8 30	8 10	4 39	15°	2 02	6 16	9 40	9 13	5 38
1 11	6 08	10 08	9 42	5 35	20°	2 23	7 26	11 21	10 45	6 35
1 16	6 23	10 30	10 01	5 47	21°	2 28	7 41	11 43	11 06	6 47
1 20	6 38	10 52	10 21	5 59	22°	2 33	7 57	12 05	11 25	6 59
1 25	6 54	11 15	10 42	6 11	23°	2 38	8 14	12 28	11 46	7 11
1 30	7 11	11 38	11 02	6 23	24°	2 43	8 32	12 52	12 07	7 23
1 35	7 28	12 02	11 23	6 36	25°	2 49	8 50	13 17	12 28	7 36
1 40	7 46	12 27	11 45	6 49	26°	2 55	9 08	13 42	12 50	7 49
1 45	8 05	12 53	12 07	7 02	27°	3 01	9 28	14 08	13 12	8 02
1 51	8 24	13 19	12 30	7 15	28°	3 07	9 48	14 35	13 35	8 15
1 57	8 44	13 47	12 53	7 28	29°	3 14	10 09	15 03	13 59	8 28
2 03	9 05	14 15	13 17	7 42	30°	3 21	10 31	15 32	14 23	8 42
2 10	9 27	14 45	13 42	7 56	31°	3 28	10 54	16 03	14 48	8 56
2 17	9 51	15 16	14 07	8 10	32°	3 35	11 18	16 34	15 13	9 10
2 24	10 15	15 48	14 33	8 24	33°	3 43	11 44	17 06	15 39	9 24
2 32	10 41	16 21	15 00	8 38	34°	3 52	12 11	17 40	16 06	9 39
2 40	11 09	16 56	15 28	8 53	35°	4 02	12 40	18 16	16 34	9 54
2 49	11 38	17 33	15 57	9 09	36°	4 11	13 10	18 53	17 03	10 10
2 59	12 09	18 11	16 26	9 25	37°	4 21	13 42	19 32	17 33	10 26
3 09	12 41	18 51	16 56	9 41	38°	4 32	14 15	20 12	18 03	10 42
3 20	13 16	19 33	17 28	9 58	39°	4 44	14 52	20 55	18 35	10 58
3 32	13 53	20 17	18 01	10 15	40°	4 57	15 31	21 39	19 08	11 15
3 44	14 33	21 04	18 35	10 33	41°	5 11	16 12	22 26	19 42	11 33
3 58	15 16	21 52	19 10	10 51	42°	5 26	16 57	23 15	20 18	11 51
4 13	16 03	22 44	19 47	11 09	43°	5 42	17 44	24 07	20 55	12 10
4 29	16 53	23 38	20 26	11 29	44°	6 00	18 36	25 02	21 33	12 29
4 47	17 47	24 36	21 06	11 49	45°	6 20	19 32	26 00	22 14	12 49
5 07	18 46	25 37	21 48	12 09	46°	6 42	20 33	27 02	22 55	13 10
5 29	19 51	26 42	22 32	12 31	47°	7 06	21 40	28 07	23 39	13 32
5 55	21 02	27 52	23 18	12 53	48°	7 33	22 53	♉29 17	24 25	13 54
6 22	22 19	♉29 07	24 07	13 17	49°	8 03	24 12	♊ 0 32	25 13	14 17
6 54	23 45	♊ 0 26	24 56	13 41	50°	8 38	25 41	1 51	26 03	14 41
7 29	25 22	1 50	25 50	14 06	51°	9 16	27 19	3 15	26 56	15 06
8 11	27 09	3 21	26 46	14 32	52°	10 01	♈29 09	4 46	27 52	15 32
9 00	♈29 09	5 00	27 46	15 00	53°	10 55	♉ 1 11	6 24	28 51	16 00
9 58	♉ 1 26	6 46	28 49	15 29	54°	11 57	3 30	8 09	♊29 53	16 29
11 06	4 00	8 40	♊29 55	16 00	55°	13 11	6 05	10 02	♋ 0 59	16 59
12 31	6 56	10 43	♋ 1 06	16 31	56°	14 42	9 02	12 03	2 09	17 30
14 16	10 17	12 55	2 21	17 05	57°	16 36	12 23	14 14	3 24	18 04
16 31	14 06	15 19	3 41	17 42	58°	19 00	16 12	16 36	4 42	18 40
19 28	18 31	17 55	5 00	18 10	59°	22 09	20 34	19 09	6 06	19 17
♓23 29	♉23 33	♊20 42	♋ 6 37	♋19 00	60°	♓26 25	♉25 31	♊21 53	♋ 7 36	♋19 57

	20ʰ 17ᵐ 02ˢ		304° 15' 35''				20ʰ 21ᵐ 10ˢ		305° 17' 37''	
		M 2° ≈						M 3° ≈		
XI	XII	A	II	III	N LAT	XI	XII	A	II	III
⌓ 2 17	♈ 4 39	♉ 6 35	♊ 6 08	♋ 3 54	0°	⌓ 3 22	♈ 5 46	♉ 7 39	♊ 7 07	♋ 4 51
2 33	5 30	7 53	7 26	4 48	5°	3 40	6 40	8 59	8 26	5 45
2 51	6 27	9 17	8 48	5 42	10°	4 00	7 39	10 24	9 49	6 40
3 12	7 31	10 49	10 15	6 37	15°	4 22	8 45	11 58	11 17	7 36
3 35	8 44	12 33	11 49	7 35	20°	4 47	10 01	13 44	12 52	8 34
3 41	9 00	12 55	12 09	7 47	21°	4 53	10 18	14 07	13 12	8 46
3 46	9 16	13 18	12 29	7 59	22°	4 59	10 35	14 30	13 33	8 58
3 52	9 34	13 41	12 50	8 11	23°	5 05	10 53	14 53	13 54	9 10
3 57	9 52	14 06	13 11	8 23	24°	5 11	11 12	15 18	14 15	9 23
4 03	10 11	14 31	13 33	8 36	25°	5 18	11 32	15 44	14 37	9 36
4 10	10 30	14 56	13 55	8 49	26°	5 25	11 52	16 10	14 59	9 49
4 16	10 50	15 23	14 17	9 02	27°	5 32	12 12	16 37	15 22	10 02
4 23	11 11	15 50	14 40	9 15	28°	5 39	12 34	17 05	15 45	10 15
4 30	11 33	16 19	15 04	9 28	29°	5 47	12 57	17 34	16 09	10 28
4 38	11 56	16 48	15 28	9 42	30°	5 55	13 21	18 03	16 33	10 42
4 46	12 20	17 19	15 53	9 56	31°	6 04	13 46	18 35	16 58	10 56
4 54	12 45	17 51	16 19	10 10	32°	6 13	14 12	19 08	17 24	11 10
5 03	13 12	18 24	16 45	10 24	33°	6 23	14 39	19 41	17 50	11 24
5 13	13 40	18 59	17 12	10 39	34°	6 33	15 08	20 16	18 17	11 39
5 23	14 10	19 35	17 40	10 54	35°	6 44	15 39	20 52	18 45	11 54
5 33	14 41	20 12	18 09	11 10	36°	6 55	16 11	21 30	19 15	12 10
5 44	15 14	20 51	18 39	11 26	37°	7 07	16 45	22 09	19 45	12 26
5 56	15 49	21 31	19 09	11 42	38°	7 20	17 22	22 50	20 15	12 42
6 09	16 27	22 15	19 41	11 59	39°	7 34	18 01	23 34	20 47	12 59
6 23	17 07	23 00	20 14	12 16	40°	7 49	18 42	24 19	21 20	13 16
6 38	17 50	23 47	20 49	12 34	41°	8 05	19 26	25 07	21 55	13 34
6 54	18 36	24 37	21 25	12 52	42°	8 23	20 13	25 58	22 31	13 52
7 12	19 25	25 29	22 02	13 11	43°	8 42	21 04	26 50	23 08	14 11
7 31	20 18	26 25	22 40	13 30	44°	9 03	21 59	27 46	23 46	14 30
7 53	21 16	27 23	23 20	13 49	45°	9 26	22 58	28 44	24 26	14 49
8 16	22 19	28 25	24 01	14 10	46°	9 51	24 03	♉ 29 46	25 07	15 10
8 42	23 27	♉ 29 30	24 45	14 32	47°	10 19	25 13	♊ 0 52	25 51	15 32
9 12	24 42	♊ 0 40	25 31	14 54	48°	10 51	26 29	2 02	26 36	15 54
9 45	26 03	1 55	26 19	15 17	49°	11 26	27 52	3 16	27 24	16 17
10 21	27 34	3 14	27 09	15 41	50°	12 05	♈ 29 24	4 35	28 14	16 41
11 03	♈ 29 15	4 38	28 02	16 06	51°	12 50	♉ 1 07	5 59	♊ 29 07	17 05
11 52	♉ 1 06	6 08	28 57	16 32	52°	13 42	3 00	7 29	♋ 0 01	17 31
12 49	3 09	7 45	♊ 29 56	16 59	53°	14 44	5 05	9 05	1 00	17 58
13 56	5 30	9 30	♋ 0 57	17 28	54°	15 55	7 26	10 48	2 01	18 27
15 16	8 07	11 22	2 03	17 58	55°	17 21	10 04	12 39	3 05	18 56
16 54	11 04	13 21	3 12	18 29	56°	19 06	13 02	14 37	4 13	19 27
18 55	14 25	15 31	4 25	19 02	57°	21 14	16 22	16 45	5 26	20 00
21 29	18 13	17 50	5 42	19 38	58°	23 58	20 08	19 02	6 42	20 35
24 50	22 30	20 20	7 05	20 14	59°	⌓ 27 30	24 22	21 29	8 04	21 11
⌓ 29 20	♉ 27 22	♊ 23 01	♋ 8 34	♋ 20 53	60°	♈ 2 14	♉ 29 08	♊ 24 07	♋ 9 30	♋ 21 50

156

| 20ʰ 25ᵐ 18ˢ | | 306° 19' 28'' | | | | 20ʰ 29ᵐ 25ˢ | | 307° 21' 09'' | | |
| | M 4° ♒ | | | | | | M 5° ♒ | | | |

XI	XII	A	II	III	N LAT	XI	XII	A	II	III
✕4 27	♈6 53	♉8°43	♊8 05	♋5 48	0°	✕5 33	♈8 00	♉9°46	♊9 03	♋6 45
4 47	7 49	10 04	9 26	6 43	5°	5 53	8 58	11 09	10 25	7 40
5 08	8 50	11 31	10 50	7 38	10°	6 16	10 02	12 38	11 50	8 36
5 32	9 59	13 07	12 19	8 35	15°	6 42	11 13	14 16	13 20	9 33
5 59	11 18	14 55	13 55	9 33	20°	7 11	12 35	16 05	14 57	10 32
6 05	11 36	15 18	14 15	9 45	21°	7 18	12 53	16 28	15 17	10 44
6 12	11 54	15 41	14 36	9 57	22°	7 25	13 11	16 52	15 38	10 56
6 18	12 12	16 05	14 57	10 09	23°	7 32	13 30	17 16	15 59	11 08
6 25	12 31	16 30	15 18	10 22	24°	7 39	13 50	17 41	16 21	11 21
6 32	12 52	16 56	15 40	10 35	25°	7 46	14 11	18 08	16 43	11 34
6 39	13 13	17 23	16 02	10 48	26°	7 54	14 33	18 35	17 05	11 47
6 47	13 34	17 51	16 25	11 01	27°	8 03	14 55	19 03	17 28	12 00
6 55	13 57	18 19	16 49	11 14	28°	8 11	15 19	19 32	17 52	12 13
7 04	14 20	18 48	17 13	11 28	29°	8 20	15 43	20 01	18 16	12 27
7 12	14 45	19 18	17 37	11 42	30°	8 29	16 08	20 32	18 41	12 41
7 21	15 11	19 50	18 02	11 56	31°	8 39	16 35	21 04	19 06	12 55
7 31	15 38	20 23	18 28	12 10	32°	8 50	17 03	21 37	19 32	13 09
7 42	16 06	20 57	18 55	12 24	33°	9 01	17 32	22 12	19 59	13 24
7 53	16 36	21 32	19 22	12 39	34°	9 13	18 03	22 47	20 26	13 39
8 04	17 07	22 08	19 50	12 54	35°	9 25	18 35	23 23	20 54	13 54
8 16	17 41	22 46	20 20	13 10	36°	9 38	19 10	24 02	21 24	14 10
8 30	18 16	23 26	20 50	13 26	37°	9 53	19 46	24 43	21 54	14 26
8 44	18 54	24 08	21 20	13 42	38°	10 08	20 25	25 25	22 25	14 42
8 59	19 34	24 52	21 52	13 59	39°	10 23	21 05	26 09	22 57	14 59
9 15	20 16	25 38	22 25	14 16	40°	10 40	21 49	26 55	23 30	15 16
9 32	21 01	26 26	23 00	14 34	41°	10 59	22 36	27 44	24 04	15 33
9 51	21 50	27 17	23 36	14 52	42°	11 19	23 26	28 34	24 40	15 51
10 11	22 42	28 09	24 13	15 11	43°	11 41	24 19	♉29 27	25 17	16 10
10 34	23 39	♉29 05	24 51	15 30	44°	12 05	25 17	♊0 23	25 55	16 29
10 58	24 39	♊0 03	25 31	15 49	45°	12 31	26 18	1 21	26 35	16 49
11 25	25 45	1 06	26 12	16 10	46°	13 00	27 26	2 24	27 16	17 09
11 55	26 57	2 12	26 56	16 31	47°	13 32	28 39	3 30	28 00	17 30
12 30	28 14	3 22	27 41	16 53	48°	14 08	♈29 57	4 40	28 45	17 52
13 07	♈29 39	4 36	28 28	17 16	49°	14 48	♉1 25	5 54	♊29 31	18 15
13 49	♉1 13	5 54	♊29 18	17 40	50°	15 33	2 59	7 12	♋0 21	18 39
14 37	2 57	7 18	♋0 10	18 04	51°	16 24	4 44	8 35	1 13	19 03
15 33	4 51	8 48	1 05	18 30	52°	17 24	6 40	10 04	2 07	19 29
16 39	6 57	10 23	2 02	18 57	53°	18 33	8 47	11 39	3 04	19 55
17 54	9 20	12 05	3 03	19 25	54°	19 53	11 10	13 20	4 04	20 23
19 26	11 58	13 55	4 06	19 54	55°	21 30	13 48	15 08	5 07	20 52
21 17	14 55	15 52	5 13	20 25	56°	23 27	16 45	17 04	6 13	21 23
23 33	18 14	17 57	6 25	20 58	57°	25 51	20 02	19 07	7 24	21 55
✕26 26	21 58	20 12	7 41	21 32	58°	✕28 52	23 43	21 20	8 39	22 29
0 08	26 08	22 36	9 01	22 08	59°	2 45	♉27 50	23 42	9 57	23 05
♈5 04	♉30 49	♊25 11	♋10 26	♋22 46	60°	♈7 51	♊2 24	♊26 13	♋11 21	♋23 42

| | 20ʰ 33ᵐ 31ˢ | | 308° 22' 39'' | | N | | 20ʰ 37ᵐ 36ˢ | | 309° 23' 58'' | |
	M 6° ♒				LAT		M 7° ♒			
XI	XII	A	II	III		XI	XII	A	II	III
♓ 6 38	♈ 9 07	♉10°48	♊10 01	♋ 7 42	0°	♓ 7 43	♈10 14	♉11°50	♊10 58	♋ 8 38
7 00	10 07	12 13	11 24	8 37	5°	8 07	11 16	13 17	12 22	9 34
7 24	11 13	13 44	12 50	9 33	10°	8 32	12 24	14 49	13 49	10 31
7 52	12 26	15 24	14 21	10 31	15°	9 02	13 39	16 31	15 21	11 29
8 23	13 51	17 14	15 59	11 30	20°	9 35	15 07	18 22	17 00	12 28
8 30	14 10	17 37	16 19	11 43	21°	9 43	15 26	18 46	17 20	12 41
8 37	14 29	18 02	16 40	11 55	22°	9 50	15 46	19 11	17 41	12 53
8 45	14 48	18 26	17 01	12 07	23°	9 58	16 06	19 36	18 03	13 06
8 53	15 09	18 52	17 23	12 20	24°	10 06	16 27	20 02	18 25	13 18
9 01	15 30	19 19	17 45	12 33	25°	10 15	16 49	20 29	18 47	13 31
9 09	15 52	19 47	18 08	12 46	26°	10 24	17 11	20 57	19 10	13 45
9 18	16 15	20 15	18 31	12 59	27°	10 33	17 35	21 26	19 33	13 58
9 27	16 40	20 44	18 55	13 12	28°	10 43	18 00	21 55	19 57	14 11
9 37	17 05	21 14	19 19	13 26	29°	10 53	18 26	22 26	20 21	14 25
9 47	17 31	21 45	19 44	13 40	30°	11 04	18 53	22 57	20 46	14 39
9 57	17 58	22 17	20 09	13 54	31°	11 15	19 21	23 29	21 12	14 53
10 08	18 27	22 51	20 35	14 08	32°	11 27	19 50	24 04	21 38	15 07
10 20	18 57	23 26	21 02	14 23	33°	11 39	20 21	24 39	22 05	15 22
10 33	19 29	24 01	21 30	14 38	34°	11 52	20 54	25 15	22 33	15 37
10 46	20 02	24 38	21 58	14 53	35°	12 06	21 28	25 52	23 01	15 52
11 00	20 38	25 17	22 27	15 09	36°	12 21	22 05	26 31	23 30	16 08
11 15	21 15	25 58	22 57	15 25	37°	12 37	22 43	27 12	24 00	16 24
11 31	21 55	26 41	23 28	15 41	38°	12 54	23 24	27 55	24 31	16 40
11 48	22 36	27 25	24 01	15 58	39°	13 12	24 06	28 40	25 04	16 57
12 06	23 21	28 11	24 34	16 15	40°	13 32	24 52	♉29 26	25 37	17 14
12 26	24 09	29 00	25 08	16 33	41°	13 53	25 41	♊ 0 15	26 11	17 32
12 47	25 00	♉29 50	25 44	16 51	42°	14 15	26 33	1 05	26 47	17 50
13 11	25 54	♊ 0 44	26 21	17 09	43°	14 40	27 28	1 59	27 24	18 08
13 36	26 53	1 40	26 59	17 28	44°	15 07	28 28	2 55	28 02	18 27
14 04	27 56	2 38	27 38	17 48	45°	15 36	♈29 32	3 54	28 41	18 47
14 34	♈29 05	3 41	28 19	18 08	46°	16 09	♉ 0 42	4 56	♊29 22	19 07
15 08	♉ 0 19	4 47	29 03	18 29	47°	16 45	1 57	6 02	♋ 0 05	19 28
15 47	1 38	5 56	♊29 48	18 51	48°	17 25	3 18	7 11	0 50	19 50
16 29	3 07	7 10	♋ 0 34	19 14	49°	18 10	4 47	8 25	1 36	20 13
17 17	4 43	8 28	1 23	19 38	50°	19 00	6 24	9 43	2 25	20 36
18 11	6 29	9 51	2 15	20 02	51°	19 58	8 11	11 05	3 16	21 00
19 14	8 26	11 19	3 08	20 27	52°	21 04	10 09	12 32	4 09	21 25
20 27	10 33	12 53	4 05	20 54	53°	22 21	12 17	14 06	5 05	21 52
21 52	12 56	14 33	5 04	21 21	54°	23 50	14 40	15 45	6 04	22 19
23 34	15 35	16 20	6 07	21 50	55°	25 37	17 18	17 30	7 06	22 47
25 36	18 30	18 15	7 12	22 20	56°	♓27 45	20 13	19 23	8 10	23 17
♓28 07	21 47	20 16	8 22	22 52	57°	♈ 0 23	23 27	21 23	9 20	23 49
♈ 1 16	25 25	22 26	9 36	23 26	58°	3 39	♉27 02	23 31	10 32	24 22
5 18	♉29 27	24 46	10 53	24 01	59°	7 50	1 01	25 48	11 48	24 57
♈10 35	♊ 3 56	♊27 14	♋12 15	♋24 38	60°	♈13 15	♊ 5 23	♊28 13	♋13 09	♋25 33

| 20ʰ 41ᵐ 40ˢ | | 310° 25' 07'' | | | | 20ʰ 45ᵐ 44ˢ | | 311° 26' 04'' | | |
| M 8° ≈ | | | | | | M 9° ≈ | | | | |
XI	XII	A	II	III	N LAT	XI	XII	A	II	III
♓ 8 48	♈11 20	♉12°52	♊11 55	♋ 9 35	0°	♓ 9 53	♈12 26	♉13°54	♊12 52	♋10 31
9 13	12 24	14 20	13 20	10 31	5°	10 20	13 32	15 23	14 18	11 28
9 40	13 34	15 54	14 48	11 28	10°	10 48	14 44	16 59	15 47	12 26
10 11	14 52	17 37	16 21	12 27	15°	11 21	16 04	18 43	17 21	13 25
10 47	16 22	19 30	18 01	13 26	20°	11 58	17 36	20 38	19 01	14 24
10 55	16 41	19 55	18 21	13 39	21°	12 07	17 56	21 03	19 22	14 37
11 03	17 02	20 20	18 42	13 51	22°	12 15	18 17	21 28	19 43	14 49
11 11	17 23	20 45	19 04	14 04	23°	12 24	18 39	21 54	20 05	15 02
11 20	17 44	21 12	19 26	14 17	24°	12 33	19 01	22 21	20 27	15 15
11 29	18 07	21 39	19 49	14 30	25°	12 43	19 24	22 48	20 50	15 28
11 39	18 30	22 07	20 12	14 43	26°	12 53	19 48	23 16	21 13	15 41
11 48	18 54	22 36	20 35	14 57	27°	13 03	20 13	23 46	21 36	15 55
11 58	19 20	23 06	20 59	15 10	28°	13 14	20 39	24 16	22 00	16 09
12 09	19 47	23 37	21 23	15 24	29°	13 25	21 07	24 47	22 25	16 22
12 21	20 14	24 08	21 48	15 38	30°	13 37	21 35	25 19	22 50	16 36
12 33	20 43	24 41	22 14	15 52	31°	13 50	22 04	25 52	23 16	16 51
12 45	21 13	25 16	22 40	16 06	32°	14 03	22 35	26 27	23 42	17 05
12 58	21 45	25 51	23 07	16 21	33°	14 17	23 08	27 02	24 09	17 20
13 12	22 18	26 27	23 35	16 36	34°	14 32	23 41	27 38	24 37	17 35
13 27	22 53	27 04	24 04	16 51	35°	14 47	24 18	28 16	25 06	17 50
13 42	23 31	27 44	24 33	17 07	36°	15 03	24 56	28 56	25 35	18 06
13 59	24 10	28 25	25 03	17 23	37°	15 21	25 35	♉29 37	26 05	18 21
14 17	24 52	29 08	25 34	17 39	38°	15 40	26 18	♊ 0 20	26 36	18 37
14 36	25 35	♉29 53	26 06	17 56	39°	16 00	27 03	1 05	27 08	18 54
14 57	26 22	♊ 0 40	26 39	18 13	40°	16 22	27 50	1 52	27 41	19 11
15 19	27 11	1 29	27 14	18 31	41°	16 46	28 40	2 41	28 16	19 29
15 43	28 04	2 19	27 49	18 49	42°	17 11	♈29 34	3 32	28 51	19 47
16 09	♈29 01	3 13	28 26	19 07	43°	17 38	♉ 0 32	4 26	♊29 27	20 05
16 38	♉ 0 02	4 09	29 04	19 26	44°	18 08	1 34	5 22	♋ 0 05	20 24
17 09	1 07	5 08	♊29 43	19 46	45°	18 41	2 40	6 21	0 44	20 44
17 43	2 18	6 10	♋ 0 24	20 06	46°	19 17	3 52	7 23	1 25	21 04
18 21	3 34	7 16	1 07	20 27	47°	19 57	5 09	8 29	2 08	21 25
19 03	4 56	8 25	1 51	20 48	48°	20 41	6 32	9 38	2 52	21 46
19 50	6 26	9 38	2 37	21 11	49°	21 30	8 02	10 50	3 38	22 09
20 43	8 04	10 55	3 26	21 34	50°	22 26	9 41	12 07	4 26	22 32
21 44	9 52	12 17	4 16	21 58	51°	23 29	11 30	13 28	5 16	22 56
22 53	11 49	13 44	5 09	22 23	52°	24 42	13 27	14 54	6 08	23 21
24 14	13 57	15 17	6 05	22 49	53°	26 06	15 35	16 26	7 04	23 46
25 47	16 20	16 55	7 03	23 16	54°	27 44	17 58	18 03	8 01	24 13
27 39	18 58	18 39	8 04	23 44	55°	♓29 40	20 34	19 46	9 01	24 41
♓29 53	21 51	20 30	9 08	24 14	56°	♈ 2 00	23 26	21 35	10 05	25 11
♈ 2 37	25 04	22 28	10 16	24 45	57°	4 49	♉26 36	23 32	11 12	25 41
6 00	♉28 35	24 34	11 27	25 18	58°	8 19	♊ 0 05	25 36	12 22	26 14
10 18	2 30	20 49	12 42	25 52	59°	12 43	3 55	27 48	13 36	26 47
♈15 50	♊ 6 47	♊29 11	♋14 02	♋26 28	60°	♈18 21	♊ 8 07	♊30 08	♋14 54	♋27 23

	20ʰ 49ᵐ 47ˢ	312° 26' 50''					20ʰ 53ᵐ 50ˢ	313° 27' 26''		
	M 10° ≈						M 11° ≈			
XI	XII	A	II	III	N LAT	XI	XII	A	II	III
♓10 58	♈13 32	♉14°55	♊13 49	♋11 27	0°	♓12 03	♈14 37	♉15°55	♊14 45	♋12 23
11 26	14 39	16 26	15 16	12 25	5°	12 33	15 46	17 28	16 13	13 21
11 56	15 53	18 03	16 46	13 23	10°	13 04	17 02	19 06	17 44	14 20
12 31	17 16	19 48	18 20	14 22	15°	13 40	18 27	20 53	19 19	15 19
13 10	18 50	21 45	20 01	15 22	20°	14 21	20 04	22 51	21 01	16 20
13 19	19 11	22 10	20 22	15 35	21°	14 31	20 25	23 16	21 22	16 33
13 28	19 32	22 35	20 43	15 47	22°	14 40	20 47	23 42	21 43	16 45
13 37	19 54	23 02	21 05	16 00	23°	14 50	21 09	24 09	22 05	16 58
13 47	20 17	23 29	21 28	16 13	24°	15 00	21 33	24 36	22 28	17 11
13 57	20 41	23 56	21 51	16 26	25°	15 10	21 57	25 04	22 51	17 24
14 07	21 06	24 25	22 14	16 39	26°	15 21	22 23	25 33	23 14	17 37
14 18	21 31	24 55	22 37	16 53	27°	15 33	22 49	26 03	23 38	17 51
14 29	21 58	25 25	23 01	17 07	28°	15 45	23 16	26 33	24 02	18 05
14 41	22 26	25 56	23 26	17 20	29°	15 57	23 44	27 05	24 27	18 18
14 54	22 55	26 29	23 51	17 34	30°	16 10	24 14	27 38	24 52	18 32
15 07	23 25	27 02	24 17	17 49	31°	16 24	24 45	28 11	25 18	18 47
15 21	23 57	27 37	24 43	18 03	32°	16 39	25 17	28 46	25 44	19 01
15 36	24 30	28 12	25 10	18 18	33°	16 54	25 51	29 21	26 11	19 16
15 51	25 04	28 49	25 38	18 33	34°	17 10	26 26	♉29 59	26 39	19 31
16 07	25 41	♉29 27	26 07	18 48	35°	17 27	27 03	♊0 38	27 07	19 46
16 24	26 20	♊0 07	26 36	19 04	36°	17 45	27 43	1 18	27 37	20 02
16 43	27 00	0 49	27 06	19 20	37°	18 05	28 24	1 59	28 07	20 18
17 03	27 43	1 32	27 37	19 36	38°	18 26	29 07	2 43	28 38	20 34
17 25	28 29	2 17	28 09	19 53	39°	18 49	♈29 54	3 28	29 10	20 51
17 47	♈29 17	3 03	28 42	20 10	40°	19 12	♉0 43	4 14	♊29 43	21 08
18 12	♉0 08	3 52	29 17	20 27	41°	19 38	1 35	5 03	♋0 17	21 25
18 38	1 03	4 44	♊29 52	20 45	42°	20 05	2 31	5 54	0 52	21 43
19 07	2 02	5 38	♋0 28	21 04	43°	20 35	3 30	6 49	1 29	22 02
19 38	3 04	6 33	1 06	21 22	44°	21 08	4 33	7 44	2 06	22 20
20 13	4 12	7 33	1 45	21 42	45°	21 44	5 42	8 43	2 45	22 40
20 50	5 24	8 34	2 26	22 02	46°	22 23	6 54	9 45	3 26	23 00
21 32	6 42	9 40	3 08	22 23	47°	23 07	8 13	10 50	4 08	23 20
22 19	8 06	10 49	3 52	22 44	48°	23 56	9 38	11 58	4 52	23 42
23 10	9 36	12 01	4 38	23 06	49°	24 50	11 08	13 10	5 37	24 04
24 08	11 16	13 17	5 25	23 29	50°	25 50	12 48	14 26	6 24	24 26
25 14	13 04	14 38	6 15	23 53	51°	26 59	14 36	15 46	7 13	24 50
26 30	15 02	16 03	7 07	24 18	52°	28 17	16 35	17 10	8 05	25 14
27 57	17 11	17 33	8 02	24 43	53°	♓29 48	18 43	18 39	8 59	25 40
♓29 40	19 33	19 09	8 58	25 10	54°	♈1 34	21 04	20 14	9 55	26 06
♈1 40	22 08	20 51	9 58	25 38	55°	3 39	23 38	21 55	10 54	26 34
4 04	24 58	22 39	11 01	26 07	56°	6 07	26 27	23 42	11 56	27 03
6 59	♉28 06	24 34	12 07	26 37	57°	9 07	♉29 32	25 35	13 02	27 33
10 35	♊1 32	26 36	13 16	27 09	58°	12 48	♊2 56	27 35	14 10	28 04
15 04	5 17	28 45	14 29	27 42	59°	17 22	6 37	29 42	15 22	28 37
♈20 47	♊9 23	♊31 04	♋15 46	♋28 17	60°	♈23 09	♊10 37	♊31 57	♋16 38	♋29 12

	20ʰ 57ᵐ 51ˢ 314° 27' 51'' M 12° ♒					21ʰ 01ᵐ 52ˢ 315° 28' 04'' M 13° ♒			
XI	XII	A	II	III	N LAT	XI	XII	A	II	III
♓13 08	♈15 42	♉16°56	♊15 41	♋13 19	0°	♓14 13	♈16 47	♉17°56	♊16 37	♋14 15
13 39	16 53	18 30	17 10	14 18	5°	14 45	18 00	19 31	18 07	15 14
14 12	18 11	20 09	18 42	15 17	10°	15 20	19 20	21 12	19 39	16 13
14 50	19 38	21 57	20 18	16 16	15°	15 59	20 48	23 01	21 16	17 13
15 33	21 17	23 57	22 00	17 18	20°	16 44	22 30	25 02	22 59	18 15
15 43	21 39	24 22	22 21	17 31	21°	16 54	22 52	25 28	23 20	18 28
15 52	22 01	24 48	22 43	17 43	22°	17 04	23 14	25 54	23 42	18 41
16 02	22 24	25 15	23 05	17 56	23°	17 15	23 38	26 21	24 04	18 54
16 13	22 48	25 43	23 27	18 09	24°	17 26	24 02	26 49	24 26	19 06
16 24	23 13	26 11	23 50	18 22	25°	17 37	24 28	27 18	24 49	19 19
16 35	23 39	26 40	24 14	18 35	26°	17 49	24 54	27 47	25 13	19 33
16 47	24 05	27 10	24 38	18 49	27°	18 02	25 21	28 17	25 37	19 47
17 00	24 33	27 41	25 02	19 03	28°	18 15	25 49	28 48	26 01	20 00
17 13	25 02	28 13	25 27	19 16	29°	18 29	26 19	29 20	26 26	20 14
17 27	25 32	28 46	25 52	19 30	30°	18 43	26 50	♉29 53	26 52	20 28
17 41	26 04	29 19	26 18	19 45	31°	18 58	27 22	♊ 0 27	27 18	20 43
17 57	26 37	♉29 54	26 44	19 59	32°	19 14	27 55	1 02	27 44	20 57
18 13	27 11	♊ 0 30	27 11	20 14	33°	19 31	28 30	1 38	28 11	21 12
18 29	27 47	1 08	27 39	20 29	34°	19 48	29 07	2 16	28 39	21 27
18 47	28 25	1 47	28 08	20 44	35°	20 07	♈29 45	2 55	29 08	21 42
19 06	29 05	2 27	28 37	21 00	36°	20 27	♉ 0 26	3 35	♊29 37	21 58
19 27	♈29 47	3 08	29 07	21 16	37°	20 48	1 09	4 16	♋ 0 07	22 14
19 49	♉ 0 30	3 52	♊29 38	21 32	38°	21 11	1 53	5 00	0 38	22 30
20 12	1 18	4 37	♋ 0 10	21 49	39°	21 35	2 41	5 45	1 10	22 47
20 37	2 08	5 24	0 43	22 06	40°	22 01	3 32	6 33	1 43	23 04
21 03	3 01	6 13	1 17	22 23	41°	22 28	4 25	7 22	2 17	23 21
21 32	3 57	7 04	1 52	22 41	42°	22 59	5 22	8 13	2 52	23 39
22 03	4 57	7 58	2 29	23 00	43°	23 31	6 23	9 06	3 28	23 57
22 38	6 01	8 54	3 06	23 18	44°	24 07	7 27	10 02	4 05	24 16
23 15	7 10	9 52	3 45	23 37	45°	24 45	8 37	11 00	4 44	24 35
23 56	8 23	10 54	4 25	23 57	46°	25 28	9 50	12 01	5 24	24 54
24 41	9 42	11 58	5 07	24 18	47°	26 15	11 10	13 05	6 05	25 15
25 32	11 08	13 06	5 51	24 39	48°	27 08	12 36	14 13	6 49	25 36
26 28	12 39	14 18	6 35	25 01	49°	28 06	14 07	15 24	7 33	25 58
27 31	14 19	15 33	7 22	25 23	50°	♓29 11	15 47	16 39	8 20	26 20
♓28 42	16 07	16 52	8 11	25 47	51°	♈ 0 25	17 35	17 58	9 08	26 44
♈ 0 04	18 05	18 16	9 02	26 11	52°	1 50	19 33	19 21	9 59	27 08
1 38	20 13	19 45	9 56	26 36	53°	3 26	21 40	20 49	10 52	27 33
3 27	22 33	21 19	10 51	27 02	54°	5 19	24 00	22 22	11 47	27 58
5 36	25 06	22 58	11 50	27 30	55°	7 32	26 32	24 00	12 45	28 26
8 08	♉27 54	24 43	12 51	27 59	56°	10 08	♉29 17	25 43	13 45	28 54
11 13	♊ 0 56	26 34	13 56	28 28	57°	13 16	♊ 2 17	27 32	14 49	29 23
14 58	4 16	♊28 32	15 03	28 59	58°	17 06	5 33	♊29 28	15 56	♋29 54
19 37	7 53	0 37	16 14	29 32	59°	21 47	9 06	1 31	17 05	0 26
♈25 25	♊11 49	♋ 2 49	♋17 29	♋30 06	60°	♈27 36	♊12 57	♋ 3 40	♋18 19	♌ 1 00

XI	XII	A	II	III	N LAT	XI	XII	A	II	III
21ʰ 05ᵐ 52ˢ 316° 28' 07'' M 14° ♒						**21ʰ 09ᵐ 52ˢ 317° 27' 59'' M 15° ♒**				
♓15 18	♈17 52	♉18°56	♊17 33	♋15 10	0°	♓16 23	♈18 56	♉19°55	♊18 28	♋16 06
15 51	19 06	20 32	19 03	16 10	5°	16 57	20 12	21 32	19 59	17 06
16 28	20 28	22 14	20 36	17 10	10°	17 35	21 35	23 16	21 33	18 07
17 08	21 58	24 05	22 14	18 10	15°	18 17	23 08	25 08	23 12	19 07
17 55	23 42	26 06	23 57	19 12	20°	19 05	24 53	27 10	24 55	20 09
18 05	24 04	26 32	24 19	19 25	21°	19 16	25 16	27 36	25 17	20 22
18 16	24 27	26 59	24 41	19 38	22°	19 28	25 40	28 03	25 39	20 35
18 27	24 51	27 26	25 03	19 51	23°	19 39	26 04	28 31	26 01	20 48
18 38	25 16	27 54	25 25	20 04	24°	19 50	26 29	28 59	26 24	21 01
18 50	25 42	28 23	25 48	20 17	25°	20 03	26 56	29 28	26 47	21 14
19 03	26 09	28 53	26 12	20 31	26°	20 17	27 23	♉29 58	27 11	21 28
19 16	26 36	29 23	26 36	20 44	27°	20 30	27 51	♊ 0 28	27 35	21 41
19 30	27 05	♉29 54	27 00	20 58	28°	20 45	28 20	1 00	27 59	21 55
19 44	27 35	♊ 0 26	27 25	21 12	29°	20 59	28 51	1 32	28 24	22 09
19 59	28 06	1 00	27 51	21 26	30°	21 15	29 22	2 06	28 49	22 23
20 15	28 39	1 34	28 17	21 40	31°	21 31	♈29 55	2 40	29 16	22 37
20 31	29 13	2 09	28 43	21 55	32°	21 48	♉ 0 30	3 15	♊29 42	22 52
20 49	♈29 48	2 45	29 10	22 10	33°	22 06	1 06	3 51	♋ 0 09	23 07
21 07	♉ 0 26	3 23	♊29 38	22 25	34°	22 25	1 44	4 29	0 37	23 22
21 26	1 05	4 02	♋ 0 07	22 40	35°	22 45	2 23	5 08	1 06	23 37
21 47	1 46	4 42	0 36	22 55	36°	23 07	3 05	5 48	1 35	23 52
22 09	2 30	5 23	1 06	23 11	37°	23 30	3 50	6 30	2 05	24 08
22 33	3 15	6 07	1 37	23 27	38°	23 54	4 36	7 14	2 36	24 25
22 58	4 03	6 53	2 09	23 44	39°	24 20	5 24	7 59	3 08	24 41
23 25	4 55	7 40	2 42	24 01	40°	24 48	6 16	8 46	3 40	24 58
23 53	5 48	8 29	3 16	24 18	41°	25 18	7 10	9 35	4 14	25 15
24 25	6 46	9 20	3 51	24 36	42°	25 50	8 08	10 26	4 49	25 33
24 59	7 47	10 13	4 27	24 54	43°	26 26	9 10	11 19	5 25	25 51
25 36	8 52	11 09	5 04	25 13	44°	27 04	10 15	12 15	6 02	26 10
26 16	10 02	12 07	5 42	25 32	45°	27 46	11 25	13 13	6 40	26 29
27 00	11 16	13 07	6 22	25 51	46°	28 31	12 40	14 13	7 20	26 48
27 49	12 36	14 11	7 03	26 12	47°	♓29 22	14 00	15 17	8 01	27 09
28 43	14 02	15 19	7 46	26 33	48°	♈ 0 18	15 26	16 24	8 43	27 30
♓29 43	15 34	16 30	8 30	26 55	49°	1 20	16 58	17 34	9 27	27 51
♈ 0 51	17 14	17 44	9 17	27 17	50°	2 29	18 38	18 48	10 13	28 13
2 07	19 02	19 02	10 05	27 40	51°	3 48	20 26	20 05	11 01	28 36
3 34	20 59	20 24	10 55	28 04	52°	5 18	22 23	21 27	11 51	29 00
5 14	23 06	21 51	11 47	28 29	53°	7 00	24 29	22 53	12 42	29 25
7 10	25 24	23 23	12 42	28 54	54°	8 59	26 46	24 23	13 36	♋29 50
9 25	♉27 55	25 00	13 39	29 21	55°	11 17	♉29 15	25 58	14 33	♌ 0 16
12 06	♊ 0 38	26 42	14 39	♋29 49	56°	14 01	♊ 1 57	27 39	15 32	0 43
15 17	3 35	♊28 29	15 42	♌ 0 18	57°	17 16	4 51	♊29 25	16 34	1 13
19 10	6 48	♋ 0 23	16 48	0 49	58°	21 11	8 00	♋ 1 17	17 39	1 43
23 54	10 17	2 24	17 56	1 20	59°	25 57	11 25	3 16	18 47	2 14
♈29 43	♊14 03	♋ 4 31	♋19 09	♌ 1 53	60°	♈31 46	♊15 06	♋ 5 21	♋19 58	♌ 2 46

21ʰ 13ᵐ 51ˢ		318° 27' 41''			N	21ʰ 17ᵐ 49ˢ		319° 27' 11''		
M 16° ♒					LAT	M 17° ♒				
XI	XII	A	II	III		XI	XII	A	II	III
♓17 27	♈20 00	♉20°54	♊19 24	♋17 02	0°	♓18 32	♈21 04	♉21°53	♊20 19	♋17 57
18 03	21 17	22 32	20 55	18 02	5°	19 08	22 22	23 32	21 51	18 58
18 42	22 42	24 17	22 30	19 03	10°	19 49	23 49	25 18	23 26	19 59
19 26	24 17	26 10	24 09	20 04	15°	20 34	25 25	27 12	25 06	21 01
20 16	26 04	28 14	25 53	21 06	20°	21 27	27 14	29 17	26 50	22 03
20 27	26 27	28 40	26 15	21 19	21°	21 38	27 38	♉29 43	27 12	22 16
20 39	26 51	29 07	26 37	21 32	22°	21 50	28 03	♊ 0 10	27 34	22 29
20 51	27 16	♉29 35	26 59	21 45	23°	22 03	28 28	0 39	27 57	22 42
21 03	27 42	♊ 0 03	27 22	21 58	24°	22 15	28 54	1 07	28 20	22 55
21 16	28 09	0 32	27 45	22 12	25°	22 29	29 21	1 36	28 43	23 09
21 30	28 36	1 02	28 09	22 25	26°	22 43	♈29 49	2 06	29 07	23 22
21 44	29 05	1 33	28 33	22 38	27°	22 58	♉ 0 18	2 37	29 31	23 35
21 59	♈29 35	2 05	28 57	22 52	28°	23 13	0 49	3 09	♊29 55	23 49
22 14	♉ 0 06	2 37	29 22	23 06	29°	23 29	1 20	3 41	♋ 0 20	24 03
22 30	0 38	3 11	♊29 48	23 20	30°	23 45	1 52	4 15	0 46	24 17
22 47	1 11	3 45	♋ 0 14	23 34	31°	24 03	2 26	4 50	1 12	24 31
23 05	1 46	4 20	0 41	23 49	32°	24 21	3 02	5 25	1 39	24 46
23 23	2 23	4 57	1 08	24 04	33°	24 40	3 39	6 02	2 06	25 01
23 43	3 01	5 35	1 36	24 19	34°	25 01	4 17	6 40	2 34	25 16
24 04	3 41	6 14	2 04	24 34	35°	25 22	4 58	7 19	3 02	25 31
24 26	4 23	6 54	2 33	24 49	36°	25 45	5 41	7 59	3 31	25 46
24 50	5 08	7 36	3 03	25 05	37°	26 10	6 26	8 41	4 01	26 02
25 15	5 55	8 20	3 34	25 22	38°	26 36	7 13	9 25	4 32	26 19
25 42	6 44	9 05	4 06	25 38	39°	27 04	8 03	10 10	5 04	26 35
26 11	7 36	9 52	4 38	25 55	40°	27 34	8 55	10 57	5 36	26 52
26 42	8 31	10 41	5 12	26 12	41°	28 06	9 50	11 46	6 10	27 09
27 15	9 29	11 32	5 47	26 30	42°	28 40	10 49	12 37	6 45	27 27
27 52	10 31	12 25	6 23	26 48	43°	29 18	11 51	13 29	7 20	27 45
28 31	11 37	13 21	7 00	27 07	44°	♓29 58	12 58	14 25	7 57	28 04
♓29 14	12 47	14 18	7 37	27 26	45°	♈ 0 42	14 08	15 22	8 34	28 22
♈ 0 02	14 02	15 18	8 17	27 45	46°	1 32	15 23	16 22	9 13	28 42
0 54	15 23	16 21	8 58	28 05	47°	2 25	16 44	17 25	9 54	29 02
1 52	16 48	17 28	9 40	28 26	48°	3 25	18 09	18 31	10 36	29 22
2 55	18 21	18 38	10 23	28 47	49°	4 30	19 43	19 40	11 19	♋29 43
4 07	20 01	19 51	11 09	29 09	50°	5 44	21 22	20 52	12 05	♌ 0 05
5 28	21 48	21 07	11 57	29 32	51°	7 07	23 08	22 08	12 52	0 28
7 00	23 45	22 28	12 46	♋29 56	52°	8 41	25 04	23 28	13 40	0 51
8 45	25 49	23 53	13 37	♌ 0 20	53°	10 28	27 08	24 52	14 31	1 15
10 46	♉28 06	25 22	14 30	0 45	54°	12 32	♉29 23	26 20	15 24	1 40
13 08	♊ 0 32	26 56	15 26	1 11	55°	14 57	♊ 1 47	27 53	16 19	2 06
15 54	3 12	♊28 35	16 25	1 38	56°	17 45	4 25	♊29 30	17 17	2 33
19 12	6 04	♋ 0 20	17 26	2 07	57°	21 05	7 15	♋ 1 14	18 17	3 02
23 09	9 10	2 10	18 30	2 37	58°	25 04	10 18	3 03	19 20	3 31
♈27 56	12 32	4 07	♋19 37	3 08	59°	♈29 51	13 36	4 58	20 26	4 02
♉ 3 44	♊16 07	♋ 6 10	♋20 47	♌ 3 40	60°	♉ 5 37	♊17 07	♋ 6 59	♋21 35	♌ 4 33

21ʰ 21ᵐ 46ˢ 320° 26' 31'' M 18° ≈					N LAT	21ʰ 25ᵐ 43ˢ 321° 25' 41'' M 19° ≈				
XI	XII	A	II	III		XI	XII	A	II	III
♓19 36	♈22 07	♉22°51	♊21 13	♋18 53	0°	♓20 40	♈23 10	♉23°49	♊22 08	♋19 48
20 14	23 27	24 31	22 47	19 54	5°	21 20	24 32	25 30	23 42	20 50
20 56	24 56	26 18	24 22	20 55	10°	22 03	26 02	27 18	25 18	21 51
21 43	26 33	♉28 13	26 03	21 57	15°	22 51	27 41	♉29 14	26 59	22 53
22 37	28 24	♊ 0 19	27 47	23 00	20°	23 47	29 34	♊ 1 21	28 44	23 57
22 49	28 48	0 46	28 09	23 13	21°	24 00	♈29 58	1 48	29 06	24 10
23 01	29 13	1 13	28 31	23 26	22°	24 12	♉ 0 23	2 15	29 28	24 23
23 14	♈29 39	1 42	28 54	23 39	23°	24 25	0 49	2 44	♊29 51	24 36
23 27	♉ 0 05	2 10	29 17	23 52	24°	24 39	1 16	3 13	♋ 0 14	24 49
23 41	0 33	2 39	♊29 40	24 05	25°	24 54	1 44	3 42	0 37	25 02
23 56	1 01	3 09	♋ 0 04	24 19	26°	25 09	2 13	4 12	1 01	25 16
24 11	1 31	3 40	0 28	24 32	27°	25 24	2 43	4 43	1 25	25 29
24 27	2 02	4 12	0 53	24 46	28°	25 40	3 14	5 15	1 50	25 43
24 43	2 33	4 45	1 18	25 00	29°	25 57	3 46	5 48	2 15	25 57
25 00	3 06	5 19	1 44	25 14	30°	26 15	4 19	6 22	2 41	26 11
25 18	3 40	5 54	2 10	25 28	31°	26 33	4 54	6 57	3 07	26 25
25 37	4 16	6 29	2 37	25 43	32°	26 53	5 30	7 32	3 34	26 40
25 57	4 54	7 06	3 04	25 58	33°	27 14	6 08	8 09	4 01	26 55
26 18	5 33	7 44	3 32	26 13	34°	27 35	6 48	8 47	4 29	27 10
26 40	6 15	8 23	4 00	26 28	35°	27 58	7 30	9 26	4 57	27 25
27 04	6 58	9 03	4 29	26 43	36°	28 23	8 13	10 06	5 26	27 40
27 30	7 42	9 45	4 59	26 59	37°	28 49	8 58	10 48	5 56	27 56
27 57	8 30	10 29	5 30	27 16	38°	29 17	9 46	11 32	6 27	28 12
28 25	9 21	11 14	6 01	27 32	39°	♓29 46	10 37	12 17	6 58	28 29
28 56	10 13	12 01	6 33	27 49	40°	♈ 0 18	11 30	13 04	7 30	28 46
♓29 29	11 09	12 50	7 07	28 06	41°	0 52	12 26	13 53	8 04	29 03
♈ 0 05	12 08	13 40	7 42	28 23	42°	1 29	13 25	14 43	8 38	29 20
0 43	13 10	14 33	8 17	28 41	43°	2 08	14 28	15 36	9 13	29 38
1 25	14 17	15 28	8 53	29 00	44°	2 51	15 35	16 30	9 49	♋29 56
2 10	15 27	16 25	9 31	29 18	45°	3 37	16 45	17 27	10 27	♌ 0 15
3 01	16 43	17 25	10 09	29 38	46°	4 29	18 01	18 26	11 05	0 34
3 56	18 03	18 27	10 50	♋29 58	47°	5 26	19 21	19 28	11 45	0 54
4 57	19 29	19 32	11 32	♌ 0 19	48°	6 28	20 47	20 33	12 27	1 15
6 04	21 02	20 41	12 14	0 39	49°	7 37	22 19	21 41	13 09	1 35
7 20	22 41	21 53	13 00	1 01	50°	8 54	23 58	22 52	13 54	1 57
8 45	24 27	23 08	13 46	1 24	51°	10 21	25 43	24 07	14 40	2 19
10 21	26 22	24 27	14 34	1 47	52°	11 59	27 38	25 25	15 28	2 42
12 10	♉28 25	25 50	15 25	2 11	53°	13 51	♉29 39	26 47	16 18	3 06
14 17	♊ 0 38	27 17	16 17	2 35	54°	16 00	♊ 1 51	28 13	17 09	3 30
16 43	3 01	♊28 49	17 11	3 01	55°	18 28	4 13	♊29 44	18 03	3 56
19 34	5 37	♋ 0 25	18 09	3 28	56°	21 20	6 47	♋ 1 19	19 00	4 22
22 56	8 24	2 07	19 08	3 56	57°	24 44	9 31	2 59	19 58	4 50
♈26 55	11 24	3 54	20 10	4 25	58°	♈28 43	12 28	4 44	21 00	5 19
1 42	14 38	5 47	21 15	4 55	59°	3 30	15 38	6 35	22 04	5 48
♉ 7 26	♊18 05	♋ 7 46	♋22 23	♌ 5 26	60°	♉ 9 11	♊19 01	♋ 8 32	♋23 11	♌ 6 19

XI	XII	A	II	III	N LAT	XI	XII	A	II	III
♓21 44	♈24 12	♉24°46	♊23 02	♋20 43	0°	♓22 48	♈25 15	♉25°43	♊23 56	♋21 39
22 25	25 36	26 29	24 37	21 45	5°	23 30	26 40	27 27	25 32	22 41
23 10	27 07	♉28 18	26 14	22 47	10°	24 16	28 12	♉29 17	27 09	23 43
23 59	♈28 48	♊ 0 15	27 55	23 50	15°	25 07	♈29 55	♊ 1 15	♊28 51	24 46
24 57	♉ 0 43	2 22	♊29 41	24 54	20°	26 07	♉ 1 51	3 23	♋ 0 37	25 50
25 10	1 07	2 49	♋ 0 03	25 07	21°	26 20	2 16	3 50	0 59	26 03
25 23	1 33	3 17	0 25	25 20	22°	26 33	2 42	4 18	1 22	26 16
25 36	1 59	3 46	0 48	25 32	23°	26 47	3 08	4 47	1 44	26 29
25 51	2 26	4 15	1 11	25 45	24°	27 02	3 36	5 16	2 07	26 42
26 06	2 55	4 44	1 34	25 59	25°	27 17	4 05	5 46	2 31	26 55
26 21	3 24	5 14	1 58	26 13	26°	27 33	4 34	6 16	2 55	27 09
26 37	3 54	5 45	2 22	26 26	27°	27 49	5 05	6 47	3 19	27 23
26 53	4 25	6 17	2 47	26 40	28°	28 06	5 36	7 19	3 43	27 37
27 11	4 58	6 50	3 12	26 54	29°	28 24	6 09	7 52	4 08	27 51
27 29	5 32	7 24	3 38	27 08	30°	28 43	6 43	8 26	4 34	28 05
27 48	6 07	7 59	4 04	27 22	31°	29 03	7 19	9 01	5 00	28 19
28 09	6 43	8 35	4 31	27 37	32°	29 24	7 56	9 37	5 27	28 33
28 30	7 21	9 12	4 58	27 52	33°	♓29 46	8 34	10 14	5 54	28 48
28 52	8 02	9 50	5 25	28 07	34°	♈ 0 08	9 15	10 52	6 22	29 03
29 16	8 44	10 29	5 54	28 22	35°	0 33	9 57	11 31	6 50	29 18
♓29 41	9 27	11 09	6 23	28 37	36°	0 59	10 41	12 11	7 19	29 34
♈ 0 08	10 13	11 51	6 53	28 53	37°	1 26	11 27	12 53	7 49	♋29 49
0 36	11 01	12 35	7 24	29 09	38°	1 55	12 15	13 37	8 20	♌ 0 05
1 06	11 52	13 20	7 55	29 25	39°	2 26	13 06	14 22	8 51	0 21
1 39	12 45	14 06	8 27	29 42	40°	3 00	14 00	15 08	9 23	0 38
2 14	13 42	14 55	9 00	♋29 59	41°	3 36	14 56	15 56	9 56	0 55
2 52	14 41	15 45	9 34	♌ 0 16	42°	4 14	15 56	16 46	10 29	1 12
3 32	15 44	16 38	10 09	0 34	43°	4 56	16 59	17 38	11 04	1 30
4 16	16 51	17 31	10 45	0 52	44°	5 41	18 06	18 32	11 40	1 48
5 04	18 02	18 28	11 22	1 11	45°	6 30	19 17	19 28	12 17	2 07
5 57	19 18	19 27	12 00	1 30	46°	7 24	20 33	20 27	12 55	2 26
6 55	20 38	20 29	12 40	1 49	47°	8 23	21 53	21 28	13 35	2 45
7 58	22 03	21 33	13 22	2 10	48°	9 28	23 18	22 32	14 16	3 06
9 09	23 35	22 40	14 04	2 31	49°	10 40	24 50	23 39	14 58	3 27
10 28	25 14	23 51	14 48	2 52	50°	12 01	26 27	24 49	15 41	3 47
11 57	26 58	25 05	15 34	3 14	51°	13 31	♉28 11	26 02	16 27	4 09
13 37	♉28 51	26 22	16 21	3 37	52°	15 12	♊ 0 03	27 18	17 13	4 32
15 30	♊ 0 52	27 43	17 10	4 00	53°	17 07	2 03	♊28 38	18 02	4 55
17 40	3 02	♊29 08	18 01	4 25	54°	19 19	4 12	♋ 0 02	18 53	5 19
20 10	5 23	♋ 0 38	18 55	4 50	55°	21 50	6 31	1 31	19 46	5 44
23 05	7 54	2 12	19 51	5 16	56°	24 47	9 00	3 04	20 41	6 10
♈26 29	10 36	3 50	20 48	5 44	57°	♈28 11	11 39	4 41	21 38	6 37
♉ 0 29	13 30	5 34	21 49	6 12	58°	♉ 2 12	14 30	6 23	22 38	7 05
5 14	16 36	7 23	22 52	6 41	59°	6 55	17 33	8 10	23 40	7 34
♉10 52	♊19 55	♋ 9 17	♋23 58	♌ 7 12	60°	♉12 30	♊20 48	♋10 02	♋24 45	♌ 8 04

XI	XII	A	II	III	N LAT	XI	XII	A	II	III
♓ 23 52	♈ 26 17	♉ 26°40	♊ 24 50	♋ 22 34	0°	♓ 24 56	♈ 27 18	♉ 27°37	♊ 25 44	♋ 23 29
24 35	27 43	28 25	26 26	23 37	5°	25 40	28 46	29 23	27 21	24 32
25 22	♈ 29 17	♊ 0 16	28 04	24 39	10°	26 38	♉ 0 21	♊ 1 14	♊ 28 59	25 35
26 15	♉ 1 01	2 15	♊ 29 46	25 42	15°	27 23	2 07	3 14	♋ 0 41	26 38
27 16	2 58	4 23	♋ 1 33	26 46	20°	28 25	4 05	5 23	2 29	27 42
27 29	3 24	4 51	1 55	26 59	21°	28 39	4 21	5 51	2 51	27 55
27 43	3 50	5 19	2 18	27 12	22°	28 53	4 58	6 19	3 14	28 08
27 58	4 17	5 47	2 40	27 25	23°	29 08	5 25	6 47	3 36	28 21
28 13	4 45	6 17	3 03	27 38	24°	29 23	5 53	7 17	3 59	28 35
28 28	5 14	6 47	3 27	27 52	25°	29 39	6 22	7 47	4 23	28 48
28 45	5 44	7 17	3 51	28 05	26°	♓ 29 56	6 53	8 17	4 47	29 01
29 02	6 15	7 48	4 15	28 19	27°	♈ 0 14	7 24	8 49	5 11	29 15
29 19	6 46	8 20	4 39	28 33	28°	0 32	7 56	9 21	5 35	29 29
29 37	7 19	8 53	5 04	28 47	29°	0 50	8 29	9 54	6 00	29 43
♓ 29 57	7 54	9 27	5 30	29 01	30°	1 10	9 04	10 28	6 26	♋ 29 57
♈ 0 17	8 30	10 02	5 56	29 15	31°	1 31	9 40	11 03	6 52	♌ 0 11
0 39	9 07	10 38	6 23	29 29	32°	1 53	10 18	11 38	7 19	0 25
1 01	9 46	11 15	6 50	29 44	33°	2 16	10 57	12 15	7 46	0 40
1 24	10 27	11 53	7 18	♋ 29 59	34°	2 40	11 38	12 53	8 14	0 55
1 49	11 09	12 32	7 46	♌ 0 14	35°	3 05	12 20	13 33	8 42	1 10
2 16	11 53	13 12	8 15	0 30	36°	3 33	13 04	14 13	9 11	1 26
2 44	12 40	13 54	8 45	0 45	37°	4 01	13 51	14 54	9 40	1 41
3 14	13 28	14 38	9 15	1 01	38°	4 32	14 40	15 38	10 10	1 57
3 46	14 19	15 23	9 46	1 18	39°	5 05	15 32	16 23	10 41	2 14
4 20	15 14	16 09	10 18	1 34	40°	5 40	16 26	17 09	11 13	2 30
4 57	16 10	16 57	10 51	1 51	41°	6 17	17 23	17 57	11 46	2 47
5 36	17 10	17 46	11 24	2 08	42°	6 57	18 23	18 46	12 19	3 04
6 19	18 13	18 38	11 59	2 26	43°	7 41	19 26	19 37	12 53	3 22
7 05	19 20	19 32	12 35	2 44	44°	8 28	20 33	20 31	13 29	3 40
7 55	20 31	20 28	13 12	3 02	45°	9 19	21 44	21 27	14 06	3 58
8 50	21 47	21 26	13 50	3 21	46°	10 15	22 59	22 24	14 44	4 16
9 50	23 07	22 27	14 29	3 41	47°	11 16	24 19	23 25	15 23	4 36
10 57	24 31	23 31	15 10	4 01	48°	12 25	25 43	24 28	16 03	4 56
12 10	26 02	24 37	15 51	4 22	49°	13 39	27 13	25 34	16 44	5 17
13 32	27 39	25 46	16 34	4 42	50°	15 02	♉ 28 50	26 42	17 27	5 37
15 04	♉ 29 23	26 58	17 19	5 04	51°	16 35	♊ 0 33	27 53	18 11	5 59
16 47	♊ 1 14	28 14	18 06	5 26	52°	18 20	2 23	♊ 29 08	18 58	6 21
18 43	3 13	♊ 29 33	18 54	5 50	53°	20 17	4 21	♋ 0 27	19 45	6 44
20 56	5 20	♋ 0 56	19 44	6 14	54°	22 32	6 26	1 49	20 35	7 08
23 29	7 37	2 23	20 36	6 38	55°	25 06	8 41	3 15	21 26	7 32
26 26	10 04	3 55	21 31	7 04	56°	♈ 28 03	11 06	4 45	22 20	7 57
♈ 29 51	12 41	5 31	22 27	7 31	57°	♉ 1 28	13 41	6 19	23 16	8 24
♉ 3 51	15 29	7 11	23 26	7 58	58°	5 27	16 26	7 58	24 14	8 51
8 33	18 28	8 56	24 28	8 27	59°	10 07	19 22	9 42	25 15	9 20
♉ 14 03	♊ 21 39	♋ 10 47	♋ 25 32	♌ 8 57	60°	♉ 15 33	♊ 22 29	♋ 11 31	♋ 26 18	♌ 9 49

XI	XII	A	II	III	N LAT	XI	XII	A	II	III
♓25 59	♈28 20	♉28°33	♊26 37	♋24 24	0°	♓27 02	♈29 21	♉29°29	♊27 31	♋25 20
26 45	29 49	♊0 20	28 15	25 28	5°	27 49	♉0 51	♊1 17	29 09	26 24
27 34	♉1 25	2 12	♊29 54	26 31	10°	28 40	2 29	3 10	♋0 48	27 27
28 30	3 12	4 12	♋1 36	27 34	15°	♓29 37	4 17	5 10	2 31	28 30
29 34	5 12	6 22	3 24	28 38	20°	♈0 43	6 18	7 21	4 19	29 34
♓29 48	5 38	6 50	3 46	28 51	21°	0 57	6 44	7 49	4 41	♋29 47
♈0 03	6 05	7 18	4 09	29 04	22°	1 12	7 11	8 17	5 04	♌0 00
0 18	6 32	7 47	4 32	29 17	23°	1 28	7 39	8 46	5 27	0 13
0 34	7 01	8 16	4 55	29 31	24°	1 44	8 08	9 15	5 50	0 27
0 50	7 30	8 46	5 18	29 44	25°	2 00	8 38	9 45	6 13	0 40
1 07	8 01	9 17	5 42	♋29 58	26°	2 18	9 08	10 16	6 37	0 54
1 25	8 32	9 49	6 07	♌0 11	27°	2 36	9 40	10 48	7 02	1 07
1 44	9 05	10 21	6 31	0 25	28°	2 55	10 13	11 20	7 26	1 21
2 03	9 38	10 54	6 56	0 39	29°	3 15	10 47	11 53	7 51	1 35
2 23	10 13	11 28	7 22	0 53	30°	3 36	11 22	12 27	8 17	1 49
2 44	10 50	12 03	7 48	1 07	31°	3 57	11 59	13 02	8 43	2 03
3 07	11 28	12 38	8 14	1 21	32°	4 20	12 37	13 38	9 09	2 17
3 30	12 07	13 15	8 41	1 36	33°	4 44	13 16	14 15	9 36	2 32
3 55	12 48	13 53	9 09	1 51	34°	5 09	13 57	14 52	10 04	2 47
4 21	13 30	14 33	9 37	2 06	35°	5 36	14 40	15 32	10 32	3 02
4 49	14 15	15 13	10 06	2 22	36°	6 05	15 25	16 12	11 01	3 18
5 18	15 02	15 54	10 35	2 37	37°	6 35	16 12	16 53	11 30	3 33
5 50	15 51	16 38	11 05	2 53	38°	7 07	17 02	17 37	12 00	3 49
6 23	16 44	17 22	11 36	3 10	39°	7 41	17 54	18 21	12 31	4 05
6 59	17 37	18 08	12 08	3 26	40°	8 17	18 47	19 07	13 03	4 21
7 37	18 34	18 56	12 41	3 43	41°	8 56	19 44	19 54	13 35	4 38
8 18	19 34	19 45	13 14	4 00	42°	9 38	20 44	20 43	14 08	4 55
9 03	20 37	20 36	13 48	4 17	43°	10 24	21 47	21 34	14 42	5 12
9 51	21 44	21 29	14 23	4 35	44°	11 13	22 54	22 27	15 17	5 30
10 43	22 55	22 25	15 00	4 53	45°	12 06	24 05	23 22	15 53	5 48
11 40	24 10	23 22	15 37	5 12	46°	13 04	25 20	24 19	16 30	6 07
12 42	25 30	24 22	16 16	5 31	47°	14 07	26 39	25 18	17 09	6 26
13 51	26 54	25 25	16 56	5 51	48°	15 16	28 03	26 20	17 48	6 46
15 07	28 23	26 30	17 37	6 11	49°	16 34	♉29 32	27 25	18 39	7 06
16 31	♉29 59	27 37	18 20	6 32	50°	17 59	♊1 07	28 32	19 12	7 26
18 05	♊1 42	♊28 48	19 03	6 53	·51°	19 34	2 48	♊29 42	19 55	7 48
19 51	3 30	♋0 02	19 49	7 15	52°	21 21	4 36	♋0 55	20 40	8 09
21 50	5 27	1 20	20 36	7 38	53°	23 20	6 32	2 12	21 27	8 32
24 05	7 31	2 41	21 26	8 01	54°	25 37	8 34	3 32	22 16	8 55
26 40	9 44	4 06	22 16	8 26	55°	♈28 12	10 46	4 56	23 06	9 20
♈29 37	12 07	5 35	23 09	8 51	56°	♉1 10	13 07	6 24	23 58	9 44
♉3 02	14 39	7 08	24 05	9 17	57°	4 34	15 36	7 55	24 53	10 10
7 01	17 22	8 45	25 02	9 44	58°	8 32	18 16	9 31	25 50	10 37
11 38	20 14	10 27	26 02	10 12	59°	13 06	21 05	11 12	26 49	11 05
♉17 00	♊23 18	♋12 14	♋27 04	♌10 41	60°	♉18 23	♊24 06	♋12 57	♋27 50	♌11 33

	21h 53m 00s	328° 15' 03" M 26° ♒					21h 56m 52s	329° 12' 53" M 27° ♒		
XI	XII	A	II	III	N LAT	XI	XII	A	II	III
♓28 06	♉0 22	♊0°25	♊28 24	♋26 15	0°	♓29 09	♉1 22	♊1°20	♊29 17	♋27 10
28 53	1 53	2 13	♋0 02	27 19	5°	29 57	2 54	3 09	♋0 56	28 14
♓29 45	3 32	4 07	1 43	28 23	10°	♈0 50	4 35	5 04	2 37	♋29 18
♈0 44	5 21	6 08	3 26	♋29 26	15°	1 50	6 25	7 06	4 20	♌0 22
1 51	7 24	8 20	5 14	♌0 30	20°	2 59	8 29	9 18	6 09	1 26
2 06	7 50	8 47	5 36	0 43	21°	3 14	8 55	9 45	6 31	1 39
2 21	8 17	9 16	5 59	0 56	22°	3 30	9 23	10 14	6 53	1 52
2 37	8 45	9 45	6 22	1 09	23°	3 46	9 51	10 43	7 16	2 05
2 53	9 14	10 14	6 45	1 23	24°	4 03	10 20	11 12	7 40	2 19
3 10	9 44	10 44	7 08	1 36	25°	4 20	10 50	11 42	8 03	2 32
3 28	10 15	11 15	7 32	1 50	26°	4 38	11 22	12 13	8 27	2 46
3 47	10 47	11 47	7 57	2 03	27°	4 57	11 54	12 45	8 52	2 59
4 06	11 20	12 19	8 21	2 17	28°	5 17	12 27	13 17	9 16	3 13
4 27	11 54	12 52	8 46	2 31	29°	5 38	13 01	13 50	9 41	3 27
4 48	12 30	13 26	9 12	2 45	30°	6 00	13 37	14 24	10 06	3 41
5 10	13 07	14 01	9 38	2 59	31°	6 22	14 14	14 59	10 32	3 55
5 33	13 45	14 37	10 04	3 13	32°	6 46	14 52	15 35	10 59	4 09
5 58	14 24	15 14	10 31	3 28	33°	7 11	15 32	16 12	11 26	4 24
6 23	15 06	15 51	10 59	3 43	34°	7 37	16 14	16 49	11 53	4 39
6 51	15 49	16 30	11 27	3 58	35°	8 05	16 57	17 28	12 21	4 54
7 20	16 34	17 10	11 55	4 13	36°	8 35	17 42	18 08	12 49	5 09
7 51	17 21	17 52	12 24	4 29	37°	9 06	18 29	18 50	13 18	5 24
8 23	18 11	18 35	12 54	4 45	38°	9 39	19 19	19 32	13 48	5 40
8 58	19 03	19 19	13 25	5 01	39°	10 15	20 11	20 16	14 19	5 56
9 35	19 57	20 05	13 57	5 17	40°	10 52	21 05	21 02	14 50	6 12
10 15	20 53	20 52	14 29	5 34	41°	11 33	22 02	21 49	15 22	6 29
10 57	21 54	21 41	15 02	5 51	42°	12 16	23 02	22 38	15 55	6 46
11 44	22 57	22 31	15 36	6 08	43°	13 03	24 05	23 28	16 29	7 03
12 34	24 03	23 24	16 11	6 25	44°	13 54	25 11	24 20	17 04	7 20
13 28	25 14	24 18	16 46	6 43	45°	14 49	26 22	25 14	17 39	7 38
14 27	26 29	25 15	17 23	7 02	46°	15 48	27 36	26 10	18 16	7 57
15 31	27 47	26 14	18 01	7 21	47°	16 54	♉28 54	27 09	18 53	8 16
16 41	♉29 11	27 15	18 41	7 41	48°	18 04	♊0 17	28 10	19 33	8 35
18 00	♊0 39	28 19	19 21	8 00	49°	19 24	1 45	♊29 13	20 13	8 55
19 26	2 14	♊29 26	20 03	8 21	50°	20 51	3 19	♋0 19	20 54	9 15
21 02	3 54	♋0 35	20 46	8 42	51°	22 28	4 58	1 27	21 37	9 36
22 49	5 41	1 47	21 31	9 03	52°	24 16	6 44	2 39	22 21	9 57
24 50	7 35	3 03	22 17	9 26	53°	26 17	8 37	3 54	23 07	10 20
27 07	9 36	4 22	23 05	9 49	54°	♈28 35	10 37	5 12	23 55	10 43
♈29 42	11 46	5 45	23 55	10 13	55°	♉1 11	12 44	6 34	24 44	11 06
♉2 40	14 05	7 12	24 47	10 38	56°	4 08	15 02	7 59	25 35	11 31
6 04	16 32	8 42	25 41	11 03	57°	7 31	17 26	9 28	26 29	11 56
10 00	19 09	10 17	26 37	11 30	58°	11 25	20 01	11 01	27 24	12 22
14 31	21 55	11 56	27 35	11 57	59°	15 54	22 44	12 39	28 21	12 49
♉19 44	♊24 53	♋13 39	♋28 36	♌12 25	60°	♉21 01	♊25 38	♋14 21	♋29 21	♌13 17

XI	XII	A	II	III	N LAT	XI	XII	A	II	III
♈ 0 12	♉ 2 22	♊ 2°15	♋ 0 10	♋28 05	0°	♈ 1 14	♉ 3 22	♊ 3°10	♋ 1 02	♋29 00
1 01	3 55	4 05	1 49	29 10	5°	2 05	4 56	5 01	2 43	♌ 0 05
1 55	5 37	6 01	3 31	♌ 0 14	10°	3 00	6 39	6 57	4 24	1 09
2 56	7 28	8 03	5 15	1 18	15°	4 02	8 31	9 00	6 09	2 13
4 07	9 33	10 15	7 03	2 22	20°	5 14	10 37	11 12	7 57	3 18
4 22	10 00	10 43	7 25	2 35	21°	5 30	11 04	11 40	8 19	3 31
4 38	10 28	11 12	7 48	2 48	22°	5 46	11 32	12 09	8 42	3 44
4 55	10 56	11 41	8 11	3 01	23°	6 03	12 01	12 38	9 05	3 57
5 12	11 25	12 10	8 34	3 14	24°	6 21	12 30	13 08	9 28	4 10
5 30	11 56	12 40	8 58	3 28	25°	6 39	13 01	13 38	9 52	4 24
5 48	12 28	13 11	9 22	3 42	26°	6 58	13 33	14 09	10 16	4 38
6 08	13 00	13 43	9 46	3 55	27°	7 18	14 05	14 40	10 40	4 51
6 28	13 33	14 15	10 10	4 09	28°	7 38	14 38	15 12	11 04	5 05
6 49	14 07	14 48	10 35	4 23	29°	7 59	15 13	15 45	11 29	5 19
7 11	14 43	15 22	11 00	4 37	30°	8 22	15 49	16 19	11 54	5 33
7 34	15 20	15 57	11 26	4 51	31°	8 46	16 26	16 54	12 20	5 47
7 58	15 59	16 33	11 53	5 05	32°	9 10	17 05	17 30	12 47	6 01
8 24	16 39	17 10	12 20	5 20	33°	9 36	17 45	18 07	13 14	6 15
8 51	17 21	17 47	12 47	5 34	34°	10 04	18 27	18 44	13 41	6 30
9 19	18 04	18 26	13 15	5 49	35°	10 33	19 10	19 23	14 09	6 45
9 49	18 49	19 06	13 44	6 04	36°	11 03	19 55	20 03	14 37	7 00
10 21	19 36	19 47	14 12	6 20	37°	11 35	20 43	20 44	15 06	7 16
10 55	20 26	20 29	14 42	6 35	38°	12 10	21 32	21 26	15 36	7 31
11 31	21 18	21 13	15 13	6 51	39°	12 46	22 24	22 10	16 06	7 47
12 09	22 12	21 59	15 44	7 08	40°	13 25	23 19	22 55	16 37	8 03
12 50	23 09	22 45	16 16	7 24	41°	14 07	24 16	23 41	17 09	8 19
13 34	24 09	23 34	16 48	7 41	42°	14 51	25 15	24 29	17 41	8 36
14 22	25 12	24 24	17 22	7 58	43°	15 40	26 18	25 19	18 14	8 53
15 13	26 18	25 16	17 56	8 15	44°	16 32	27 24	26 11	18 48	9 10
16 09	27 28	26 09	18 32	8 33	45°	17 28	28 34	27 04	19 24	9 28
17 09	♉28 42	27 05	19 08	8 52	46°	18 29	♉29 47	27 59	20 00	9 46
18 16	♊ 0 00	28 03	19 45	9 11	47°	19 37	♊ 1 05	28 57	20 37	10 05
19 26	1 22	♊29 03	20 24	9 30	48°	20 48	2 26	♊29 56	21 15	10 24
20 46	2 50	♋ 0 06	21 04	9 49	49°	22 08	3 53	♋ 0 58	21 55	10 43
22 15	4 23	1 11	21 45	10 09	50°	23 38	5 26	2 03	22 36	11 03
23 53	6 01	2 19	22 28	10 30	51°	25 16	7 03	3 10	23 18	11 24
25 42	7 46	3 30	23 11	10 51	52°	27 06	8 47	4 20	24 01	11 45
♈27 43	9 37	4 44	23 57	11 13	53°	♈29 08	10 36	5 33	24 46	12 07
♉ 0 01	11 36	6 01	24 44	11 36	54°	♉ 1 26	12 34	6 50	25 33	12 30
2 37	13 42	7 22	25 33	12 00	55°	4 02	14 38	8 10	26 21	12 53
5 34	15 57	8 46	26 23	12 24	56°	6 58	16 51	9 32	27 11	13 16
8 57	18 19	10 14	27 16	12 49	57°	10 19	19 11	10 59	28 03	13 41
12 48	20 51	11 46	28 11	13 15	58°	14 08	21 40	12 30	28 57	14 07
17 13	23 32	10 22	20 07	13 41	59°	18 30	24 19	14 04	29 53	14 33
♉22 16	♊26 22	♋15 02	♋30 06	♌14 09	60°	♉23 29	♊27 05	♋15 43	♋30 51	♌15 01

	22ʰ 08ᵐ 22ˢ	332° 05' 29'' M 0° ♓					22ʰ 12ᵐ 11ˢ	333° 02' 43'' M 1° ♓		

XI	XII	A	II	III	N LAT	XI	XII	A	II	III
♈ 2 17	♉ 4 21	♊ 4°05	♋ 1 55	♋29 55	0°	♈ 3 19	♉ 5 20	♊ 5°00	♋ 2 48	♌ 0 50
3 08	5 57	5 56	3 36	♌ 1 01	5°	4 11	6 57	6 51	4 29	1 56
4 05	7 40	7 53	5 18	2 05	10°	5 09	8 41	8 48	6 11	3 00
5 08	9 33	9 56	7 03	3 09	15°	6 14	10 35	10 52	7 56	4 04
6 21	11 40	12 09	8 51	4 13	20°	7 28	12 43	13 05	9 45	5 09
6 38	12 08	12 37	9 13	4 26	21°	7 45	13 11	13 33	10 07	5 22
6 54	12 36	13 06	9 36	4 39	22°	8 02	13 39	14 02	10 30	5 35
7 11	13 05	13 35	9 59	4 53	23°	8 19	14 08	14 31	10 53	5 48
7 29	13 34	14 05	10 22	5 06	24°	8 37	14 38	15 01	11 16	6 01
7 48	14 05	14 35	10 46	5 19	25°	8 56	15 09	15 31	11 40	6 15
8 07	14 37	15 06	11 10	5 33	26°	9 16	15 41	16 02	12 04	6 28
8 27	15 09	15 37	11 34	5 47	27°	9 36	16 13	16 34	12 28	6 42
8 48	15 43	16 09	11 58	6 00	28°	9 57	16 47	17 06	12 52	6 55
9 10	16 18	16 42	12 23	6 14	29°	10 20	17 22	17 39	13 17	7 09
9 33	16 54	17 16	12 48	6 28	30°	10 43	17 58	18 13	13 42	7 24
9 57	17 31	17 51	13 14	6 43	31°	11 07	18 36	18 48	14 08	7 38
10 22	18 10	18 27	13 41	6 57	32°	11 33	19 15	19 23	14 34	7 52
10 48	18 50	19 03	14 08	7 11	33°	11 59	19 55	19 59	15 01	8 06
11 16	19 32	19 41	14 35	7 25	34°	12 27	20 37	20 37	15 28	8 21
11 45	20 16	20 19	15 02	7 40	35°	12 57	21 21	21 15	15 55	8 36
12 16	21 01	20 59	15 30	7 56	36°	13 29	22 06	21 54	16 23	8 51
12 49	21 49	21 40	15 59	8 11	37°	14 02	22 54	22 35	16 52	9 06
13 24	22 38	22 22	16 29	8 26	38°	14 37	23 43	23 17	17 21	9 21
14 01	23 30	23 06	16 59	8 42	39°	15 15	24 35	24 01	17 51	9 37
14 40	24 24	23 50	17 30	8 58	40°	15 55	25 29	24 45	18 22	9 53
15 23	25 21	24 36	18 01	9 14	41°	16 38	26 25	25 31	18 53	10 09
16 08	26 21	25 24	18 33	9 31	42°	17 24	27 25	26 18	19 25	10 26
16 57	27 23	26 14	19 06	9 48	43°	18 13	28 27	27 08	19 58	10 43
17 50	28 29	27 05	19 40	10 05	44°	19 07	♉29 33	27 59	20 32	11 00
18 47	♉29 38	27 58	20 15	10 23	45°	20 05	♊ 0 41	28 51	21 07	11 17
19 48	♊ 0 51	28 52	20 51	10 41	46°	21 07	1 54	♊29 45	21 43	11 35
20 56	2 09	♊29 50	21 28	10 59	47°	22 14	3 11	♋ 0 42	22 19	11 53
22 09	3 29	♋ 0 49	22 06	11 18	48°	23 28	4 31	1 41	22 57	12 12
23 30	4 55	1 50	22 46	11 37	49°	24 50	5 57	2 42	23 36	12 31
25 00	6 27	2 54	23 26	11 57	50°	26 20	7 28	3 45	24 16	12 51
26 38	8 04	4 01	24 08	12 18	51°	27 59	9 03	4 51	24 57	13 11
♈28 28	9 46	5 10	24 51	12 39	52°	♈29 49	10 44	5 59	25 40	13 32
♉ 0 30	11 35	6 22	25 35	13 00	53°	♉ 1 51	12 32	7 10	26 24	13 54
2 49	13 30	7 38	26 21	13 23	54°	4 10	14 26	8 25	27 09	14 16
5 24	15 33	8 57	27 09	13 46	55°	6 45	16 27	9 43	27 57	14 38
8 20	17 44	10 18	27 58	14 09	56°	9 40	18 36	11 03	28 45	15 02
11 40	20 02	11 44	28 50	14 34	57°	12 58	20 52	12 28	♋29 37	15 26
15 26	22 29	13 13	♋29 43	14 59	58°	16 42	23 16	13 56	♌ 0 29	15 51
19 45	25 04	14 46	0 38	15 25	59°	20 57	25 48	15 27	1 23	16 17
♉24 39	♊27 47	♋16 23	♌ 1 36	♌15 52	60°	♉25 46	♊28 29	♋17 03	♌ 2 20	♌16 44

XI	XII	A	II	III	N LAT	XI	XII	A	II	III
♈ 4 21	♉ 6 19	♊ 5°54	♋ 3 40	♌ 1 45	0°	♈ 5 23	♉ 7 18	♊ 6°47	♋ 4 32	♌ 2 40
5 14	7 57	7 46	5 22	2 51	5°	6 17	8 56	8 40	6 15	3 46
6 13	9 42	9 43	7 04	3 56	10°	7 17	10 42	10 38	7 57	4 51
7 19	11 37	11 48	8 49	5 00	15°	8 24	12 38	12 43	9 42	5 55
8 35	13 46	14 01	10 38	6 04	20°	9 41	14 48	14 57	11 31	7 00
8 52	14 13	14 29	11 01	6 17	21°	9 58	15 15	15 25	11 54	7 13
9 09	14 42	14 58	11 24	6 31	22°	10 16	15 44	15 53	12 17	7 26
9 27	15 11	15 27	11 46	6 44	23°	10 34	16 13	16 23	12 40	7 39
9 45	15 41	15 57	12 09	6 57	24°	10 52	16 43	16 53	13 03	7 52
10 04	16 12	16 27	12 33	7 10	25°	11 12	17 15	17 23	13 26	8 06
10 24	16 44	16 58	12 57	7 24	26°	11 32	17 47	17 54	13 50	8 19
10 45	17 17	17 30	13 21	7 37	27°	11 53	18 20	18 25	14 14	8 33
11 07	17 51	18 02	13 45	7 51	28°	12 16	18 54	18 57	14 38	8 46
11 30	18 26	18 35	14 10	8 05	29°	12 39	19 29	19 30	15 03	9 00
11 53	19 02	19 09	14 35	8 19	30°	13 02	20 05	20 04	15 28	9 14
12 17	19 40	19 44	15 01	8 33	31°	13 27	20 43	20 39	15 54	9 28
12 43	20 19	20 19	15 27	8 47	32°	13 53	21 22	21 14	16 20	9 42
13 10	20 59	20 55	15 54	9 02	33°	14 21	22 02	21 50	16 47	9 57
13 39	21 41	21 32	16 21	9 16	34°	14 50	22 44	22 27	17 14	10 11
14 09	22 25	22 10	16 48	9 31	35°	15 20	23 28	23 05	17 41	10 26
14 41	23 10	22 49	17 16	9 46	36°	15 53	24 13	23 44	18 09	10 41
15 14	23 58	23 30	17 45	10 01	37°	16 26	25 01	24 25	18 37	10 56
15 50	24 47	24 12	18 14	10 16	38°	17 03	25 50	25 06	19 06	11 11
16 29	25 39	24 55	18 44	10 32	39°	17 42	26 42	25 49	19 36	11 27
17 09	26 33	25 39	19 14	10 48	40°	18 22	27 36	26 33	20 06	11 43
17 52	27 29	26 25	19 45	11 04	41°	19 06	28 32	27 19	20 37	11 59
18 39	28 28	27 12	20 17	11 20	42°	19 53	♉29 30	28 06	21 09	12 15
19 29	♉29 30	28 01	20 50	11 37	43°	20 44	♊ 0 32	28 54	21 42	12 32
20 23	♊ 0 36	28 52	21 24	11 54	44°	21 38	1 38	♊29 45	22 15	12 49
21 21	1 44	♊29 44	21 58	12 12	45°	22 36	2 45	♋ 0 36	22 49	13 06
22 24	2 56	♋ 0 38	22 34	12 29	46°	23 40	3 57	1 30	23 24	13 24
23 32	4 12	1 34	23 10	12 48	47°	24 49	5 12	2 25	24 00	13 42
24 47	5 32	2 32	23 48	13 06	48°	26 04	6 32	3 23	24 37	14 00
26 08	6 57	3 33	24 26	13 25	49°	27 26	7 56	4 23	25 15	14 19
27 39	8 27	4 35	25 06	13 45	50°	♈28 56	9 25	5 25	25 55	14 39
♈29 19	10 01	5 40	25 47	14 05	51°	♉ 0 37	10 59	6 29	26 36	14 59
♉ 1 09	11 42	6 48	26 29	14 26	52°	2 27	12 38	7 36	27 17	15 19
3 11	13 28	7 58	27 12	14 47	53°	4 29	14 23	8 46	28 01	15 40
5 29	15 20	9 12	27 57	15 09	54°	6 47	16 14	9 58	28 45	16 02
8 03	17 20	10 28	28 44	15 31	55°	9 20	18 11	11 13	♋29 31	16 24
10 58	19 27	11 48	♋29 32	15 54	56°	12 13	20 17	12 32	♌ 0 19	16 47
14 14	21 41	13 11	♌ 0 23	16 18	57°	15 28	22 29	13 54	1 09	17 11
17 56	24 02	14 38	1 15	16 43	58°	19 07	24 48	15 20	2 00	17 35
22 08	26 32	16 08	2 08	17 00	59°	23 16	27 16	16 49	2 53	18 00
♉26 51	♊29 10	♋17 43	♌ 3 04	♌17 35	60°	♉27 54	♊29 50	♋18 22	♌ 3 48	♌18 27

	22ʰ 23ᵐ 35ˢ	335° 53' 38" M 4° ♓			N LAT		22ʰ 27ᵐ 21ˢ	336° 50' 21" M 5° ♓		
XI	XII	A	II	III	N LAT	XI	XII	A	II	III
♈ 6 26	♉ 8 16	♊ 7°41	♋ 5 25	♌ 3 35	0°	♈ 7 27	♉ 9 14	♊ 8°34	♋ 6 17	♌ 4 30
7 20	9 55	9 34	7 08	4 42	5°	8 23	10 54	10 28	8 00	5 37
8 21	11 42	11 33	8 50	5 47	10°	9 25	12 42	12 27	9 43	6 42
9 29	13 39	13 38	10 35	6 51	15°	10 34	14 39	14 33	11 28	7 46
10 47	15 49	15 52	12 24	7 55	20°	11 53	16 50	16 47	13 17	8 51
11 04	16 17	16 20	12 47	8 08	21°	12 10	17 18	17 15	13 40	9 04
11 22	16 46	16 48	13 10	8 22	22°	12 28	17 47	17 43	14 03	9 17
11 41	17 15	17 18	13 33	8 35	23°	12 47	18 16	18 13	14 26	9 30
12 00	17 45	17 48	13 56	8 48	24°	13 07	18 47	18 43	14 49	9 43
12 20	18 17	18 18	14 19	9 01	25°	13 27	19 18	19 13	15 12	9 56
12 40	18 49	18 49	14 43	9 15	26°	13 47	19 50	19 44	15 36	10 10
13 01	19 22	19 20	15 07	9 28	27°	14 09	20 23	20 15	16 00	10 23
13 24	19 56	19 52	15 31	9 42	28°	14 32	20 58	20 47	16 24	10 37
13 47	20 31	20 25	15 56	9 56	29°	14 55	21 33	21 20	16 49	10 51
14 11	21 07	20 59	16 21	10 09	30°	15 19	22 09	21 52	17 14	11 04
14 36	21 45	21 34	16 47	10 23	31°	15 45	22 47	22 28	17 39	11 18
15 03	22 24	22 09	17 13	10 37	32°	16 12	23 26	23 03	18 05	11 32
15 31	23 05	22 45	17 39	10 52	33°	16 40	24 07	23 39	18 31	11 47
16 00	23 47	23 22	18 06	11 06	34°	17 10	24 49	24 16	18 58	12 01
16 31	24 30	24 00	18 33	11 21	35°	17 41	25 32	24 54	19 25	12 16
17 04	25 16	24 39	19 01	11 36	36°	18 14	26 18	25 33	19 53	12 31
17 38	26 03	25 19	19 29	11 51	37°	18 49	27 05	26 13	20 21	12 45
18 15	26 52	26 00	19 58	12 06	38°	19 26	27 54	26 54	20 50	13 01
18 54	27 44	26 43	20 28	12 21	39°	20 05	28 45	27 36	21 19	13 16
19 35	28 38	27 27	20 58	12 37	40°	20 47	♉29 39	28 20	21 49	13 32
20 19	♉29 34	28 12	21 29	12 53	41°	21 32	♊ 0 35	29 05	22 20	13 48
21 07	♊ 0 32	28 59	22 00	13 09	42°	22 20	1 33	♊29 51	22 52	14 04
21 58	1 34	♊29 47	22 33	13 26	43°	23 11	2 34	♋ 0 39	23 24	14 20
22 52	2 39	♋ 0 37	23 06	13 43	44°	24 06	3 39	1 28	23 57	14 37
23 51	3 46	1 27	23 40	14 00	45°	25 05	4 45	2 18	24 30	14 54
24 55	4 57	2 21	24 15	14 18	46°	26 10	5 56	3 11	25 05	15 12
26 05	6 11	3 16	24 50	14 36	47°	27 20	7 10	4 06	25 40	15 30
27 20	7 31	4 13	25 27	14 54	48°	28 35	8 29	5 03	26 17	15 48
♈28 42	8 54	5 12	26 05	15 13	49°	♈29 58	9 51	6 01	26 55	16 06
♉ 0 13	10 22	6 13	26 44	15 32	50°	♉ 1 28	11 18	7 02	27 33	16 26
1 54	11 55	7 17	27 24	15 52	51°	3 09	12 50	8 05	28 13	16 45
3 44	13 33	8 24	28 06	16 12	52°	5 00	14 27	9 11	28 54	17 05
5 46	15 17	9 33	28 49	16 33	53°	7 01	16 10	10 19	♋29 36	17 26
8 03	17 06	10 44	♋29 32	16 55	54°	9 17	17 57	11 29	♌ 0 20	17 48
10 36	19 02	11 58	♌ 0 18	17 17	55°	11 50	19 52	12 43	1 05	18 09
13 27	21 06	13 16	1 05	17 40	56°	14 40	21 54	14 00	1 52	18 32
16 40	23 16	14 37	1 55	18 03	57°	17 51	24 02	15 19	2 41	18 55
20 17	25 33	16 01	2 45	18 27	58°	21 25	26 17	16 43	3 30	19 19
24 22	27 57	17 29	3 38	18 52	59°	25 26	28 39	18 09	4 22	19 43
♉28 56	♊30 30	♋19 01	♌ 4 32	♌19 18	60°	♉29 56	♊31 09	♋19 40	♌ 5 16	♌20 09

	22ʰ 31ᵐ 08ˢ	337° 46' 56''	M 6° ♓				22ʰ 34ᵐ 54ˢ	338° 43' 24''	M 7° ♓	

XI	XII	A	II	III	N LAT	XI	XII	A	II	III
♈ 8 28	♉10 12	♊ 9°27	♋ 7 09	♌ 5 25	0°	♈ 9 30	♉11 09	♊10°20	♋ 8 01	♌ 6 20
9 25	11 53	11 22	8 52	6 32	5°	10 27	12 51	12 16	9 44	7 27
10 28	13 41	13 21	10 36	7 37	10°	11 31	14 40	14 15	11 28	8 33
11 38	15 39	15 27	12 21	8 42	15°	12 42	16 39	16 21	13 14	9 37
12 58	17 50	17 41	14 10	9 46	20°	14 03	18 50	18 35	15 03	10 42
13 16	18 19	18 09	14 33	9 59	21°	14 21	19 19	19 03	15 26	10 55
13 34	18 48	18 38	14 56	10 12	22°	14 40	19 48	19 32	15 48	11 08
13 53	19 17	19 07	15 19	10 25	23°	14 59	20 17	20 01	16 11	11 21
14 13	19 48	19 37	15 42	10 39	24°	15 19	20 48	20 31	16 34	11 34
14 33	20 19	20 07	16 05	10 52	25°	15 39	21 20	21 01	16 58	11 47
14 54	20 51	20 38	16 29	11 05	26°	16 00	21 52	21 32	17 21	12 00
15 16	21 24	21 09	16 53	11 19	27°	16 23	22 25	22 03	17 45	12 14
15 39	21 59	21 41	17 17	11 33	28°	16 46	22 59	22 35	18 09	12 28
16 03	22 34	22 14	17 42	11 46	29°	17 10	23 34	23 08	18 34	12 41
16 27	23 10	22 48	18 07	11 59	30°	17 35	24 11	23 41	18 59	12 54
16 53	23 48	23 22	18 32	12 13	31°	18 01	24 49	24 15	19 24	13 08
17 20	24 27	23 57	18 57	12 27	32°	18 28	25 28	24 50	19 49	13 22
17 49	25 08	24 33	19 23	12 42	33°	18 57	26 08	25 26	20 15	13 37
18 19	25 50	25 10	19 50	12 56	34°	19 28	26 50	26 03	20 42	13 51
18 51	26 33	25 47	20 17	13 11	35°	20 00	27 34	26 40	21 09	14 06
19 24	27 19	26 26	20 45	13 26	36°	20 33	28 19	27 19	21 37	14 20
19 59	28 06	27 06	21 13	13 40	37°	21 09	29 06	27 59	22 05	14 35
20 37	28 55	27 47	21 42	13 55	38°	21 47	♉29 55	28 39	22 33	14 50
21 16	♉29 46	28 29	22 11	14 11	39°	22 27	♊ 0 46	♊29 21	23 02	15 05
21 58	♊ 0 39	29 12	22 41	14 26	40°	23 09	1 39	♋ 0 04	23 32	15 21
22 44	1 35	♊29 57	23 11	14 42	41°	23 55	2 34	0 48	24 02	15 37
23 32	2 33	♋ 0 43	23 43	14 58	42°	24 43	3 32	1 34	24 33	15 53
24 23	3 34	1 30	24 15	15 15	43°	25 35	4 33	2 21	25 05	16 09
25 19	4 38	2 19	24 47	15 32	44°	26 31	5 36	3 10	25 37	16 26
26 18	5 44	3 09	25 20	15 48	45°	27 30	6 42	4 00	26 10	16 42
27 24	6 54	4 01	25 55	16 06	46°	28 36	7 52	4 51	26 45	17 00
28 34	8 08	4 56	26 30	16 23	47°	♈29 47	9 05	5 45	27 20	17 17
♈29 48	9 26	5 52	27 06	16 42	48°	♉ 1 01	10 22	6 41	27 55	17 35
♉ 1 12	10 48	6 50	27 44	17 00	49°	2 25	11 43	7 38	28 32	17 53
2 43	12 13	7 50	28 22	17 19	50°	3 56	13 08	8 37	29 11	18 13
4 23	13 44	8 52	29 02	17 39	51°	5 36	14 38	9 39	♋29 50	18 32
6 13	15 20	9 57	♋29 42	17 59	52°	7 26	16 12	10 43	♌ 0 29	18 52
8 15	17 02	11 04	♌ 0 24	18 19	53°	9 27	17 53	11 50	1 11	19 12
10 30	18 48	12 14	1 07	18 40	54°	11 42	19 38	12 59	1 54	19 33
13 02	20 41	13 27	1 52	19 02	55°	14 12	21 29	14 11	2 38	19 54
15 50	22 41	14 43	2 38	19 24	56°	17 00	23 27	15 26	3 24	20 16
19 00	24 47	16 01	3 26	19 47	57°	20 06	25 31	16 43	4 11	20 39
22 31	27 00	17 24	4 15	20 11	58°	23 35	♊27 42	18 04	5 00	21 02
26 28	29 20	18 49	5 06	20 35	59°	27 29	0 00	19 28	5 50	21 26
♉30 54	♊31 47	♋20 18	♌ 5 59	♌21 00	60°	♉31 50	♋ 2 25	♋20 56	♌ 6 43	♌21 51

XI	XII	A	II	III	N LAT	XI	XII	A	II	III
♈10 31	♉12 06	♊11°13	♋8 53	♌7 16	0°	♈11 32	♉13 03	♊12°06	♋9 45	♌8 11
11 29	13 49	13 09	10 37	8 23	5°	12 31	14 46	14 02	11 29	9 18
12 34	15 38	15 09	12 21	9 28	10°	13 37	16 36	16 02	13 13	10 24
13 46	17 38	17 15	14 07	10 33	15°	14 49	18 36	18 08	14 59	11 28
15 08	19 50	19 29	15 56	11 37	20°	16 13	20 49	20 23	16 48	12 32
15 26	20 18	19 57	16 19	11 50	21°	16 31	21 17	20 51	17 11	12 45
15 45	20 47	20 26	16 41	12 03	22°	16 50	21 46	21 19	17 33	12 58
16 04	21 17	20 55	17 04	12 16	23°	17 09	22 16	21 48	17 56	13 11
16 24	21 48	21 25	17 27	12 29	24°	17 29	22 47	22 18	18 19	13 24
16 45	22 20	21 55	17 50	12 43	25°	17 50	23 19	22 48	18 42	13 38
17 06	22 52	22 26	18 13	12 56	26°	18 12	23 51	23 19	19 05	13 51
17 29	23 25	22 57	18 37	13 09	27°	18 35	24 24	23 50	19 29	14 04
17 53	23 59	23 29	19 01	13 23	28°	18 59	24 58	24 22	19 53	14 18
18 17	24 34	24 01	19 26	13 36	29°	19 23	25 34	24 54	20 18	14 31
18 42	25 11	24 34	19 51	13 49	30°	19 49	26 11	25 27	20 43	14 44
19 08	25 49	25 08	20 16	14 03	31°	20 15	26 48	26 01	21 08	14 58
19 36	26 28	25 43	20 41	14 17	32°	20 43	27 27	26 36	21 33	15 12
20 05	27 08	26 19	21 07	14 32	33°	21 13	28 07	27 12	21 59	15 27
20 36	27 50	26 56	21 34	14 46	34°	21 44	28 49	27 48	22 25	15 41
21 08	28 34	27 33	22 01	15 00	35°	22 16	♉29 33	28 25	22 52	15 55
21 42	♉29 19	28 12	22 28	15 15	36°	22 50	♊0 18	29 04	23 19	16 10
22 18	♊0 06	28 51	22 56	15 30	37°	23 27	1 05	♊29 43	23 47	16 24
22 56	0 54	♊29 31	23 24	15 45	38°	24 05	1 53	♋0 23	24 15	16 39
23 37	1 45	♋0 13	23 53	16 00	39°	24 46	2 43	1 04	24 44	16 54
24 19	2 38	0 56	24 23	16 15	40°	25 28	3 36	1 47	25 13	17 10
25 05	3 33	1 39	24 53	16 31	41°	26 14	4 31	2 30	25 43	17 25
25 54	4 30	2 25	25 24	16 47	42°	27 04	5 28	3 15	26 14	17 41
26 46	5 31	3 12	25 55	17 03	43°	27 56	6 28	4 02	26 45	17 57
27 42	6 34	4 00	26 27	17 20	44°	28 52	7 31	4 50	27 17	18 14
28 42	7 39	4 50	27 00	17 36	45°	♈29 53	8 35	5 39	27 50	18 30
♈29 47	8 49	5 40	27 34	17 53	46°	♉0 57	9 45	6 29	28 23	18 47
♉0 58	10 01	6 34	28 09	18 11	47°	2 08	10 56	7 22	28 58	19 04
2 13	11 17	7 29	28 45	18 29	48°	3 24	12 12	8 17	♋29 34	19 22
3 37	12 37	8 26	29 21	18 47	49°	4 48	13 31	9 13	♌0 10	19 40
5 07	14 02	9 24	♋29 59	19 06	50°	6 18	14 55	10 11	0 47	19 59
6 48	15 31	10 25	♌0 38	19 25	51°	7 58	16 22	11 11	1 25	20 18
8 37	17 04	11 29	1 17	19 45	52°	9 47	17 55	12 14	2 05	20 38
10 38	18 43	12 35	1 58	20 05	53°	11 47	19 32	13 19	2 45	20 57
12 52	20 27	13 43	2 41	20 25	54°	14 01	21 15	14 27	3 27	21 18
15 21	22 16	14 54	3 24	20 46	55°	16 28	23 03	15 37	4 10	21 39
18 07	24 13	16 08	4 09	21 08	56°	19 13	24 58	16 50	4 54	22 00
21 12	26 15	17 24	4 56	21 31	57°	22 16	26 58	18 05	5 41	22 22
24 38	♊28 24	18 44	5 45	21 54	58°	25 39	♊29 05	19 24	6 29	22 45
♉28 28	0 39	20 07	6 34	22 18	59°	♉29 25	1 18	20 46	7 18	23 09
♊2 44	♋3 02	♋21 33	♌7 26	♌22 43	60°	♊3 37	♋3 38	♋22 11	♌8 09	♌23 34

		22ʰ 46ᵐ 08ˢ — 341° 32' 07'' — M 10° ♓			N LAT			22ʰ 49ᵐ 53ˢ — 342° 28' 09'' — M 11° ♓		
XI	XII	A	II	III	N LAT	XI	XII	A	II	III
♈12 33	♉14 00	♊12°58	♋10 36	♌ 9 06	0°	♈13 33	♉14 56	♊13°50	♋11 28	♌10 01
13 33	15 43	14 55	12 21	10 14	5°	14 34	16 40	15 47	13 13	11 09
14 39	17 34	16 55	14 06	11 19	10°	15 41	18 32	17 48	14 58	12 14
15 52	19 34	19 01	15 52	12 23	15°	16 55	20 32	19 54	16 44	13 19
17 17	21 48	21 16	17 41	13 28	20°	18 21	22 46	22 09	18 33	14 23
17 35	22 16	21 44	18 03	13 41	21°	18 39	23 14	22 37	18 55	14 36
17 54	22 45	22 12	18 26	13 54	22°	18 59	23 43	23 05	19 18	14 49
18 14	23 15	22 41	18 48	14 06	23°	19 19	24 14	23 34	19 40	15 02
18 34	23 46	23 11	19 11	14 20	24°	19 39	24 44	24 04	20 03	15 15
18 55	24 18	23 41	19 34	14 33	25°	20 00	25 16	24 34	20 26	15 28
19 18	24 50	24 12	19 57	14 46	26°	20 23	25 49	25 04	20 49	15 41
19 41	25 23	24 43	20 21	14 59	27°	20 46	26 22	25 35	21 13	15 54
20 05	25 57	25 15	20 45	15 13	28°	21 10	26 56	26 07	21 37	16 08
20 29	26 33	25 47	21 10	15 26	29°	21 35	27 32	26 39	22 02	16 21
20 55	27 10	26 20	21 35	15 39	30°	22 01	28 08	27 12	22 26	16 34
21 22	27 47	26 54	22 00	15 53	31°	22 28	28 45	27 46	22 51	16 48
21 50	28 26	27 29	22 25	16 07	32°	22 57	♉29 24	28 21	23 16	17 02
22 20	29 06	28 04	22 51	16 22	33°	23 27	♊ 0 04	28 56	23 42	17 16
22 51	♉29 48	28 40	23 17	16 36	34°	23 58	0 46	♊29 32	24 08	17 30
23 24	♊ 0 31	29 17	23 43	16 50	35°	24 31	1 29	♋ 0 09	24 34	17 44
23 58	1 16	♊29 55	24 10	17 04	36°	25 05	2 14	0 46	25 01	17 59
24 35	2 03	♋ 0 34	24 38	17 19	37°	25 42	3 00	1 25	25 29	18 13
25 13	2 51	1 14	25 06	17 34	38°	26 21	3 48	2 05	25 57	18 28
25 54	3 41	1 55	25 35	17 49	39°	27 02	4 38	2 46	26 25	18 43
26 37	4 34	2 37	26 04	18 04	40°	27 45	5 31	3 27	26 54	18 58
27 23	5 28	3 20	26 34	18 19	41°	28 31	6 25	4 10	27 24	19 14
28 13	6 25	4 05	27 04	18 35	42°	♈29 21	7 21	4 55	27 54	19 29
♈29 05	7 24	4 51	27 35	18 51	43°	♉ 0 14	8 20	5 40	28 25	19 45
♉ 0 01	8 27	5 39	28 07	19 08	44°	1 10	9 22	6 28	28 56	20 01
1 03	9 31	6 28	28 39	19 24	45°	2 11	10 26	7 16	♋29 29	20 18
2 07	10 40	7 18	29 12	19 41	46°	3 16	11 34	8 06	♌ 0 01	20 35
3 18	11 50	8 10	♋29 47	19 58	47°	4 27	12 44	8 58	0 35	20 52
4 34	13 06	9 04	♌ 0 22	20 16	48°	5 43	13 59	9 51	1 10	21 09
5 57	14 24	10 00	0 58	20 34	49°	7 06	15 16	10 46	1 46	21 27
7 28	15 47	10 57	1 35	20 52	50°	8 36	16 38	11 43	2 23	21 45
9 08	17 13	11 57	2 13	21 11	51°	10 16	18 03	12 42	3 00	22 04
10 56	18 45	12 59	2 52	21 30	52°	12 04	19 34	13 43	3 39	22 23
12 55	20 21	14 03	3 32	21 50	53°	14 02	21 09	14 47	4 19	22 43
15 08	22 02	15 10	4 13	22 10	54°	16 14	22 49	15 53	5 00	23 03
17 35	23 49	16 19	4 56	22 31	55°	18 40	24 34	17 01	5 42	23 23
20 17	25 42	17 31	5 39	22 52	56°	21 20	26 25	18 12	6 25	23 44
23 18	27 40	18 46	6 26	23 14	57°	24 18	♊28 22	19 26	7 11	24 06
♉26 38	♊29 45	20 03	7 13	23 37	58°	♉27 36	♋ 0 25	20 43	7 57	24 29
0 21	1 56	21 24	8 02	24 00	59°	1 16	2 34	22 02	8 46	24 52
♊ 4 29	♋ 4 14	♋22 48	♌ 8 52	♌24 25	60°	♊ 5 19	♋ 4 49	♋23 25	♌ 9 35	♌25 16

22ʰ 53ᵐ 36ˢ	343° 24' 06'' M 12° ♓					22ʰ 57ᵐ 20ˢ	344° 19' 56'' M 13° ♓			
XI	XII	A	II	III	N LAT	XI	XII	A	II	III
♈14 34	♉15 52	♊14°42	♋12 20	♌10 57	0°	♈15 34	♉16 48	♊15°34	♋13 12	♌11 52
15 35	17 37	16 40	14 05	12 04	5°	16 36	18 33	17 32	14 57	13 00
16 43	19 29	18 41	15 50	13 10	10°	17 45	20 26	19 33	16 42	14 05
17 58	21 30	20 47	17 36	14 14	15°	19 01	22 27	21 40	18 28	15 10
19 24	23 44	23 02	19 25	15 18	20°	20 27	24 41	23 54	20 17	16 14
19 43	24 12	23 30	19 47	15 31	21°	20 46	25 10	24 22	20 39	16 26
20 03	24 41	23 58	20 10	15 44	22°	21 06	25 39	24 50	21 02	16 39
20 23	25 11	24 27	20 32	15 57	23°	21 26	26 09	25 19	21 24	16 52
20 43	25 42	24 57	20 55	16 10	24°	21 47	26 40	25 49	21 47	17 05
21 05	26 14	25 27	21 18	16 23	25°	22 09	27 12	26 19	22 10	17 18
21 28	26 47	25 57	21 41	16 36	26°	22 32	27 44	26 49	22 33	17 31
21 51	27 20	26 28	22 05	16 49	27°	22 55	28 17	27 20	22 57	17 45
22 15	27 54	26 59	22 29	17 03	28°	23 19	28 51	27 51	23 21	17 58
22 40	28 30	27 31	22 53	17 16	29°	23 45	♉29 27	28 23	23 45	18 11
23 06	29 06	28 04	23 17	17 29	30°	24 11	♊ 0 03	28 56	24 09	18 24
23 34	♉29 43	28 38	23 42	17 43	31°	24 39	0 40	♊29 29	24 33	18 38
24 03	♊ 0 22	29 12	24 07	17 57	32°	25 08	1 19	♋ 0 03	24 58	18 52
24 33	1 02	♊29 47	24 33	18 11	33°	25 38	1 59	0 38	25 24	19 06
25 04	1 44	♋ 0 23	24 59	18 25	34°	26 10	2 41	1 14	25 50	19 19
25 37	2 26	1 00	25 25	18 39	35°	26 43	3 23	1 51	26 16	19 33
26 12	3 11	1 37	25 52	18 53	36°	27 18	4 08	2 28	26 43	19 48
26 49	3 57	2 16	26 19	19 08	37°	27 55	4 53	3 06	27 10	20 02
27 28	4 45	2 56	26 47	19 23	38°	28 34	5 41	3 46	27 37	20 17
28 09	5 35	3 36	27 15	19 38	39°	♈29 16	6 31	4 26	28 05	20 32
28 53	6 27	4 17	27 44	19 53	40°	♉ 0 00	7 22	5 07	28 34	20 47
♈29 39	7 21	5 00	28 14	20 08	41°	0 46	8 16	5 49	29 03	21 02
♉ 0 29	8 17	5 44	28 44	20 23	42°	1 36	9 12	6 33	♋29 33	21 17
1 22	9 15	6 29	29 15	20 39	43°	2 29	10 10	7 18	♌ 0 04	21 33
2 18	10 16	7 16	♋29 46	20 55	44°	3 25	11 10	8 05	0 35	21 49
3 19	11 20	8 04	♌ 0 18	21 11	45°	4 26	12 13	8 52	1 06	22 05
4 24	12 27	8 54	0 50	21 28	46°	5 31	13 20	9 41	1 39	22 22
5 35	13 37	9 45	1 24	21 45	47°	6 42	14 29	10 32	2 12	22 39
6 51	14 51	10 38	1 58	22 02	48°	7 58	15 42	11 24	2 46	22 56
8 14	16 08	11 32	2 34	22 20	49°	9 21	16 58	12 18	3 22	23 13
9 44	17 28	12 28	3 10	22 38	50°	10 50	18 18	13 14	3 58	23 31
11 23	18 53	13 27	3 47	22 57	51°	12 29	19 42	14 12	4 34	23 50
13 10	20 22	14 28	4 26	23 16	52°	14 16	21 10	15 12	5 13	24 08
15 08	21 56	15 31	5 05	23 35	53°	16 12	22 43	16 14	5 51	24 28
17 19	23 35	16 36	5 46	23 55	54°	18 22	24 20	17 18	6 32	24 47
19 43	25 18	17 43	6 27	24 15	55°	20 45	26 02	18 25	7 13	25 07
22 21	27 08	18 53	7 11	24 36	56°	23 22	27 50	19 34	7 56	25 28
25 18	♊29 03	20 06	7 55	24 58	57°	26 16	♊29 44	20 46	8 40	25 49
♉28 32	♋ 1 04	21 22	8 41	25 20	58°	♉29 28	♋ 1 43	22 00	9 25	26 11
2 09	3 11	22 40	9 29	25 43	59°	3 01	3 48	23 18	10 12	26 34
♊ 6 08	♋ 5 24	♋24 02	♌10 18	♌26 06	60°	♊ 6 56	♋ 5 59	♋24 38	♌11 01	♌26 57

23h 01m 03s		345° 15' 42" M 14° ♓				23h 04m 45s		346° 11' 22" M 15° ♓		
XI	XII	A	II	III	N LAT	XI	XII	A	II	III
♈16 34	♉17 44	♊16°26	♋14 03	♌12 48	0°	♈17 34	♉18 39	♊17°18	♋14 55	♌13 43
17 37	19 29	18 24	15 49	13 55	5°	18 37	20 25	19 16	16 41	14 51
18 46	21 22	20 25	17 34	15 01	10°	19 47	22 18	21 17	18 26	15 56
20 03	23 24	22 32	19 20	16 05	15°	21 05	24 20	23 24	20 12	17 01
21 30	25 38	24 46	21 09	17 09	20°	22 32	26 35	25 38	22 00	18 04
21 49	26 07	25 14	21 31	17 22	21°	22 52	27 04	26 06	22 23	18 17
22 09	26 36	25 42	21 54	17 35	22°	23 12	27 33	26 34	22 45	18 30
22 29	27 06	26 11	22 16	17 47	23°	23 32	28 03	27 03	23 07	18 43
22 51	27 37	26 41	22 39	18 00	24°	23 54	28 34	27 32	23 30	18 56
23 13	28 09	27 11	23 02	18 13	25°	24 16	29 06	28 02	23 53	19 09
23 36	28 41	27 41	23 25	18 26	26°	24 39	♉29 38	28 32	24 16	19 22
23 59	29 14	28 11	23 48	18 40	27°	25 03	♊ 0 11	29 03	24 39	19 35
24 23	♉29 48	28 43	24 12	18 53	28°	25 27	0 45	♊29 34	25 03	19 48
24 49	♊ 0 24	29 15	24 36	19 06	29°	25 53	1 20	♋ 0 06	25 27	20 01
25 16	1 00	♊29 47	25 00	19 19	30°	26 20	1 56	0 38	25 51	20 14
25 44	1 37	♋ 0 20	25 24	19 33	31°	26 48	2 33	1 11	26 15	20 28
26 13	2 16	0 54	25 49	19 47	32°	27 17	3 12	1 45	26 40	20 41
26 43	2 56	1 29	26 15	20 00	33°	27 47	3 52	2 20	27 06	20 55
27 15	3 37	2 05	26 41	20 14	34°	28 19	4 33	2 55	27 31	21 09
27 48	4 19	2 41	27 07	20 28	35°	28 53	5 15	3 31	27 57	21 23
28 24	5 04	3 18	27 33	20 42	36°	♈29 29	5 59	4 08	28 24	21 37
29 01	5 49	3 56	28 00	20 57	37°	♉ 0 06	6 45	4 46	28 50	21 51
♈29 40	6 37	4 36	28 27	21 11	38°	0 45	7 32	5 25	29 17	22 06
♉ 0 22	7 26	5 16	28 55	21 26	39°	1 27	8 21	6 05	♋29 45	22 20
1 06	8 17	5 56	29 24	21 41	40°	2 11	9 11	6 45	♌ 0 14	22 35
1 52	9 11	6 38	♋29 53	21 56	41°	2 57	10 05	7 27	0 43	22 50
2 42	10 06	7 21	♌ 0 23	22 11	42°	3 47	11 00	8 10	1 12	23 05
3 35	11 04	8 06	0 53	22 27	43°	4 41	11 57	8 54	1 42	23 21
4 31	12 04	8 52	1 24	22 43	44°	5 37	12 57	9 40	2 12	23 36
5 33	13 06	9 39	1 55	22 58	45°	6 38	13 58	10 26	2 44	23 52
6 07	14 12	10 28	2 27	23 15	46°	7 43	15 04	11 14	3 16	24 09
7 48	15 21	11 18	3 00	23 32	47°	8 53	16 12	12 04	3 49	24 25
9 04	16 32	12 10	3 34	23 49	48°	10 09	17 23	12 56	4 22	24 43
10 26	17 48	13 04	4 09	24 06	49°	11 31	18 37	13 49	4 56	25 00
11 55	19 07	13 59	4 45	24 24	50°	13 00	19 56	14 43	5 32	25 17
13 34	20 30	14 56	5 21	24 42	51°	14 37	21 18	15 40	6 08	25 35
15 20	21 57	15 56	5 59	25 01	52°	16 23	22 43	16 39	6 45	25 54
17 16	23 29	16 57	6 38	25 20	53°	18 18	24 14	17 39	7 24	26 12
19 24	25 04	18 00	7 17	25 40	54°	20 25	25 48	18 42	8 03	26 32
21 46	26 45	19 06	7 59	26 00	55°	22 45	27 28	19 47	8 44	26 52
24 21	♊28 32	20 14	8 40	26 20	56°	25 18	♊29 13	20 54	9 25	27 12
♉27 12	♋ 0 24	21 25	9 24	26 41	57°	♉28 08	♋ 1 03	22 04	10 08	27 33
♊ 0 22	2 21	22 39	10 09	27 03	58°	♊ 1 15	2 59	23 17	10 53	27 54
3 51	4 24	23 55	10 55	27 25	59°	4 41	5 00	24 32	11 38	28 16
♊ 7 42	♋ 6 33	♋25 14	♌11 43	♌27 48	60°	♊ 8 27	♋ 7 07	♋25 50	♌12 26	♌28 39

	23ʰ 08ᵐ 28ˢ M 16° ♓ 347° 06' 58"				N LAT		23ʰ 12ᵐ 10ˢ M 17° ♓ 348° 02' 29"			
XI	XII	A	II	III		XI	XII	A	II	III
♈18 33	♉19 34	♊18°09	♋15 47	♌14 39	0°	♈19 33	♉20 29	♊19°00	♋16 38	♌15 35
19 37	21 21	20 07	17 32	15 47	5°	20 37	22 16	20 59	18 24	16 42
20 48	23 14	22 09	19 18	16 52	10°	21 49	24 10	23 01	20 10	17 48
22 06	25 16	24 16	21 04	17 56	15°	23 07	26 12	25 08	21 56	18 51
23 35	27 31	26 30	22 52	19 00	20°	24 37	28 27	27 21	23 44	19 55
23 55	28 00	26 58	23 14	19 12	21°	24 57	28 56	27 49	24 06	20 08
24 15	28 29	27 26	23 36	19 25	22°	25 17	29 25	28 17	24 28	20 20
24 35	28 59	27 55	23 59	19 38	23°	25 38	♉29 55	28 46	24 50	20 33
24 57	♉29 30	28 24	24 22	19 51	24°	25 59	♊0 25	29 15	25 13	20 46
25 19	♊0 02	28 53	24 44	20 04	25°	26 22	0 57	♊29 44	25 36	20 59
25 42	0 34	29 23	25 07	20 17	26°	26 45	1 29	♋0 14	25 58	21 12
26 06	1 07	♊29 54	25 30	20 30	27°	27 09	2 03	0 45	26 21	21 25
26 31	1 41	♋0 25	25 54	20 43	28°	27 34	2 37	1 16	26 45	21 38
26 57	2 16	0 57	26 18	20 56	29°	28 00	3 11	1 48	27 09	21 51
27 24	2 52	1 29	26 42	21 09	30°	28 27	3 47	2 20	27 33	22 04
27 52	3 29	2 02	27 06	21 23	31°	28 55	4 24	2 52	27 57	22 18
28 21	4 07	2 36	27 31	21 36	32°	29 24	5 02	3 26	28 22	22 31
28 51	4 47	3 10	27 56	21 50	33°	♈29 55	5 42	4 00	28 47	22 44
29 23	5 28	3 45	28 22	22 03	34°	♉0 27	6 23	4 35	29 12	22 58
♈29 57	6 10	4 21	28 48	22 17	35°	1 01	7 05	5 11	♋29 38	23 12
♉0 33	6 54	4 58	29 14	22 31	36°	1 37	7 48	5 47	♌0 04	23 26
1 10	7 40	5 36	♋29 40	22 45	37°	2 14	8 34	6 25	0 30	23 40
1 49	8 26	6 14	♌0 07	23 00	38°	2 53	9 20	7 03	0 57	23 54
2 32	9 15	6 54	0 35	23 14	39°	3 36	10 08	7 42	1 25	24 08
3 16	10 05	7 34	1 03	23 29	40°	4 20	10 58	8 22	1 53	24 23
4 02	10 58	8 15	1 32	23 44	41°	5 06	11 51	9 03	2 21	24 38
4 52	11 53	8 58	2 01	23 59	42°	5 56	12 45	9 46	2 50	24 53
5 46	12 49	9 42	2 31	24 15	43°	6 50	13 41	10 29	3 20	25 08
6 42	13 49	10 27	3 01	24 30	44°	7 46	14 40	11 14	3 50	25 24
7 43	14 50	11 13	3 32	24 46	45°	8 47	15 41	12 00	4 20	25 39
8 48	15 55	12 01	4 04	25 03	46°	9 52	16 45	12 47	4 52	25 56
9 57	17 02	12 50	4 36	25 19	47°	11 01	17 52	13 36	5 24	26 12
11 13	18 13	13 41	5 10	25 36	48°	12 16	19 02	14 26	5 57	26 29
12 35	19 26	14 34	5 44	25 53	49°	13 38	20 14	15 18	6 31	26 45
14 03	20 44	15 28	6 19	26 10	50°	15 06	21 31	16 12	7 06	27 03
15 39	22 05	16 24	6 55	26 28	51°	16 41	22 51	17 07	7 41	27 21
17 25	23 29	17 22	7 32	26 46	52°	18 26	24 14	18 05	8 18	27 39
19 19	24 59	18 22	8 10	27 05	53°	20 19	25 43	19 04	8 55	27 57
21 25	26 32	19 24	8 48	27 24	54°	22 24	27 15	20 05	9 34	28 16
23 43	28 10	20 28	9 28	27 44	55°	24 40	♊28 52	21 08	10 13	28 36
26 15	♊29 53	21 34	10 10	28 04	56°	27 10	♋0 33	22 14	10 54	28 56
♉29 02	♋1 42	22 43	10 52	28 25	57°	♉29 54	2 20	23 22	11 36	29 16
♊2 06	3 36	23 55	11 36	28 46	58°	♊2 57	4 13	24 33	12 20	29 37
5 29	5 35	25 09	12 21	29 08	59°	6 16	6 10	25 46	13 04	29 59
♊9 11	♋7 40	♋26 26	♌13 08	♌29 30	60°	♊9 54	♋8 13	♋27 02	♌13 51	♌30 21

XI	XII	A	II	III	N LAT	XI	XII	A	II	III
♈20 32	♉21 24	♊19°51	♋17 30	♌16 31	0°	♈21 31	♉22 18	♊20°42	♋18 22	♌17 27
21 37	23 11	21 50	19 16	17 38	5°	22 37	24 06	22 42	20 08	18 34
22 49	25 05	23 52	21 01	18 44	10°	23 49	26 00	24 44	21 53	19 39
24 08	27 08	25 59	22 47	19 47	15°	25 09	♉28 03	26 50	23 39	20 43
25 39	29 22	28 12	24 35	20 50	20°	26 40	♊ 0 18	29 03	25 27	21 46
25 59	♉29 51	28 40	24 57	21 03	21°	27 00	0 46	29 31	25 49	21 58
26 19	♊ 0 20	29 08	25 19	21 16	22°	27 20	1 15	♊29 59	26 11	22 11
26 40	0 50	♊29 37	25 42	21 28	23°	27 41	1 45	♋ 0 28	26 33	22 24
27 01	1 21	♋ 0 06	26 04	21 41	24°	28 03	2 16	0 57	26 55	22 36
27 24	1 52	0 35	26 27	21 54	25°	28 26	2 47	1 26	27 18	22 49
27 47	2 24	1 05	26 49	22 07	26°	28 49	3 19	1 55	27 40	23 02
28 11	2 58	1 35	27 12	22 20	27°	29 13	3 53	2 25	28 03	23 15
28 36	3 32	2 06	27 36	22 33	28°	♈29 38	4 27	2 56	28 27	23 28
29 02	4 06	2 38	28 00	22 46	29°	♉ 0 04	5 01	3 28	28 51	23 41
29 29	4 42	3 10	28 24	22 59	30°	0 31	5 37	4 00	29 15	23 54
♈29 58	5 19	3 42	28 48	23 13	31°	1 00	6 14	4 32	♋29 39	24 07
♉ 0 27	5 58	4 16	29 13	23 26	32°	1 30	6 52	5 05	♌ 0 03	24 20
0 58	6 37	4 50	♋29 38	23 39	33°	2 01	7 31	5 39	0 28	24 34
1 30	7 17	5 25	♌ 0 03	23 53	34°	2 33	8 11	6 14	0 53	24 47
2 04	7 59	6 00	0 28	24 06	35°	3 07	8 53	6 49	1 18	25 01
2 40	8 42	6 36	0 54	24 20	36°	3 43	9 36	7 25	1 44	25 15
3 18	9 27	7 13	1 20	24 34	37°	4 21	10 20	8 02	2 10	25 28
3 57	10 13	7 51	1 47	24 48	38°	5 00	11 06	8 40	2 37	25 42
4 39	11 01	8 30	2 14	25 03	39°	5 42	11 54	9 18	3 04	25 57
5 23	11 51	9 10	2 42	25 17	40°	6 26	12 44	9 57	3 31	26 11
6 10	12 43	9 51	3 10	25 32	41°	7 13	13 35	10 38	3 59	26 26
7 00	13 37	10 33	3 39	25 47	42°	8 03	14 28	11 20	4 28	26 41
7 53	14 33	11 16	4 08	26 02	43°	8 56	15 24	12 03	4 57	26 56
8 49	15 31	12 01	4 38	26 17	44°	9 52	16 21	12 47	5 27	27 11
9 50	16 31	12 46	5 09	26 33	45°	10 52	17 21	13 31	5 57	27 26
10 55	17 35	13 33	5 40	26 49	46°	11 57	18 24	14 18	6 28	27 42
12 04	18 41	14 21	6 12	27 05	47°	13 06	19 29	15 06	7 00	27 58
13 18	19 50	15 11	6 45	27 22	48°	14 20	20 38	15 55	7 32	28 15
14 40	21 02	16 02	7 18	27 38	49°	15 41	21 49	16 46	8 05	28 31
16 07	22 18	16 55	7 53	27 56	50°	17 08	23 04	17 39	8 39	28 49
17 42	23 37	17 50	8 28	28 13	51°	18 42	24 22	18 33	9 14	29 06
19 26	24 59	18 47	9 04	28 31	52°	20 25	25 43	19 29	9 50	29 24
21 18	26 26	19 46	9 41	28 50	53°	22 16	27 09	20 27	10 27	♌29 42
23 22	27 57	20 46	10 19	29 08	54°	24 19	♊28 39	21 26	11 04	♍ 0 01
25 37	♊29 33	21 48	10 58	29 28	55°	26 32	♋ 0 13	22 28	11 43	0 20
♉28 05	♋ 1 13	22 53	11 39	♌29 47	56°	♉28 58	1 52	23 32	12 23	0 39
♊ 0 46	2 58	24 01	12 20	♍ 0 07	57°	♊ 1 38	3 36	24 39	13 04	0 59
3 46	4 49	25 10	13 03	0 28	58°	4 34	5 25	25 48	13 47	1 20
7 02	6 44	26 23	13 47	0 50	59°	7 47	7 18	26 59	14 30	1 41
♊10 37	♋ 8 45	♋27 38	♌14 33	♍ 1 12	60°	♊11 19	♋ 9 18	♋28 13	♌15 16	♍ 2 03

179

23ʰ 23ᵐ 15ˢ — 350° 48' 40" — M 20° ♓						23ʰ 26ᵐ 56ˢ — 351° 43' 57" — M 21° ♓				
XI	XII	A	II	III	N LAT	XI	XII	A	II	III
♈22 30	♉23 12	♊21°33	♋19 13	♌18 23	0°	♈23 29	♉24 06	♊22°24	♋20 05	♌19 19
23 37	25 00	23 33	21 00	19 30	5°	24 36	25 55	24 24	21 52	20 26
24 49	26 55	25 35	22 45	20 35	10°	25 49	27 50	26 26	23 37	21 31
26 10	♉28 58	27 41	24 31	21 38	15°	27 10	♉29 53	♊28 32	25 23	22 34
27 41	♊1 14	♊29 54	26 18	22 41	20°	28 42	♊2 09	♋0 45	27 10	23 37
28 01	1 41	♋0 22	26 40	22 54	21°	29 02	2 36	1 13	27 32	23 49
28 21	2 10	0 50	27 02	23 06	22°	29 22	3 05	1 40	27 54	24 02
28 42	2 40	1 18	27 24	23 19	23°	♈29 43	3 34	2 08	28 16	24 14
29 04	3 10	1 47	27 47	23 31	24°	♉0 05	4 05	2 37	28 38	24 27
29 27	3 42	2 16	28 09	23 44	25°	0 28	4 36	3 06	29 00	24 40
♈29 51	4 14	2 46	28 31	23 57	26°	0 52	5 08	3 36	29 22	24 52
♉0 15	4 47	3 16	28 54	24 10	27°	1 16	5 41	4 06	♋29 45	25 05
0 40	5 21	3 46	29 18	24 23	28°	1 41	6 15	4 36	♌0 09	25 18
1 06	5 55	4 17	♋29 42	24 36	29°	2 08	6 49	5 07	0 32	25 31
1 33	6 31	4 49	♌0 06	24 49	30°	2 35	7 25	5 39	0 56	25 44
2 02	7 08	5 22	0 30	25 02	31°	3 04	8 02	6 11	1 20	25 57
2 32	7 46	5 55	0 54	25 15	32°	3 34	8 39	6 44	1 44	26 10
3 03	8 24	6 28	1 18	25 28	33°	4 05	9 17	7 17	2 08	26 23
3 35	9 04	7 03	1 43	25 42	34°	4 37	9 57	7 51	2 33	26 36
4 09	9 46	7 38	2 08	25 55	35°	5 11	10 38	8 26	2 58	26 50
4 45	10 29	8 13	2 34	26 09	36°	5 47	11 21	9 02	3 24	27 03
5 23	11 13	8 50	3 00	26 23	37°	6 25	12 05	9 38	3 49	27 17
6 02	11 58	9 28	3 26	26 37	38°	7 04	12 50	10 15	4 15	27 31
6 44	12 46	10 06	3 53	26 51	39°	7 46	13 38	10 53	4 42	27 45
7 28	13 35	10 45	4 20	27 05	40°	8 30	14 27	11 32	5 09	27 59
8 15	14 26	11 26	4 48	27 20	41°	9 17	15 17	12 12	5 37	28 14
9 05	15 19	12 07	5 17	27 35	42°	10 07	16 09	12 53	6 05	28 28
9 58	16 14	12 49	5 46	27 50	43°	10 59	17 04	13 35	6 34	28 43
10 54	17 11	13 33	6 15	28 05	44°	11 55	18 00	14 19	7 03	28 58
11 54	18 11	14 17	6 45	28 20	45°	12 55	19 00	15 02	7 33	29 14
12 58	19 13	15 03	7 16	28 36	46°	13 59	20 01	15 48	8 03	29 29
14 07	20 17	15 50	7 47	28 52	47°	15 07	21 05	16 35	8 35	♌29 45
15 21	21 25	16 39	8 19	29 08	48°	16 21	22 12	17 23	9 07	♍0 01
16 41	22 35	17 30	8 52	29 24	49°	17 40	23 21	18 13	9 39	0 17
18 07	23 49	18 22	9 26	29 41	50°	19 06	24 34	19 05	10 12	0 34
19 41	25 07	19 16	10 00	♍29 59	51°	20 39	25 51	19 58	10 46	0 51
21 23	26 27	20 11	10 36	♍0 16	52°	22 20	27 10	20 53	11 22	1 09
23 13	27 52	21 08	11 12	0 34	53°	24 09	♊28 34	21 49	11 58	1 27
25 14	♊29 20	22 07	11 49	0 53	54°	26 09	♋0 01	22 47	12 34	1 45
27 26	♋0 53	23 08	12 28	1 12	55°	♉28 19	1 33	23 48	13 12	2 04
♉29 50	2 30	24 11	13 07	1 31	56°	♊0 41	3 08	24 50	13 52	2 23
♊2 28	4 13	25 17	13 48	1 51	57°	3 17	4 50	25 55	14 32	2 42
5 22	6 00	26 25	14 30	2 11	58°	6 08	6 35	27 02	15 13	3 02
8 31	7 52	27 35	15 13	2 32	59°	9 14	8 26	28 11	15 56	3 23
♊12 00	♋9 50	♋28 48	♌15 58	♍2 53	60°	♊12 40	♋10 21	♋29 23	♌16 40	♍3 44

| 23h 30m 37s | | 352° 39' 12" | | | | 23h 34m 18s | | 353° 34' 23" | | |
| | | M 22° ♓ | | | | | | M 23° ♓ | | |
XI	XII	A	II	III	N LAT	XI	XII	A	II	III
♈24 28	♉25 00	♊23°15	♋20 57	♌20 15	0°	♈25 26	♉25 54	♊24°06	♋21 49	♌21 11
25 35	26 49	25 15	22 44	21 22	5°	26 34	27 43	26 06	23 36	22 18
26 49	♉28 44	27 17	24 29	22 27	10°	27 48	♉29 38	♊28 08	25 21	23 23
28 10	♊0 47	♊29 23	26 14	23 30	15°	♈29 10	♊1 41	♋0 14	27 06	24 26
♈29 42	3 03	♋1 35	28 01	24 32	20°	♉0 42	3 56	2 26	28 53	25 28
♉0 02	3 30	2 03	28 23	24 45	21°	1 02	4 24	2 53	29 14	25 40
0 23	3 59	2 31	28 45	24 57	22°	1 23	4 53	3 21	29 36	25 53
0 44	4 28	2 59	29 07	25 10	23°	1 44	5 22	3 49	♋29 58	26 05
1 06	4 59	3 27	29 29	25 22	24°	2 07	5 52	4 17	♌0 20	26 18
1 29	5 30	3 56	♋29 51	25 35	25°	2 30	6 24	4 46	0 42	26 30
1 53	6 02	4 26	♌0 13	25 47	26°	2 53	6 56	5 15	1 04	26 43
2 17	6 35	4 56	0 36	26 00	27°	3 18	7 28	5 45	1 27	26 55
2 42	7 08	5 26	1 00	26 13	28°	3 43	8 01	6 15	1 50	27 08
3 09	7 42	5 57	1 23	26 26	29°	4 10	8 36	6 46	2 13	27 21
3 36	8 18	6 28	1 47	26 39	30°	4 37	9 11	7 17	2 37	27 34
4 05	8 55	7 00	2 10	26 51	31°	5 06	9 47	7 49	3 01	27 46
4 35	9 32	7 33	2 34	27 04	32°	5 36	10 24	8 22	3 25	27 59
5 06	10 10	8 06	2 58	27 18	33°	6 07	11 02	8 55	3 48	28 12
5 38	10 50	8 40	3 23	27 31	34°	6 39	11 42	9 28	4 12	28 25
6 12	11 31	9 15	3 48	27 44	35°	7 13	12 23	10 03	4 37	28 39
6 48	12 13	9 50	4 14	27 58	36°	7 49	13 05	10 38	5 03	28 52
7 26	12 57	10 26	4 39	28 11	37°	8 27	13 48	11 13	5 28	29 06
8 05	13 42	11 03	5 05	28 25	38°	9 06	14 33	11 50	5 54	29 20
8 47	14 29	11 41	5 31	28 39	39°	9 48	15 19	12 28	6 20	29 34
9 31	15 17	12 19	5 58	28 54	40°	10 32	16 07	13 06	6 47	♌29 48
10 18	16 07	12 58	6 26	29 08	41°	11 18	16 58	13 45	7 15	♍0 02
11 08	16 59	13 39	6 54	29 22	42°	12 08	17 49	14 25	7 42	0 16
12 00	17 53	14 21	7 22	29 37	43°	13 00	18 42	15 07	8 10	0 31
12 56	18 49	15 04	7 51	♌29 52	44°	13 56	19 38	15 50	8 39	0 46
13 55	19 48	15 48	8 21	♍0 07	45°	14 55	20 35	16 33	9 08	1 01
14 59	20 48	16 33	8 51	0 23	46°	15 58	21 35	17 17	9 38	1 16
16 07	21 52	17 19	9 22	0 38	47°	17 06	22 38	18 03	10 09	1 31
17 20	22 58	18 07	9 54	0 54	48°	18 18	23 44	18 51	10 41	1 47
18 39	24 07	18 57	10 26	1 10	49°	19 37	24 52	19 40	11 13	2 03
20 04	25 19	19 48	10 59	1 27	50°	21 01	26 03	20 30	11 45	2 20
21 36	26 35	20 40	11 32	1 44	51°	22 32	27 18	21 22	12 18	2 37
23 17	27 53	21 34	12 07	2 01	52°	24 12	28 35	22 15	12 53	2 54
25 04	♊29 16	22 30	12 43	2 19	53°	25 59	♊29 57	23 10	13 28	3 11
27 03	♋0 41	23 27	13 19	2 37	54°	♉27 56	♋1 21	24 07	14 04	3 29
♉29 11	2 12	24 27	13 57	2 56	55°	♊0 02	2 51	25 06	14 41	3 47
♊1 31	3 46	25 29	14 36	3 15	56°	2 21	4 24	26 07	15 20	4 06
4 05	5 26	26 33	15 15	3 34	57°	4 52	6 02	27 11	15 59	4 25
6 53	7 10	27 39	15 56	3 54	58°	7 38	7 45	28 16	16 39	4 45
9 57	8 59	28 47	16 38	4 14	59°	10 39	9 32	29 23	17 21	5 05
♊13 10	♋10 50	♋29 58	♌17 22	♍4 35	60°	♊13 57	♋11 24	♋30 33	♌18 04	♍5 26

23ʰ 37ᵐ 58ˢ		354° 29' 33" M 24° ♓				23ʰ 41ᵐ 39ˢ		355° 24' 40" M 25° ♓		
XI	XII	A	II	III	**N LAT**	XI	XII	A	II	III
♈26 25	♉26 48	♊24°57	♋22 41	♌22 08	0°	♈27 23	♉27 41	♊25°47	♋23 33	♌23 04
27 33	28 37	26 56	24 28	23 15	5°	28 31	29 30	27 47	25 20	24 11
♈28 47	♊0 32	♊28 58	26 13	24 19	10°	♈29 46	♊1 25	♊29 49	27 05	25 15
♉0 09	2 35	♋1 05	27 58	25 22	15°	♉1 08	3 29	♋1 55	♋28 49	26 18
1 42	4 49	3 16	♋29 44	26 24	20°	2 42	5 42	4 06	♌0 35	27 19
2 02	5 17	3 43	♌0 06	26 36	21°	3 02	6 10	4 33	0 57	27 31
2 23	5 46	4 11	0 27	26 48	22°	3 23	6 39	5 01	1 18	27 44
2 44	6 16	4 39	0 49	27 01	23°	3 44	7 09	5 29	1 40	27 56
3 07	6 46	5 07	1 11	27 13	24°	4 06	7 39	5 57	2 02	28 08
3 30	7 17	5 36	1 33	27 25	25°	4 29	8 10	6 25	2 24	28 21
3 53	7 49	6 05	1 55	27 38	26°	4 53	8 42	6 54	2 46	28 33
4 18	8 21	6 34	2 18	27 50	27°	5 18	9 14	7 23	3 09	28 46
4 43	8 54	7 04	2 41	28 03	28°	5 43	9 47	7 53	3 32	28 58
5 10	9 28	7 35	3 04	28 16	29°	6 10	10 21	8 24	3 55	29 11
5 37	10 03	8 06	3 28	28 29	30°	6 37	10 55	8 55	4 18	29 24
6 06	10 39	8 38	3 51	28 41	31°	7 06	11 31	9 26	4 41	29 36
6 36	11 16	9 10	4 15	28 54	32°	7 36	12 08	9 58	5 05	♌29 49
7 07	11 55	9 43	4 38	29 07	33°	8 07	12 46	10 31	5 28	♍0 02
7 39	12 34	10 16	5 02	29 20	34°	8 39	13 25	11 04	5 52	0 15
8 13	13 14	10 50	5 27	29 33	35°	9 13	14 05	11 38	6 17	0 28
8 49	13 56	11 25	5 52	♌29 47	36°	9 49	14 46	12 13	6 42	0 41
9 27	14 39	12 01	6 18	♍0 00	37°	10 27	15 29	12 48	7 07	0 55
10 06	15 23	12 37	6 43	0 14	38°	11 06	16 13	13 24	7 32	1 08
10 48	16 09	13 14	7 09	0 28	39°	11 48	16 59	14 01	7 58	1 22
11 32	16 57	13 52	7 36	0 42	40°	12 31	17 47	14 39	8 25	1 36
12 18	17 47	14 31	8 03	0 56	41°	13 17	18 36	15 17	8 52	1 50
13 08	18 38	15 11	8 31	1 10	42°	14 07	19 26	15 57	9 19	2 04
14 00	19 31	15 53	8 59	1 24	43°	14 59	20 19	16 38	9 47	2 18
14 55	20 26	16 35	9 27	1 39	44°	15 54	21 14	17 20	10 15	2 32
15 54	21 23	17 17	9 56	1 54	45°	16 52	22 10	18 02	10 44	2 47
16 57	22 22	18 02	10 26	2 09	46°	17 55	23 09	18 46	11 13	3 02
18 04	23 24	18 47	10 56	2 25	47°	19 02	24 10	19 31	11 43	3 18
19 16	24 29	19 34	11 28	2 41	48°	20 13	25 14	20 18	12 14	3 34
20 34	25 37	20 23	11 59	2 56	49°	21 30	26 21	21 06	12 45	3 49
21 57	26 47	21 13	12 31	3 13	50°	22 53	27 30	21 55	13 17	4 05
23 28	28 01	22 04	13 04	3 29	51°	24 23	28 43	22 46	13 50	4 22
25 06	♊29 17	22 57	13 38	3 46	52°	26 00	♊29 59	23 38	14 24	4 39
26 52	♋0 37	23 51	14 13	4 04	53°	27 44	♋1 18	24 31	14 59	4 56
♉28 47	2 01	24 47	14 49	4 21	54°	♉29 38	2 41	25 27	15 34	5 13
♊0 52	3 29	25 46	15 26	4 39	55°	♊1 41	4 07	26 25	16 10	5 31
3 10	5 01	26 46	16 04	4 58	56°	3 57	5 38	27 24	16 47	5 50
5 39	6 38	27 48	16 43	5 17	57°	6 25	7 13	28 25	17 26	6 09
8 22	8 19	28 52	17 23	5 36	58°	9 05	8 53	♋29 29	18 06	6 28
11 20	10 04	♋29 59	18 04	5 56	59°	12 01	10 36	0 35	18 47	6 48
♊14 34	♋11 55	♌1 08	♌18 46	♍6 17	60°	♊15 11	♋12 25	♌1 42	♌19 28	♍7 08

XI	XII	A	II	III	N LAT	XI	XII	A	II	III
♈28 21	♉28 34	♊26°38	♋24 25	♌24 01	0°	♈29 19	♉29 27	♊27°29	♋25 17	♌24 58
29 29	♊0 23	28 38	26 12	25 08	5°	♉0 27	♊1 16	29 28	27 04	26 04
♉0 45	2 18	♋0 39	27 57	26 11	10°	1 43	3 11	♋1 30	♋28 49	27 07
2 07	4 22	2 45	♋29 41	27 14	15°	3 06	5 15	3 35	♌0 33	28 10
3 41	6 35	4 56	♌1 27	28 15	20°	4 40	7 28	5 46	2 18	29 11
4 01	7 03	5 23	1 48	28 27	21°	5 00	7 56	6 13	2 39	29 33
4 22	7 32	5 50	2 10	28 39	22°	5 21	8 25	6 40	3 01	29 35
4 43	8 01	6 18	2 31	28 52	23°	5 42	8 54	7 07	3 23	29 47
5 06	8 31	6 46	2 53	29 04	24°	6 05	9 24	7 35	3 44	♌29 59
5 29	9 02	7 15	3 15	29 16	25°	6 28	9 54	8 04	4 06	♍0 12
5 53	9 34	7 43	3 37	29 29	26°	6 52	10 26	8 32	4 28	0 24
6 18	10 06	8 12	4 00	29 41	27°	7 17	10 58	9 01	4 50	0 36
6 43	10 39	8 42	4 22	♌29 53	28°	7 42	11 31	9 31	5 12	0 48
7 09	11 13	9 13	4 45	♍0 06	29°	8 08	12 05	10 01	5 35	1 01
7 36	11 47	9 43	5 08	0 19	30°	8 36	12 39	10 32	5 59	1 14
8 05	12 23	10 15	5 31	0 31	31°	9 04	13 14	11 03	6 22	1 26
8 35	13 00	10 47	5 55	0 44	32°	9 34	13 51	11 35	6 45	1 39
9 07	13 37	11 19	6 18	0 57	33°	10 06	14 28	12 07	7 08	1 51
9 39	14 16	11 52	6 42	1 09	34°	10 38	15 07	12 40	7 32	2 04
10 13	14 56	12 26	7 07	1 22	35°	11 12	15 46	13 13	7 56	2 17
10 49	15 37	13 00	7 31	1 36	36°	11 48	16 27	13 47	8 21	2 30
11 26	16 19	13 35	7 56	1 49	37°	12 25	17 09	14 22	8 46	2 43
12 05	17 03	14 11	8 22	2 02	38°	13 04	17 53	14 58	9 11	2 57
12 47	17 49	14 48	8 47	2 16	39°	13 45	18 38	15 34	9 36	3 10
13 30	18 36	15 25	9 13	2 30	40°	14 29	19 24	16 11	10 02	3 24
14 16	19 24	16 03	9 40	2 44	41°	15 15	20 12	16 49	10 29	3 37
15 05	20 14	16 43	10 07	2 58	42°	16 03	21 02	17 28	10 56	3 51
15 57	21 07	17 23	10 35	3 12	43°	16 55	21 54	18 08	11 23	4 06
16 52	22 01	18 04	11 03	3 26	44°	17 49	22 47	18 49	11 51	4 20
17 50	22 56	18 46	11 31	3 41	45°	18 47	23 42	19 30	12 19	4 34
18 52	23 55	19 30	12 00	3 56	46°	19 49	24 40	20 13	12 48	4 49
19 59	24 55	20 15	12 30	4 11	47°	20 55	25 40	20 58	13 17	5 04
21 10	25 59	21 01	13 01	4 27	48°	22 06	26 43	21 44	13 48	5 20
22 26	27 04	21 48	13 32	4 42	49°	23 21	27 48	22 30	14 19	5 35
23 48	28 13	22 37	14 04	4 58	50°	24 42	♊28 56	23 18	14 50	5 51
25 17	♊29 25	23 27	14 36	5 14	51°	26 10	♋0 07	24 08	15 22	6 07
26 53	♋0 40	24 19	15 09	5 31	52°	27 45	1 20	24 59	15 55	6 24
♉28 36	1 58	25 12	15 44	5 48	53°	♉29 27	2 38	25 52	16 29	6 41
♊0 28	3 20	26 07	16 19	6 05	54°	♊1 18	3 58	26 46	17 03	6 58
2 30	4 45	27 04	16 54	6 23	55°	3 18	5 22	27 42	17 39	7 15
4 44	6 14	28 02	17 31	6 41	56°	5 30	6 50	28 40	18 15	7 33
7 10	7 48	♋29 02	18 10	7 00	57°	7 54	8 23	♋29 39	18 53	7 52
9 47	9 26	♌0 05	18 49	7 19	58°	10 29	9 59	♌0 41	19 32	8 11
12 41	11 08	1 10	19 29	7 39	59°	13 19	11 40	1 45	20 11	8 30
♊15 47	♋12 55	♌2 17	♌20 10	♍7 59	60°	♊16 23	♋13 25	♌2 52	♌20 52	♍8 50

		23ʰ 52ᵐ 40ˢ M 28° ✕			N LAT			23ʰ 56ᵐ 20ˢ M 29° ✕		
XI	XII	A	II	III		XI	XII	A	II	III
♉ 0 16	♊ 0 20	♊28°19	♋26 10	♌25 55	0°	♉ 1 14	♊ 1 13	♊29°10	♋27 02	♌26 52
1 25	2 09	♋ 0 19	27 56	27 01	5°	2 23	3 02	♋ 1 09	28 48	27 58
2 41	4 04	2 20	♋29 41	28 04	10°	3 39	4 57	3 11	♌ 0 33	♌29 01
4 04	6 08	4 25	♌ 1 25	♌29 06	15°	5 02	7 00	5 15	2 16	♍ 0 02
5 39	8 20	6 35	3 10	♍ 0 07	20°	6 37	9 13	7 25	4 01	1 03
5 59	8 48	7 02	3 31	0 19	21°	6 57	9 41	7 52	4 22	1 15
6 20	9 17	7 29	3 52	0 31	22°	7 18	10 09	8 19	4 43	1 27
6 41	9 46	7 57	4 14	0 43	23°	7 40	10 38	8 46	5 05	1 39
7 04	10 16	8 25	4 35	0 55	24°	8 02	11 08	9 14	5 26	1 51
7 27	10 46	8 53	4 57	1 07	25°	8 25	11 38	9 42	5 48	2 03
7 51	11 18	9 21	5 19	1 19	26°	8 49	12 09	10 10	6 10	2 15
8 15	11 50	9 50	5 41	1 31	27°	9 14	12 41	10 39	6 32	2 27
8 40	12 22	10 20	6 03	1 43	28°	9 39	13 13	11 09	6 54	2 39
9 07	12 56	10 50	6 26	1 56	29°	10 05	13 47	11 38	7 16	2 51
9 35	13 30	11 20	6 49	2 09	30°	10 33	14 21	12 08	7 39	3 04
10 03	14 05	11 51	7 12	2 21	31°	11 02	14 56	12 39	8 02	3 16
10 33	14 42	12 23	7 35	2 34	32°	11 32	15 32	13 10	8 25	3 29
11 04	15 19	12 55	7 58	2 46	33°	12 03	16 09	13 42	8 48	3 41
11 37	15 57	13 27	8 22	2 59	34°	12 35	16 47	14 15	9 11	3 54
12 11	16 36	14 00	8 46	3 12	35°	13 09	17 26	14 47	9 35	4 06
12 46	17 17	14 34	9 10	3 25	36°	13 44	18 06	15 21	9 59	4 19
13 23	17 59	15 09	9 35	3 38	37°	14 21	18 48	15 55	10 24	4 32
14 02	18 42	15 44	10 00	3 51	38°	15 00	19 31	16 30	10 49	4 45
14 43	19 26	16 20	10 25	4 04	39°	15 41	20 15	17 06	11 14	4 59
15 27	20 12	16 57	10 51	4 18	40°	16 24	21 00	17 43	11 39	5 12
16 13	21 00	17 35	11 17	4 31	41°	17 10	21 47	18 20	12 05	5 25
17 01	21 50	18 13	11 44	4 45	42°	17 58	22 36	18 58	12 32	5 39
17 52	22 41	18 53	12 11	4 59	43°	18 48	23 27	19 38	12 59	5 53
18 46	23 34	19 33	12 38	5 14	44°	19 42	24 20	20 17	13 26	6 07
19 43	24 28	20 14	13 06	5 28	45°	20 39	25 14	20 58	13 54	6 22
20 45	25 25	20 57	13 35	5 43	46°	21 41	26 10	21 40	14 22	6 36
21 51	26 25	21 41	14 04	5 57	47°	22 46	27 09	22 24	14 51	6 51
23 01	27 27	22 26	14 34	6 13	48°	23 55	28 10	23 09	15 21	7 06
24 15	28 31	23 12	15 05	6 28	49°	25 09	♊29 14	23 54	15 51	7 21
25 36	♊29 38	24 00	15 36	6 44	50°	26 29	♋ 0 20	24 41	16 22	7 37
27 03	♋ 0 48	24 49	16 07	7 00	51°	27 55	1 29	25 29	16 53	7 53
♉28 36	2 01	25 39	16 40	7 16	52°	♉29 27	2 41	26 19	17 26	8 09
♊ 0 17	3 17	26 31	17 14	7 33	53°	♊ 1 07	3 56	27 11	17 59	8 25
2 07	4 36	27 25	17 48	7 50	54°	2 55	5 14	28 04	18 32	8 42
4 06	5 59	28 21	18 23	8 07	55°	4 53	6 36	28 59	19 07	8 59
6 16	7 26	♋29 18	18 59	8 25	56°	7 01	8 02	♋29 55	19 43	9 17
8 37	8 57	♌ 0 16	19 36	8 43	57°	9 20	9 31	♌ 0 53	20 20	9 35
11 10	10 32	1 17	20 14	9 02	58°	11 50	11 05	1 53	20 57	9 53
13 57	12 12	2 21	20 54	9 21	59°	14 34	12 43	2 56	21 36	10 12
♊16 58	♋13 55	♌ 3 26	♌21 34	♍ 9 41	60°	♊17 33	♋14 25	♌ 4 00	♌22 16	♍10 32